刑事訴訟法

I

光藤景皎

成文堂

はしがき（『口述刑事訴訟法上』改め『刑事訴訟法Ⅰ』）

一　口述刑事訴訟法上巻の第二版（二〇〇〇年刊）から六年が経過しました。第二版までのわが国の刑事訴訟は、立法はほとんど動かず、その動かないところを判例が補完するという状況でした。

ところが、この数年間で、様相は一変しました。しかも、立法が大きく動くことによって。二〇〇一年に発表された司法制度改革審議会の最終意見書をもとに、二〇〇四年に、一連の刑事司法制度改革関連立法が行われ、一部はすでに実施に移されたからです。その主なものは(1)「裁判員の参加する刑事裁判に関する法律」（平成一六年法律六三号）であり、(2)「刑事訴訟法等の一部を改正する法律」（平成一六年法六二号）です。(1)には、裁判員制度に関する組織法のほか、刑事訴訟法関連規定も含まれており、(2)には、(1)と関連する公判前整理手続、即決裁判手続制度のほか、被疑者の国選弁護人制度、検察審査会の起訴議決制度など重要な新制度を含んでいます。大規模な改革なのでこれらは段階的に実施されます（(1)が、すでに二〇〇五年、二〇〇六年度から実施されているものもあります。公判前整理手続についてはすでに中巻で解説したので、それを除く、上記関連改革法律について、本書で、それらがもっとも関連する章・節において必要な解説をいたしました。これが本書の改訂の主たる狙いであります。

二版以後の判例等の動きで重要なものについても、出来るだけそれらを取り上げ、解説しました。

二　さて、本書は、口頭の講義を伝達する口述法律学シリーズの一冊として登場いたしましたが、当時から口述の骨子に対し、あとから沢山の記述を加えて自説を展開し、どちらかというと私の教科書、概説書ともなっておりました。その後記述を加え、ますます、教科書乃至体系色の色彩がつよまってまいりました。

そこで、事項索引や判例索引も整備するこの機会に、思い切って、本書の表題から「口述」をはずして「刑事訴訟法」のみとし、教科書乃至体系書であることをはっきりさせることとしました。ただし、「読者に話しかける」口話型の記述はそのままとし、一部でご好評いただいたレジュメも残すこととしました。

今次改訂と、事項索引、判例索引の追加、口述刑事訴訟法から刑事訴訟法への改題については、成文堂取締役の土子三男氏に並々ならぬお世話になりました。ご厚意に心からお礼申し上げます。また、これらについて了解し、バックアップして下さった成文堂社長の阿部耕一氏にも感謝の意を表します。

光藤景皎

二〇〇七年四月一日

初版はしがき

本書の土台になっているのは、昭和五二年度の講義を録音し、原稿に起してもらったものです。その翌年、大学内の激職に就いたため、時間的余裕がなく、それにすぐ手を入れて本にすることができませんでした。とはいうものの、公刊するには、中味になかなか自信がもてなかったのと、当時、歴史的テーマについて論文を書くことに関心が集中したことが、本当の理由といってよいでしょう。

こんな事ではいけないと二年程前から加筆して出来たのが本書です。土台となった講義よりもはるかに詳細なものとなっていて、「口述」というよりも通常の体系書に近い内容になりましたし、また、実際そのつもりで執筆したといってよいでしょう。最近の学説・判例に至る迄、検討の対象にできたのは、怪我の巧名ということになります。

叙述にあたって心掛けたのは次の点です。

一つは、刑事訴訟上のさまざまな制度や手続（例えば起訴猶予）が、何を目的として、いかなる考慮のもとにもうけられ、現にいかなる機能を果たしているかを明らかにすること。

二つは、できるだけ具体的事案を通して、抽象的議論（例えば「公訴事実の同一性」をめぐる議論）を説明するようにつとめたこと。

三つ目は、各テーマについての学説・判例をまず客観的に論述し、それに私の考えを対置するが、そのさいできる限り思考の過程を明らかにするよう努めたこと。

そのために叙述が長くなりすぎたきらいもあります。これから書くとしたら、もっと簡潔に、要領よく叙述することができるのになあと思う処もいくつかあります。読者が、刑事手続の流れとそこで何が問題とされているかを知り、自分で考えてもらう手助けになれば、これに過る喜びはありません。

解り易いことを第一の目的としましたが、同時に刑事訴訟法の解釈論の現状及び解決の迫られている問題を提示することにも、意を払ったつもりです。本書を上梓するにあたって学界・実務の先達・学友に感謝せざるをえません。もっとも文献の引用は比較的利用し易いものに限ったため、必ずしも十分なものとはいえません。おいおい補充してゆきたいと思っています。

本書が成るにあったて、阿部耕一成文堂社長、土子三男編集長には、長い間、忍耐づよく励ますとともに、本書が一日も早く完成できるようさまざまの配慮をしていただきました。両氏に心から御礼を申し上げます。と同時に、一日も早く下巻の上梓に漕ぎ着けねばならないと思っています。

また、岡山大学助教授高田昭正氏は、初校及び再校を通じて、引用の判例・学説の原文にまであたって、校正して下さいました。心から感謝の意を表します。

昭和六二年（一九八七年）八月一日

光藤景晈

第2版はしがき

初版を出してから、すでに十年余が経過いたしました。この間、判例とりわけ捜査手続に関する新しい裁判例が相当多数蓄積され、それに応じて学説にも新しい展開がみられました。また、接見交通のように、実務の上での改善が、検察と弁護の協議を通して進捗したものもあります。また、刑事訴訟法の解釈・運営に影響を及ぼす新たな法律の制定もこの間――といっても最近――行われました。具体的事案に則して、判例・学説・立法の内容を分析し、このテクストのしかるべき個所で解説し、私見を述べなければならない、――それが読者の方々に対する責務であるという思いがいつも心から離れませんでした。それにも拘らず、下巻の完成が先だという思いと平素の怠惰のためついに今日に至ってしまいました。

本書の基本的思考や叙述の枠組は変えていませんが、初版後に、実務上、学説上生じ、あるいは発見された新たな論点については鋭意それに取り組み、筆を惜しまず言及するよう努めました。概説書としての骨格をなす部分――例えば強制処分法定主義、接見交通、訴因の特定、免訴判決等――についても、スムースに理解できるよう思い切って書き換えた部分もあります。初版にくらべ頁数が増えたのも以上の理由によります。

これによって、やっと本書の内容をアップツウデートなものにすることができました。読者の方々への責務もやっと果たせたという思いです。

これが出来ましたのは、初版の時と同じく、わが事の如く、校正刷を閲読し、貴重な意見を述べて下さった大阪市立大学教授高田昭正氏のお蔭であります。記して心から御礼を申し上げます。

また、下巻の完成前であるにも拘らず、上巻の改訂を認め、促進し、そのため様々の援助を賜った、成文堂編集部長土子三男氏に心から感謝いたします。

二〇〇〇年八月二八日

光藤景皎

目　次

はしがき、初版はしがき、第2版はしがき
凡　例
第一章　捜査の端緒——市民と警察の出会い——……1
（本章のレジュメ）
一　職務質問……5　二　自動車検問……11　三　所持品検査……15
四　任意同行……21　五　任意処分と強制処分の限界……27
六　公正さの要求——おとり捜査のばあい——……31　七　捜査のその他の端緒……35
第二章　捜査機関……39
（本章のレジュメ）
一　司法警察職員……41　二　検察官……42　三　検察事務官……44
四　検察官と司法警察職員との関係……44

第三章　逮捕と勾留……49
（本章のレジュメ）
一　逮捕……53　二　被疑者の勾留……66　三　逮捕・勾留の諸問題……78

第四章　取調べと被疑者の防禦……91
（本章のレジュメ）
一　被疑者の取調べ……95　二　被告人の取調べ……99　三　黙秘権……102
四　弁護人の援助を受ける権利……112　五　弁護人以外の者との接見交通……130
六　被疑者以外の者の取調べ……131　七　被疑者・被告人のための証拠保全の請求……134

第五章　物的証拠の収集・保全――捜索・押収・検証――……135
（本章のレジュメ）
一　物の押収・捜索……140　二　検証……161　三　その他の諸問題……168

第六章　捜査の構造その他……179
（本章のレジュメ）
一　捜査の構造……181　二　訴訟条件を欠く場合の捜査……187　三　捜査の終結……189

第七章　公訴の提起……191
（本章のレジュメ）
一　国家訴追主義および起訴独占主義……197　二　起訴便宜主義……198
三　不当な不起訴処分に対する控制……203　四　不当な起訴に対する控制……212
五　一部起訴は許されるか……222　六　公訴提起の方式……225　七　誰が被告人か……226
八　即決裁判手続……229　九　犯罪の被害者……233

第八章　裁判所……237
（本章のレジュメ）
一　司法権の独立……239　二　裁判所という言葉の意味……242　三　公平な裁判所……249
四　管轄……252

第九章　弁護人……257
（本章のレジュメ）
一　弁護人制度の意義……259　二　弁護人の地位……260　三　弁護人の選任……263
四　国選弁護人の地位（任務）……268　五　国選弁護人の解任……269　六　弁護人の権限……270
七　補佐人……271

第一〇章　訴訟対象……273
（本章のレジュメ）
一　訴因制度——とくに訴因と公訴事実の関係——……280　二　訴因の記載……285
三　起訴状一本主義……292　四　訴因の変更……297　五　罪数の変化と訴因……326
六　罰条……332

第一一章　訴訟条件……335
（本章のレジュメ）
一　訴訟条件の意義……339　二　訴訟条件の追完……340　三　訴訟条件の分類……343
四　手続条件……344　五　訴訟追行条件……348　六　訴訟追行条件の性質……349
七　訴因と訴訟条件の関係……354　八　親告罪の告訴……358　九　公訴の時効……361

判例索引
事項索引

凡例

一　法令の引用

法令の引用表記について、刑事訴訟法については、原則として条項だけを引用し、主要なものは、別掲の略語によりました。

〔主要法令略語表〕

憲	日本国憲法
刑	刑法
規	刑事訴訟規則
民	民法
民訴	民事訴訟法
少	少年法
刑補	刑事補償法
検	検察庁法
検審	検察審査会法
道交	道路交通法
裁	裁判所法

二　判例の引用

判例の引用は次の例により、略語は略語例によりました。

〔例〕昭和四七年一二月二〇日最高裁判所大法廷判決、最高裁判所刑事判例集二六巻一〇号六三一頁→最判昭四七・一二・二〇刑集二六巻一〇号六三一頁

〔判例略語表〕

最判	最高裁判所判決
最決	最高裁判所決定
高判	高等裁判所判決
刑集	最高裁判所刑事判例集
高刑集	高等裁判所刑事判例集
下刑集	下級裁判所刑事裁判例集
刑裁月報	刑事裁判月報
裁特	高等裁判所刑事裁判特報
判特	高等裁判所刑事判決特報
一審刑集	第一審刑事裁判例集
判時	判例時報
判タ	判例タイムズ
争点	刑事訴訟法の争点

三　参考文献

概説書（太字は引用略称）

青柳文雄・刑事訴訟法**通論　上・下**〔五訂版〕（一九七六年、立花書房）
渥美東洋・刑事訴訟法〔全訂〕（二〇〇六年、有斐閣）
池田修＝**前田**雅英・刑事訴訟法**講義**（二〇〇四年、東京大学出版会）
石川才顕・刑事訴訟法**講義**（一九七四年、日本評論社）
井戸田侃・刑事訴訟法**要説**（一九九三年、有斐閣）
岸盛一・刑事訴訟法**要義**（一九六一年、広文堂）
江家義男・刑事訴訟法**教室上**（一九五五年、大蔵省印刷局）、**中**（一九五七年）、**下**（一九五七年）
裁判所**書記官研**修所・刑事訴訟法**講義案**〔再訂版〕（二〇〇三年、司法協会）
白取祐司・刑事訴訟法〔第三版〕（二〇〇四年、日本評論社）
鈴木茂嗣・刑事訴訟法〔改訂版〕（一九九〇年、青林書院）
高窪貞人・新版刑事訴訟法**概論**（一九八五年、蒼文社）
高田卓爾・刑事訴訟法〔二訂版〕（一九八四年、青林書院）
田口守一・刑事訴訟法〔第四版補正版〕（二〇〇六年、弘文堂）
田宮　裕・刑事訴訟法〔新版〕（一九九六年、有斐閣）
田宮裕編・**刑事訴**訟法**I**（大学叢書）（一九七五年、有斐閣）
団藤重光・新刑事訴訟法綱要〔七訂版〕（一九六七年、創文社）
土本武司・刑事訴訟法要義（一九九一年、有斐閣）
寺崎嘉博・刑事訴訟法（二〇〇六年、成文堂）
庭山英雄・刑事訴訟法〔BUL双書〕（一九七七年、日本評論社）
平野龍一・刑事訴訟法（一九五八年、有斐閣）
平野龍一・刑事訴訟法**概説**（一九六八年、東京大学出版会）
平場安治・刑事訴訟法**講義**（一九五四年、有斐閣）
福井　厚・刑事訴訟法講義〔第二版〕（二〇〇三年、法律文化社）
福井　厚・刑事訴訟法学**入門**〔第三版〕（二〇〇二年、成文堂）
松尾浩也・刑事訴訟法　**上**〔新版〕（一九九九年）・**下**〔新版補正第二版〕（一九九九年、弘文堂）
松尾浩也**編**・刑事訴訟法II（大学叢書）（一九九二年、有斐閣）
松岡正章・刑事訴訟法講義I（一九八一年、成文堂）
三井　誠・刑事手続法**(1)**〔新版〕（一九九七年、有斐閣）
三井　誠・刑事手続法**II**（二〇〇三年、有斐閣）
三井　誠・刑事手続法**III**（二〇〇四年、有斐閣）
山中俊夫・概説刑事訴訟法（一九八九年、ミネルヴァ書房）
渡辺直行・**論点**中心刑事訴訟法講義〔第二版〕（二〇〇五年、成文堂）
渡辺咲子・刑事訴訟法講義〔第二版〕（二〇〇五年・不磨書房）

注釈書

別冊法学セミナー・**基本法コンメ**ンタール刑事訴訟法〔第3版〕（一九九三年、日本評論社）
松尾浩也（監修）・**条解**刑事訴訟法〔三版〕（二〇〇三年、弘文堂）

田宮　裕・**注釈**刑事訴訟法（一九八〇年、有斐閣）

平場安治他（編）・**注解**刑事訴訟法**上巻**〔改訂増補版〕一九七七年、**中巻**〔全訂新版〕一九八二年、**下巻**〔全訂新版〕一九八三年、青林書院）

伊藤栄樹他（編）・**注釈**刑事訴訟法〔新版〕全7巻（一九九六年～二〇〇〇年、立花書房）

小野清一郎他（編）・**ポケット註釈**全書・刑事訴訟法〔新版〕(上)、(下)（一九八六年、有斐閣）

判例研究等

百選〔第○版〕（解説者名）

別冊ジュリスト・刑事訴訟法判例百選〔第1～8版〕解説者名（一九六四年～二〇〇五年、有斐閣）

重判〔元号○年〕

ジュリスト臨時増刊・[元号]○年度重要判例解説（毎年度、有斐閣）

解説〔元号○年〕

最高裁判所調査官室編・最高裁判所判例解説刑事篇[元号]○年度

刑評〔元号○年〕

刑事判例研究会・刑事判例評釈集（一九三八年～、有斐閣）

講座・演習・解説

井上正仁＝長沼範良＝酒巻匡＝大澤裕＝川出敏裕＝堀江慎司ケースブック刑事訴訟法〔第二版〕（二〇〇六年、有斐閣）

小田中聰樹・ゼミナール刑事訴訟法**上**、**下**巻（一九八六—一九八七年、有斐閣）

加藤克佳＝川崎英明＝後藤昭＝白取祐司＝高田昭正＝村井敏邦・法科大学院ケースブック刑事訴訟法（二〇〇四年、日本評論社）

上口ほか（執筆者）上口裕＝後藤昭＝安冨潔＝渡辺修・刑事訴訟法〔第四版〕（二〇〇六年、有斐閣）

川端博＝田口守一（編）・**基本問題セミナー**刑事訴訟法（一九九四年、一粒社）

平野龍一・刑事訴訟法の**基礎理論**（一九六四年、日本評論社）

平野龍一＝松尾浩也編・**新実例**刑事訴訟法**ⅠⅡⅢ**（一九九八年、青林書院）

松尾浩也＝**田宮**裕・刑事訴訟法の**基礎知識**（一九六六年、有斐閣）

松尾浩也＝井上正仁（編）・刑事訴訟法の**争点**〔新判〕（二〇〇二年、有斐閣）

田口守一＝寺崎嘉博（編）・**判例演習**刑事訴訟法（二〇〇四年、成文堂）

伊達秋雄・刑事訴訟法**講話**（一九五九年、日本評論社）

田宮　裕・**演習**刑事訴訟法（一九八三年、有斐閣）

中武靖夫＝高橋太郎（編）（執筆者）・**捜査法入門**（一九八二年、青林書院）

長沼範良＝大澤裕＝酒巻匡＝佐藤隆之＝田中開・演習刑事訴訟法（二

〇〇五年、有斐閣）
長沼範良＝田中開＝寺崎嘉博・刑事訴訟法〔第二版〕（二〇〇五年、有斐閣）
能勢弘之・刑事訴訟法25講（一九八七年、青林書院）
松本一郎・**事例式**演習教室刑事訴訟法（一九八七年、勁草書房）
三井　誠＝**酒巻**　匡・**入門**刑事訴訟法〔第四版〕（二〇〇六年、有斐閣）
三井　誠＝馬場義宣＝佐藤博史＝植村立郎・**新刑事手続Ⅰ Ⅱ Ⅲ**（二〇〇二年、悠々社）
安冨　潔・**演習講義**刑事訴訟法（一九九三年、法学書院）
新関雅夫他・増補**令状基本**問題　**上・下**（一九九六年、一九九七年、一粒社）
村井敏邦**編**（執筆者）・現代刑事訴訟法〔第二版〕（二〇〇一年、三省堂）

第一章　捜査の端緒――市民と警察の出会い――

一　職務質問

1　意義

任意処分性

2　「停止させて」の意義

(1)　任意説（一）　平野

(2)　実力説――「任意でなく強制でもない実力」　出射

(3)　強制説

(a)　容疑濃厚＋急迫説→実力行使の行為　宍戸

(b)　不可避的に軽度の強制→コントロールの必要　松尾・田宮

(4)　任意説(二)「拒否の自由」を残す　下村

3　判例

最決昭二九・七・一五

4　各説の検討

二　自動車検問

種類
- 交通検問
- 一般警戒検問
- 緊急配備活動としての検問

〈走行の外観上不審事由のない車両の停止が問題〉

警職法二条一項説

違法とするもの「職務質問の要件なき職務質問」

大阪地判昭三七・二・二八

適法とするもの「職務質問の要件確認のための職務質問」

大阪高判昭三八・九・六

警察法二条一項説

最決昭五五・九・二二

三　所持品検査

1　警職法二条四項／昭和三三年警職法改正案　との関係

2　職務質問付随性＋任意性（同意）　任意処分性の枠内での論争

所持品検査の諸段階

(1)　所持品を外部から観察する行為

(2)　所持品について質問する行為

(3)　所持品の任意の呈示を求める行為

(4)　着衣等の外部に手を触れて検査する行為

(5)　所持品を開披し点検する行為

(3)からが問題

(3)の場合、否定　平場・小田中

(4)まで認めるもの

福岡高決昭四五・一一・二五

着衣の上からの兇器の捜検に限って認める　田宮

東京高判昭四七・一一・三〇

東京地判昭五〇・一・二一

(5)まで認める見解

船田

松尾（但し要件を限定する）

〈職務質問に関連し、必要性・有効性ある行為として警職法二条一項を根拠に肯定〉

3　最高裁の見解　最判昭五三・六・二〇

最判昭五三・九・七（但し相当性の限界を超えるとして違法）

判例の検討

四　任意同行

1　警職法上の任意同行　警職法二条二項・三項
2　被疑者の任意同行
　否定説――平場
　1よりも厳格な「任意性」を要件として肯定　通説
基準――同行を拒絶しようと思えば拒絶できる状況であったか、
　途中から帰ろうと思えば帰れる状況であったか
拒絶又は退出の意思表示が必要か
逮捕と同視された場合の、勾留請求の効力
○制限時間超過の違法
○それ自体令状主義に反する重大な違法
3　任意同行後の取調べ
(1)　宿泊を伴う取調べ
最決昭五九・二・二九（高輪グリーンマンション事件）
(2)　徹夜の長時間の取調べ
最決平元・七・四（平塚署事件）

五　任意処分と強制処分の限界

1　強制処分をまず定義
①　物理的有形力の行使
②　間接強制
③　相手方に観念的義務を負わせる場合
④　相手の意思に反して権利・利益を侵害する行為
その他は任意処分
任意処分のなかにも相手方の権利に影響を及ぼす行為については具体的手続規定が必要
2　判例の考え　最決昭五一・三・一六
強制的に捜査目的を実現する行為
任意処分にも法益を侵害し又は侵害するおそれがあるものあり
――「必要性」「緊急性」「相当性」でコントロール
3　強制処分法定主義と令状主義の関係
ア　強制処分――法律の規定がなければ許されない（一九七条一項但書）
イ　新しい強制処分　法律の規定がない
イが許されるとするため
ア→刑訴法の定める強制処分は刑訴法の定めた要件と形式に従うべし（田宮、渥美）
田宮説
一九七条一項本文――捜査は可及的に任意処分で（任意捜査の原則）
〃　一項但書――強制処分には第三者（令状裁判官）
← の保証が必要＝令状主義
(i)　既存の強制処分に対しては↓「法定」の要求
(ii)　非類型的な強制処分に対しては↓令状主義の精神にそった「デュー・プロセスの要求」
→
疑問
○法律に定められた要件・手続を遵守すべきは、この規定なくても当然のこと
○憲法三一条と一九七条一項但書とあわせ考えると、重要な権利・利益を侵害する強制処分を新たに設けるには、国会での審議と議決が必要

六　公正さの要求

1　手続の公正
被疑者等の名誉の保護（一九六条）
方法及び程度において「必要な」限界を超えぬこと
2　おとり捜査
(1)　捜査官又はその協力者が犯罪を教唆しその実行をまって逮捕
合法説（土本）……証拠の収集・保全が通常の方法では著しく困難であるとき

適法性に疑問＜詐術により人を「わな」にかける
　　　　　　　国家が犯罪者を作り出す

二つの類型＜機会提供型……犯意ある者に単に犯行のための機会を提供
　　　　　　犯意誘発型……犯人が「わな」にかけられてはじめて犯意をおこす

(2) 判例の立場
最決昭二八・三・五
おとり……教唆犯又は従犯としての責任を負うことはありうる
犯罪実行者……＜構成要件該当性、違法性及び責任性を阻却されず
　　　　　　　　また、公訴は無効とならない

(3) 学説（犯意誘発型について）
＜国家が自ら犯罪を教唆し実行させる→憲法一三条、三一条の精神に反する
　裁判所がその結果を受理し処罰する――背理
↓
①免訴説＜訴追利益の欠如（団藤）
　　　　　処罰適格の欠如（鈴木茂）
②公訴棄却説＜「きたない」方法――デュー・プロセス違反
　　　　　　　違法を防圧する強度の必要性（田宮）
③証拠排除説（高田）

合衆国判例
＜主観説――区別＜㋐誘発がなければ無罪の者……「わな」の抗弁成立……無罪判決
　　　　　　　　　㋑もともと犯罪性向のある者……抗弁不成立
　客観説（少数意見）――常規を逸するような働きかけの態様の違法をとらえる
主観説をとり、㋐の場合、公訴棄却が妥当か
その後の展開最決平一六・七・一二

3 コントロールド・デリバリー（監視付きの移転）
ライブ・コントロールド・デリバリー
クリーン・コントロールド・デリバリー
関係規定
　麻薬特例法三条、四条、一一条
　銃砲刀剣類所持等取締法三一条の一七

七 捜査のその他の端緒

1 検視
＜行政検視……犯罪による死亡でないと認められる死体または死殆について一定の行政目的のため行われる検査
　司法検視……変死者または変死の疑いのある死体を検査して犯罪による死亡かどうかを調べる処分

自然死……病死・老衰死など
変死の疑いのある死亡
死亡＜非犯罪死……天災による死亡、自殺等
　　　不自然死＜変死……犯罪によるものではないかの疑いのある死亡　］検視の対象
　　　　　　　　犯罪死……殺人など、←令状を得て検証を行うべき

2 告訴
犯罪の被害者その他一定の者が捜査機関に対し犯罪事実を申告し、犯人の訴追を求める意思表示
告訴権者……二三〇条～二三四条
方式……書面又は口頭で検察官又は司法警察員に対してする
告訴した者の地位……告訴事件について起訴・不起訴の通知をうける（二六〇条）
　請求すれば不起訴の理由を告げられる（二六一条）
　不起訴処分に不服→検察審査会に処分の当否の審査請求権（検審三〇条）

←（一定の罪）

付審判の請求権（二六二条以下）

親告罪の告訴　訴訟条件

3　告　発

告訴権者及び犯人以外の者が、犯罪事実を申告し、訴追を認める意思表示

4　請　求

5　自　首

犯人が捜査機関に対し、自己の犯罪事実を申告してその処分に委ねる意思表示

犯罪事実又は犯人が誰であるか発覚する以前たることを要す

6　現行犯（第三章）

一　職務質問

1　意　義

市民が警察と路上でもっともひんぱんに接触する場は何といっても職務質問です。職務質問については警察官職務執行法二条が定めています。警察官は、「異常な挙動その他周囲の事情から合理的に判断して」、①何らかの犯罪を犯したと疑うに足りる相当な理由のある者、②犯罪を犯そうとしていると疑うに足りる相当な理由のある者、③既に行われた犯罪について知っていると認められる者、④犯罪が行われようとしていることについて知っていると認められる者を、「停止させて」「質問する」ことができます（警職法二条一項）。この「停止」「質問」を一般に職務質問と呼んでいます。また、その場で質問をすることが、本人に対して不利であると認められる場合、または交通の妨げになると認められる場合には、質問をするため、その者に附近の警察署、派出所または駐在所に「同行」することを求めることができます（警職法同条二項）。これを警職法上の任意同行と呼んでいます。

そしてすぐ続けて三項で、「前二項に規定する者は、刑事訴訟に関する法律の規定によらない限り、身柄を拘束され、又はその意に反して警察署、派出所若しくは駐在所に連行され、若しくは答弁を強要されることはない」として、任意同行を含めて職務質問が「任意処分」であることを念を入れて明らかにしています。

2　「停止させて」の意義

このように「質問」はあっても答弁はいかなる意味でも強要されませんし、いやだといって動かぬ人の手などを引っぱって無理やり警察署等へ連れてゆくことはできません。この二つの任意処分性は比較的担保され易いのです（もっとも任意同行についてはそうともいえない場面が生じることも否定できませんが）。それらにくらべて「停止」となりますといろいろと問題がでてきます。というのは、同条一項は「停止させて」質問することができると規定しているので、停止を求めることだけでなく、停止させるためのある程度の実力行使を予定しているのではないかとも考えられるからです。したがってそれをめぐる見解にも以下のようなばらつきがみられます。

(1)　任意説(一)　職務質問は条文上明らかなように任意処分であり、「強制処分ではないから、停止する義務はないし、停止を強制してはならない」（平野・八七頁注(1)）。警察当局の立案者も、「『停止させて』とは、呼びとめてという程度の意味で、腕力で停止させるものではない」（国警総務部企画課編『警察官職務執行法概説』三九頁）と説明していました。名古屋地判昭和二八年三月三日（刑集八巻七号一一四一頁）、名古屋地判昭和二八年五月六日（裁判所時報一三三号七頁、刑集八巻七号一一四一頁）などはこの立場に立っていました。

(2)　実力説　単純に任意処分か強制処分かという二つの典型的概念のみを使って解釈しようとすることが無理であって、その中間に純粋に任意でもなく、また強制でもない「実力」という段階が存在する。そして「職務質問に応じないで逃げようとする不審者を『一寸待ち給え』と言いながら腕をつかみ、肩を押さえて引き止めて、必要な事項について質問しようとするのは、質問に応じさせるための臨機な説得の範囲を逸脱しない限り適法なのである」とします（出射義夫『検察・裁判・弁護』一四九頁）。

(3)　強制説　**(a)**　任意と強制との差は、相手の意に反する実力を加え得るかどうかにあるのだから、ある程度にしろ、どの程度にしろ、実力を加えることを認める以上、強制手段として理解すべきものだとしてまず実力説を批判します。そして、警職法二条一項は容疑のとくに濃い者が警察官に呼びとめられ、これに反抗して逃亡した場合のような急迫性の認められる場合には、それに相応する程度の実力を用いること、即ち強制手段をとり得ることを認めたものであるとします。同時に、それほど切迫性のない通常の場合は相手の意思によって停止することを求めること、すなわち任意手段を用いるべきことを定めたと解するのが最も合理的だ、といいます（宍戸基男他『新版警察官権限法注解』上巻四〇頁）。

(b)　軽度の強制は不可避、したがってそのコントロールこそ必要とする見解　この見解は、行政警察から司法警察へと変化する行為については可及的に憲法三一条の適用を認めるべきだ、という前提に立ちます。そして①職務質問におけるある程度の実力の行使を強制処分ではないと強弁するのは、むしろ現実を相当の程度まで正当化してしまう。また②純粋な任意処分だという構成をとると、任意であるかぎり、警職法の要件を多少無視しても、直ちには憲法問題は生じてこないことになる、といいます。こうして「職務質問は必ずしも任意処分ではなく、多少強制の要素が介入すると解すべきものだし、またそう解した方がよい」（田宮『捜査の構造』一四三頁）とします。それは仮の、程度の弱い自由の拘束であって逮捕ではないから憲法三三条には触れないが、憲法三一条により合理性が要求される、とします。

(a)が、純粋の任意の処分なら警察法二条により可能なのに、警職法二条一項が設けられているのは、嫌疑が濃厚で急迫性ある場合、強制を可能とする趣旨であるというのに対し、(b)は、職務質問にあたりどうしても軽度の強制が介入することが避けられないという実態を直視した上で、これに法的コントロールを及ぼそうとするものです。

(4)　任意説(二)　「停止」のためにある程度の有形力の行使はみとめながら、なお任意処分と理解すべきだとする考え。「停止権」には、「単なる任意処分とはいえない」面のあること、「停止させて」という条文の表現は、停止について「身体の拘束」に至らないある程度の実力ないし有形力の行使を認めている根拠となることを挙げ、停止させないことには質問できないから合理性もあるとします。しかし、ある程度の有形力の行使は、任意処分のわくの中で理解できるし、また任意処分である限り、「拒否の自由」を残さないような有形力の行使は許されないというべきだ、とします。（下村幸雄「職務質問」井戸田編『判例演習講座』五七頁）。これは(3)のような強制説をとると、かえって強制の認められる程度も範囲も、合理的必要性を理由に一層拡大するおそれがあるので、職務質問は任意処分だとする伝統的見解を堅持すべきだ、とするのです。この問題の検討を深める前に判例の態度をみておきましょう。

3　判　例

もっとも代表的なものは最決昭二九・七・一五刑集八巻七号一一三七頁です。事案は次のようなものでした。警ら中の警察官Ｐ・Ｑは、午前〇時一五分頃いくらか異常な服装をして自転車に乗っているＸに会い、その住所・氏名・時刻の遅い理由などを職務質問して一旦別れたが、自転車の荷台上に革カバンがありその中からポスターらしきものがはみ出していたことを思い出し、革カバンの盗難事件及び選挙違反事件に関連して再び職務質問を行うためＸを駐在所に任意同行し、種々質問したうえカバン中の書類の呈示を求めました。Ｘはその一部をみせますが、残りの呈示の求めには応じませんでした。午前一時三〇分頃Ｘが突然駐在所から逃げ出したので、そこに来合わせていた警察官Ｒは、前記事件及び麻薬強盗事件について職務質問を継続し、かつ逃走の理由を問いただす目的で、Ｘを追いかけ、約一三〇米の地点で追いつき、背後から「どうして逃げるのだ」といいながら、Ｘを引き止めるためにＸの腕に手をかけました。Ｘは後に振り向くや否やＲに暴行を加えたため、公務執行妨害の現行犯として逮捕されました。

この事案について第一審名古屋地裁は、Ｘが駐在所から逃げ出したのはそれ以上の職務質問を拒否したためであり、警察官Ｒは職務質問をさらに続行すべき理由はなく、ことにＸを一三〇米追いかけ、その身体に手をかけた行為は、逮捕的行為であり、適法な職務行為とはいえないからＸの反撃は正当防衛として罪とならない旨判決しました（名古屋地判昭二八・五・六裁判所時報一三三号七頁、刑集八巻七号一一四一頁）。しかし、第二審名古屋高裁は、Ｘがカバンの中の書類の一部について呈示要求に応じず、また突然逃げだしたのを巡査が、Ｘが何らかの罪を犯したのではないかとの疑念を抱いたのは自然であり、Ｒ巡査がＸの背後より「どうして逃げるのか」といいながらその腕に手をかけたことも「任意に停止しない被告人を停止させるためにはこの程度の実力行為に出ることは真に止むをえないこと」であるとして、Ｒ巡査の行為を適法だとしました（名古屋高判昭二八・一二・七高刑判決特報三三号五八頁、刑集八巻七号一一四四頁）。これに対して弁護人からＲの行為は違法である旨の上告がなされましたが、最高裁は、「原判決の認定した事実関係の下においては、原判決の判示は正当であって、所論の違法は認められない」として、決定でこれを棄却しました。これはまことに短い判示ですが、これにより内容上原名古屋高裁判決の判断が正当と認められることとなっただけでなく、リーディング・ケースの位置を占めることになったのです（なお、六時間半も停止現場に留め置いた措置は違法となるとしたものとして最判平六・九・一六刑集四六巻六号四二〇頁、百選〔八版〕六頁（上田信太郎）があります）。

これがいわば定式化されて「質問を続行するため追跡して背後から手をかけ停止させる行為」は職務質問において許される、とされました。しかし、この事案に即してみると、最初の職務質問に対しXは住所・氏名・時間の遅い理由などを答え、一旦別れたのですが、警察官が再度よびとめて駐在所に任意同行し、執拗に所持品の全部開示を求めたのでした。最初の質問から起算して一時間一五分も経過しています。書類を開披しない以上質問がいつまでも終らないと思ってXは退出したと考えるのがむしろ妥当でしょう。刑訴一九八条一項但書は逮捕・勾留されていない被疑者はいつでも退去することができるとして、任意処分性を明確にしています。この被疑者よりも嫌疑の程度の低いXが任意に退出できないとするのは矛盾です。したがってR巡査の行為はこの退出を制止する行為になり、したがって「適法な職務行為でない」とした一審の判断の方が正しいと私には思われます。そういう視点からみないで、停止させる行為として妥当かどうかという視点からのみ考察した点に、この判例の問題点があるように思われます。

4　各説の検討

このように二九年判例をその事案に則して考察すると大変疑問があるのですが、例えば夜遅く異常な服装等をしてパトロールの警察官をみかけて急に路地に入ってゆくような者を認め、職務質問のための停止を求めたところ、逃げ出したような場合、停止を求めて肩に手をかけるような行為は許されないのでしょうか。**2**(**1**)の見解を除いては、そのような場合、停止を求めるために肩に手をかけるとか、腕をつかむとか、前方に立って手を広げるとかの行為は、職務質問のためなお許される行為と解していると思われます。この職務質問によって重要な犯罪解決の糸口が得られた場合が現に相当数ある、ということがその背景にあるでしょうし、職務質問するためには前提として相手方が停止することが必要なこと、二条一項の文言が「停止を求めて」ではなくて「停止させて」といっていることが手がかりとなっているでしょう。「最初の」職務質問にあたっては右のことは否定できないように思われます。そうすると、肩に手をかけるような行為をどう理論構成するか、それをどの程度のものに限定するか、が重要となります。2(2)～(4)の見解のうちどの見解がもっともよくその限定機能を示すでしょうか。

まず(2)の見解ですが、「任意」と「強制」の間に「実力」という範疇を設けしかもその範囲をかなり広く認めるのですから、本来「強制」に該る場合でさえも「実力」の中にとりこんで許容することになりかねません。しかもいかなる程度実力的なものが許されるかは、警察官の法的な職責職務の内容と相手方の行動の自由との比較衡量の上で合理的に判断する外はない、とするのですから限定機能はきわめて微弱といわねばならないでしょう。

(3)(a)の見解の問題点は、「職務質問が純粋の任意処分であるならば、警察法二条を根拠に行いうるのに、警職法二条一項をわざわざ設けた趣旨は、嫌疑が濃厚で、急迫性のある場合実力行使＝強制をなすことができることにある」とする点です。しかし、警察官の公権力の行使は国民の人権や自由に密接な関係があるから、任意処分でも法的根拠が要る――その規定が警職法だと考えるべきではないでしょうか。また(3)(a)の見解によると一定の場合には、「逮捕」にさえ至らなければ停止のための相当程度の実力の行使も相手方は受忍せざるをえなくなり、「質問」自体の任意処分性も侵害されることになるでしょう。

(3)(b)の見解の意図――承諾が任意であったかどうかという水かけ論に終わるおそれのある解決策に埋没せず、合理性要求にかなう範囲である程度の強制を認め、それ以外は許さない――はよく分かりますが、合理性の基準が必ずしも明瞭でなく、またその意図とは逆に一旦強制も許されるとすると、その範囲では相手方に拒否の自由もなくならないでしょうか。「停止させて」という文言が相手方に拒否の自由も残さぬ場合を含むと解することは、職務質問全体の構造から言ってなお疑問が残るのです。

このようにみてくると、多少のあいまいさは残るものの、具体的状況によっては相手方の翻意を求めるための説得の範囲内で肩に手をかける等の行為（それ自身は軽度の強制）も停止に必要な措置として認めるがそれでもあくまで立去ろうとする者には「拒否の自由」を残すという形で、任意処分性を（かろうじて）保持する**(4)**の見解の方がベターだと思われます。実務上、拒否できないような状態で停止させられた場合もなお任意の停止だと認められる事例が出てくる虞は完全には否定することはできませんが、「同意して止まったのか」それとも「あくまで同意しなかったのに止められたのか」の基準の方が**(3)(b)**の合理性基準よりは、まだ分り易いし、全体としての職務質問の任意処分的性格を失わないですみます。また停止を求められた市民の側からしても、右の基準の方が、自分達では判断できない合理性基準よりもまだわかりやすいのではないでしょうか。

二　自動車検問

一般に自動車検問とは、警察官が犯罪の予防・検挙のため、進行中の自動車を停止させ、当該自動車の運転手等に対し必要な事項を質問すること、と定義されています。警察内部の訓令・通達等によって広く行われている警察活動の一つです。それは目的の違いから(i)交通違反の予防検挙を目的とする**交通検問**、(ii)犯罪一般の予防や検挙を目的とする**警戒検問**、(iii)特定の犯罪が発生した場合に、犯人の検挙・捕捉と捜査のための情報収集を主たる目的とする**緊急配備活動としての検問**に分類されるのが一般的です（藤井一雄・捜査法大系I二二―二四頁）。

もちろん、これには法的根拠のあるものもあります。例えば、(i)の交通検問に関しては、道路交通法六一条

（乗車・積載・牽引についての危険防止のための停止権）、六三条（整備不良車両に対する停止権）および六七条（無免許・酒気帯び・過労運転車両等に対する停止権）の規定がそれにあたります。また自動車運転者や同乗者に不審事由が認められるときは(i)(ii)(iii)のいずれの類型の場合にも、警職法二条一項で職務質問のため停止を求めることができるでしょう。走行自体が道交法に違反している自動車、警察官の姿をみるや急に進路を変えて走り去ろうとする自動車、銀行強盗事件の犯人が乗って逃走中と連絡のあった車両と同型と認められる自動車などについては職務質問の要件が備わっているといえるでしょう。

しかし、問題が生じるのは**走行の外観上不審事由のない車**をいっせいに又は個別的に停止させ質問する場合で、実は数もこれが一番多いので厄介です。停止させる法的根拠をめぐって争われることとなるのです。問題はまず(ii)の警戒検問に該当する事案でおこりました。午前〇時二〇分頃自動車強盗の予防検問所が設けられていてそこを通りかかったタクシーが停車を求められました、運転手が質問に答え終ったころ後部座席にいた乗客Xが「何をポリ公」といって巡査の顔面を殴打したという事案です。Xの公務執行妨害事件で、大阪地裁はこのような自動車検問は、「その実質において、職務質問の要件を取り除いた職務質問であり、まさに『職務質問の要件なき職務質問』というべきものである。……いわば自動車搭乗者に対する職務質問の特殊応用形態としての自動車検問なる制度の今日における必要性は理解できないではないが、現行法のもとにおいては、法的根拠を欠き不適法なものであるといわざるを得ない」と判示し、公務執行妨害罪の成立を否定しました（暴行罪は成立、大阪地判昭三七・二・二八下刑集四巻一・二号一七〇頁）。

これに対して大阪高裁は次のように判示し原判決を破棄しました（大阪高判昭三八・九・六高刑集一六巻七号五二六頁）。(1)警職法二条一項は警察官に対して、職務質問の要件の存否を確認するため、自動車利用者に停止を求める権限をも当然合わせて与えたものと解される。さらに運転者や乗客に対して、職務質問の前提要件の存否を確かめるため若干の質問をすることも、相手方の任意の応答を期待できる限度で許されていると解せられる。しかし(2)職務質問の前提として認められる自動車の停止を求める行為は左の要件の下で行われる場合にのみ適法である。①犯罪を犯し、犯そうとする者が自動車を利用している蓋然性が客観的に認められること、②自動車利用者の通行の自由がある程度制限されてもやむを得ないと認められる場合であること、③道路の閉塞等物理的強制を用いないでなされること。⑴は、職務質問の対象から自動車運転者は除かれないこと、高速で疾走する自動車の場合職務質問の要件の存否は停止してみないと確認できぬことから、「職務質問の要件確認のための職務質問」という概念を導き出したわけでしょう。歩行者と自動車運転者について同等の扱いをすることを目指した苦心はよくわかります。だが、「職務質問の要件の存否確認のための職務質問」という一般概念を肯認すると、「停止させる」権限の有無を確認するため「停止させる」権限をみとめることとなり、「はなはだしく論理的な説得力を欠くもの」（松本一郎・渥美他共著『判例による刑事訴訟法入門』四七頁）との批判をうけることにもなったのです。ですから、むしろ端的に、警職法二条一項の職務質問の対象者から自動車の運転者等を除くのは不合理である、この場合、職務質問のための停止は歩行者の場合と異った合理性の要件を満たさねばならない、それは即ち⑵①②③の要件である、とした方が、すっきりしていたかもしれません。

そうこうするうちに、(i)の交通検問について、**警察法二条一項を根拠**に走行の外観上不審事由のない車の停止を認める判例が登場します。最決昭五五・九・二二刑集三四巻五号二七二頁（百選〔八版〕二二頁〔稲田隆司〕）がそれです。警察官P・Qは飲酒運転など道路交通法違反の取締を主な目的として深夜、橋のたもと付近の道路端で待機し、同所を北方から通過する車両のすべてに対し、走行上の外観上の不審の有無にかかわりなく赤色燈を廻しながら停止を求めました。午前三時二五分頃そこを通過したXも右停止の合図に気付き停止の求めに応じて停車し運転免許証を提示したのですが、その際酒臭がしたので飲酒検知をうけ、その結果にもとづき酒気帯び運転の罪でXは後に起訴されました。被告人X及び弁護人は本件自動車検問は何らの法的根拠もなしになされた違法なものだと争いましたが、一審の宮崎地裁も、第二審の福岡高裁宮崎支部も、警察法二条一項が交通取締を警察の責務として掲げていることを根拠に検問が任意で行われる限り適法との判断を示しました。これを不満としてなされた被告人の上告に答えたのが前記最高裁決定です。それは次のように述べました。「(1)(a)警察法二条一項が『交通の取締』を警察の責務として定めていることに照らすと、交通の安全及び交通秩序の維持などに必要な警察の諸活動は、強制力を伴わない任意手段による限り、一般的に許容されるべきものであるが、(b)それが国民の権利、自由の干渉にわたるおそれのある事項にかかわる場合には、任意手段によるからといって無制限に許されるべきものでないことも同条二項及び警察官職務執行法一条などの趣旨にかんがみ明らかである。(2)しかしながら、自動車の運転者は、公道において自動車を利用することを許されていることに伴う当然の負担として、合理的に必要な限度で行われる交通の取締に協力すべきものであること、その他現時における交通違反、交通事故の状況などをも考慮すると、(3)警察官が、交通取締の一環として交通違反の多発する地域等の適当な場所において、交通違反の予防、検挙のため自動車検問を実施し、同所を通過する自動車に対して走行の外観上の不審な点の有無にかかわりなく(a)短時分の停止を求めて、運転者などに対し必要な事項についての質問などをすることは、(b)それが相手方の任意の協力を求める形で行われ、(c)自動車の利用者の自由を不当に制約することにならない方法、態様で行われる限り、適法なものと解すべきである」と。勝手に記号を付けましたが、(1)(a)が自動車検問（交通検問）の法的根拠であり、(2)は、市民の権利・自由をなにがしか制約することを許容する実質的根拠であり、(3)(a)(b)(c)が実施にあたっての要件といってよいでしょう。これによれば停止は短時分でなければならず、道路に障害物を置くなどの物理的停止強制や、警察官が自動車の進路に立ちふさがり事実上これを停車させるような行為は許されないことになるでしょう。その点は肯認できるとしても、問題はやはり法的根拠にあるように思われます。

交通検問が、あとの三で述べる所持品検査とくらべ、スタンスを司法警察よりも行政警察におく点から考えると、一応肯認されうる基準だと思われます。しかし、任意手段であるとはいえ、国民の自由になにがしかの制約を加えるわけですから、警察の一般的・抽象的な責務を定める警察法二条一項の規定だけで十分とは思われません。交通検問はその必要性を認めますが、明文の手続規定を設け、それに則って行われるのが本則でしょう。

三　所持品検査

1　警職法二条四項等との関係

すでにみてきたように警職法は二条一項で職務質問を、同条二項では任意同行を、それぞれ一定の要件のもとに認めていますが、三項で「答弁を強要されることはない」「その意に反して連行されない」と規定して職務質問の任意処分性を明らかにしています。ところで所持品検査の許否を考えるにあたってはとくに次の点に注意すべきでしょう。①警職法二条四項に、「警察官は刑事訴訟に関する法律により逮捕されている者については、その身体について兇器を所持しているかどうかを調べることができる」としているほかは、警職法上所持品検査に関する規定はありません。そうすると適法に逮捕されている者以外の者は、その身体につき兇器さえ捜検されない、とするのが素直な解釈でしょう（もっとも適法な逮捕に伴いその現場での令状なしの捜索・差押を認める刑訴二二〇条一項二号との関係が問題となりましょう。警職法二条四項は、本人及び他人の生命・身体・財産の安全を確保するという行政目的達成のため必要な、兇器発見のための強制手段を定めたものであり、逮捕した場合には、逮捕の現場でも、現場でなくても、身体について兇器の点検ができるが、その実力の行使は、当面の行政目的達成に必要な限度内に限られる（宍戸他・前掲書五一頁）と考えるのが妥当でしょう）。また、②昭和三三年に国会に上程された警職法の改正案には、「異常な挙動その他周囲の事情から合理的に判断して何らかの罪を犯し、又は犯そうとしていると疑うに足りる相当な理由のある者が、兇器その他人の生命又は身体に危害を加えることのできる物件を所持しているときは、一時保管するためこれを提出させることができ、又、これを所持していると疑うに足りる相当な理由があると認められるときは、その者が身につけ、又は携えている所持品を提出させて調べることができる」旨の規定が含まれていましたが、強い世論の反対をうけ、この改正案は不成立となりました。

①②からは警察官が所持品検査をすることは法律上の根拠がないと解する（松尾・上四五頁）のが素直な理解であると思

われます。そして、昭和四〇年頃まではわが国では所持品検査は将来の立法論とかかわるだけだともいわれていました（田宮裕『強制捜査』綜合判例研究叢書刑事訴訟法(16)二二四頁）。

これに対して警察法二条一項を根拠と解する見解も主張されましたが（出射義夫『警察権限詳解』二三頁）、さきに述べたように警察法は組織体としての警察の職務を明らかにしたにとどまり、警察官の具体的権限及び方法については他に法律上の規定を必要とします。相手方の意思に制約を加えない程度の任意手段にとどまる限り警察法二条一項を根拠としてできるという見解によったとしても、所持品検査一般のもつ相手方に対するインパクトの大きさからみて、警察法二条一項以外の手続規定なしに、これを行えるとは言えないわけです。

そこで所持品検査を認める見解も、職務質問（警職法二条一項）に付随してこれを認めようとします。そして、この職務質問に付随して且つ任意（相手方の承諾のある場合）ならばこれを認めるという傾向が実務上現れてきます。根拠は警職法二条一項と「任意性」の結合でした。しかし「任意性」が要件といっても、所持品の開披を求められている者が、その求めを拒絶できないような状況であったら凡そ任意とは言えず、そういう検査は違法だという考えが主張されました。「任意性」担保の要件をめぐる争いではあったにせよ、まだ「任意処分性」の枠内での論争でした。しかし、昭和四四年頃を境として相手の承諾がないのに、あるいは相手が拒絶しているのに、一定の要件のもとで実力で所持品を検査する動きが現われ、やがて裁判でもこれが容認される傾向が現われてきます。

2　所持品検査の諸段階

一概に所持品検査といっても、いろんな段階（あるいは態様）があります。差し当り大まかに分けると次のようになるでしょう。(1)所持品を外部から観察する行為、(2)所持品について質問する行為、(3)任意の呈示（開披）を求める行為、(4)着衣又は携帯品の外部に手を触れて検査（捜検）する行為、(5)所持品を警察官みずから開披しあるいはポケットの中の所持品を点検する行為。

争点になるのは(3)からです。「所持品の提示を求めることができる」という規定がないのに呈示要求ができると考えることに問題がなくはないでしょう。「質問には所持品についての質問も勿論入るであろうが、内容呈示の要求は当然に入ってはいないのではないか」（平場安治『刑事訴訟法の基本問題』一八八頁）という素直な疑問も提起されていました。だが、実際の動きの中で、同意があれば所持品開披は許されるとして、前提たる呈示要求可否の問題は背後に退いてしまった感があります。「職務質問に際して相手方の承諾を期待しながら所持品の呈示を求めることは、質問の実効を期するうえにきわめて必要な方法であって、しかもこれがため相手方にさきほどの負担を加重するものではないから、かかる行為はなお職務質問の範囲内にある」（福岡高決昭四五・一一・二五高刑集二三巻四号八〇六頁）という見解などは、その代表的なものでしょう。

(4)の段階まで認める見解をみてみましょう。

① 所持品検査を警察官の口頭の質問と関連する動作と考える見解。ポケットが異常にふくらんだりしているとき、「これは何か」といいながら、ポケットの上からさわったりすることは、社会通念上質問に付随する行為として、質問の範囲内であるといいます（宍戸他・前掲書四一―四二頁）。

② 社会通念上職務質問に通常随伴するとみられる程度の検査は職務質問の一態様として許されるとする見解。これは例えば「職務質問の過程において、異常な個処につき着衣あるいは携帯品の外側から軽く触れる程度の、社会通念上職務質問に通常随伴する程度の行為は許されるものと解すべきである」とする判示（前掲福岡高決昭四五・一一・二五、同旨高松高判昭四〇・七・一九下刑集七巻七号一四三八頁）などに現れています。

③ 兇器の有無を着衣の上からはたいて検査する（武器の捜検＝フリスク）程度で認められるとする見解。「警職法二条一項に付随する」ものとして「一定の状況のもとで武器の捜検をすることは必要であり合理的な場合があることは否定できない」とし、その合理性の基準は憲法三一条により事態の緊急性、手段の必要性、態様の相当性だとします（田宮『捜査の構造』一一四頁）。

やがて(5)までも認める見解があらわれます。「これら（＝呈示要求）が拒否された場合に、何らバッグを損壊することなく、単にそのチャックを開き、内容物をそのままの状態で外から一見した行為も、――外形的には警職法二条一項による行為の範囲を多少こえるようにみえるが――問題になっている容疑事実の重大性と危険性、実力行使の態様と程度、これによって侵害される法益と保護されるべき利益との権衡等からみて警察法、警職法を含む法秩序全体の精神に反しない、社会的にも妥当性の肯定される行為」だとする見解（東京高判昭和四七・一一・三〇高刑集二五巻六号八八二頁）、容疑が極めて濃厚で緊急逮捕できる程度には達していないがこれと極めて近い程度であり事案も重大であり、警察官に対する危害及び犯人自身の自害の危険性が認められるとき所持品検査は、法秩序全体の精神に反せず、社会的にも妥当性の肯定される行為だとする見解（東京地判昭五〇・一・二三判時七七二号三四頁、なお松尾・上四五頁もこれに近いか）などがありました。しかしいずれも、警察法を含む法秩序全体の精神というような抽象的根拠だけで（その職権行使のための具体的根拠規定なしに）、人のプライバシーを侵害する警察官の行為を、肯認することには強い疑問が提示されました。

3　最高裁の見解

そのうち昭和五三年にあいついでこの問題について最高裁の見解が示されることとなりました。一つは最判昭五三・六・二〇刑集三二巻四号六七〇頁（百選〔八版〕一〇頁以下〔渡辺一弘〕米子銀行強盗事件という）であり、いま一つは最判昭五三・九・七判集三二巻六号一六七二頁（以下大阪覚せい剤事件という）です。前者は被告人X・Yを含む四名が米子市内で猟銃とナイフを用いて銀行員を脅迫して現金六〇〇万円を強奪した事件に関しての職務質問の際、警察官が、被告人らが開披を拒んでいるボーリングバックのチャックを開けて中味を一瞥《べつ》した行為に関するものです。次のようにいいます。

(i)　警職法は、その二条一項において同項所定の者を停止させて質問することができると規定するのみで、所持品の検査については明文の規定を設けていないが、所持品の検査は、口頭による質問と密接に関連し、かつ、職務質問の効果をあげるうえで必要性、有効性の認められる行為であるから、同条項による職務質問に付随してこれを行うことができる場合がある。それは、任意手段である職務質問の附随行為として許容されるのであるから、所持人の承諾を得て、その限度においてこれを行うのが原則である。

(ii)　しかしながら職務質問ないし所持品検査は、犯罪の予防、鎮圧等を目的とする行政警察上の作用であって、流動する各般の警察事象に対応して迅速適正にこれを処理すべき行政警察の責務にかんがみるときは、所持人の承諾のない限り所持品検査は一切許されないと解するのは相当でない。

(iii)　ⓐ捜索に至らない程度の行為は、ⓑ強制にわたらない限り許容される場合がある。ⓒかかる行為は「限定的な場合において、所持品検査の必要性、緊急性、これによって害される個人の法益と保護されるべき公共の利益との権衡などを考慮し、具体的状況のもとで相当と認められる限度においてのみ、許容されるものと解すべきである。」

(iv)　本件の警察官によるボーリングバッグを開披し内部を一瞥した行為は、猟銃とナイフを使用しての銀行強盗が発生した状況のもとに、犯人としての容疑が濃厚に存在し、かつ、兇器を所持している疑いもあるX・Yが再三にわたる所持品の開披要求を拒否するなど不審な挙動をとり続けたため、右両名の容疑を確かめる緊急の必要上なされたものであって、所持品検査の緊急性、必要性が強かった反面、所持品検査の態様は施錠されてないバッグのチャックを開披し内部を一瞥したにすぎないので、相当と認めうる行為である、と。

後者（大阪覚せい剤事件）は、警察官が覚せい剤の使用ないし所持の容疑が認められる者に対して、職務質問中、その者の承諾がないのに、その上衣の内ポケットに手を差し入れて所持品を取り出したうえ検査した行為について、前者の(i)～(iii)をそのまま引用し、所持品検査の必要性・緊急性まではこれを認めましたが、次のように判示しました。すなわち、右のような警察官の行為は、「一般にプライバシー侵害の程度の高い行為であり、かつ、その態様において捜索に類するものであるから、本件の具体的状況のもとにおいては相当の行為とは認めがたいところであって、職務質問に附随する所持品検査の許容限度を逸脱したものと解するのが相当である」と。

この二つの判例を対比してみると、判例は所持品検査の法的根拠を警職法二条一項に求めたこと、それは相手方の承諾を得て行うのが原則だとしつつ、相手方に犯罪の容疑があり、その解明のための緊急の必要性がある場合に、(iii)ⓐⓑⓒの要件があれば、職務質問に付随して相手方の承諾がなくても所持品検査が許容されるとしたことがわかります。もっとも前者では重大犯罪の容疑でしたが、後者では覚せい剤取締法違反という（前者にくらべれば）比較的軽い罪であったこと、前者では施錠されてないバックのチャックを開けて中味を一見したにすぎなかったが、後者では上衣の内ポケットに手を差し入れて中味をとり出した上検査した点でプライバシー侵害の程度が大きかったこと――この点で前者は適法だが後者は違法との判断が下されたと思われます。

しかし判例の立場には、なお基本的な点で疑問が残るように思われます。

一つは、所持品検査は口頭による質問と密接に関係し、職務質問の効果をあげる上で必要性、有効性があるから警職法二条一項の職務質問に付随して許容されるとしますが、職務質問に付随して許される以上その任意処分性を超えることは許されないのではないでしょうか。判例の立場は職務質問の「さいに」、相手の承諾なしでも検査することは「捜査に」とって必要、有効だということになってしまうでしょう。第二に、チャックを開けて中味を一見することがどうして「捜索に至らない行為」であり、相手が拒絶していても開披することがどうして「強制にわたらない」のか、理解するのが困難です。錠をこわせば強制になり、そうでなければ強制にならないという基準にも疑問が残ります。第三に、プライバシーという個人的利益と治安の維持という公共の利益との間に、果して利益衡量的思考が成り立つものでしょうか。おそらくほとんどの場合後者が前者に優先させられるでしょうから（松本・前掲書五六頁）。最後に私見を述べねばなりませんが、私は、銃砲刀剣類所持等取締法二四条の二の要件が存する場合に、提示要求、開示要求の前提として、銃砲刀剣類の有無を着衣の上からはたいて点検することが、右条項を根拠として（それゆえ現行法上）ぎりぎり許容される限度だと考えています（光藤・ロー・スクール一七号二六頁。ほぼ同旨、渡辺修『職務質問の研究』三六六頁）。

四　任意同行

1　警職法上の任意同行

警職法二条二項は、一項の職務質問の要件の備わった者について、(ア)その場で職務質問をすることが本人に不利であり、(イ)又は交通の妨害となると認められる場合には、質問するため、その者に付近の警察署、派出所又は駐在所に同行することを求めることができるとし、同条三項において、刑事訴訟に関する法律の規定によらない限り、身柄を拘束され、又はその意に反して警察署、派出所もしくは駐在所に連行されない、と規定しています。身体の拘束になってはならないのは勿論、「その意に反して連行されない」とされていますし、停止の場合のように静止を求めるのとは異って、積極的な場所的移動を求めるのですから、動こうとしない者に対し実力を行使した場合、その違法が比較的ヴィジブルな形としてあらわれます。このようなわけで実力行使を違法と判断する裁判例は比較的多いのです。相手の腕を両手で抱えて派出所へ連行すべく五・六歩行った行為（大阪地判昭三二・一・一四第一審刑集一巻一号七頁）、同行させるべく性急に手を後にまわし胸許を摑んで引っ張る行為（京都地判昭二九・九・三判時三五号二六頁）、相手の右手を摑んで一五・六米も引っ張ってゆき連行しようとした行為（岡山地判昭四三・六・二五判時五四七号九七頁）はいずれも違法とされています。

また、警職法上の任意同行は前記(ア)(イ)の要件を満たす場合にだけこれを認めることができます。早朝四時頃通行人がほとんどいない道路上で、同行を拒絶している相手方に派出所への同行を求めるのは違法だとする静岡地裁沼津支部判昭三五・一二・二六下刑集二巻一一・一二号一五六二頁はこのことを明示的に明らかにしたものです（同趣旨のものとして新潟地裁高岡支部判昭四二・九・二六下刑集九巻九号一二〇二頁）。(ア)(イ)の場合以外にも、質問現場では嫌疑を確認し切れないとか、警察官の生命・身体に危険が及ぶおそれがあるなど、合理的な必要性があれば適法とされるべきであろう、という見解がありますが（田宮『刑事訴訟法入門』六三頁）、相手方が自発的・積極的に同行を希望する場合以外は(ア)(イ)の要件は厳格に守られることが必要でしょう。

2　被疑者の任意同行

(1)　刑訴法上強制の要素がより少ない任意出頭について規定（一九八条一項）を設けていながら任意同行については規定を設けていないこと、警職法がとくに一定の条件の下に任意同行を認めていることから推して、被疑者のばあいには任意同行を認めない趣旨だという見解（平場安治・演習講座一二五頁）もあります。

しかし実務上は任意の承諾を要件として任意同行を認めています。だが、1と異なり、同行を求めるための要件が定められておらず、ただ任意の承諾が適法性を支えているにすぎません。また任意の承諾が得られず、身体拘束の差し迫った必要性があるときは緊急逮捕等の強制手段に訴える余地も残されているから、1のばあいよりもより強い「任意性」を要するとする見解（半谷恭一・捜査法入門四五頁）もあります。

通説は、同行の時刻・方法、同行時の警察官の数、同行後の取調状況（時間・態様）、同行後の被疑者の監視状況、同行時にすでに逮捕状が発付されていたかどうか、などの諸事情を考慮し、被疑者が同行を拒絶しようと思えば拒絶できる状況であったかどうか、途中から帰ろうと思えば帰れる状況であったかどうかを判断し、そのような状況でなかったならばそれはもはや任意同行ではなく逮捕と評価すべきだとします（小田健司・新関＝佐々木他『令状基本問題七五問』三〇頁）。帰りたいという意思表示があったのにその後も滞留させるとか退出を制止する行為は違法というべきでしょう。そうしないと任意出頭の場合「何時でも退去することができる」（一九八条一項但書）のに、任意同行の場合はそれができないという著しい不整合を生じるからです。警察署への任意同行後一時間半の取調べがあった後急いで退去しようとした被疑者の左手首を両手で摑んだ警察官の行為を、その有形力の行使は任意捜査においても許される相当の行為だから適法だとした判例（最決昭五一・三・一六刑集三〇巻二号一八七頁）がありますが、退出の制止にならないかどうかという角度からも、考察する必要があったと思われます。

仮に被疑者から帰宅ないし退出についての明示の申出がない場合でも、さきに挙げた事情（取調べの時間、態様、監視状況）を考慮し、もはや「任意の取調べ」といえない状況が存在するならば、それ以後は実質上逮捕だというべきでしょう（富山地決昭五四・七・二六判時九四六号一三七頁、百選〔八版〕一四頁（津村政孝）参照）。

(2)　任意同行が実質的に逮捕と同視され違法となる場合、それに基づく勾留請求の効力如何が問題となります。

①実質上逮捕があったと認められる時点から起算すると勾留請求迄の制限時間を超過する場合には、制限時間超過を理由として勾留請求を却下するのが一般です。

②「制限時間内」のばあい、㋐実質上逮捕と認められる時点ですでに逮捕状が出ていたなら、逮捕状を提示するのが遅れたという手続の瑕疵にとどまるとして勾留を認めるのが実務の大勢です。しかし、㋑逮捕状が出ていなかった場合は、令状によらない実質上違法な逮捕があったわけだから、それにもとづく勾留請求は却下されるべきことになるでしょう（青森地決昭五二・八・一五判時八七一号一一三頁、富山地決昭五四・七・二六判時九四六号一三七頁）。もっとも、㋒実質的に逮捕のあった時点で緊急逮捕の要件があった場合には、その時点から制限時間内に勾留請求があれば、勾留を認めるべきだとする見解があり（熊谷弘・百選〔四版〕一三頁）、またこれに従う決定例もみられます（佐賀地決昭四三・一二・一下刑集一〇巻一二号一二五二頁など）。しかし「令状主義違反の違法は、それ自体重大な瑕疵であって、制限時間遵守によりその違法性が治ゆされるものとは解さない」（前掲、富山地裁決定）という見解の方が説得力があると思われます。

3　任意同行後の取調べ

やがて**2**で述べた状況にも変化がみられるようになります。即ち、**任意同行後の宿泊を伴う取調べ**とか、**長時間の被疑者取調べ**が行われる事態が生じました。

(1)　まず、**宿泊を伴う取調べ**からみてみましょう。任意同行後、被疑者に帰宅できない特段の事情もないのに、同人を四夜にわたって所轄警察署近くのホテルに宿泊させてその動静を監視し、連日、警察の自動車で同人を送り迎えし、同警察署で午前中から夜間遅くに至るまで長時間取調べを行ったというものです（高輪グリーンマンション殺人事件）。

このような事案について最決昭五九・二・二九刑集三八巻三号四七九頁（百選〔八版〕一六頁（原田國男））は、**2**に掲げられた下級裁判例のように、任意同行が実質的に被疑者の自由な退去を許さない身体拘束の状況に立ち至っていたか否かという観点からでなくて、「取調べ」それ自体に限局してその適法違法を直截の問題として、要旨以下のように判示しました。即ち、

㋑任意捜査の一環としての被疑者に対する取調べは、右のような強制手段（注―後掲最決昭五一・三・一六）によることができないというだけでなく、さらに、事案の性質、被疑者に対する容疑の程度、被疑者の態度等諸般の事情を勘案して、社会通念上相当と認められる方法ないし態様及び限度において、許容されるものと解すべきである。

㋺被疑者につき帰宅できない特段の事情もないのに、同人を四夜にわたり所轄警察署近辺のホテル等に宿泊させるなどした上、同警察署に出頭させ、午前中から夜間に至るまで長時間取調べをすることは、任意捜査の方法としては必ずしも妥当とはいい難い。

㋩だが、同人が右のような宿泊を伴う取調べに任意に応じており、事案の性質上速かに同人から詳細な事情及び弁解を聴取する必要性があるなど本件の具体的状況のもとにおいては、社会通念上やむえ得なかったものというべく、任意捜査の限界を越えた違法なものであったとまでは断じ難い。

これを五一年判例（後述の**五2**）とあわせ読むと、捜査機関の行為には、①他人の意思を制圧するようなかなり強度のもの（強制捜査）と、②相手方の意思を制圧するような手段を用いてはいないものの任意捜査の手段・方法として相当を欠くもの、及び③手段・方法とも任意捜査として相当なものという三つのカテゴリーがありうることを示唆しているように思われます（長沼範良・昭五九年度重判一九三頁、芝原邦爾・百選〔五版〕一六頁）。そして、②がさらに分れて、②に該当し相当でなく違法な

もの（②ⓐ）と、②に該当し相当ではないが、事案の具体的状況のもとで違法とはいいえないもの（②ⓑ）とがあると考えているように思われます。多数意見は本件宿泊を伴う長時間の取調べを任意の取調べとして相当でないとしながら、違法とまではいえないとしました。これに対し、木下・大橋両裁判官の少数意見があり、それによれば、本事案の状況下では、被告人の自由な意思決定は著しく困難であり、また本件の取調べは任意捜査としてその手段・方法が著しく不当で、許容限度を超える違法なものというべきで、その間の被疑者の供述の任意性にも当然に影響があるとしました。判例の基本枠組に従ったとしても、少数意見の方が本事案について任意取調べとしての許容限度を正当に評価したものと私には思われます。

2で紹介したように従前は、任意同行とそれに引き続く取調べが、被疑者の行動ないし応諾の自由を侵害・制約し、実質的に身体拘束したことになるかというレベルで検討されてきました。その問題を取調べを受けるか否かの意思の自由の制約の程度の問題に移した（酒巻匡「任意取調べの限界について」神戸法学年報七号二九五頁）といってよいでしょう。しかも判断は「諸般の事情を勘案して」「社会通念上相当と認められるか」どうかという極めて柔軟性のある基準によるとされます。そうすると任意捜査の範疇に入るものが増し、その中には相当とはいいがたいものも含まれることになりますが、それをまた「相当ではないがなお適法」なものと、「相当ではなく違法」というものに分ける方法論は複雑に過ぎるように思われます。

私は、警察の用意した宿舎への宿泊を伴う取調べの場合、取調べが任意か否か問う前に、このような留置が、場所が警察署以外だからという理由で、許容されてよいものかにもっと焦点が当てられてしかるべきものと考えます。警察が任意同行後三日のうち後二日につき長時間の取調べの後、本人の承諾を取って警察の斡旋するホテルに（警察官が同室し乃至は監視する状況下に）宿泊させたのは、実質的に逮捕と同視すべき状況下にあったものといってよい、として勾留状請求を却下した原裁判を支持した東京地判昭五五・八・一二判時九七二号一三六頁は焦点を衝いています。戦前、行政執行法による行政検束に代えて実質的に行政検束するものとして「抱き込み宿」（予め契約した旅館に警察官と共に宿泊させる）という慣行がありましたが、こういう慣行をほうふつとさせる捜査方法が、今日なお許されてよいとは、到底考えられません。

(2)　任意同行後の長時間の取調べ

強盗殺人事件の被疑者（以下Xと呼ぶ）を午後一一時すぎに警察署へ任意同行したのち一睡もさせず徹夜で、かつ、翌朝一応の自白を得たのちも、午後九時すぎに逮捕するまで、継続して合計二二時間取り調べた事案について最決平元・七・四刑集四三巻七号五八一頁（平塚署事件・百選〔八版〕一八頁（福井厚））は、一般的にこのような長時間にわたる被疑者の取調べは、たとえ任意捜査としてなされるものであっても、被疑者の心身に多大の苦痛、疲労を与えるものであるから、特段の事情がない限り、容易にこれを是認できるものではない、と述べました。もっとも、本事案には特段の事情として、㋑冒頭にXから進んで取調べを願う旨の承諾があったこと、㋺殺人と窃盗の自白後も真相は強盗殺人ではないかとの疑いを抱いて取調べを継続したものであること、㋩Xが取調べの拒否や休憩を求めた形跡がないこと、㊁Xが重要な点につき虚偽の供述や弁解を続けたこと、があった。それに事案の性質・重大性等の事情を勘案すると、取調べは、社会通念上任意捜査として許容される限度を逸脱したとまではいえない、としました。(1)の判例の判断枠組を踏襲して、徹夜の且つ二二時間の継続取調べは任意の捜査としては相当でないとかなり強くいいながら、本件のばあい特段の事情があるから違法とまではいえない、としたのです。

しかし、㋑'最初に取調べへの協力の承諾があったからといって徹夜の取調べまで承諾したものとみなしてよいのか、㋺'㊁'一旦自白後も、捜査機関の望む供述が得られるまで取調べを継続してよいのか、㋩'取調べの拒否を申し出なかったというが、帰宅を申し出ればますます嫌疑が深まりはしないかと考えて、申出ができなかったと考える方が自然ではないか。㋑乃至㊁は徹夜の、二二時間継続した取調べの不当性を解除するほどの特段の事情ではないのではないかと思われます。上記多数意見に対しては、「本件の長時間、連続的な取調べが被告人の心身に与えた苦痛、疲労の程度は極めて深刻、重大なものと考えられるのであって、遅くとも被告人が殺人と窃盗の自白をした段階で、最小限度の裏付け捜査を遂げて直ちに逮捕手続をとり、取調べを中断して被告人に適当な休息を与えるべきであったと思われる」とする坂上寿夫裁判官の少数意見があります。

五　任意処分と強制処分の限界

1　強制処分をまず定義

これまで、強制処分をまず定義し、その残りが任意処分だというのが、学説では一般的だったように思われます。強制処分にはこれまで、①直接的な実力行使を伴う手段（物理的有形力の行使に限らない）と②制裁を予告して義務を負わせることを内容とする手段（間接強制）をいうという見解と、これにプラスして③単に相手方に特定の行動をとるよう命じそれに応じるべき法的義務を負わせる場合（例えば、一九七条二項の公務所照会）をも含ませる見解とがありました。

しかしその後、電話盗聴、盗聴機による盗聴、写真撮影等の電子工学的あるいは光学的機器を利用しての新たな捜査方法が登場してきました。それらは直截《ちょくせつ》には住居立入とか物の差押えであったりはしませんが、実質的にはこれと変らぬ程度に、人のプライバシーの侵害や侵害の危険を伴うものでした。これらは、伝統的な強制処分の概念に該らないから任意処分だと考えますと、これらの方法をコントロールすることができないか又は不十分にしかコントロールできないおそれがあります。このように考えて、右の①②③に加えて、④相手方の意思（又は推定的意思）に反してプライバシー等の権利・法益を侵害する捜査機関の（又はその依頼を受けた者の）行為もまた強制処分に入るということが提言されてきました（田宮・基礎知識八〇頁など）。この背景には、プライバシーを権利として承認し、それに対する（捜索・押収などと同等又はそれ以上の）侵害及び侵害可能性に対し有効なコントロールを及ぼすためには強制処分としてとらえ憲法三一条の保障をうけしめるべきだという配慮があるのです。

2　判例の考え

さて、このような強制処分の定義の仕方に対して最決昭五一・三・一六刑集三〇巻二号一八七頁は、刑訴一九七条一項但書にいう強制処分について次のような定義をしました。すなわち「(i)ここにいう強制手段とは、有形力の行使を伴う手段を意味するものではなく、個人の意思を制圧し、身体、住居、財産等に制約を加えて強制的に捜査目的を実現する行為など、特別の根拠規定がなければ許容することが相当でない手段を意味するものであって、(ii)右の程度に至らない有形力の行使は、任意捜査においても許される場合があるといわなければならない」と。この定義の仕方は、これまでの定義の仕方よりも実質的でかつ包括的であるようにも思われます。しかし「強制的に捜査目的を実現する行為」とか「特別の根拠規定がなければ許容するのが相当でない手段」という文言が限定的な機能をもっていて、強制処分を既存の強制処分と同じ程度の「強度」のものに限り、同時に従来強制処分の核心部分と考えられていた有形力の行使でもその程度の「弱い」ものは任意処分に入ると考えていると思われるのです。すなわち強制処分を四角形にたとえますとその横の辺は延びたけれども縦の辺（強度）は短くされて、実際には強制処分に該る範囲を狭くし、任意処分を拡大したのです。そうすると任意処分の中にも相手の法益をかなりの程度に侵害するものも入ってきます。そこで同判例は「ただ、強制手段にあたらない有形力の行使であっても、何らかの法益を侵害し又は侵害するおそれがあるのであるから、状況のいかんを問わず常に許容されるものと解するのは相当でなく、必要性、緊急性なども考慮したうえ、具体的状況のもとで相当と認められる限度において許容されるものと解すべきである」としました。しかし、警察官の有形力の行使で個人の意思を制圧しない場合を考えることができるか甚だ疑問(高田・三三三頁)であるばかりでなく、一旦任意処分に入れてしまうと、一般的に許容された上でしぼりがかけられると考えられ易いので、「必要性」「緊急性」「相当性」が必要といっても、その限定機能はきわめて微弱なものとなるでしょう(この点の再構成をはかろうとするものとして洲見光男「任意捜査と権利制約の限界」刑法雑誌三九巻二号二三六頁以下がある)。

　そういう点からも、権利・法益の侵害又は侵害の危険があるばあいは、できるだけ強制処分として捉え、一般的に禁止されるが例外的に許容されるとしてその要件や手続を厳格に考えてゆく方が、憲法三一条の適正手続の保障の趣旨からして一般的に妥当な方法と思われます。

3　強制処分法定主義と令状主義の関係

(1)　刑訴法一九七条一項但書は、「強制の処分は、この法律に特別の定のある場合でなければ、これをすることができない」としています。このように、これを許容する規定が立法されて刑訴法にない限り、強制処分はこれを行うことができません。これを**強制処分法定主義**といいます。強制処分は、個人の意思を制圧し、身体、住居、財産等に制約を加えて強制的に捜査目的を実現する行為(前掲、最決昭五一・三・一六)ですから、法律の定めなくして、個人に加えることは許されません(憲一三条・三一条)。このように理解するのが一般的ですが、後で述べるように、新しい強制処分について、必ずしも「立法」を必要としないとする見解もあります。

　他方、逮捕・捜索・押収などの強制処分をするには原則として、権限を有する司法官憲(裁判官)が発する各別の令状を必要とし、司法的抑制によって、人身の自由、住居および財産の安全をはかろうとする点に**令状主義**の意義があります(詳しくは、第五章**1(1)**)。

(2)　上述のような強制処分法定主義の把え方に対して、異説が唱えられています。例えば、田宮教授は次のように言います。一九七条但書は、旧刑訴法の時と全く変っていない。だが旧法時に、その規定は、捜査機関は捜査処分のうち任意処分だけを行うことができ、強制処分は予審判事に委ねるという意味で、人権保障を考慮したものであるが、本質的には権限の分配に関する原則（静的規律）である。例えば、旧刑訴法一二三条に要急処分として検察官が自ら令状を出して勾引することができるという規定があるが、このように予審判事ではなく、捜査機関に強制処分の権限をみとめるときには明文の規定（即ち、一二三条）が要るというように。これに対して、現行法における任意捜査の原則（一九七条一項本文）は、およそ捜査は可及的に任意処分で行うべきだという人権の原理となったわけである。この立場に立てば、強制処分は、それぞれ必要なときにも、可能な限り人権侵害の危険が回避されるような方法で行われることが絶対条件であり、そのためには各具体的場合ごとに第三者（令状裁判官）の保証を要求する制度たる令状主義がもっとも妥当であろう、と。かくて、田宮教授は、令状主義は強制処分法定主義と同意異語にほかならない、とされています（田宮・刑訴I一三二頁）。そこから次の帰結が導かれています。即ち、㋑既存の強制処分に対して「法定」の要求となる。すなわち、刑訴法中に規定のある強制処分は、それらの規定に定められた要件・手続に従って行え、という要求になる。㋺新たな強制処分に対しては、令状主義の精神にそった「デュー・プロセスの要求」になる、と。渥美教授も、一九七条一項但書の規定は「刑事訴訟法に定める強制処分は、刑事訴訟法の定めた要件と方式に従って行われねばならない」ことを定めたものだとされています（渥美・九九頁）。

(3)　しかし、刑訴法の規定にある伝統的な強制処分は、それらの規定に定められた、要件・手続に従って行えというのが、果たして刑訴一九七条一項但書の趣旨でしょうか。法律に定められた要件・手続を遵守すべきであるのは、何もそのような規定を待つまでもなく、当然のことであって、一項但書の存在理由を十分説明するものになってはいません（井上正仁・法学教室一一四号二四頁）。もっとも(2)の見解も、新しい強制処分について、令状主義の精神にそった「デュー・プロセスの要求」をかなえる必要はみとめています。しかし、憲法三一条との関連のもとに刑訴一九七条一項但書を解釈するならば、その意味は、人の重要な権利、利益をその人の意思に反して制約することを内容とする強制処分は、国民の代表による明示的な選択を示す法律（とくに刑事訴訟法）上の根拠規定が存在しない限り、行うことは許されない趣旨と解する（井上・前掲二四頁）のが妥当です。

(4)　もともと、強制処分法定主義は、強制処分の適法性の担保を立法府に求めるのに対して、令状主義は、その担保を司法部に求めるという違いがあります。かくて現行法は、強制処分をいわば二重に規制して、慎重を期しているといってよいでしょう（田口・三五頁）。

六　公正さの要求―おとり捜査のばあい―

1　手続の公正

さて上記の強制捜査の範疇に入らない任意捜査であっても、任意捜査なら何の制限もなく自由に出来るわけではありません。任意捜査であっても、捜査機関は被疑者その他の関係人の名誉を害しないようにつとめるべきであり（一九六条）、その程度および方法において「必要な」限度を超えてはなりません。強制力を用いず、又相手方の意思の自由を犯すことも、その権利を侵害することもないので強制とはいえなくても、国家機関のとる方法が、手続の公正さを侵害するばあいがないとはいえません。この観点から問題となるのが「おとり捜査」です。

2　おとり捜査

(1)　捜査官またはその協力者が「おとり」となって人に犯罪を教唆し、その実行をまってその者を逮捕する方法をいいます。おとり捜査は、とくに覚せい剤、麻薬等の禁制品の授受や売春に関する罪等、隠密裡に行われ外部に痕跡を残さず、しかも常習的に行われる犯罪に関して有効な手段だとされます。このことから客観的証拠の収集・保全が通常の方法では著しく困難であるとき、これを合法な行為と認めることができるとする見解（土本武司『犯罪捜査』一三三頁）もあります。しかし、おとり捜査は一種の詐術により人を「わな」にかけるものであり、とくに、国家が犯罪者を作り、出すものであるという点で、適法性が問題とされなければなりません。もっとも「おとり捜査」の適法性を論じる場合には、次の二つの類型に分けて考えるのが便宜でしょう。一つは、犯人が当初から少なくとも犯罪意思があったところ、おとりが単にその犯行のための機会を提供したにすぎない場合です（**機会提供型**）。いま一つは、犯人がわなにかけられてはじめて犯意をおこし犯罪を行った場合です（**犯意誘発型**）。

(2)　第二次大戦後麻薬、覚せい剤事犯の増大とその検挙の困難に伴い、おとり捜査が一部で活用された時期があり、下級裁判所において、「犯意を誘発した」場合は、そのおとり捜査は違法とする裁判例も出ていました。しかし、昭和二八年最高裁は、「他人の誘惑により犯意を生じ又はこれを強化された者が犯罪を実行した場合に、わが刑事法上その誘惑者が場合によっては麻薬取締法五三条のごとき規定の有無にかかわらず教唆犯又は従犯としての責を負うことのあるのは格別、その他人である誘惑者が一私人ではなく、捜査機関であるとの一事を以てその犯罪実行者の犯罪構成要件該当性又は責任性若しくは違法性を阻却し又は公訴提起の手続規定に違反し若しくは公訴権を消滅せしめるものとすることのできないこと多言を要しない」としました（最決昭二八・三・五刑集七巻三号四八二頁）。

(3)　他方、学説は、この判例の出たのちも、犯意誘発型のおとり捜査について批判の手をゆるめませんでした。というのはこの型のおとり捜査は国家が自ら人を教唆して犯罪を行わしめるという点で、基本的に憲法の精神（憲三一条・一三条）に反するものであり、裁判所がその結果を受理し処罰するのは背理と考えられたからです。このような観点から、これを訴訟上の問題として解決しようとします。①は、免訴説で、実体的訴訟条件を欠くから（団藤・一五九頁）、あるいは国家は「処罰適格」を欠くことになり刑罰権を行使しえないから、免訴を言い渡すべきだ（鈴木茂嗣・百選〔三版〕三一頁、松岡・一五六頁）とします。②は、公訴棄却説です。犯意誘発型のばあいは、「きたない」方法がとられたため捜査は廉潔性を失い、デュー・プロセスに反する違法・無効な手続となる。しがってこのような捜査方法がなければこの公訴の提起はありえなかった、という関係があるときは、違法行為を防圧する強度の必要性があるから公訴棄却という制裁を加えるのが相当（田宮・刑訴Ⅰ一三八頁）とします。③は違法収集証拠排除説です。犯意を誘発するわな行為は「国家じしんが犯罪者と同じ程度に堕落したことを意味」し、「憲法の予想する公権力の発動の枠をこえたものであ」るから、これによって得られた証拠は違法収集証拠として排除すべきだ（高田・三四〇頁）とします。

犯意誘発型と機会提供型の区別は、合衆国で「わな」の抗弁を認めた判例（一九三二年のソレルズ事件判決、一九五二年のシャーマン事件判決）にならったものです。被誘惑者が「誘発がなければ無実の者」であるか「もともと犯罪性向のある者」であるかで分けるので、主観説と呼ばれています。これに対して、通常の誘惑の程度を超えて犯意を誘発するような官憲の行為があった場合には「わな」の抗弁をみとめ、裁判所が公訴を棄却すべきだという考え（ソレルズ判決の少数意見）もあります。これは官憲の行為の違法を捉えようとするもので客観説と呼ばれます。わが国の学説（①②）は、基準は主観説によりつつ、（無罪でなく）訴訟上の処理（公訴棄却など）を主張する点で処理は客観説と同じになります。主観説のように被教唆者の犯罪的性向を問題とすると、被告人の過去の評判や前歴が争点となって不公正を来すという難点があります。むしろ官憲の働きかけが常規を逸する執拗なものであったかどうかを基準にした方がよいようにもみえます。しかし他方官憲の働きかけによってはじめて犯意を生じた場合でも、働きかけが異常・執拗でなければおとり捜査が許されるということになりかねません。このようにみてくると、やはり主観説の基準（犯意誘発型か、機会提供型かの区別）を維持し、犯意誘発型のおとり捜査があった場合、起訴は無効であると考えるのが妥当だと思われます。処理は②の公訴棄却説が妥当でしょう。そして機会提供型であっても、官憲の働きかけが常規を逸するものであった場合（覚せい剤の材料を提供し、執拗に製品化をすすめ且つ自己に製品を販売するようにすすめたような場合）、差し押えられた証拠は違法収集証拠として排除される余地が認められてよいように思われます（島田仁郎・捜査法入門二九九頁参照）。

(4)　その後の展開　最決平成一六年七月一二日刑集五八巻五号三三三頁は「…他の捜査手法によって証拠を収集し、被告人を検挙することが困難な状況にあり、一方被告人は既に大麻樹脂の有償譲渡を企図して買手を求めていたのであるから、麻薬取締官が、取引の場所を準備し、被告人に対し大麻樹脂2kgを買受ける意向を示し、被告人が取引の場に大麻樹脂を持参するように仕向けたとしても、おとり捜査として適法というべきである」と判示しました。おとり捜査に二つの型を認め、**機会提供型の範囲で適法**との判断を示したものと思われます。

3　コントロールド・デリバリー（監視付きの移転）

おとり捜査と並んで、薬物や銃器犯罪に対する新しい方法として導入され論議を呼んでいる捜査方法です。コントロールド・デリバリーを前提とする条文はあっても、それ自身を定める条文がないので論者によって定義にいくらか違いはありますが、いわゆる「**泳がせ捜査**」の一種である、すなわち、「捜査機関が当該荷物が規制薬物等の禁制品であることを知り、刑訴法等の規定に基づきこれを差し押さえたり、その所持者を逮捕したりすることができるのに、当該密輸等事犯の関係者を一網打尽にするため、敢て直ちに差押えや逮捕をせず、その監視の下に当該荷物の移動・運搬を継続させるもの」（井上宏「コントロールド・デリバリーの可否」新実例Ⅰ四一頁）をいうと一般的に定義されます。それには、禁制品をそのままにして運搬にまかせる方法（**ライブ・コントロールド・デリバリー**、以下ライブC・Dという）と禁制品を抜き取り、無害な物品に入れ換えて運搬させる**クリーン・コントロールド・デリバリー**（以下クリーンC・Dという）があります。

関連する国内法令としては、「国際的な協力の下に規制薬物に係る不正行為を助長する行為等の防止を図るための麻薬及び向精神薬取締法の特例等に関する法律」（以下、麻薬特例法という）三条・四条が規制薬品を所持する外国人の上陸及び規制薬物の通関等に関する特例を定めています。これは、ライブC・Dを実施するために、他の法規（出入国管理及び難民認定法五条一項六号、関税定率法二一条一項一号、関税法六七条）との調整を図ったものです（古田祐紀ほか・大コンメンタールⅠ薬物五法〔麻薬等特例法〕一七頁）。それから、麻薬特例法一一条は、薬物犯罪を犯す意思をもってする規制薬物としての物品の授受等を犯罪としています。クリーン・C・Dを実施するには規制薬物等を無害な物品に入れ替えますので、それを所持している者や譲受人を逮捕・勾留することはできなくなり、初期の目的を達成できません。そこで、右のような犯罪類型を新設して、捜査上の隘路の克服を計ったわけです（井上宏・前掲三九頁）。銃砲刀剣類所持等取締法三一条の一七においては、すり替えられた模造けん銃などの譲り受けなどを「けん銃等として交付を受けた物品」の譲受け等として処罰することにしています。

この方式は「捜査官による働きかけ」と「当該働きかけに起因する犯罪の着手」という要素はないので、おとり捜査とは異なり（井上宏・前掲四三頁）、原則として任意捜査として適法（田宮・七一頁）といわれます。ただ、監視下とはいえ国家が当該禁制品に関する新たな犯罪の発生を容認する点で、この種の捜査方法については、薬物事犯と銃砲刀剣類事犯の捜査への限定と必要不可欠な場合への限定が厳しく要求されねばならぬでしょう。

七　捜査のその他の端緒

一―四に掲げたもののほか、捜査の端緒となるものをここで挙げておきましょう。

1　検　視

変死者又は変死の疑いのある死体があるときは、その所在地を管轄する地方検察庁又は区検察庁の検察官は、検視をしなければなりません（二二九条一項）。検察官は、検察事務官または司法警察員に検視をさせることもできます（同条二項）。これを「司法検視」と呼び、「行政検視」（医師法二一条、戸籍法八九条、九二条等参照）と区別します。

変死とは、自然死（老衰死、通常の病死等）ではなく、かつ、犯罪によるものではないかの疑いのあるものをいいます。変死の疑いとは、自然死か不自然死（事故死）が明らかでなく、あるいは犯罪によるものではないかの疑いのあるものをいいます。検視はこの疑いをたしかめるために行われるものです。犯罪の嫌疑が、始めから明らかなとき、及び検視の結果明らかになったときは、捜査を開始し、令状を得て検証を行うべきです（平野・八七頁）。検視を行ったばあいにはその結果を明らかにするため、検視調書を作成します。

2　告訴

告訴とは、犯罪の被害者その他一定の者（これを「告訴権者」という）が、捜査機関に対して、犯罪事実を申告し、その訴追を求める意思表示をいいます。単なる犯罪事実の申告（被害届、被害始末書の提出）だけでは、告訴があったものとはいえません。犯罪事実の申告で足りるので、必ずしも犯人を特定してする必要はありません。告訴権者については、法二三〇条ないし二三四条に規定があります。

告訴は、書面または口頭で検察官又は司法警察員に対してしなければなりません（二四一条一項）。口頭による告訴を受理したときは告訴調書を作成します（同条二項）。告訴は代理人によってすることもできます（二四〇条）。

告訴は、一般には、捜査の端緒です。司法警察職員は、告訴を受けたときは、速やかにこれに関する書類および証拠物を検察官に送付しなければなりません（二四二条）。これは告訴人の意思を尊重し、捜査を慎重にするためだと考えられます。また、告訴のあった事件について、公訴の提起、不起訴処分、公訴の取消し等をした場合には速やかにその旨を告訴人に告げねばならず（二六〇条）、不起訴処分については告訴人の請求があればその理由を告げなければなりません（二六一条）。

親告罪については告訴は訴訟条件です。これについては、第一一章**八**で述べることとします。

3　告発

告訴権者および犯人以外の者が、犯罪事実を申告し、その訴追を求める意思表示です。告発は、一般には単なる捜査の端緒ですが、場合により、明文または解釈によって訴訟条件となることもあります（独禁法九六条一項。解釈によるもの――例えば間接国税犯則事件における国税局長または税務署長の告発（国税犯則取締法一三条、一四条、一七条））。一般に告訴についての規定が適用乃至準用されます（二四一条乃至二四三条、二三八条）が、代理人による告訴の規定は準用されていません。

4　請求

告発類似の制度で、法律は一定の者に「請求」権を与えています。請求を持って受理すべき事件（外国国章損壊罪（刑法九二条）、公益事業における争議予告義務違反罪（労働関係調整法四二条））のばあい、この請求には親告罪の告訴の規定が準用されます（二三七条三項、二三八条二項）。

5　自　首

犯人が捜査機関に対し、自己の犯罪事実を申告してその処分に委ねる意思表示をいいます（刑法四二条一項）。犯罪事実または犯人が誰であるかが発覚する以前になされなければなりません。自首は、刑法上は刑の軽減事由となりますが（刑法四二条）、訴訟法上は単に捜査の端緒となるにすぎません。

6　現行犯（二一二条）

これについては第三章で述べます。

第二章　捜査機関

一　司法警察職員

刑事訴訟法上の捜査権を行使しうる資格

- 一般司法警察職員（一八九条）
  ＝警察官─警視総監、警視監、警視長、警視正、警視、警部、警部補、巡査部長、…… 司法警察員
  　　　　　巡査 …… 司法巡査
- 特別司法警察職員（一九〇条）
  ＝特別の事項について司法警察職員として捜査の職務を行う行政庁の職員

例	職務の範囲	根拠法
刑事施設の職員……	刑事施設内の犯罪	司法警察職員等指定応急措置法による
営林局(署)の職員……	国有林野等における狩猟に関する罪	司法警察職員等指定応急措置法による
船長その他の船員……	船舶内における犯罪	司法警察職員等指定応急措置法による
海上保安官……	海上における犯罪	海上保安庁法三一条
麻薬取締官 麻薬取締員…… など	麻薬取締法違反、大麻取締法もしくはあへん法に違反する罪	麻薬取締法五四条

司法警察職員ではないが、特定の事項について捜査権を有するもの

国税庁監察官……	国税庁の職員に関係ある犯罪	大蔵省設置法三八条

△司法警察員にあって司法巡査にない権限（主なもの）

① 通常逮捕の逮捕状請求権（一九九条二項）

② 逮捕された被疑者を釈放又は送致する権限（二〇三条、二一一条、二一六条）

③ 鑑定留置の請求権及び鑑定処分許可状の請求権（二二四条一項、二二五条二項）

④ 告訴・告発・自首の受理権限（二四一条、二四五条）

⑤ 検察官の命令による変死体の検視権（二二九条二項）

⑥ 検察官の命により収監状を発する権限（四八五条）

二　検察官

種類―検事総長・次長検事・検事長・検事・副検事（検三条）

1　検察官の職務（検四条、六条）

① 捜査（検六条、刑訴一九一条一項）

② 公訴を提起するかどうか決定する権限（二四七条、二四八条）

③ 公判における訴追当事者

④ 刑を執行する権限

2　検察官の地位

独任制の官庁──一人一人が検察権を行使

検察事務（行政作用）──実質的に刑事司法に重大な影響

↓ 適正・公正さの確保の必要 ↑

検察官の身分保障──懲戒免官（検二五条但）及び検察官適格審査会の議決による免官のほかはその意に反して官を失わない（検二三条）

検察官同一体の原則……検事総長を頂点として統一的組織を形成

① 上官は部下職員を指揮、監督（検七─一〇条）

② 検事総長、検事長、検事正は部下の職務を自ら扱い（事務引取の権）または他の部下に扱わせることができる（事務移転の権）（検一二条）

③ 部下は②にあげた長の職務を代行することができる（事務代行権、検一三条）

○上官の指揮に従わないで起訴したばあい
- 対外的には有効
- 対内的には懲戒処分の対象となりうる

法務大臣の指揮権の制限
- 検察事務一般──指揮できる
- 個々の事件の取調べ又は処分──検事総長のみを指揮できる

→政治的圧力が個々の検察官に及ぶことを阻止

三　検察事務官

四　検察官と司法警察職員との関係

1 両者の関係

旧法下……検事は司法警察官の職務上の上官

←
- ○検察官の公訴官としての職務の増加
- ○国家権力を一本化した場合の弊害の除去

現行法……検察官と司法警察職員は、協力関係（一九二条）

←第一次的捜査機関（一八九条二項）

第二次的捜査機関（一九一条一項）……「必要と認めるとき」自ら捜査することができる

① 送致をうけた事件で、不十分な点についての補充的捜査

② 法律関係が複雑な事件、政財界関係者に関する事件

2 検察官の公判専従論とその当否

一般的指示・一般的指揮・具体的指揮

捜査──公訴の提起の有無や公訴の維持に関連

検察官←
- 公訴を行うについて必要な限度で司法警察職員への指示可能性
- 捜査を行うとき具体的協力をうる必要

(1) 一般的指示（一九三条一項）←

予め準則の形で一般的に
- 捜査自体の適正を期するため（臼井ほか）
- 公訴の追行の適正を期するうえで必要な限度（警察関係者）

(2) 一般的指揮（一九三条二項）

検察官が自ら捜査を行う場合に、司法警察職員一般に対し指揮

(3) 具体的指揮（一九三条三項）

検察官が自ら具体的事件を捜査している場合に、特定の司法警察職員を指揮

捜査機関とは、法律上犯罪の捜査をする権限を与えられているものをいうのですが、これには、司法警察職員・検察官・検事事務官があります。

一　司法警察職員

司法警察職員は、犯罪があると思料するときは、犯罪および証拠を捜査するものとされています（一八九条二項）。司法警察職員という語は、官名でも職名でもなく、刑事訴訟法上の資格をいうのです。すなわち刑事訴訟法上の捜査権を行使しうる特定の国家機関のことを司法警察職員とよぶわけです。司法警察職員としての職務を行うのは主に警察官です。すなわち、警察官は、他の法律又は国家公安委員会若しくは都道府県公安委員会の定めるところにより、司法警察職員として職務を行うのです（一八九条一項）。

警察官である司法警察職員は一般司法警察職員とよばれるのですが、このほかに、特別司法警察職員とよばれるものがあります。森林・郵便その他特別の事項について司法警察職員として職務を行うべき者が、これでして、どういう者がこの司法警察職員になるかおよびその職務の範囲については、別に法律で定めることになっています（一九〇条）。主なものだけを挙げると、監獄の職員、営林局（署）の職員、船長及び職掌上上位の船員などがあり（以上は「司法警察職員等指定応急措置法」によるもの）、その他の法律によるものとしては海上保安官（海上保安庁法）、労働基準監督官（労働基準法）、麻薬取締官（員）（麻薬取締法）などがあります。そのほか国税庁監察官のように、司法警察職員とはされていないが、犯罪捜査の権限は与えられているものもあります（大蔵省設置法）。

司法警察職員は、司法警察員と司法巡査に区別されます。司法警察職員のうち、どこまでを司法警察員といい、どこから司法巡査とするかは、刑事訴訟法以外の法律または各公安委員会の規則によって定められるのですが、警察官について言えば、現在、原則として巡査部長以上が司法警察員とされています。

司法警察員と司法巡査とではその権限に違いがあります。逮捕状その他の令状の請求（緊急逮捕の場合は除く）、逮捕された被疑者を留置するかどうかの調査、告訴・告発などの受理、事件の送致などは司法警察員だけがすることができます。司法警察員は、個々の事件の捜査の中心となって事件を検察官に送致する責任者ですが、司法巡査は前者の指揮をうけて個々の捜査活動を行うにすぎません。

二　検察官

1　検察官の職務

法は「検察官は、刑事について、公訴を行い、裁判所に法の正当な適用を請求し、且つ、裁判の執行を監督し」（検四条）かつ、「いかなる犯罪についても捜査をすることができる」（検六条）と規定しています。

検察官の主な職務権限は、公訴を提起するかどうかを決定し、公訴提起したばあいはこれを維持遂行することにあります。そのためには捜査が、公訴を提起するかどうかを決定できる程度に、そして公訴を提起したばあいに公訴が維持できると見込める程度に、行われていなければなりません。したがって司法警察職員のした捜査が十分でないときは、司法警察職員に捜査のやり直しをさせることができるのは勿論ですが、必要があればみずから捜査することができます。刑訴法が「検察官は、必要と認めるときは、自ら犯罪を捜査することができる」（一九一条一項）としているのは、主としてこういう趣旨にもとづくものです。

2　検察官の地位

ここで検察官の地位、性格一般について簡単にみておきましょう。

検察官は**1**で述べたような権限をもちますが、その一人一人が検察権行使の権限をもつ、**独任制の官庁**です。一般の行政官庁では、その職員はその長の補佐官であって、外部に対しては長の名において行動するにすぎないのと比べて大いに異なるところです。

また、犯罪の捜査、公訴の提起等の検察事務は、その本質からして法そのものを明らかにする司法作用ではなくて、行政作用に属するものですが実質的に刑事司法に重要な影響を及ぼします（伊達・講話三四項）。起訴・不起訴の決定が政治的利害に左右されることともなれば刑事司法全体の適正さ・公正さが害されます。したがって、政治的利害に左右されず、検察権の行使が適正になされることがまずもって要請されるわけです。検察官に裁判官に準ずる身分保障が認められていること（検二五条）及び法務大臣の指揮権に制限があるのもそのためです。

他面、検察権は行政作用であるため、その行使に全体としての統一性が保たれねばならぬところから、それぞれが独任制の官庁である個々の検察官を統一ある組織体に編成する必要が生じます。これを通常、**検察官同一体の原則**といいます。即ち、検事総長はすべての検察官を指揮監督し（検七条一項）、検事長・検事正は、その庁並びにその庁に対応する裁判所の管轄区域内にある下級検察庁の職員を指揮監督し（検八条、九条）、区検察庁の上席検事は、その庁の職員を指揮監督します（検一〇条）。それだけでなく、検事総長、検事長または検事正は、その指揮監督する検察官の事務を自ら扱い（事務引取の権）またはその指揮監督する他の検察官に取り扱わせること（事務移転の権）ができます（検一二条）。もっとも上官の指揮監督権も、個々の検察官の職務上の独立性と調和するものでなければならないでしょう。

さきに述べたように検察権は本来行政権に属し、その行使は内閣が国会に対して責任を負うべき事項ですから、法務大臣は、主管の大臣として、検察事務を指揮監督します。他方、検察権の行使は、刑事司法に重大な影響をもつので、特定の政党の利害など政治的圧力によって歪められるようなことがあってはなりません。この二つの要請の調和として、制度的には、法務大臣は「……検察官の事務に関し、検察官を一般に指揮監督することができる。

但し、個々の事件の取調又は処分については、検事総長のみを指揮することができる」ものとされています（検一四条）。法務大臣は検事総長以外の検察官に対し特定の者を起訴又は不起訴にするよう又は逮捕しないよう命令することはできないことになっています。この定めは、検事総長を防波堤にして、法務大臣からの不当な政治的圧力があっても、それが第一線検察官に及ぶことをくい止めようという趣旨です（臼井滋夫・高田＝小野編『刑事訴訟法の基礎』三〇頁）。

三　検察事務官

検察庁に属する検察官の補助者として重要な役割をもちます。即ち、検察官を補佐し、またはその指揮を受けて捜査を行います（検二七条）。訴訟法上も、被疑者を逮捕する権限、被疑者、参考人を取り調べる権限などが与えられています（一九八条、一九九条、二二三条）。

四　検察官と司法警察職員との関係

1　両者の関係

旧刑訴法では、司法警察官吏は「検事ノ補佐トシテ其ノ指揮ヲ受ケ」て捜査するものとされていたので、検事は司法警察官吏の職務上の上官でした。ところが現行刑訴法では、この関係を改めて、検察官と司法警察職員とは原則として協力関係にあるものとし（一九二条）、ただ例外的に検察官の司法警察職員に対する指揮・指示権を認めるにとどめたのです。それだけでなく、捜査に関しては、むしろ司法警察職員を第一次的捜査機関とし、検察官を第二次的すなわち補充的捜査機関としたとされます（一八九条二項と一九一条一項の文言を比較されたい）。

この理由の一つとしては、検察官に公訴官としての職務の重要性が増したことが考えられます。公判の審理が当事者の攻撃防禦にもとづいて行われる建前となったため検察官の公判廷での活動が、従来と比較にならぬ程重要となったからです。そのため検察官の捜査上の負担を軽くする必要が生じました。理由の二つ目は、司法警察職員を検察官の指揮系統からはずすことによって国家の権力が一本化することにより生じる弊害をさけることです（伊達・講話三八頁）。このばあいの警察としては当時の分権化した自治体警察（理念としては市民警察）が考えられていて、このような警察が、階統的中央集権機構である検察の指揮系統下に入るのはおかしいという考えもあったのではないでしょうか。しかしこの後者の点はその後の警察法の改正で警察が実質上中央集権化されたことによってその意味を大幅に失ったといってよいでしょう。

かように、検察官は第二次的捜査機関であるとされ、「必要と認めるとき」自ら捜査することができるとされています（一九一条一項）。この「必要と認めるとき」というのは次のような場合を指します。その①は、すでに**二1**で述べたように、司法警察職員から送致を受けた事件で、その捜査が不十分な点について補充的な捜査を行う場合です。その②は、法律関係が複雑で警察として十分捜査を行うことができない事件、さらに政財界の上層部にある者が被疑者であるような事件についてははじめから検察が捜査する場合です。この場合法律的素養があり、また身分保障を有する検察官が、独自にあるいは当初から司法警察職員と共同して捜査を行う方が、捜査の適正さの確保と実効性の点でベターだと考えられるからです。

これに対し、検察官は専ら公訴官としての活動に専念し、捜査からは手を引くべきだという意見が、一部で唱えられています（公判専従論）。右の①のばあい、検察の捜査がしばしば警察の「上塗り捜査」となり、自ら捜査した場合それに拘束されて客観的立場で起訴・不起訴を決定することが困難となるという批判がありますが、これは一面で当たっているといってよいでしょう。補充捜査の必要を全面的に否定することはできませんが、被疑者に対し、警察プラス検察が対峙し、上塗り捜査をしそのため捜査が肥大化・長期化・糺問化するよりは、警察の捜査を前提としてそれが公判に耐えるものかどうかをいま少しつきはなして検討する方が、そしてせいぜい補正捜査にとどまる方が、ベターでしょう。②の場合についてはとりわけ政財界上層部の者に対する事件等の捜査においては、検察捜査の必要性を肯定せざるをえないと思われます。

2　一般的指示・一般的指揮・具体的指揮

右に述べたように、捜査に関し、検察官と司法警察職員は、それぞれ自主的捜査機関であり、原則として両者は協力関係にあります。だが、犯罪の捜査も起訴・不起訴の決定や、起訴があったばあいの公訴の維持につながりをもちます。換言すれば検察官が公訴権を実行するには、司法警察職員の捜査が適正に行われていなければなりません。そこで検察官が公訴を行うについて必要な限度で、司法警察職員の捜査の仕方について指示を与えることができなければなりません。また、みずから捜査するとき、司法警察職員の協力を必要とする場合があります。そこで法は検察官の司法警察職員に対する一定の指示権及び指揮権を定めました。

(1)　一般的指示

検察官は、その管轄区域により、司法警察職員に対し、その捜査に関し、必要な一般的指示をすることができます（一九三条一項前段）。但しこの指示は、「捜査を適正にし、その他公訴の遂行を全うするために必要な事項に関する一般的な準則を定めることによって行う」ものとされています（一項後段）。この後段をめぐって、「捜査自体の適正を期するためにも一般的指示をなしうる」という見解（例えば、臼井滋夫・争点（旧版）三一頁）と、「公訴の遂行の適正を期するうえで必要な限度でのみ、捜査を適正に行わせるため一般的指示をなしうる」という見解（主として警察関係者の見解）が対立しています。思うに、「捜査を適正にするため」の指示も、公訴の遂行を全うするという観点からみた捜査の適正をいうのであって、捜査を捜査それ自体として監視・監督するわけではないでしょう。もっとも、捜査が適正に行われることなく、公訴は適正に遂行されるということは考えにくいので、両見解の対立はさほど実際的意味をもつとは考えられません。この指示は一般的ルールを示す形で行われます。今迄のところ、公訴を実行するための問題に関するもの（「司法警察職員捜査書類基本書式例」）、事件送致に関するもの（「送致事件の特例に関する件」に基づく各検事正の指示）及び必要な証拠保全に関するもの（「警察より未送致の殺人事件の処理について」に基づく各検事正の指示）などがあるていどです。

(2) **一般的指揮**　検察官は、その管轄区域により司法警察職員に対し、捜査の協力を求めるため必要な一般的指揮をすることができます（一九三条二項）。検察官が自ら捜査を行ない、又は行おうとするばあいに、司法警察職員一般に対して必要な指揮をとることを認める趣旨です。この指揮権の「一般性」は、対象である司法警察職員の一般性にあります。つまり個々の特定の司法警察職員を対象としてなされるのではない、という意味です（条解・二九九頁）。

(3) **具体的指揮**　検察官は自ら犯罪を捜査するばあいにおいて必要があるときは、司法警察職員を指揮して捜査の補助をさせることができます（一九三条三項）。検察官が具体的事件を捜査している場合に限られますし、この権限は特定の司法警察職員を対象とします。

(4) 検察官の右のような指示または指揮に、司法警察職員は服従しなければなりません（一九三条四項）。正当な理由がなく従わなかった場合の処置については一九四条参照。

第三章　逮捕と勾留

一　逮捕

1　概説

旧法下
- 被疑者の身体の拘束は、裁判官に勾留請求する方法（原則）
- 現行犯逮捕／検察官の要急処分（例外）

他方、行政執行法上の行政検束の濫用

現行法
- (i) 捜査機関による逮捕を認める
- (ii) 裁判官の令状に基づくを要す（令状主義）

(ii)の重要性――形骸化すると捜査機関の権限拡張(i)のみが残る

問題点

① 憲法三三条の「司法官憲」
- ⓐ検察官・司法警察員を含む
- ⓑ裁判官の意味

ⓑ説の採用と刑訴法上の定着→司法的抑制の形式面での保障

② 逮捕の「必要性」の判断権
- ⓐ捜査機関にある
- ⓑ裁判官にある

立法的解決→ⓑ→一九九条二項但書、規則一四三条、一四三条の二

③ 逮捕の目的　→　④逮捕状の性質
- (i)「取調べるため」の身体拘束（本田・吉田）→ⓐ許可状
- (ii)捜査目的のため行われる身体拘束（(i)は否定）→ⓑ命令状
- (iii)公判への出頭確保のための裁判官による身体拘束処分（高田・松尾）（平野・田宮）→ⓑ命令状 ……→ⓒ逮捕権を個別的に捜査官に付与する処分（石松）

2　通常逮捕

(1) 逮捕状の請求権者→指定警部以上に限定（逮捕状の濫発抑止の必要）

不当な再逮捕等の抑止（一九九条三項、規則一四二条一項八号）

(2) 令状の発付

逮捕状の必要性判断（一九九条）
- ①逃亡のおそれ
- ②罪証隠滅のおそれ

→規則一四三条の三

軽微犯罪のばあいの要件（一九九Ｉ但）
- ③住居不定
- ④任意出頭の要求に応ぜず

←①②にプラスする比例原則

逮捕状の記載事項　二〇〇条、規一四四条、一四五条

(3) 逮捕の実行

逮捕状の呈示　二〇一条一項

逮捕状の緊急執行　二〇一条二項

3　現行犯逮捕

(1) 令状主義の例外（憲法三三条――二一三条）←根拠
- 犯罪・犯人の明白性
- 誤った身体拘束の危険なし
- 急速な逮捕の必要性

二一二条一項　犯行と逮捕の時間的接着性

(2) 準現行犯（二一二条二項）

(3) 軽微犯罪のばあい　比例の原則

現行犯逮捕の必要性が要件か

(4) 現行犯逮捕に関する問題点

① 捜査官が予めもった情報によると

現行犯とわかる場合――東京高判昭四一・六・二七

② 継続追跡は現行犯逮捕の行為か

――最判昭五〇・四・一二

4 緊急逮捕

(1) 要件（二一〇条）――犯罪の重大性、嫌疑の充分性、緊急性

(2) 合憲性

① 逮捕状による逮捕説（団藤）

② 憲法三三条の「現行犯」に含まれるとする説（小谷・池田補足意見）

③ 「合理的な」逮捕説（斉藤意見）

④ 実務上の必要性からの肯定説（平野）

判例――最判昭三〇・一二・一四

一定の重い犯罪
緊急性
逮捕後直ちに裁判官の審査をうけ
令状の発付を求めることを条件 ｝↓合憲

二一〇条制定の経緯の考慮（松尾）

(3) 逮捕状の請求

「直ちに」→「即刻」（団藤）

審査の対象｛①逮捕時の緊急逮捕要件の存否
②請求時における通常逮捕要件の存否

緊急逮捕後被疑者を釈放したばあい↓令状請求は必要

5 逮捕後の手続

(1) 司法警察員、検察官の許への引致

告知｛犯罪事実
弁護人選任権｝憲法三四条前段の要請

「弁解の」機会の付与

取調べへ移行の可能性↓黙秘権の告知が必要

（最判昭二七・三・二七は必要なしとする）

(2) 留置の必要がないと判断したばあい

(3) 引致後の留置

(a) 七二時間又は四八時間の意味

捜査目的のための捜査機関の持時間（運用の実態）

勾留請求のための引致に必要な時間のマキシマム（田宮）

違法な逮捕に対して準抗告は可能か

積極（田宮）

消極（高田、平野、最決昭五七・七・二七）

二 被疑者の勾留

1 勾留の意義と目的

目的｛逃亡の防止
罪証隠滅の防止

再犯の防止も勾留の目的か

肯定説――刑訴八九条二号三号（権利保釈の除外事由）から
の反対解釈

否定説　予防拘禁の危険

2 勾留の要件と手続

(1) 二〇七条一項↓六〇条一項

(2) 「罪証隠滅のおそれ」の判断基準

(3) 勾留の必要性

逃亡のおそれ・罪証隠滅のおそれを指す（通説）

事件の性質、被疑者の個人的事情を考察して勾留を相当としない場合を指す（下村・石井）

(4) 逮捕前置主義

まず短期の身体拘束を先行させ、その終了時に身体拘束の必要

のあるときに限り勾留を認めるという慎重な手続（松尾・中野）

(i) ① 問題点

甲事件で逮捕→乙事件で勾留（甲→乙）｛可……団藤・小野／否……中野・松尾

(ii) 甲事件での逮捕・勾留にあわせて乙事件で勾留（甲→甲＋乙）……可　多数説

② 違法な逮捕にもとづく勾留請求

無効と考えるのが一般

理由づけに差

｛逮捕＝違法――釈放すべき――身体拘束の継続の請求は不可（黒田）

勾留審査＝これ迄の拘束の適法性及び将来の拘束の適否を判断（田宮）

逮捕と勾留の密接性及び将来の違法逮捕の抑止など（松尾）

(5) 勾留の裁判

勾留質問（二〇七条・六一条）

被疑事実及び勾留理由の告知と弁解の聴取

勾留質問調書

← 検察官へ送付（規一五〇条）

勾留請求却下の裁判に対し執行停止を求めることができるか

｛積極説（青柳）

消極説

執行停止を見込んでの身体拘束継続は不可（松尾・田宮）

勾留通知

(6) 勾留の期間（二〇八条一項）

勾留の延長（二〇八条二項）

「やむを得ない事由」の意味

(7) 勾留の場所

(a) 刑事施設――原則

警察の留置施設の代用（「刑事収容施設及び被収容者等の処遇に関する法律」一五条）

(b) 移監の同意（規八〇条一項）

3 勾留からの救済

(1) 準抗告

(a) 構造

続審説

事後審説

迅速・適正な処理を目的とする独自の構造と考える説

(b) 「犯罪の嫌疑がない」ことを理由とする準抗告の可否

四二九条→四二〇条二項

否定説

肯定説

(2) 勾留理由開示

この制度の特徴

｛ヘイピアス・コーパス／予備審問手続｝との差

この制度の意義のとらえ方と帰結

(3) 勾留の取消

三　逮捕・勾留の諸問題

1 事件単位の原則

(1) 意義と法的根拠

二重勾留を認めるか否か

人単位説――二重勾留を否定（横井・平場）

事件単位説――二重勾留を肯定（松尾・田宮）

(2) 二重勾留をめぐる論議

認めることの｛メリット／デメリット

(3) 勾留延長等における「余罪」の考慮の是非

人単位説
事件単位説 ＞結論に差

2
(1) 再度の逮捕・勾留
逮捕・勾留一回の原則
先行する逮捕・勾留がどの段階まですすんでいたかを考慮する必要
①——⑥
(2) 一罪一逮捕・一勾留の原則

3 別件逮捕・勾留
(1) さまざまな定義
違法とされる根拠
①「取調べのための」「自白追求のための」逮捕・勾留
② 身体拘束の時間的制約潜脱のおそれ
③ 本件についての憲法三三条・三四条の保障の潜脱
本件基準説の提唱（松尾）
(2) 新しい別件基準説（逮捕の適否は別件のみを基準）とその批判
→
批判（田宮）
身体拘束期間と関係づける説（川出）
(3) 法的救済

4 「余罪の取調」

一　逮捕

1　概説

被疑者の逃亡防止や罪証隠滅を防止するため、その身体の保全が必要なとき行われるのが被疑者の逮捕です。これは捜査の初期に行われることもありますし、終期あるいは中間期に行われることもあります。

旧刑事訴訟法では、捜査段階での被疑者の身体の拘束は、検察官が裁判官に勾留の請求をするという方法によるのが普通で（旧刑訴法二五五条）、逮捕は現行犯に対する即時的な拘束処分としていわば勾留の前段階として認められていたにすぎませんでした。そのほか捜査上の要急処分（旧刑訴法一二三条）が検事に認められていましたが、それは限られた範囲で認められていたにすぎず、強制処分は裁判官に請求して裁判官にやってもらうというのを原則としていました。しかし他方、捜査機関には、治安の維持と、身体を拘束して自白を追求する強い志向が存在していました。そこで、行政執行法上の検束（泥酔《でいすい》者・瘋癲《ふうてん》者・自殺を企てる者その他救護を要すると認める者の保護「検束」、暴行・斗争のおそれある者に対する予防「検束」―但し翌日の日没迄）を利用して、身体を拘束し、その間に取り調べて自白を追求するという捜査方法がかなり広く行われました。それによる人権侵害の弊害は大きく、そのようなやり方の改善を求める声が絶えませんでした。そこで一方では、行政検束をその本来の目的を離れ捜査目的のため利用するやり方の根絶がつよく求められました。他方、そういう脱法行為は捜査機関に強制処分権を与えていないことから来るのだから、正面から強制処分権を認めた上でそれをコントロールした方がよいという見解（「司法革新論」）も主張されました。後者は一面で捜査機関の権限拡大の希望にも沿うものでもあったのです。

さて、現行法のもとでは、逮捕を現行犯の場合に限らず、すべての身体拘束の出発点とするという方法をとり、その代わり人権保障の見地から令状主義を採用して司法的抑制を行うという構成がとられました。憲法は逮捕について一カ条を設け、「何人も、現行犯として逮捕される場合を除いては、権限を有する司法官憲が発し、且つ理由となってゐる犯罪を明示する令状によらなければ、逮捕されない」（憲三三条）と規定しました。「令状がなければ逮捕されない」というのですから、令状主義は人身の自由に対するマグナカルタ的意義をもちます。それは同時に司法的抑制の原理にほかなりませんから、その権限と責任の最終的担保は裁判官にあるはずです（田宮・刑訴Ⅰ一五六頁）。

しかし令状主義を皮相的に理解し、裁判官の令状さえあればよいという運用がなされると、捜査機関の権限が拡張されたという結果だけが残る危険がないわけではありません。

したがって、このことに関連していくつかの問題が生じました。

① 憲法三三条では令状の発付権者が「司法官憲」となっていますので、これには裁判官だけでなく検察官ひいては司法警察員も入るという主張が刑訴法の立法過程で司法省乃至警察当局からつよくなされました。しかし度重なる議論の末、刑訴法上それは「裁判官」であることがはっきりさせられました。公平・中立的な第三者である裁判官によってこそ司法的抑制が達成されるわけですから、当然であったといわねばなりません。

② 裁判官は司法的抑制の見地から「逮捕の理由」（犯罪の嫌疑）の存否については判断できるが、「逮捕の必要性」についての判断権は、本来逮捕権をもっている捜査機関にあるという主張もなされました。これは逮捕状を許可状だと考える見解とも密接に関連しますが、たとい逮捕状を許可状だと考えたとしても、逮捕が「必要性がない」のに、それには司法的抑制が及ばないというのは疑問だといわざるをえません。かようにして逮捕の判断権は裁判官にあるということが立法上はっきりされたわけです（一九九条二項但書、規則一四三条、同一四三条の二）。

③ 逮捕の目的・性格をどう考えるかについても見解の対立がみられます。(i)は逮捕は被疑者を取り調べるために捜査官に認められた身体の拘束であるという考え方（吉田・註釈刑事訴訟法第一巻三四四頁）です。(ii)は逮捕は捜査目的のため行われる

身体の保全処分であるが、被疑者の取調べを目的とするものでなく、逃亡の防止及び罪証隠滅の防止のために行われるという考え方（高田・三四九頁）です。(iii)は、逮捕は裁判官の行う身体保全の処分である（将来行われるべき公判への出頭を確保するため）という考え方（平野・八四頁）です。(i)のように逮捕は取調べのためにあるとすると、逮捕（及びその後の留置）がきびしい自白追求の期間（黙秘権の放棄を迫る場）となることを有効に防止することはできないでしょう。それは被疑者に黙秘権を保障したこと（憲三八条一項、刑訴一九八条二項）と矛盾するでしょう。(ii)は逮捕を「取調べのため」という目的から切り離した点で評価できるが、なお逮捕の必要性は捜査機関の判断に委ねられざるをえないことになるとの批判（田宮・刑訴Ⅰ一五七頁）が加えられています。

④　逮捕状の性質　逮捕状は、ⓐ本来逮捕権を有する捜査機関に対し、その権限濫用を抑制するために裁判官が許可を与えるものだとする見解（**許可状説**）と、裁判官による捜査機関に対する逮捕という強制処分の命令だとする見解（**命令状説**）が、対立しています。右の③(i)説と(ii)説はⓐの許可状説とむすびつきます。

「取調べのための」逮捕というのは、糺問的な捜査の考えといわざるをえませんし、また、当事者（又はこれに準じる者）の一方の身体の保全を、他方の当事者（又はこれに準ずる者）が本来当然に自己の権限としてもっているという考えにも疑問があります。このように考えると、逮捕は勾留と同じく将来行われるべき公判のため被疑者の出頭を確保し、罪証隠滅を防止することを目的とする身体拘束処分であって、逮捕状は裁判官の命令状だという考え（平野・八四頁、田宮・刑訴Ⅰ一五七頁）がより妥当だと思われます。

逮捕状を命令状と解した場合に、現行法上問題が出てこないわけではありません。(i)命令なら被逮捕者を裁判官の許へ引致すべきであるのに、現行法上は検察官又は司法警察員の許へ引致することになっていること、(ii)逮捕状の発付を受けても捜査官は自己の判断で逮捕しなくてもよいこと、(iii)逮捕後捜査機関の判断で釈放できることになっている（二〇三条〜二〇五条）こと。これらが命令状説にとっての隘路《あいろ》として指摘されています。(ii)に対しては、逮捕状は事情が変更したならば逮捕しなくてもよいという条件付命令だ（平野・八四頁）と答えられるでしょう。(iii)に対しては、逮捕じたいが不必要になった場合は釈放せよという条件付命令だ（田宮・刑訴Ⅰ一五八頁）と言えなくもありません。だが最大の隘路として(i)が残ります。

私は「取調べのための逮捕」とか、「逮捕権は本来捜査機関にある」という観念さえ払拭できればよく、弾劾的捜査観の功績もまたこの点にあると考えます。したがって、逮捕状は、本来裁判官が有する強制処分権にもとづき、その発付によって逮捕権を個別的に捜査官に付与するものと考えます（同旨、石松竹雄・捜査法大系Ⅰ六頁）。そうすると(i)(ii)(iii)の点にも無理なく答えられるでしょう。

2　通常逮捕（一九九条以下、規則一三九条以下）

裁判官からあらかじめ逮捕状の発付を受け、これに基づいて逮捕する場合を通常逮捕といいます。

(1)　逮捕状は請求によって発せられます。逮捕状を請求できる者は、検察官と司法警察員だけです。しかも司法警察員の中でも逮捕状を請求することができるのは、国家公安委員会または都道府県公安委員会の指定する警部（指定警部といいます）以上の者に限られています（一九九条二項）。逮捕状を発するのは裁判官ですが、請求者にも逮捕の理由と必要性について慎重に考慮させ、逮捕状が濫発されるのを防止しようというのが、請求権者の範囲を限った理由です。逮捕状を請求するには一定の方式の請求書（規一四二条）とともに、逮捕の理由と必要性が認められるような資料を提供しなければなりません（規一四三条）。

なお、請求する際に、同じ被疑事実について前に逮捕状の請求または逮捕状の発付があったときは、そのことを裁判所に通知しなければなりません（一九九条三項、規一四二条一項八号）。これは同じ被疑事件について不当な蒸し返し逮捕にならないよう事前に防止する手がかりを与える点できわめて重要な規定です。また右の規則は、現に捜査中である「他の犯罪」について前に逮捕状の発付があったときもそのことを逮捕状請求書に記載するよう求めています。同時に捜査できる二つ以上の犯罪を小だしにして順次（甲事件逮捕―釈放―乙事件逮捕）逮捕を繰り返すことを防止せんとするものです（後述三２「再度の逮捕・勾留」の節を参照）。したがってこのような事項を記載しない逮捕状の請求には重大な手続違反があるといわざるをえません。

(2)　**令状の発付**　(1)の請求があったとき、裁判官は、被疑者が罪を犯したと疑うに足りる相当な理由（逮捕の理由にあたります）があり、さらに逮捕の必要があると認めるときは逮捕状を発付することになります（一九九条二項）。逮捕の理由や必要性の審査は逮捕状の請求を受けた裁判官が請求書に記載されている犯罪事実について、請求者から差し出された資料を検討して、これをするのですが、必要があれば請求者に出頭を求めて説明させることもできます（規一四三条、一四三条の二）。逮捕の理由があっても、逮捕の必要がないと逮捕状請求は却下されますが、この場合逮捕の必要がないとは、「被疑者の年齢及び境遇並びに犯罪の軽重及びその態様その他諸般の事情に照らし、被疑者が逃亡する虞がなく、かつ、罪証を隠滅する虞がない」ことをいいます（規一四三条の三）。被疑者が逮捕する必要があるのは、被疑者が逃亡するか罪証を隠滅するおそれのある場合だけということになります。

なお、三〇万円以下の罰金または拘留、科料にあたる事件については、被疑者が定まった住居を有しないか、正当な理由がなく捜査機関の任意出頭の要求（一九八条一項）に応じなかった場合でなければ逮捕できません（一九九条一項但書）。こういう軽微な犯罪の逮捕の場合には、逮捕の理由及び必要性の要件に附加して、さらに右にあげたような要件がなければならないという趣旨です。**比例**（**又は権衡**）**の原則**の現れとみてよいでしょう。また捜査機関の出頭要求に被疑者が応じなければ即逮捕できるということでもありません。不出頭が度重なるときは、逃亡又は罪証隠滅のおそれが認められるから、すなわち逮捕の必要性がみとめられるから、逮捕できることになると考えられます。

逮捕状の記載事項については二〇〇条（規一四四条、一四五条）をみて下さい。そのうち「被疑事実の要旨」は、「理由を明示する」令状という憲法の要請を直接受けたものです。「引致すべき官公署」とは逮捕状請求者又は逮捕者の所属する警察署を指すものとして一般に考えられています。

⑶　**逮捕の実行**　逮捕状によって被疑者を逮捕するのは、逮捕状請求権をもたない検察事務官、司法巡査であってもよろしい（一九九条一項）。もっとも逮捕状は、それが発付されたからといって必ず被疑者を逮捕しなければならないというものではなく、逮捕の理由と必要のあるときに限り逮捕してよいことになるのです。例えば逮捕状が発せられたとしても被疑者が任意に出頭し、そして罪証を隠滅するおそれもないということであれば、もはや逮捕状を使う必要は無くなるわけです（江家・教室上一七〇頁）。

逮捕するにあたっては、逮捕状を被疑者に示さなければなりません（二〇一条一項）。もっとも、逮捕状を所持しないため、これを示すことができない場合で、急速を要するときは、被疑者に対し被疑事実の要旨及び令状が発せられている旨を告げて被疑者を逮捕することができます。そのあと、令状はできるかぎり速やかに示さねばなりません（二〇一条二項）。これを**令状の緊急執行**といいます。裁判官の令状は出ているのですから、令状によらない逮捕ではありません。だが、令状の呈示は、逮捕手続の適法要件ですから、（それに代えての）被疑事実の要旨や逮捕状が出ている旨の告知は厳格に守られねばなりません（西村清治・捜査法入門七一頁）。

3　現行犯逮捕

⑴　現行犯人は誰でも令状なしに逮捕することができます（二一三条）。憲法三三条も現行犯人については令状なしに逮捕できることを認めています。これは犯罪および犯人が明白であり、したがって無実の者を誤って拘束するという強制権の濫用のおそれがなく、かつ急速な逮捕の必要性があるからです。

現行犯人とは、現に罪を行い、または現に罪を行い終った者をいいます（二一二条一項）。「現に罪を行っている者」とは、特定の犯罪の実行行為を行いつつある犯人であって、それが逮捕者の面前で行われているばあいをいいます。逮捕者の面前で犯罪を行っても、逮捕されずに時間が経過しあるいは場所が変われば現行犯人ではなくなります。現行犯人は「一定の時間的段階における犯人」（団藤）といわれるゆえんです。「現に罪を行い終った者」とは、特定の犯罪の実行行為を終了した直後の犯人であって、このことが逮捕者に明白であるばあいをいいます（古城敏雄・判タ二九六号九八頁）。終了した直後とは、犯罪を行い終った瞬間またはこれと極めて接着した時間をいいます。もっとも、犯罪を現認した私人が警察に急報し、警察官が急行した場合に、犯人がなお現場におり、現場の状況から、罪を行い終わった直後と認められるときは、現行犯人として逮捕できるでしょう。捜査官が、被害者の供述に基づいてはじめて被疑者を本件被疑事実を犯したと認めたというにすぎない場合、現行犯逮捕は適法とはいえません（京都地決昭四四・一一・五判時六二九号一〇三頁、百選〔七版〕二八頁（中野目善則））また現場附近を捜査中に挙動不審の男を認め職務質問したところ犯人と判明した場合にまで、現行犯逮捕をひろげることはできません。

(2)　準現行犯　(1)の固有の現行犯のほかに、法は準現行犯人というものを認めています。準現行犯人とは、つぎのいずれかにあたる者で、罪を行い終ってから間がないと明らかに認められる者です。これは現行犯人とみなされるのです（二一二条二項）。①犯人として追呼《ついこ》されている（たとえば「泥棒」「泥棒」と追いかけられている）とき、②賍物（盗品）または明らかに犯罪の用に供したと思われる兇器その他の物を所持しているとき、③身体または被服に犯罪の顕著な証跡があるとき、④誰何《すいか》されて（「誰か」と声をかけて名を問いただすこと。警笛を吹くとか懐中電燈で照らすことも含まれる）逃走しようとするとき。旧刑事訴訟法は①～④にあたりさえすれば準現行犯人としていましたが、現行法は①～④のいずれかに該当し、かつ「現に罪を行い終わってから間がないと明らかに認められる」者だけを現行犯人とみなすことにしました。現行犯人逮捕を令状主義の例外とした憲法三三条の趣旨から考えると「間がない」という要件は厳格に解釈されねばなりません。犯行現場から直線で四キロ離れた地点で、犯行終了後それぞれ約一時間、一時間四〇分経過した時点での準現行犯逮捕について、被疑者の逃走や身体の傷跡などを根拠に「罪を行ってから間がないと明らかに認められるときにされた」ものということができるとした判例として、最決平八・一・二九刑集五〇巻一号一頁（百選〔八版〕三三頁〔多田辰也〕）がありますが、令状主義の例外としては広すぎると言わざるをえません。

(3)　現行犯人は何人《なんぴと》でも逮捕状なしに逮捕することができます（二一三条）。ただし現行犯人であっても犯罪が軽微であるときは原則として、これを逮捕することはできません。すなわち、三〇万円以下の罰金、または拘留・科料にあたる罪の現行犯については、犯人の住居もしくは氏名が明らかでない場合か、又は犯人が逃亡するおそれがある場合でなければこれを逮捕することはできません（二一七条）。これも比例（権衡）の原則の現れといえます。

現行犯逮捕のばあいも逮捕の必要性が要件となるかが問題とされます。規則一四三条の三に準じ明らかに逮捕の必要性のない場合に逮捕は許されないと考えるべきでしょう（大阪高判昭六〇・一二・一八判時一二〇一号九三頁、百選〔八版〕三〇頁〔梅田豊〕）。もっとも一般私人による逮捕の場合、その点につき厳格な判断を要求するのが困難なこともあります。そういうときは、私人から現行犯人を受けとったとき、捜査機関は「必要性」の有無を判断し、それがなければ直ちに釈放すべきです。

私人が現行犯人を逮捕したときは、直ちにこれを検察官又は司法警察官職員に引き渡さなければなりません（二一四条）。司法巡査は、現行犯人を受け取ったときは、速やかにこれを司法警察員に引致しなければなりません（二一五条一項）。

(4)　**現行犯逮捕に関する問題点**

①　ある者の行動を私人がみるとそれが犯罪の実行行為だとは分からないが、捜査機関が予め持っている情報をもとにそれをみると犯罪の実行行為と分かる場合、捜査官はその者を現行犯逮捕することができるでしょうか。東京高判昭和四一・六・二七（東高刑時報一七巻六号一〇六頁）は「同様資料を警察官でない通常人に提供すれば、その者は直ちに現行犯逮捕の要件があると認知しうる場合」には、現行犯逮捕は可能だとしました。一般的に肯認できる基準ではないかと思われます（もっとも本判決の対象となった具体的事案への適用の仕方には疑問があります）。

②　**継続追跡は現行犯逮捕の行為か**、も問題となります。判例の中には、漁業監視船Ａ丸がＸ丸の乗組員を現に

罪（アワビの密漁）を犯した現行犯人と認めて現行犯逮捕するため追跡し、B丸も、A丸の依頼に応じ、これらの者を現行犯逮捕するため追跡を継続したものである場合、「いずれも刑訴法二一三条に基づく適法な現行犯逮捕の行為であると認めることができる」としたものがあります（最判昭五〇・四・三刑集二九巻四号一三二頁）。二一二条一項の現行犯逮捕として適法なのかそれとも準現行犯逮捕（「犯人として追呼されている者」の逮捕（二項二号））として適法としたのか、判文からは明らかでありませんが、前者と考えたものと思われます。犯行を現認した者により逮捕のための追跡が継続して行われている場合には、依頼をうけての継続追跡も亦、前者の逮捕権を承継したものとして一項の現行犯逮捕のカテゴリーに入れるのが妥当でしょう（同旨、阿部純二・百選〔三版〕四一頁）。

4　緊急逮捕

(1)　憲法が認めているのは逮捕状による逮捕と現行犯逮捕だけですが、刑訴法は、ほかに緊急逮捕という制度を認めています。緊急逮捕の要件は、①死刑または無期もしくは長期三年以上の懲役・禁錮にあたる罪を（犯罪の重大性）、②犯したと疑うに足りる充分な理由がある場合で（嫌疑の充分性）、③急速を要し、裁判官の逮捕状を求めることができないとき（緊急性）であり、この要件のある場合には検察官、検察事務官または司法警察職員は、その理由を告げて逮捕することができます。逮捕した場合には、直ちに裁判官の逮捕状を求める手続をしなければならず、逮捕状が発せられないときは、直ちに被疑者を釈放しなければなりません（二一〇条）。

(2)　**緊急逮捕の合憲性**　合憲説には①逮捕状による逮捕と構成する考えがあります。団藤博士は「事後とはいえ、逮捕に密着した時期に逮捕状が発せられるかぎり、逮捕手続を全体としてみるときは逮捕状にもとづくものということができないわけではない」と説明されました（団藤・三四〇頁）。しかしこの見解では、事後に逮捕状が発せられなかった場合の説明に窮《きゅう》するし、また令状主義は逮捕に着手する以前に令状の存在することを必要とするのであり、事後の追完によって無令状逮捕を合憲とするのは不当であるという批判がなされました（平場・講義三五三頁）。つぎに②憲法三三条が現行犯逮捕を令状主義の例外とした趣旨に照らすと、その（憲三三条の「現行犯」の）中に刑訴法上の現行犯・準現行犯逮捕のほかに緊急逮捕も含まれると解する見解（後掲最高裁判決中の小谷・池田裁判官の補足意見）があります。しかし憲法が緊急性だけで令状主義の例外を認める趣旨とは考えられません。また犯罪と犯人の明白性は、犯行と逮捕の時間的接着性によってこそ担保されることは「憲法の現行犯」の場合も同じでなければならないでしょう。また緊急逮捕を現行犯逮捕と解するならば事後に裁判官の令状をもらうことも必要的でないことになりかねません。したがって、この見解にも賛同することはできません。さらに③憲法三三条はアメリカ合衆国憲法の「不合理な捜索及び逮捕・押収の禁止」にならって、「合理的な」捜索・逮捕・押収などは令状を要しない趣旨と解すべきだとし、緊急逮捕を現行犯逮捕と並んで令状の保障が除外される場合に含める見解（後掲最高裁判決中の斉藤裁判官補足意見）があります。しかし「合理的」という基準だけでは例外の場合を限定するための保障が不十分といわねばなりません（小野慶二・百選（三版）四三頁）。

このようにみてくると、憲法の文言の解釈からは合憲性を基礎づけることには困難があります。そこで④実質的にその社会治安上の必要を考え、また現在のように都市化し移動性のはげしい社会においてはつねに事前に令状を要求することには無理があることを考えると、緊急の状態のもとで重大な犯罪について例外を認めることの合憲性をかろうじて肯定しうるであろうという見解（平野・九五頁）が出てきます。

ところで判例（最判昭三〇・一二・一四刑集九巻一三号二七六〇頁）は「法の定めるような厳格な要件の制約の下に、罪状の重い一定の犯罪のみについて、緊急已むを得ない場合に限り、逮捕後直ちに裁判官の審査を受けて逮捕状の発付を求めることを条件とし、被疑者の逮捕を認めることは、憲法三三条の趣旨に反するものではない」としました。しかし、これによって緊急逮捕の合憲性の根拠が明確になったとはいえません。

ただ、刑訴法の立法にあたり、憲法三三条の「司法官憲」には、「裁判官」だけでなく「検察官」「司法警察員」も含まれるという司法省等の主張を退ける際に、いわば妥協として、緊急逮捕の制度が設けられたという経緯

（松尾・上五九頁）を考慮すると、この制度を一概に違憲として退けることには問題があるでしょう。解釈上は①の「全体として逮捕状による逮捕」という構成を基礎として（判例も「直ちに逮捕状の発付を求めることを条件として」と述べている）、令状請求の迅速性を厳しく要求するとともに、立法論的には、真に重大な犯罪に緊急逮捕を限定する（例えば「死刑・無期もしくは短期一年以上の懲役・禁錮にあたる罪」）努力が払われるべきだと思われます。

(3)　緊急逮捕では、逮捕後直ちに逮捕状を求める手続がなされることが必要です。この場合、急速を要するだけに、検察事務官、司法巡査も逮捕状を請求することができると解すべきです。なおこの請求は逮捕後「直ちに」なされねばなりません。緊急逮捕は令状による逮捕として合憲であるとする考えに立てば、「直ちに」とは「即刻」とか「その足で」ということになります（団藤・三四一頁）。証拠収集を目的とした積極的取調べのため遅延することは許されません（田宮・注釈一二三七頁）。請求を受けた裁判官は、まず①逮捕時に緊急逮捕の要件が備わっていたかどうかを審査します。それが備わっていないと認めるときは逮捕状請求を却下しなければなりません。次いで、②逮捕状請求時に通常逮捕の要件が備わっているかどうかを審査します。なぜなら、緊急逮捕状は、逮捕行為を追認するとともに、以後の身体拘束の継続を承認するものだからです。①②の要件が備わってはじめて逮捕状を発付することになります。だが、①の意味もあるのですから、緊急逮捕後被疑者を釈放した場合にも逮捕状の請求はこれをしなければなりません。逮捕状請求を却下する場合には①②の要件のうちいずれが欠けるかを明示すべきです（小田健司・令状基本上一七九頁参照）。

5　逮捕後の手続

(1)　司法巡査または検察事務官が被疑者を逮捕したときは――私人により逮捕された現行犯人を受け取った司法巡査または検察事務官も同じ――直ちに、司法巡査はこれを司法警察員のところへ引致し、検察事務官はこれを検察官のところへ引致しなければなりません（二〇二条、二一一条、二一六条）。

逮捕された被疑者を受け取った司法警察員は――自分の手で被疑者を逮捕した司法警察員も同じ――、直ちに被疑者に対して①犯罪事実の要旨および②弁護人を選任することができる旨を告げた上で、③弁解の機会を与えなければなりません。引致後留置（憲三四条のいう抑留）が考えられうるのですから、その前に①②の告知をすることは、憲法三四条前段の「何人も、理由を直ちに告げられ、且つ、直ちに弁護人を依頼する権利を与へられなければ、抑留又は拘禁されない」という規定を、直接・間接に受けたものといわねばなりません（同旨、松尾・上五四頁）。憲法は、逮捕後遅滞なく被疑者を裁判官のもとへ引致し（予備出頭）、裁判官から①②の告知がなされ、裁判官により弁解が聴取されることを予定していたのかもしれません。だが法は①②③は司法警察員（二〇三条）または検察官（二〇四条）のもとで履践することにしたわけです。なお三七条の二第一項の罪の場合、国選弁護人請求権を教示しなければなりません（二〇三条三項）。

なお、ここで「弁解」というのは、司法警察員が何も尋ねないのに、被疑者の方からすすんで任意に述べることをいいます。そこで、判例は、被疑者に弁解の機会を与える際には黙秘権を告知する必要はないとしました（最判昭二七・三・二七刑集六巻三号五二〇頁）。ですが実際には、捜査官が被疑者の弁解を黙って聞いていることは滅多になく、大方のばあいは、その弁解に対して何か質問することになるでしょう。そうなれば、単に弁解を聞くのではなく取調べをすることになるのですから黙秘権を告知しなければならないでしょう（江家・教室上一八六頁）。

(2)　①　次に司法警察員は、留置の必要があるかどうかを判断し、留置の必要がないと判断したときは、直ちに被疑者を釈放しなければなりません。これに反し、留置の必要があると判断したときは、被疑者が身体の拘束を受けたときから四八時間以内に、書類及び証拠物とともに被疑者を検察官に送致する手続をしなければなりません（二〇三条一項後段、二一一条、二一六条）。右の送致は身体および事件の送致をいうものと解されます。

このようにして送致された被疑者を検察官が受け取ったときは、検察官は被疑者に弁解の機会を与え、留置の必要がないと判断するときは直ちにこれを釈放しなければなりません（二〇五条一項前段）。留置の必要があると判断するときは、被疑者を受け取ったときから二四時間以内に――しかも最初に被疑者の身体を拘束したときから七二時間以内に（同条二項）——、裁判官に勾留の請求をしなければなりません（同条一項後段）。もっとも、右の制限時間内に公訴を提起したときは、勾留の請求をすることは必要でありません（同条三項）。というのは、公訴を提起したのちは、裁判官が職権で勾留するかどうかを決定することになるからです（二八〇条二項参照）。

②　検察官が自分の手で被疑者を逮捕した場合、あるいは被疑者を逮捕した検察事務官または私人からこれを受け取った場合には、直ちに犯罪事実の要旨および弁護人を選任することができる旨を告げた上、留置の必要がないと判断するときは直ちにこれを釈放しなければなりません（二〇四条一項前段）。留置の必要があると判断するときは、被疑者が身体の拘束を受けたときから四八時間以内に、裁判官に被疑者の勾留を請求しなければなりません（同条一項後段）。ただし、この時間内に公訴を提起したときは勾留の請求をする必要はありません（なお国選弁護の教示については二〇四条二項参照。）。

(3)　**引致後の留置**　このようにみると、司法警察職員に逮捕された場合（(2)の①）には、逮捕されたときから起算して司法警察職員のもとで四八時間、検察官に送致されてから二四時間、合計七二時間の留置が認められることになります。この留置時間をどのような意味のものと考えるか、が問題となります。

①逮捕後の留置を逮捕の効力と考えるにせよ、あるいは引致後は二〇九条（七五条を準用）によって留置が認められると考えるにせよ、七二時間の留置時間を捜査機関のいわば持ち時間と考えるのが一般的傾向です。これに対して、②逮捕は、裁判官の許への出頭確保の制度として仮の即時的処分であって、七二時間は勾留請求のための引致手続のマキシマムを示したものにすぎない、という見解（田宮『捜査の構造』一六五頁）が対置されています。逮捕した被疑者を遅滞なく裁判官の許へ引致し（予備出頭）、裁判官の前で身体拘束の適否の審査（予備審問）が行われて、令状主義が完成するのが本来の姿でしょう。憲法三四条もそれを予期していたのではないか、と考えられます。しかし刑訴法によると、引致されるところが司法警察員の許であり、弁解聴取も司法警察員によって行われることになりました。しかし裁判官の審査もないまま留置がいわば捜査目的のための捜査機関の持ち時間だとすることには疑問があります（前出一1参

照）。このように考えると右の七二時間は裁判官の許への出頭までの猶予期間のマキシマムと考える②の見解の方が妥当なように思われます。

もっとも②の見解は、逮捕を「出頭確保のための制度として勾留と等質の処分」「勾留請求のための引致手続」と考えることから直ちに、逮捕＝「勾留に関する裁判」として、それに対する準抗告（四二九条）の可能性を引き出します（田宮『捜査の構造』一六八頁。指名手配事件のように逮捕状の発付がなされていることが公けにされているような場合で、令状執行前に争う必要のある場合のあること等を理由に挙げて肯定説をとるものとして渡辺修『捜査と防御』一三二頁以下）。しかし、(i)四二九条一項二号が準抗告の対象となる裁判として掲げる「勾留に関する裁判」に「逮捕に関する裁判」を含めて理解するには文理上相当無理があること、(ii)逮捕による身体拘束期間は比較的短いので逮捕自体に対して不服申立を認めなくても、人権保障上それほど重大な問題は生じず（最決昭五七・八・二七刑集三六巻六号七二六頁）、この段階で不服申立を認めると、右申立の処理をめぐり手続が煩瑣《はんき》となること等を理由として否定説が有力です。たしかに(i)の点は認めざるをえませんが、(ii)を主張しうるためには、かえって一層、逮捕後できる限りすみやかに勾留請求のため裁判官の許へ引致する運用がなされねばならぬでしょう。

二　被疑者の勾留

1　勾留の意義と目的

勾留とは、被疑者または被告人を拘禁する裁判およびその執行をいいます。新聞用語では「勾留」を「拘置」といい替えていますが、勾留が刑罰の一種である拘留（刑九条・一六条）と混同されてはなりません。

勾留は、被疑者に対するものと被告人に対するものがあり、両者にはいくつかの差がありますが、ここでは前者に重点をおいて述べることとします。

勾留は、将来の公判への出頭の確保と罪証隠滅の防止を目的とします。被告人の公判出頭がなければ原則として公判をすすめられませんし（二八六条）またその前提として被告人に起訴状謄本を送達しておかねばなりません（二七一条）。しかし被告人の所在が確認できないとそのような手続を進めることができません。かような不出頭のおそれがあるときは、すでに被疑者段階で身体を確保しておく必要があります。

また、被疑者または被告人が犯罪の証拠を隠滅するおそれのある場合にも、身体を拘束しておく必要があります。この罪証隠滅のおそれを理由とする勾留は、それが捜査に役立つことがあるとしても、捜査に積極的に役立たせるために行われてよいわけではありません。この点から、被疑者の取調べを勾留の目的に加えることはできないと思います。これを勾留の目的に加えると勾留は「被疑者の供述を獲得するための」強制処分になってしまいます。「取調べのための」勾留を認める点に糺問的捜査観の特色があり、これを否定したところに弾劾的捜査観のもっとも大きな意味があるといってよいでしょう。

近時、**再犯の防止**を併せて（あるいは副次的に）勾留の目的に数えることができるとする見解があります。しかし勾留の基礎となるべき事件さえ未だ確定したものでないのに、将来おこるかもしれぬ犯行を理由に、現在拘禁をすること（あるいは継続すること）は予防拘禁となり、人権保障の見地から許されないと思います。もっとも、わが国の積極説は（起訴後の勾留に関する）刑訴八九条の権利保釈の除外事由のうち、二号と三号は逃亡のおそれとか罪証隠滅のおそれでは説明がつかない、それはむしろ再犯のおそれあるばあいを類型化したものだと考え、そこからひるがえって勾留の目的にも再犯の防止を数えざるをえないといいます。ですが右の二号、三号が再犯のおそれある場合を類型化したものだと仮に認めるとしても、この場合は保釈を権利として認めないというにすぎません。したがってこの規定の存在から再犯のおそれを勾留理由に高めることは妥当ではないでしょう（ほぼ同旨、兒島武雄・佐伯編『生きている刑事訴訟法』四一頁）。それだけでなく、八九条の場合は、重刑が言い渡される（あるいは執行猶予がつかない）可能性が高いので（一号）、または常習者であるので（三号）、それだけに保釈保証金によっても被告人の逃亡の防止が困難であるという理由にもとづくものと考えることができます。

2　勾留の要件と手続

(1)　勾留の要件は、被疑者が罪を犯したと疑うに足りる相当な理由があること、及び①被疑者が定まった住居を有しないこと、②被疑者が罪証を隠滅すると疑うに足りる相当な理由があること、③被疑者が逃亡し、または逃亡すると疑うに足りる相当な理由があることのうち、いずれか一つ以上にあたることです（二〇七条一項・六〇条）。これを**勾留理由**といいます。①と③をあわせて「不出頭のおそれ」とみることもできましょう。被疑者の勾留については、刑訴法六〇条以下の被告人の勾留に関する規定が保釈を除いて「準用」される（二〇七号一項の「勾留の請求を受けた裁判官は、その処分に関し裁判所又は裁判長と同一の権限を有する」というのはこの趣旨）ので、被告人の勾留要件（六〇条一項）と同じになっているのです。

さきに述べた勾留の目的に直結する勾留理由は①〜③です。だが犯罪の相当の嫌疑は勾留の不可欠の要件です。何故ならこれなしに勾留が許されるとすると、罪証隠滅のおそれがあれば被疑者本人でなくても勾留できることになり、不当だからです。

(2)　勾留理由のうちとくに問題となるのは「罪証隠滅のおそれ」です。この要件はきわめて不明確な概念であって、このため被疑者の人身の自由が不当に制限される危険があります。すなわち「罪証が隠滅されるかもしれないという口実のもとに、まさしく罪証（とくに自白）を獲得するために勾留がなされる」という事態さえ招きかねません。捜査も弾劾的に構成する英米法で、それが正面からは勾留理由として認められない理由はここにあるのでしょう（またこの勾留理由は保釈に親しみません）。したがってこの勾留理由の認定は厳格になされる必要があります。すなわち具体的事実にもとづいて、身体を拘束しなければ被疑者が当該被疑事件に関する証拠を隠滅する蓋然性（可能性では足りない）ありと考えられる場合でなければなりません。被疑者が黙秘・否認したことから直ちに罪証隠滅のおそれを認めることは正しくありません。将来証人となるであろう者との接触も同様です。重要な証人に対し被疑者が直接影響力をもっており身体を拘束しておかねば罪証隠滅を教唆する蓋然性のある場合でなければなりません。

隠滅の対象となる「罪証」とは、犯罪の成否及び重要な態様に関する証拠です。量刑に関する資料（情状など）の範囲はきわめて流動的で、明確でないので、原則として罪証隠滅のおそれを判断する対象から除外するのが妥当でしょう（同旨、浦辺衛『刑事実務上の諸問題』一六七頁）。

逃亡のおそれ（三号）とは、現に逃亡していたかまたは、将来逃亡することが予測されることです。予測のていどは、罪証隠滅について述べたのと同程度です。

被疑者の住居不定（一号）とは、住所はもちろん居所すら定まっていないことを指します。被疑者が住居を黙秘しても他の資料から、これが分かる場合、住居不定にはならないと解すべきでしょう。

(3)　ところで、(ア)被疑者が罪を犯したと疑うに足りる相当な理由だけを勾留の理由と呼び、(イ)上記(1)①—③を勾留の必要性と呼ぶ説と、(ア)(イ)をあわせて勾留の理由と呼び、これとは別に**勾留の必要性**を考え、勾留の要件にそれをつけ加える見解とがあります。手段は目的に対して相当でなければならないことは、人身の比較的長期の拘束の許容（あるいは継続）にあたって、とくにつよく要請されねばなりませんから、後説が妥当だと考えます。ところで勾留の必要性なしとは、事件の性質（種類、軽重、態様等）と被疑者の個人的事情（年齢、境遇、心身の状況等）を比較考量して勾留を相当としない場合を主とし、その他、具体的場合において被疑者を勾留することが必要でないか、または相当でないと考えられる事情のある場合をいいます（下村幸雄・佐伯編『生きている刑事訴訟法』五八頁）。事案軽微で起訴価値のない場合、被疑者が老齢・病弱などで勾留に耐えられないような状況にある場合などがそれに当るでしょう（石井一正・捜査法入門九二頁）。六〇条三項は三〇万円以下の罰金、拘留又は科料にあたる罪については住居不定の場合にしか勾留できない、と定めています。これも「比例（権衡）の原則」の現れですが、この原則は、右条文に掲げる場合以外にもおし及ぼされてしかるべきでしょう。

(4)　被疑者の勾留は検察官の請求によります。請求権者は検察官に限られるし、裁判官の職権による勾留も（起訴前は）認められません。また、被疑者の勾留請求には、逮捕が前提となります。在宅の被疑者を逮捕せずにいきなり勾留請求することはできません。というのは二〇七条一項で「前三条の規定による勾留の請求を受けた裁判官は」となっているからです。前三条をみますと、勾留請求はいずれも逮捕後の留置中（広義の逮捕中）に検察官がすることになっています（二〇四条、二〇五条）。すなわち、逮捕が勾留請求の前提となっていることがわかります。これを**逮捕前置主義**といいます。これは勾留の前に形式上逮捕がなければならないことを意味しているだけではありません。いっきょに一〇日という長期の拘束をするのではなく、まず第一段階として逮捕（広義）という短期の身体拘束を先行させ、その終了時にもまだ拘束の必要性があるときに限り、勾留という長期の拘束を認めるという慎重な手続をとることが、被疑者の人権保障にもかなうというのが、その実質的理由です（中野次雄＝平野編『自習刑訴法三二問』三七頁、松尾・上一一〇頁、田宮・注釈二三三頁）（現行犯逮捕の場合には逮捕前の司法審査はありませんが、「犯人と犯罪の明白性」がこれに代替することになるのでしょう）。

ここで以上に関連して二つの問題を検討しておくことが必要です。①甲事件で逮捕した被疑者を乙事件で勾留することを請求できるか。まず甲事件にかえて乙事件で勾留請求する場合を考えましょう（甲→乙）。乙事件について直接勾留請求を許すほうが逮捕後の留置期間だけ（乙事件について）拘束が短くなるわけで被疑者にとって有利になるという見解があります（団藤・条解上三八八頁、ポケット註釈(上)四六三頁）。これは右の逮捕前置主義の趣旨からは賛成されません。乙事件について、二重の司法審査という保障を忽《ゆるが》せにするのは妥当でないからです。ところで甲事件で逮捕した被疑者を甲事件に付加して乙事件で勾留することはできるでしょうか（甲→甲＋乙）。このばあいはいずれにせよ甲事件で勾留されるので事件単位の原則（ここでは同一事実についての逮捕前置）を修正して、乙事件を付加して被疑者の勾留を認めてよいように思われます。

②　前置される逮捕が違法であった場合、勾留請求の効力はどうでしょう。かつては、逮捕と勾留はそれぞれ独立の手続であるとし、逮捕の違法は勾留の適否とは関係ないものとされました（最判昭二三・一二・一刑集二巻一三号六七八頁）。だが、最近の下級裁の実務では、逮捕が違法な場合それにもとづく勾留請求は無効として、これを却下するのが一般的です。逮捕が前置されてはじめて勾留請求できるのだから逮捕は適法でなければならないと説明する見解があります。だが、この論拠は形式的すぎるように思われます。むしろ(i)逮捕に違法があれば拘束の根拠がなく直ちに釈放しなければならないのに、その継続としての勾留を請求することはできない、という見解（黒田・河村＝古川編刑事実務ノート三巻一四一頁）が注目されます。それに、(ii)逮捕の違法を審査するのは勾留審査しかないことがつけ加わります。なお、勾留審査手続を、英米の予備審問の手続に近づけて解して、それは身体の拘束の適法性を判断しあわせて将来の拘束の根拠を確認する手続——つまり逮捕・勾留を含めて全体としての被疑者の身体の拘束の適否を審査する手続——だとする見解（田宮『捜査の構造』一六七―一六八頁）もあります。

より機能的に、A行為の違法が、これと密接に関連する行為の違法を誘発する一場合（例えば違法収集証拠の証拠能力のように）として捉える見解があります。違法逮捕に引き続く勾留請求に即していえば、勾留請求を有効として扱うことが、将来の違法行為のくり返しを招くおそれがある場合、あるいは、適正手続の理念に反し司法の誠実性を傷つける場合には、これを無効としなければならない、というわけです（松尾・上九八頁）。後半部分はもっともですが、前半部分のように、勾留請求却下が違法な逮捕の抑止に役立つかどうかを「基準」としてこの場面に登場させることは必ずしも適切だとは思われません。

(5)　**勾留の裁判**　被疑者の勾留は、被疑者に対して、裁判官が被疑事実を告げ、被疑者の言い分を聞いたのちでなければ、これをすることができません（二〇七条、六一条、二〇〇四年改正で弁護人及び三七条の一第一項の罪についての国選弁護人選任請求権の教示が付け加わりました）。この手続を**勾留質問**といいます。被疑者が、逮捕後、裁判官の前ではじめて弁解を聴取される機会を与えられるという意味できわめて重要な意義をもつものといわねばなりません。

裁判官は被疑事実だけでなく六〇条各号の「勾留理由」についても告知し、それについて被疑者の弁解を聴くべきでしょう。とはいっても、勾留質問は以上の事項の告知と弁解の機会の付与に尽きるのであり、裁判官による「被疑者の取調べ」となってはなりません。ただ被疑者が任意に供述した場合には、それは被疑者の主張であるとともに、被疑者に有利にも不利にも勾留の裁判の資料となるので、あらかじめ黙秘権を告知することが必要でしょう。この勾留質問調書は、勾留が認められた場合は検察官に送付されるので（規一五〇条）、なおさらです。この点で、「被疑者側から準抗告の申立がない限り、勾留質問調書の（検察官への）送付は必要がないのではあるまいか」という見解（松尾・上一〇一頁）は傾聴に値します。

勾留の理由・必要性の有無は、検察官から提供された資料や、被疑者に対する勾留質問の結果から明らかになるのが普通ですが、疑問が残る場合、裁判官は「事実の取調」をすることができます（四三条三項）。実務上は関係者に電話で、または面接して、事情を聴取することなどが行われます。それには被疑者の住居関係、身元引受人《みもとひきうけにん》の有無の調査などが含まれます。

勾留の請求が不適法なとき、および勾留の理由または必要性がないときは、勾留請求を却下し、直ちに被疑者を釈放しなければなりません（二〇七条四項但書）。

勾留請求却下の裁判に対しては、後に述べるように、検察官は準抗告の申立をすることができます。検察官はこの準抗告の申立をすると同時に、被疑者の釈放の執行停止（四三二条、四二四条）を求めることができるかが問題とされていますので、ここで簡単に触れておきましょう。積極説は、(i)勾留請求却下の裁判に対し準抗告で争うことができるのに、勾留請求却下の裁判に対し執行停止を認めないと、準抗告審の裁判が出る前に被疑者が逃亡したり、罪証隠滅したりするおそれがある。(ii)勾留請求却下の裁判には、勾留請求を却下する面とあわせて、被疑者の釈放を命ずる面もっており、後者の面は、裁判内容の実現という広い意味で「執行」といえるので執行停止の対象とすることができるといいます（青柳・通論上三九六頁、岸・要義三九〇頁、藤木英雄＝土本武司＝松本時夫『新版刑事訴訟法入門』九三頁）。これに対して、消極説は(i)勾留請求後の身体拘束は、勾留請求に対する裁判があるまでの一時的暫定的なものにすぎないから、勾留請求却下の裁判があったときは、身体拘束の根拠は確定的に消滅する（青木英五郎・下村幸雄、実例刑訴（新版）二三頁）、(ii)勾留請求却下の裁判は、これ以上拘束を継続しないという消極的裁判であって、検察官はこの趣旨にしたがって釈放手続をする義務を負うにとどまり、勾留請求却下の裁判の「執行」として釈放するわけではない（高田・三六二頁）といいます。

仮に、積極説のように、勾留請求却下の裁判に執行停止が認められるという前提に立っても、釈放命令があったら直ちに執行すべきなのに執行停止のありうることを見込んで、被疑者の拘束を継続することは、認められないと解するのが妥当でしょう（高田・三六二頁、田宮『刑事訴訟法講義案』二〇六頁、松尾・上一〇二頁）。

裁判官は勾留の理由があると考えたときは速やかに勾留状を発しなければなりません（二〇七条四項本文）。勾留状の記載事項については刑訴法六四条、規則七〇条を参照して下さい。勾留状は検察官の執行指揮により、検察事務官、司法警察職員または監獄職員がこれを執行します（七〇条）。被疑者を勾留したときは、直ちに弁護人（弁護人がいないときは、被疑者の法定代理人等のうちで被疑者が指定した者）に、その旨を通知しなければなりません（七九条、規七九条）。これを**勾留通知**といいます。

(6)　勾留の期間　勾留の期間は勾留を請求した日（現実に勾留が行われた日からではない）から一〇日です（被疑者の利益のため初日を算入—五五条の準用）。勾留裁判官は、その裁量で一〇日より短く期間をきって勾留することはできない、と一般に解されています。なお、刑訴法は、起訴前の勾留は期間が短いからという理由で保釈を認めていません（二〇七条一項但書）。しかし立法論としては保釈制度を認めるべきだという意見もつよく主張されています。

検察官は、勾留期間の一〇日以内に公訴を提起しないときは、被疑者を釈放しなければなりませんが（二〇八条一項）、裁判官は、やむをえない事情があると認めるときは、検察官の請求により、この期間を延長できます（勾留の延長）。五日とか三日とか必要な日数だけ延長できるのですが、通算して一〇日を超えることはできません。もっとも、内乱・外患・国交に関する罪、騒擾の罪にあたる事件については、さらに五日以内の延長ができます。延長するには、勾留状に延長する期間と理由を記載し、裁判官が記名・押印して、検察官に交付します（規一五三条一項）。

「やむを得ない事由」とは、「事件の複雑化、証拠収集の遅延もしくは困難等により、勾留期間を延長して更に取調をしなければ起訴もしくは不起訴の決定をすることが困難な場合をいう」（最判昭三七・七・三民集一六巻七号一四〇八頁）とされています。計算関係の複雑とか、取調べの見込まれる関係人多数、証拠物が多数というような事件の複雑困難さ、重要と考えられる参考人の病気・所在不明あるいは鑑定書に日時を要することなどは、「やむを得ない事由」に含まれるでしょう。しかし、捜査機関が事件を多数かかえているため取調べが未了というようなことは、「やむを得ない事由」にはあたらないでしょう。現行の勾留期間は、現在の捜査機関の現状を前提とした上で、身体拘束事件にあっては一〇日以内に捜査を尽くし、起訴不起訴を決すべきであるとの建前から定められているからです（小林充・令状基本上三四九頁）。なお余罪捜査の必要を理由に勾留延長できるかについては後で（三 **1** **3**(3)）述べることにします。

(7) 勾留の場所

(a)　勾留状には「勾留すべき刑事施設」が記載要件となっています（六四条一項）（したがって裁判官がこの刑事施設を特定することが必要です）。このようにして指定された刑事施設に被疑者・被告人を引致・拘禁するのが勾留状の執行です。このたび新しい法律により、この刑事施設に収容することに代えて、留置施設に留置することができるとの規定が設けられました（刑事収容施設及び被収容者等の処遇に関する法律一五条）。

(b)　**移監の同意**　勾留中に勾留場所を変更する必要が生じたときは、検察官は、裁判長または裁判官の同意を得て、勾留されている被告人・被疑者を他の刑事施設に移すことができます（規八〇条一項）。さきに述べたように勾留の場所の決定は裁判所又は裁判官がするもので勾留の裁判の一内容だから、検察官の一存でなすことは許されないからです。また移監は被疑者の利益（弁護人の選任、接見交通・差入れなど）にも関係するところがあります。この点から考えて余罪取調べを理由とする移監は安易に認められるべきではないでしょう。なお、裁判官は職権で移監命令を発することができます（最決平七・四・一二刑集四九巻四号六〇九頁参照）。

3　不当な勾留からの救済

勾留に関しては不服があれば、準抗告（四二九条一項二号）、勾留理由開示の請求（八二条）、勾留の取消請求（八七条・九一条）という手段が用意されています。この点が、逮捕の場合との著しい差違です。

(1)　準抗告

(a)　構造　勾留に関する裁判に対しては準抗告ができます（四二九条一項二号）。

勾留に関する裁判には、被疑者を勾留する裁判又は勾留の請求を却下する裁判（二〇七条四項）、勾留期間を延長する裁判またはその延長請求を却下する裁判（二〇八条二項、二〇八条の二）、勾留を取消す裁判または勾留取消しの請求を却下する裁判（二〇七条一項、八七条、九一条）、勾留執行停止の取消の裁判（二〇七条一項、九六条）が含まれます。だが、ここでは勾留する又は勾留請求を却下する裁判（以下「原裁判」といいます）に対する準抗告を中心に考えましょう。準抗告は、簡易裁判所の裁判官がした勾留の裁判に対しては管轄地方裁判所に、その他の裁判官がした場合には、その裁判官が所属している裁判所に、その裁判の取消、変更を請求してなされます。単独裁判官の裁判に対する準抗告は上級裁判所に対する不服申立ではないので上訴ではありません。主として捜査段階で裁判官の強制処分をめぐって生じた問題を、迅速に解決するための簡易な不服申立の手続です（谷口敬一・捜査法入門二〇二頁）。不服申立という点で上訴に似ているところから、準抗告の構造を、原裁判官がした手続を前提としさらに準抗告裁判所が自ら審理を続行したうえで当該事案について裁判するものと考える見解（続審説）と、原裁判当時の資料を基礎にして原裁判の当否を審査するものと考える見解（事後審説）が主張されています。

しかし、前者のように勾留の裁判後に生じ又は判明した事実で勾留の理由（とくに犯罪の嫌疑）を根拠づけるものを準抗告裁判所が考慮してよいとなると、勾留請求が却下されても、検察官はその間に資料を収集し整えればよい、ということになりかねません。準抗告の簡易・迅速性をも害するでしょう。他方、勾留の裁判の後、準抗告の審理迄に被疑者の住居とか確実な身許引受人が判明しても、事後審性を貫いてそれらの事実を考慮にいれてはならないというのも、妥当ではないでしょう。なぜなら拘束が不当となる資料をわざわざ排除して拘束を続けるという結果となる（渥美東洋『刑事訴訟法要諦』一〇九頁）からです。

したがって、次のように考えるのがもっともよいでしょう。準抗告裁判所は原裁判（勾留又は勾留請求却下の裁判）当時存在した事実に基づき原裁判の当否を審査するのが原則であるが、逃亡のおそれ、罪証隠滅のおそれ又は住居不定という勾留理由及び勾留の必要性についてはそれが消滅したのちも身体の拘束を継続するのは妥当ではないから、迅速性を害しない範囲と程度で事実の取調べ（四三条三項）を行い、それを考慮に入れることができる、と。

(b)　「犯罪の嫌疑がない」ことを理由として準抗告の申立ができるか。　四二九条二項により四二〇条三項（「勾留に対しては……犯罪の嫌疑がないことを理由として抗告をすることはできない」）が準用されているので、消極に解するのが一般です（谷口『捜査法入門』三〇八頁など）。たしかに被告人の場合ならば、一旦起訴がなされたら犯罪事実の存否は公判の審理に委ねられるべきで、抗告のような派生的手続で争うのは適当でなく、それで四二〇条三項自体は合理性があるといえます。しかし、被疑者の場合は、まだ公訴を提起されていないので、犯罪の嫌疑の審理が公判の審理と重複するおそれもありませんし、他方、犯罪の嫌疑の存在は被疑者の勾留要件中もっとも基礎をなすものです。肯定説が妥当でしょう（同旨、大阪地決昭四六・六・一判時六三七号一〇六頁、磯部衛・河村＝古川編『刑事裁判ノート』三巻二五四頁、田宮『捜査の構造』一六九頁、松尾・上一〇二頁、古田佑紀・大コンメンタール刑訴法第六巻六九二頁）。

(2)　勾留理由開示　この制度は、被告人・被疑者がいかなる理由で勾留されているかを、公開の法廷で明らかにするものです（二〇七条一項、八二条、二八〇条一項・三項）。憲法三四条後段の、何人も、正当な理由がなければ、拘禁されず、「要求があれば、その理由は、直ちに本人及びその弁護人の出席する公開の法廷で示されなければならない」との規定に基づいて設けられたわが法独特のもの、といってよいでしょう（田宮・刑訴I四四六頁）。英米法のヘイビアス・コーパス（Habeas corpus）（人身保護令状）の制度が行政上であれ民事上であれ拘禁された者又はその家族等から請求があったとき、裁判所又は裁判官が拘禁の根拠を審査した上で、不法拘禁だとわかれば直ちに被拘禁者を釈放する効果を有する命令を発するのに対し、勾留理由開示のばあい、その対象が勾留された者に限られることおよび勾留理由を示すだけで釈放の効果をもたない点で異なります。また英米には予備審問の手続があります。逮捕された被疑者は遅滞なくマジストレイト（治安判事）の許へ引致され（予備出頭）、被疑事実を告げられ、またつづいて一定の重さ以上の犯罪については原則として公開の法廷で、検察側の証拠が被告人を公判に付するに足りるものかどうかが審理されます。そこでは同時に逮捕・勾留の適否も判断され、勾留の理由がなければ被疑者は釈放されます。憲法三四条後段はむしろこの予備審問の手続を狙ったとも考えられますが、わが勾留理由開示は、検察官が勾留理由の存在を立証する制度でなく、裁判長又は裁判官が勾留理由を示すことにしており、その示す内容も証拠でなく、どういう理由で勾留したかを告げることで足りるような制度（八四条一項）になっています。

ですが、さきに述べたところからもわかるように、憲法三四条後段は被拘禁者に拘禁の理由の説明を求める権利を保障し、これを不法拘禁除去対策の軸とする具体的立法を期待したと思われます（雛形要松・判タ二九六号二七六号頁）。したがって、できる限り憲法の趣旨に沿った解釈がなされるべきでしょう（勾留の取消の制度が条文上すぐ次にきていることもこれを補強します）。

さてこの立場からは一般に次のような帰結が導かれます。すなわち、①勾留状発付時の理由だけでなく、開示時の勾留理由も告げるべきである。②勾留理由の告知（八四条一項）としては、勾留理由につき証拠によって認定した具体的事実を告げるべきである。③告知された理由に不明確な点があれば被告人・被疑者又はその弁護人は釈明を求めることができる。④裁判長又は裁判官は相当とみとめるとき意見の陳述にかえて意見を記載した書面を差し出すことを命じることができるが（八四条二項但書）、これはきわめて例外的な場合に限られねばならない。⑤開示公判での当事者の陳述等により勾留の理由又必要性がないことが判明したら、被疑者の勾留を取り消す（八七条により職権で）べきである。

これに対し憲法は拘禁の理由を公開の法廷で示すことを要請しているにすぎず、本制度はその要請にもとづくとする見解ではおおむね次のようになります。①勾留理由は勾留状発付時のものでよい。②勾留状記載の被疑事実と、認定した法六〇条一項各号に掲げる要件とを告げれば足りる。③裁判官は求釈明に応じてもよいが、応じる義務はなく釈明するか否かは裁判官の裁量に属する。④被疑者らが意見陳述の機会に、本制度を濫用していると思われるときは意見陳述にかえて書面を提出させる。⑤不法拘禁からの救済については準抗告や勾留の取消の制度によるべきであって、勾留理由開示制度の直接の目的は勾留の理由を公開の法廷で明示することに尽きる。

これは二つの見解を際立たせて述べたもので必ずしも両説においてきっちり①から⑤という帰結になっているわけではありません。しかし大体の傾向としては右のようにいってよいでしょう。私は冒頭に述べた制度の趣旨から前者に賛成したいと思います。

(3)　勾留の取消　これは勾留という裁判を将来に向かって効力を失わせる裁判です。勾留の取消があれば、勾留中の被疑者・被告人は、その時から釈放されます。これには二つの場合があります。その一つは、勾留の理由または必要がなくなったとき（八七条）で、いま一つは、勾留が不当に長くなったときです（九一条）。

三　逮捕・勾留の諸問題

1　事件単位の原則

(1)　逮捕・勾留は、逮捕状・勾留状記載の犯罪事実だけを基準として効力が決せられ、右の犯罪事実に限って、逮捕・勾留の効力が及ぶという原則をいいます。それによって身体拘束の原因を明確にし被疑者の人権を保障することを狙いとします。法的根拠について、例えば勾留を例にとって考えると、勾留するには「罪を犯したと疑うに足りる相当な理由」（二〇七条一項、六〇条一項）と裁判官によるその認定が必要であり、そのためには被疑事件を告げてその陳述を聞かねばならず（二〇七条、六一条）、勾留状には犯罪事実の要旨・罪名の記載が要求される（二〇七条、六四条一項）ので、勾留状は特定の事実を基礎になされることを法が予定しているといえます（田宮・刑訴I二九六頁）。逮捕についても二〇三条・二〇五条・二一〇条・二一一条・二一六条、憲法三三条が事件単位の原則を支える法的根拠になると考えられます（この点について明解なのは福岡高決昭三〇・七・一二高刑集八巻六号七六九頁）。

他面、事件単位の原則を貫くと、**二重勾留**をみとめるという結果になります。この点で、事件単位説に対し、すでに現に拘禁され、したがって目的を達している状況において重ねて拘禁することは訴訟行為の一回性の原則に反する（平場・講義二七三頁）とか、被告人一人について同時に二個以上の身体拘束があることは常識的に極めて不自然である（横井大三・警察研究二二巻九号一八頁）という批判が出てきます。批判説は勾留は人を単位に考えるべきだとするもので**人単位説**とよばれています。

(2)　たしかに被疑者が、甲事実で身体を拘束されていれば乙事実によって新たに勾留する理由や必要性がないのではないか、と思われます。しかしこれは「甲事実について勾留がなかったならば」という仮定のうえで判断されるべきでしょう（田宮・刑訴I二九四頁）。

二重勾留を認めることは二つのメリットがあると思われます。一つは①逮捕・勾留は裁判官の司法審査をうけた被疑事実にのみ及ぶという点で、令状主義を原則として保持することができるということです。もう一つは②甲事件での勾留請求が却下されたり、甲事件での勾留期間が満了したり、あるいは勾留が取り消されても、ただちに被疑者を釈放しないで乙事件での身体拘束をつづけることができます。もっとも、デメリットがないとはいえません。人単位説のように甲事件（窃盗）での逮捕・勾留が、乙事件（傷害）にも及んでいるとすれば、前者の逮捕・勾留期間が終われば後者についても身体拘束が終了することになるのに、二重逮捕・勾留をみとめると乙事件での逮捕・勾留のなされた時期いかんでは被疑者の逮捕・勾留の期間が長くなることも考えられるからです。しかし、事件単位の原則は、事件ごとに必ず各別の逮捕・勾留をしなければならないことまで要求するものではありません。ただ、甲事件についての逮捕・勾留中に乙事件についても捜査を遂げる方がベターな場合もあるでしょう。た（田宮・刑訴I三〇四頁）。甲事件が軽微なのにそれで逮捕・勾留がなされていれば、重い乙事件について司法審査を経なくても、乙事件にも当然に逮捕・勾留の効力は及んでいるんだとすることを避ける点に意味があるのです。

これは令状主義の保障しようという**事前の抑制の立場**からの見方であって、甲事件による勾留が乙事件の捜査に利用されたことが事後にわかった場合にこれを被疑者の利益に考慮することは差しつかえありません。甲事件での逮捕・勾留が実質的にみて乙事件での逮捕・勾留でもあったと認められるとき、その後の乙事件での逮捕・勾留を「むし返しの逮捕・勾留」として許さないのはその一つです。また甲事件の勾留は実際上は余罪たる乙事件の勾留でもあったと認められるときで、乙事件が有罪となった場合に、甲事件での未決勾留日数を乙事件の刑に通算することができるとした判例（最判昭三一・二・二六刑集九巻一四号二九九六頁）、甲事件による勾留が、余罪たる乙事件のため事実上利用されたと認められたときで、乙事件が無罪となった場合、乙事件につき刑事補償すべきだとした判例（最判昭三一・一二・二四刑集一〇巻一二号一六九二頁）は、右に述べた意味で、妥当だと考えられます。

(3)　事件単位説をとるか、人単位説をとるか決定的なポイントは、むしろ、勾留延長や保釈請求の許否の場面での**余罪**（逮捕・勾留の基礎となってない犯罪事実）の考慮の仕方にあると思われます。

人単位説によると二重勾留を認めないというのですから、被疑者Aについて甲事件での勾留だけが認められることになります。その論理的帰結としては、余罪（甲事件以外の罪）について勾留関係はない、したがって甲事件についての勾留延長・勾留更新・保釈の許否などについて余罪（乙事件）を考慮しないかにみえます。ところが、人単位説では当然それを斟酌することができるというのです。

しかし逮捕・勾留の司法審査を経ていない事実（乙事実）を考慮して、勾留されている事件（甲事件）につき勾留延長のための「やむを得ない事由」ありとすること、あるいは（起訴後勾留中）余罪を考慮に入れて権利保釈の除外事由ありとすることは、逮捕・勾留にあたり被疑事実を告知し、陳述を聴取し、逮捕・勾留の理由と必要性を裁判官が認定し、令状に明示すべしという令状主義に悖《もと》るでしょう（乙事実について裁判官の承認があればよいという見解（横井大三『刑事裁判例ノート』⑴二一〇頁）もありますが、右に挙げた正式の手続を踏まない職権的なもので且つ客観化されないので妥当ではないでしょう）。事件単位の原則が唱えられ、やがて有力となった理由はまさにこの点にあるのです。

もっとも勾留の延長の「『やむを得ない事由』の存否の判断には当該事件と牽連ある他の事件との関係も相当の限度で考慮に入れることを妨げるものではない」という判例（最判昭三七・七・三民集一六巻七号一四〇八頁）もあります。勾留の基礎となっている甲事件と余罪たる乙事件が密接に関連して乙事件が明らかになれば甲事件の犯情も明らかになるという場合は乙事件を甲事件じたいの勾留延長のため考慮しても不当でない、その範囲で判例を容認できるという考え（田宮・刑訴Ⅰ三〇〇頁）もあります。しかし、犯情推認事実としての余罪について取り調べ、この証拠を保全・確保する必要から甲事件の勾留を延長することは、やはり、許されないとする（富田建・河村澄夫＝柏井康夫『刑事実務ノート』九三頁）のが妥当でしょう。

2　再度の逮捕・勾留

⑴　**同一の**被疑事実について、**再度**被疑者を逮捕・勾留することができるかが、まず問題となります。

刑訴法は二〇三条以下で、被疑者の逮捕・勾留について、時間的制約をして人権の保障をはかっています。もし、同一の被疑事実についても、逮捕・勾留を繰り返すことができるとすると、起訴前の身体拘束期間を制限した法の趣旨が無意味となります。そこで逮捕・勾留は、被疑事実毎に一回しか許されないという原則（**逮捕・勾留一回の原則**）

が導かれます。

ただ、ひとたび逮捕・勾留がなされたら、それがどんな理由で終結しても、またその後どのような事情の変化が生じても、再度の逮捕・勾留は一切許されないとするのは、必ずしも合理的でない場合があります。刑訴法一九九条三項（規則一四二条一項八号）には再度の逮捕を予想する規定がありますので、一回性を原則としながら、例外の場合を慎重に検討することが必要となります。

そのためには、先行の身体拘束がどこ迄進んでいたか、釈放の理由は何であったかによって場合を分けて考えねばならぬでしょう。

① 被疑者を逮捕したが引致する迄に被疑者が逃走した場合　逮捕状の効力は被疑者を引致するところまで及びますから、それが完了しない間は、その逮捕状で逃げた被疑者を逮捕することができるといわねばなりません。したがって厳格な意味での再逮捕ではありません。

② 被疑者を逮捕し、引致した後被疑者が逃走した場合　この場合も①と同様原状回復として元の逮捕状で逮捕できるとする見解（田宮・刑訴Ⅰ二八九頁）もありますが、引致により逮捕は完了したわけですから、再逮捕の問題として考えるのが妥当でしょう。そしてこの場合は、再度の逮捕を認めても、起因者である被疑者に不当な不利益を与えるものではないでしょう。

③ 逮捕・引致後に捜査官が逮捕の理由または必要性が消滅したとして被疑者を釈放した場合　先行の身体拘束が比較的短いことから以下の要件を満たす場合、再逮捕を認めてよいでしょう。即ち、ⓐ(i)新たな証拠の発見によって犯罪の相当の嫌疑が復活した場合や(ii)逃走または罪証隠滅の嫌疑が復活した場合など、事情の変更により、再逮捕の合理的必要性が生じ、ⓑそれが逮捕の不当なむし返しでないといえるとき（田宮・刑訴Ⅰ二九〇頁参照）。

④ 勾留後、勾留の理由と必要性が消滅したとして、釈放された場合　この場合は③と異なり、さきの身体拘

束も比較的長いのですから、③ⓐⓑの要件に加えて、犯罪の重大性その他の事情から、被疑者の利益を考慮してもなお再拘束をやむをえないとするばあい、に限られるべきでしょう。また、この場合は、再度の勾留の期間はこれを短縮することも考慮してしかるべきでしょう。

⑤　**勾留期間満了により釈放された場合**　捜査官としては刑訴上許容されている被疑者に対する身体拘束期間を使い果たしているわけだし、再逮捕・勾留を認めることは妥当でありません（同旨、池田良兼・捜査法入門一五三頁）。再度の逮捕・勾留が認められるのは④に掲げた要件に付加して、殺人等犯罪として極めて重大な事件につき、先行の勾留満了後たまたま重要な証拠が発見され、且つ具体的事実にもとづき逃走のおそれが高いと認められる場合でなければならないでしょう。

⑥　**先行の逮捕手続が違法であった場合**　先行の逮捕手続に、犯罪の嫌疑が極めて薄いのに逮捕したとか、逮捕から勾留請求迄の制限時間をやむを得ない事情もないのに順守しなかったような、著しい違法のある場合には、再逮捕は許されないと考えます。勾留請求を却下されても再逮捕すればよいという風潮が捜査官の側に生まれてはなりません。もっとも、緊急逮捕すべきところを現行犯逮捕した場合のように、逮捕の実体的要件（例えば犯罪の嫌疑）はあるけれども逮捕手続の種類の選択を誤った場合で瑕疵が軽微な場合（緊急逮捕すべきところを現行犯逮捕した場合で且つ犯行と逮捕の時間的間隔がさほどあいていない場合）は例外として、再逮捕を認める余地はあります。

(2)　つぎに、被疑事実甲と被疑事実乙との間に、科刑上一罪など一罪の関係があるばあいに、被疑者が甲事実のみで逮捕・勾留され、その後釈放されたばあい、あらためて乙事実で被疑者を（再）逮捕・勾留することができるか、が問題となります。というのは一罪の関係にある甲・乙被疑事実について小きざみに逮捕・勾留を繰り返すならば、同一被疑事実についての再逮捕・勾留と同じ弊害が生じるからです。そこから一罪の範囲では分割して逮捕・勾留すべきでないという原則（**一罪一逮捕・一勾留の原則**）が導かれます。この場合も例外が認められぬわけではありません。

(1)に挙げた事情変更のばあいのほか、例えば被疑者が窃盗（甲事実）で逮捕・勾留後釈放されてのち、また窃盗（乙事実）を犯したような場合、両者の間に常習一罪の関係が認められるとしても、乙事実で逮捕・勾留を認めてよいでしょう（松尾・上一〇一頁）。というのはこの場合、甲事実での逮捕・勾留の時、乙事実は起っておらず、同時に逮捕・勾留を請求することは凡そ不可能であったからです。

3　別件逮捕・勾留

(1)　別件逮捕は法令上の用語ではないのでいろいろな定義がなされています。例えば①逮捕の要件の整わない事件（乙事件）について取り調べるために別件（甲事件）の逮捕を利用する場合をいう、とするもの、②逮捕状を請求するだけの要件の整っていない犯罪（本件＝乙事件）について被疑者を取り調べるために、逮捕状を発付してもらう要件の整っている軽微な犯罪（別件＝甲事件）で逮捕する場合をいうとするもの、③重大な事件（乙事件）について取り調べるために、逮捕の理由も必要もない別件（甲事件）で逮捕するばあいをいうとするもの、があります。違法な別件逮捕とされたものの中には、別件自体について逮捕の理由又は必要性がないか乏しかったことが判明した事例も多いのですが、はじめから「別件につき逮捕の理由か必要性のないこと」を入れる③の定義は疑問です。というのは別件自体について逮捕の理由又は必要性がないならばその逮捕が違法だということははっきりしているので、わざわざ別件逮捕として論ずる実益はありません。別件を別件それ自体としてみれば一応逮捕の理由は備わっているが、実はそれは本件を身体拘束下に取り調べるためになされたという点にこそ、「別件逮捕」の問題性があるからです。

この場合、別件を基準に考えると、別件については逮捕の理由を備えているから、別件について捜査権の濫用を認めにくく、いきおい別件の逮捕（勾留）を適法視する方向に傾くのが従来の傾向でした。そこには、さきに述べた「事件単位の原則」がまだ十分意識されていなかったことと、逮捕・勾留の基礎となった事件（ここでは別件がそれにあたります）の取調べと並行して余罪（本件がそれにあたります）を取り調べることは、（余罪毎に逮捕・勾留をくり返すより被疑者に有利でもあるから、むしろ）認められてよいという考え方が背景にあったものと思われます。

しかし、別件逮捕・勾留そのものが、それ自体としてみれば逮捕・勾留の要件を備えていれば、――実は主として本件を取り調べる意図のもとになされたとしても、――それはそれとしてやはり適法なのでしょうか。こういう視点から昭和四〇年代に入ってからは下級裁判所において右のような別件逮捕・勾留（②）そのものを違法とするものが現れてきました。その嚆矢《こうし》は東十条事件東京地裁判決（東京地判昭四二・四・一二下刑集九巻四号四一〇頁）ですが、より説得的な論拠を示したのは蛸島事件判決（金沢地七尾支判昭四四・六・三刑裁月報一巻六号六五七頁）でした。これは殺人事件の捜査のため、レコード四枚の窃盗と住居侵入の事実で被疑者が逮捕・勾留された事案ですが、拘束時間の大部分は殺人事件の取調べに費やされました。裁判所は、本件のような別件逮捕・勾留は、見込み捜査の典型的なもので、

㈠　逮捕・勾留手続を自白獲得の手段視する点において刑事訴訟法の精神に悖《もと》るものであり、

㈡　別件による逮捕・勾留後改めて本件によって逮捕・勾留することが予め見込まれている点で、厳しい時間的制約を定めた刑訴二〇三条以下の規定を潜脱する違法・不当な捜査方法であり、

㈢　本件について実質的には、裁判官が発し犯罪を明示する令状によることなく身柄を拘束されるに至るので、令状主義を定める憲法三三条並びに拘禁に関する人権の保障を定める憲法三四条に違反する。

以上のように別件逮捕・勾留を違法と断じ、その間にえられた自白を排除しました。

このようにみると、別件逮捕と勾留を違法とするもっとも主たる根拠は、別件とは名ばかりでそれは実質上は本件を取り調べるための逮捕・勾留であるから、本件の視座からみ返すべきであり（**本件基準説**―松尾教授の提唱にかかる）、そうすると別件逮捕・勾留は本件についての司法審査をかいくぐった点で憲法三三条、三四条に違反するということです。そしてそれは正しい核心をついたものといってよいでしょう。蛸島判決の理由㈢が決定的でしょう。もっとも㈠の「自白追求のための身体拘束」だから違法という観点も重要でしょう。逮捕は犯罪の嫌疑が認められると

きに、逃亡や罪証隠滅を防止するという消極的な機能を果たすために行われるのですが、別件逮捕のばあいは、本件の自白獲得という積極的機能が自覚的に追求されるので、これは法の精神に反する（田宮・刑訴Ⅰ二七六頁）といえるからです。

⑵　近時、右の本件基準説に対抗して**新しい別件基準説**が唱えられています。次のようにいいます。①下級審裁判例の中に本件基準説をとったと解されるものはいずれも、別件につき勾留の理由及び必要性がないとされた事案に関するものである。②別件の逮捕・勾留の理由ないし必要性の認められる場合には、かりに、その身体拘束を利用して本件を取り調べる意図があり、かつそれが逮捕・勾留の主な目的であったとしても、別件についての逮捕・勾留は許されるというほかない。本件については余罪取調べの許否という角度から検討すべきである。③別件の取調べは強制処分だから被疑者に出頭義務・取調受忍義務があるが、余罪（本件）の取調べにあたっては余罪について出頭義務と取調受忍義務のないことを告知した上で、被疑者が取調べに応じたとき任意の取調べとして取調べが正当化される。このようにいいます（小林充「別件逮捕、勾留に関する諸問題」法曹時報二七巻一号八頁以下）。

本件を身体拘束下に取り調べる目的で、ことさら別件で逮捕・勾留することも、別件が形式上逮捕・勾留の要件さえ備えておれば、それ自体適法で、「余罪取調べの許否ないしその限界」が問題となるだけだとするこの方法論は、実質的には別件逮捕概念の否定論にほかなりません（田宮裕「別件逮捕にみる捜査と自白」『井上博士還暦祝賀論文集』二一〇頁）。この考えに与しえないことは⑴でくわしく述べたところから、明らかでしょう。

最近、起訴前の身体拘束期間と関係づけて別件逮捕・勾留を考える見解があらわれました（川出敏裕『別件逮捕・勾留の研究』一九九八年、同「別件逮捕・勾留と余罪取調べ」刑法雑誌三五巻一号一頁以下）。起訴前の身体拘束期間は、逮捕・勾留の理由とされた被疑事実（別件）について被疑者の逃亡と罪証隠滅を阻止した状態で、起訴・不起訴の決定に向けた捜査を行う期間であるところ、それが（令状の発せられた）別件ではなく、主として取調べを含めた本件についての捜査のために利用されている場合にはその身体拘束そのものが本件によるものと評価されることになる、といいます。他方身体拘束中別件の捜査から本件の捜査へと移行する場合には、捜査の主たる対象が別件である期間は、別件による逮捕・勾留としての実体が失われているとはいえず適法であるが、それが本件へ移行して以後の逮捕・勾留は、本件によるものであって違法と評価されることになる、とします（川出・前掲論文八頁）。別件逮捕・勾留に該るか否かを客観化可能な別件での利用期間又は本件での（身体拘束の）利用期間の比較におこうとする点は評価されますが、他方、本件の取調べが平行していても、別件についての取調べが完了するまでは（捜査官の意図にかかわりなく）身体拘束は適法とされる余地を残しており、実務が別件逮捕・勾留自体をとりあげ、取調べのための身体拘束の利用の典型としてそれに批判の目を向けてきた意味が稀釈化しないかが懸念されます。

(3)　法的救済　違法な別件逮捕・勾留中に得られた本件に関する自白は、憲法三三条・三四条に違反して獲得されたのですから、証拠収集行為の違法性は重大であり、且つ将来においてかかる同種行為を防止するため（最判昭五三・九・七刑集三二巻六号一六七二頁参照）排除するのが相当でしょう。問題は、別件逮捕・勾留に引きつづいて行われた本件逮捕・勾留中の自白の証拠能力です。それについては以下のような見解があります。①別件逮捕・勾留は無効であり、そこで得られた自白に基づく本件についての逮捕・勾留も結局令状なしの逮捕・勾留ということに帰するから、その下でなされた（第二次）自白も証拠能力がないとするもの（前掲、蛸島事件判決）、②第二次逮捕・勾留は実質的には第一次の逮捕・勾留と一体不可分の関係にあり、その全体が違法・不当な捜査権の行使であるから、第二次逮捕・勾留中の自白も証拠能力を欠くとするもの（前掲東京ベッド事件東京地判昭四五・二・二六刑裁月報二巻二号一三七頁）、③本件（第二次）逮捕・勾留中の自白が違法な別件逮捕・勾留の違法を引継がない等特段の事情がみとめられず、かえってこれに基づきこれを利用してあるいはその影響下に得られたものと解されるときは証拠能力がないとするもの（実母殺し事件一審判決佐賀地唐津支判昭五一・三・二二判時八一三号一四頁）、④第二次拘束中の証拠（第二次証拠）が、単に違法に収集された第一次証拠となんらかの関連性をもつ証拠であるということのみをもって一律に排除すべきでなく、第一次証拠の収集方法の違法の程度、収集された第二次証拠の重要さの程度、第一次証拠と第二次証拠との関連性の程度を考慮して総合的に判断すべきとするもの（神戸放火事件最判昭五八・七・一二刑集三七巻六号七九一頁における伊藤意見）。③がもっとも妥当であるように思われます。

4　余罪の取調べ

逮捕・勾留は違法でないとしても、逮捕・勾留の基礎となった事件以外の、即ち余罪の取調べが、どこまで許されるかが次に問題となってきます。余罪発覚毎に逮捕・勾留を積み重ねなければ余罪の取調べは許されないというのは現実的ではありません。ある程度許しつつ、どこに限界を引くかに、実務と学説は苦労してきたわけです。

(1)　その一つは、**事件単位説**に基礎をおくものです。逮捕・勾留の基礎となっている事実については、捜査機関の取調べに対し、被疑者は出頭義務・取調受忍義務を負うことは前提としながら、①取調できる範囲を、逮捕・勾留の基礎となった事件と一定の関係に立つ、類型化された場合に拡げることによって対処しようとする見解と、②余罪については、出頭義務・取調受忍義務の否定された意味での任意の取調べであるときに限って、それを許すとする見解です。

①で典型的なのは、甲事実で勾留中の被疑者につき、余罪（乙事実）の取調べが許されるのは、乙事実が甲事実に比較し、(イ)より軽微であるか、(ロ)同種事犯であるとか、あるいは、(ハ)密接な関連性がある事犯である等の場合に限られる、とします。

②では、逮捕・勾留の基礎となっていない乙事実すなわち余罪の取調べには、あくまで出頭義務・取調べ受忍義務が否定された任意の取調べが保障されねばならないとし、この義務のないことを告知した上でそれでも被疑者が任意に取調べに応じた場合に限り、余罪の取調べが許されるとします（木谷明『刑事裁判の心』六七頁以下、富士高校放火事件に関する東京地決昭四九・一二・一九判時七六三号一六頁）。

もっとも、①に対しては、余罪の取調べを列挙された場合に限るよりも、任意の取調べであることさえ保障されれば、もう少し広く余罪の取調べを許した方が実際的ではないかという批判があります。②に対しては、主として学説の側から、余罪の取調べの場合に限って取調受忍義務のないことを主張すると、逮捕・勾留の基礎となっている事実（甲罪）について取調受忍義務を否定する論理を侵食せざるをえないので相当でないといいます（例えば、後藤昭『捜査法の論理』一九六頁）。

(2)　そこで登場するのが、**令状主義潜脱説**といわれるものです。即ち、身柄拘束と取調べとは理論上完全に分離すべきであり、したがって任意の取調べとして取調べの範囲に制限はない、しかし、令状主義の潜脱は許されないので、違法な別件逮捕・勾留による取調べとなるような余罪取調べは許されないとします（田宮・一三六頁、神戸まつり事件に関する大阪高判昭五九・四・一九高刑集三七巻一号九八頁）。田口教授の丁寧な解説（①当初の別件について、逮捕・勾留の理由と必要があれば、その逮捕・勾留は適法。②その身柄拘束下における本件たる余罪の取調べも一定限度で適法。③本件の取調べ状況等から判断して当該別件逮捕・勾留が本件取調べを目的としたものであることが判明した場合、当該別件を口実として身柄拘束令状が獲得されたものと評価する。④理論的には時間をさかのぼって当初の逮捕・勾留を違法な別件逮捕・勾留と再評価する。⑤違法な別件逮捕・勾留下での取調べは違法と再評価する。田口・一二六頁）がようやく理解を可能にします。身柄拘束と取調べは分けつつ、結局、余罪の取調べが違法となるのは、その基礎にある身体拘束がさかのぼって違法な別件逮捕・勾留と評価できる場合に限られるわけです。

別件の最初の逮捕・勾留はさかのぼっても違法と再評価しえない場合の、（途中からの）（行き過ぎた）余罪の取調をどう扱うか、が問われるわけです。

(3)　そこへ、最近、**実体喪失説**とも称すべき説（川出・前掲二三一頁、中谷雄二郎「別件逮捕・勾留」三井誠他編『新刑事手続』I三一四頁、東京地決平一二・一一・一三判タ一〇六七号二八三頁、百選〔八版〕四〇頁（佐藤隆之））があらわれました。即ち、本件の取調べがその限度を越え、本来主眼というべき別件について審理ないし捜査活動がほとんど行われず、あるいは著しく阻害されるに至った場合には　そのときから第一次勾留は別件による勾留としての実体を失い、実質上本件取調べのための身体拘束になったと評価されるとします（川出・前掲二三一頁）。そして、第一次勾留がこのような状態になった場合、その後の勾留は令状によらない身柄拘束となり、身柄拘束自体が令状主義に違反して違法となり、そのもとでの本件の取調べも違法となるとします（中谷・前掲三一五頁）。別件による逮捕・勾留が違法とは評価できなくてもある段階からその勾留がほとんど余罪の取調べに利用されるに至ったその時から、別件による勾留は効力を失ない勾留自身が違法となる、そしてそのもとでの取調べも違法とするのは、ゆきすぎた余罪取調べを阻止するのに役立つ理論と思われます。ただし、余罪（本件）の取調べだけでなくいぜん別件が平行して取調べられているときは、「別件による勾留は失効した」との構成はとれない点になお問題が残されているように思われます。

(4)　私は、取調べ受忍義務を否定した場合であっても身体拘束下での取調べである以上、それから（身体拘束からくる）強制処分的色彩を払拭し切れないと考えます（九七頁）。身柄拘束の基礎となっていない事実（余罪）については、この強制的影響を遮断する努力を一層払わねばなりません。そのため、予め、被疑者に余罪につき取調受忍義務のないことを告知し、それでも任意に取調べに応じた場合に余罪取調べを限定する(1)②説に引かれます。

第四章　取調べと被疑者の防禦

一　被疑者の取調べ

逮捕・勾留されている被疑者の取調べ（一九八条一項但書）

取調べの法的性格と捜査観との関係

各国における取調べの態様

ⓐフランス　ⓑイギリス裁判官準則　ⓒマクナップ＝マロリー・ルール　ⓓミランダ・ルール　ⓔドイツ

一九八条一項但書の解釈

第一説　出頭義務・滞留義務は逮捕・勾留の趣旨に包含されるものとして肯定

第二説　出頭義務・滞留義務を否定→任意処分（平野ほか）

　㈠取調べは強制処分
　㈡取調べは任意処分

第三説　出頭義務・滞留義務は否定、但し弁護人の立会いなしの取調べである点で強制処分（田宮）

第四説　出頭義務・滞留義務は否定

　但し、身体拘束のため強制処分性を払拭できず（光藤）

第五説　取調べは被疑者の弁解を聴取する限度で許容（井戸田、石川）

〈論点〉

　取調べを任意処分とすること
　逮捕・勾留中の被疑者の出頭義務・滞留義務 ＞矛盾
　憲法三八条の黙秘権の保障――優位→第二説・第三説
　取調受忍義務 ＞矛盾

二　被告人の取調べ

起訴後、検察官は当該被告事件について（身体拘束中の）被告人を取調べることができるか

被疑者の取調べ	被告人の取調べ
第一説㈠　強制処分	規定なし→不許
㈡　(a)任意処分―一九七条一項本文で可	一九七条一項本文で可
任意処分但し一九八条一項で創設	規定なし→不許
第二説　任意処分（出頭義務・滞留義務なし）	上と同一条件であれば任意処分として可
第三説　弁護人の立会なしの密室の取調べ＝強制処分、一九八条一項が創設	規定なし　不可
第四説　身体拘束中のため強制処分的色彩を払拭できず	規定なし　不可
第五説　捜査＝起訴・不起訴を決定するための独立の手続	起訴後捜査（取調べ）なし　不可

被告人の取調べ

判例の立場

　最決昭三六・一一・二二刑集一五巻一〇号一七六四頁

　一九七条一項　任意捜査について何ら制限をせず

　一九八条一項の「被疑者」という文字にかかわりなく被告人取調べは可

「被告人の当事者たる地位にかんがみなるべく避けなければならない」

←→　これを展開

大阪高判昭四三・七・二五
東京地決昭五〇・一・二九
福岡地決平一五・八・二四

三　黙秘権

1　沿革及び自白法則との関係

沿革
黙秘権
被告人が法律上供述義務ある立場に立たされない権利
自白法則
拷問・脅迫等の事実的強制の禁止のための方策（一八世紀末迄に成立）

黙秘権と自白法則のちがい

区別説	批判
①黙秘権は対裁判所に対する一般的供述義務を免除される被告人の特権	①被告人のばあいには裁判所に対しそもそも供述義務がないのではないか
②脅迫等の事実的強制に対しては自白法則が働く	②対裁判所との関係だけでなく対国家機関との関係で、「事実上の」供述強制に対しても黙秘権による保護が必要

被疑者に関しては黙秘権と自白法則は融合（松尾）

2　黙秘しうる事項

氏名に黙秘権はあるか
被告人……三一一条一項╲一切の供述を拒否しうる権利
被疑者……一九八条二項╱（氏名に当然及ぶ）
憲法三八条一項…自己に不利益な供述＝自己が刑事責任を問われるおそれのある事項の供述を拒否しうる権利

氏名を言うことによって
- ①被告人と犯人との同一性が確認される場合
- ②前科が判明し累犯加重などを基礎づけるに至る場合
- ③犯罪捜査の手がかりを与える場合

刑訴法は、被告人・被疑者につき、憲法上の黙秘権を拡張（通説）
判例……最判昭三二・二・二〇刑集一一巻二号八〇二頁
「氏名の如きは原則として……いわゆる不利益な事項に該当するものではない」
黙秘権の及ぶ範囲を刑訴法上と憲法上で区別することは妥当か
↑被告人・被疑者については本人の意思に反する以上、憲法にいう「不利益な供述」に含まれるとする説（松尾、松本、小田中）

3　供述に限られるか

黙秘権の及ぶもの→供述及びそれに代わる文書の提出の強要（通説）
麻酔分析─同意があっても黙秘権侵害（通説）
うそ発見器─同意がないのに施用は不許（通説）

4　各種行政法規上の記帳・申告義務と黙秘権

一定の記帳・報告・申告義務─懈怠→罰則
供述の強要にならないか
行政手続であれ、民事手続であれ
「刑事責任を問われるおそれのある事項」→黙秘権が及ぶ（通説）
麻薬取扱者の記帳義務─黙秘権の包括的事前放棄（判例）
交通事故をおこした者の事故内容の報告義務
黙秘権侵害とならない（最判昭三七・五・二）
①交通の安全を確保するための合理的規定
②「事故の内容」→日時、負傷の程度など交通事故の態様に関する事項
↑刑事責任を問われるおそれのある事項に該らない
②の点を学説は批判（田宮、松尾、高田）

①の点の批判（松本）
要件を付し合憲性を認める見解（田宮）

5 黙秘権の告知
被疑者のばあい……一九八条二項
被告人のばあい……二九一条二項、規則一九七条一項
①告知は憲法三八条一項の直接の要請ではない（高田、吉田）
②被疑者が知らなかったときなど具体的事情によっては告知は憲法の要請（平野、田宮）
③告知は黙秘権の内容をなす（小田中、石川）
判例　憲法三八条一項は告知義務を規定したものではない（最判昭二七・三・二七）
i)憲法三八条一項は告知まで規定せず
ii)行政取締法規上の質問（告知手続なし）でも告知が義務づけられるとすることは、実際的でない（最判昭五九・三・二七刑集三八巻五号二〇三七項）
告知しなかったばあいの自白調書の証拠能力
任意性あり（判例）
任意性の不存在を推定（高田、井戸田）
証拠から排除（証拠禁止）（団藤、小田中、田宮）

6 黙秘権の法的効果
①供述強要の禁止
②侵害してえられた供述に証拠能力なし（証拠禁止）
③黙秘したことを不利益な証拠とされないこと

四　弁護人の援助を受ける権利

1 弁護人の選任
刑訴三〇条「何時でも」
憲法三四条　身体を拘束された被疑者の弁護人選任権
選任の手続
規則一七条（被疑者）、規則一八条（被告人）
被告人・被疑者の署名のない選任届の効力
判例　否定（最判昭三二・二・二〇／最判昭四四・六・一一）
学説　被告人・被疑者が○○弁護人を選任する意思が明確であれば有効

2 被疑者の国選弁護人選任
(a)沿革と趣旨
(b)被疑者の国選弁護人選任
①請求による国選弁護人選任
(i)対象事件　(ii)選任時期　(iii)選任要件　(iv)事項の教示
②職権による国選弁護人の選任

3 接見交通権
(1)　接見交通権の意義
三九条一項　秘密交通権・自由交通権
→
憲法三四条　弁護人依頼権＝弁護人と相談する権利（最決平一一・三・二四）
接見交通権―「弁護人の援助を受けることができるための刑事上最も重要な基本的権利」（最判昭五三・七・一〇）
(2)　接見の日時等の指定
三九条三項
(a)「捜査のため必要があるとき」（指定要件）
①捜査全般の必要があるときと解する説（広義説）
②現に取調べている場合又はそれに準ずる場合と解する説（限定説）
③―1取調べ中であっても防禦にとくに必要あるときは接見さすべしとする説
③―2検証等のため被疑者不在のため物理的に接見できない場合に限るとする説（物理的限定説）
接見指定→一つの身柄をめぐって「取調べ等の捜査」と「接見」との間に生ずる時間的衝突を技術的に調整するもの（多数

説）

判例　最判昭五三・七・一〇→②乃至③説の立場

指定要件

ⓐ「現に被疑者を取調べているか実況見分・検証等に立会わせている場合」

判例の変化　最判平三・五・一〇

ⓐ＋ⓑ「間近い時に取調べ等をする確実な予定がある場合」

(b) 接見指定の方式

一般的指定方式

批判―一般的指定方式をとると
- ①（一般的指定書―接見の一般的禁止／具体的指定書―接見禁止の一部解除）
- ②接見指定要件＝広義説を前提

一般的指定自体が準抗告による取消・変更の対象となるか

①一般的指定は三九条三項の処分ではない（否定説）

②一般的指定プラス「具体的指定をしないこと」で対象となる

③一般的指定自体三九条三項の処分であり取消・変更の対象となる（鳥取地決昭四二・三・七）

(c) 一般的指定方式の廃止と新しい方式

①一般指定書→内部連絡文書化

最判平三・五・三一

そのための要件

②捜査機関のとるべき手順

指定要件があるか
- なければ、直ちに接見を認める
- あれば、それ以外の時間等を弁護人と協議決定

(3)

余罪捜査の必要と接見指定の可否

初回の接見について最判平一二・六・一三

最判平三・五・一〇

①X
- 甲事件……起訴・勾留中
- 乙事件（被疑事件）……逮捕・勾留なし

凡そ公訴提起後は余罪被疑事件を理由として指定権を行使できない（最決昭四一・七・二六）

②X
- 甲事件……起訴・勾留中
- 乙事件（被疑事件）……勾留中

被告事件について防禦権の不当な制限にわたらない限り指定権の行使は可（最決昭五五・四・二八）

①②の関係

検討―妥当な線はどこか

(4) 任意同行中の被疑者との面会・打合せ

(5) 面会接見

五　弁護人以外の者との接見交通

「法令の範囲内」で接見（二〇七条、八〇条）

裁判による接見の制限（二〇七条、八一条）

六　被疑者以外の者の取調べ

1　参考人の取調べ（二二三条）

黙秘権告知の必要なばあい

2　証人尋問

(1)　概観

a) 二二六条

b) 二二七条

(2)　請求の要件

a) 二二六条

b) 二二七条

(3)　尋問手続

二二八条

七　被疑者・被告人のための証拠保全の請求

一七九条

証人尋問調書の閲覧　一八〇条

一　被疑者の取調べ

刑訴法一九八条一項は「検察官、検察事務官又は司法警察職員は、犯罪の捜査をするについて必要があるときは、被疑者の出頭を求め、これを取り調べることができる。但し、被疑者は、逮捕又は勾留されている場合を除いては、出頭を拒み、又は出頭後、何時でも退去することができる」と定めています。身体を拘束されていない被疑者の取調べについては、被疑者は、出頭を拒むことができるし、一旦出頭しても何時でも退去できるとして、その任意処分性を明確にしています。

ですが、法は「逮捕又は勾留されている場合を除いては」としているので問題を生じるわけです。すなわち身体を拘束されている被疑者の取調べについては、在宅の被疑者と異った扱いが認められていると解すべきか否か。その場合に、取調べの法的性格はどう考えられるのか、及びそれぞれの理解がいかなる捜査観と結びついているか、が問われることになるのです。

他方、比較法的には次のような型のあることも考慮しておく必要があるのでしょう。すなわち、ⓐ被疑者の取調べを原則として予審判事に限るとする型（司法的尋問の型、フランス治罪法）、ⓑ「第三者や公衆の被害を予防・抑止し、またはすでになされた供述のあいまいさを除去するため」にのみ取り調べでき、積極的取調べは認めない型（イングランド裁判官準則）、ⓒ逮捕後遅滞なく被疑者を第三者である治安判事の許へ引致することによって、警察官の取調べの時間を極少化しようとする型（合衆国連邦刑訴規則五条a、マクナップ＝マロリー・ルール）、ⓓ被疑者の尋問への弁護人の立会を、要求があれば被疑者の権利として認める型（合衆国、ミランダ・ルール）、ⓔ被疑者に検察官の召喚に基づき出頭義務を認める型（独刑訴一六三条a、但し弁護人の立会権を認める）。

さてわが法の身体拘束中の被疑者の取調べについては、次のような見解が対立しています。

第一説　この場合、被疑者は出頭を拒み、または出頭後退去することはできないとします。「被疑者の逮捕・勾留は主として、捜査のために被疑者の身体を確保することを目的とするのであるから、右のように解すること（注—出頭義務・滞留義務）は、当然に逮捕・勾留の趣旨に包含されているものと解することができ」る（団藤・条解三六五頁）というのが、その理由です。より端的なのは「逮捕又は勾留されている被疑者は、出頭要求を拒むことができず、出頭後任意に退去することができない。したがって、ある程度の物理的な強制力を加えてその出頭を求めても、それが当該具体的事情に照らしやむを得ない範囲と認められる限り、法はこれを許容していると解される」（吉田淳一・註釈刑事訴訟法Ⅱ八二頁）というものです。

そこで第一説㈠は、この様な取調受忍義務の課せられた取調べは強制処分にほかならないと考えます。

これに対し第一説㈡は、一九八条二項で黙秘権の保障がある以上被疑者の取調べは任意処分だと考えるものや、逮捕・勾留が被疑者の取調べを目的とする形に至らない限度での取調べは「強制処分を利用した取調べではあるが、取調べそのものを強制捜査と称するのは正確でない」とするもの（高田・三三六頁）があります。そしてそれは、ⓐ任意捜査だから本来一九七条一項本文で許容されており一九八条一項は注意規定にすぎぬとする見解と、ⓑ一九八条一項は「強制処分ではないが、一方においてはかような権限の存否に関する疑を避けるため、他方においては手続を厳格に規定することによって、任意処分に藉口《しゃこう》する濫用を防ぐため」とくに設けられたとする見解（団藤・条解三六四頁）とに分かれます。

第二説　取調室への出頭義務・滞留義務はなく、そう考えて始めて被疑者の取調べは任意処分となるとする見解。第一説のように出頭義務・滞留義務を認めるならば、供述の義務はないといっても実質的に供述を強いるのと異ならないとし、次のようにいいます。一九八条一項の「逮捕又は勾留されている場合を除いては」という規定は、「出頭拒否・退去を認めることが、逮捕または勾留の効力自体を否定するものではない趣旨を、注意的に明らかにしたにとどまる。したがって、検察官は、拘置所の居房から取調室へ来るように強制することはできないし、一度取調室へ来ても、被疑者が、取調をやめ居房へ帰ることを求めたときは、これを許さなければならない」とします（平野・一〇六頁）。

右の前提のもとで、身体拘束中の被疑者の取調べの性格は任意処分としてとらえられています。

第三説　憲法三八条がある以上、被疑者に取調受忍義務があることを認めることはできないとする点で第二説と同様ですが、弁護人の立会なしの密室での取調べは広い意味で強制処分としての性格を有するとする見解（田宮・刑訴Ⅰ三二三頁）。

第四説　被疑者に取調受忍義務を否定する点では第二説と同様ですが、出頭義務・滞留義務を否定しても、身体拘束中であるという事実的インパクトによって、身体拘束中の被疑者の取調べから強制処分的色彩は払拭し切れないとする見解（光藤＝渥美他『双書刑事訴訟法』一一六頁）。

第五説　捜査は証拠収集のための手続ではなく起訴・不起訴を決定するための独立の手続であるといういわゆる訴訟的捜査観を前提として、その手続の中での取調べは、あるいはおこるかもしれぬ起訴に対し、被疑者の弁解、主張を聴取するための制度であり、弁解聴取の範囲でのみ許されるとする見解（井戸田・要説八四頁、石川・講義一一七頁）。

従来は第一説(二)が通説であったし、実務もまたこれによって動いてきたし、動いているといってよいでしょう。身体を拘束されていても被疑者は一九八条二項で黙秘権を保障されているのだから、その限りで被疑者の取調べは任意処分であると。しかし、取調べを任意処分とする一方、逮捕・勾留中の被疑者に出頭義務・滞留義務を負わせることには矛盾があったわけです。この矛盾を最初に峻烈に突いたのが第二説でした。「これでは供述の義務はないといっても、実質的には供述を強いるものに異ならない」と、また、逮捕・勾留が「捜査のため身柄を確保することを目的とする」ことから出頭義務・滞留義務も逮捕・勾留の趣旨に含まれているとするのは、まさに「取調べのための」逮捕・勾留を認めるものでそれこそ糺問的捜査観だと、批判したわけです。この批判は旧来の考え方を根本的に問い直す画期的な意義をもっていました。だが、一九八条一項但書の文言解釈としては第一説に分があるように思われたのです。しかし、第二説の理由となっているのは被疑者の黙秘権であり、それは憲法三八条一項に根拠をもちます。このような憲法上の人権と取調べの必要がぶつかるとき、憲法が優位に置かれなければならぬでしょう。こうして法的には取調受忍義務は否定されるべきことになります（田宮・刑訴Ⅰ三二〇頁）。このように、第二説の立場を基本的には支持しつつ、捜査機関の取調べの法的規制の側面に重点をおいて主張されたのが第三説です。即ち取調受忍義務——そしてそれと対応する捜査機関の強制的取調権——は否定しても、捜査機関の取調権じたいは一九八条一項で肯認されている事実から出発して、その取調べの適否の基準を明らかにすることに重点をおくわけです（取調べの「必要性」の限定的解釈、取調べ過程における手続違反の結果の排除によるコントロール）。また同時にこの見解は、弁護人の立会という保障なしに被疑者が取調べの対象とされるという意味で、被疑者の取調べは強制処分といえるとし、一九八条一項は一九七条一項但書をうけた創設規定であって、取調べはこの規定の限度でのみ許されるとします（田宮・刑訴Ⅰ三二三頁）。

第五説は、比較法類型ⓑであげたイギリス型の取調べを指向するもので、その意図は評価されますが、英国のような市民警察の伝統をもたぬわが国において、警察官による取調べが「弁解」聴取にとどまりうるという現実的基盤を容易に見出しがたく、また、「弁解」というも「取調べ」というも紙一重であって、「弁解」聴取に藉口してそれが積極的に供述を求める取調べに転化するのは容易だと思われます。むしろ右の理念型に近づくための手続的保障の提示こそ必要と思われます。

このようにみると憲法上の黙秘権を実質的に保障すること、逮捕・勾留を「取調べのための」逮捕・勾留に堕さしめないことを確保するためには、身体を拘束された被疑者に取調受忍義務——ひいては出頭義務・滞留義務——

を認める解釈は妥当でないでしょう。しかし、そのことから直ちに身体拘束中の取調べが任意処分となるわけではありません。第三説は弁護人の立会を排した取調べは広い意味で強制処分に入るといい、第四説は身体拘束下の取調べである以上強制処分的色彩は払拭し切れない、といいます。第四説で身体拘束中の被疑者取調べの強制処分性を払拭するためには弁護人の立会こそ必要だということになれば、第三説と著しく接近します。ここで、手続の段階としては飛躍しますが、右の諸説を検証する意味で「被告人の取調べ」の問題を検討してみましょう。

二　被告人の取調べ

起訴後検察官は起訴された事件について被告人を取り調べることができるか、という形で問題となります。

1　まず、身体を拘束中の被告人の取調べについて考えてみましょう。

(1)　身体を拘束中の被疑者の取調べについて第一説㈠をとるならば、一九八条一項に相当するような規定のない被告人の取調べは許されないことになります。なぜなら強制処分は法律に特別の規定のない限り許されない（一九七条一項但書）からです。第一説㈡ⓐをとると、被告人の取調べも任意処分となり、被告人取調べの規定がなくても許されることになるでしょう。第一説㈡ⓑで身体拘束中の被疑者の取調べは「強制処分ではないが、……任意処分に藉口する濫用を防ぐため、とくに規定したものである」（団藤・条解三六四頁）と考えるならば、特別の規定なしに被告人の取調べを認めることはできない、ことになります。後者の、被告人の取調べを許さないという結論はのちに述べるように妥当ですが、被疑者の取調べについて出頭義務・滞留義務を認める前提そのものに疑問があることは一で述べたところです。

(2)　これに対し、出頭義務・滞留義務を否定し、被疑者の取調べの任意処分性を確保しようとする第二説は、かえって被告人の取調べも許されるとします（平野・二二一頁）。取調べが任意処分なら、一九七条一項本文で本来許容されるべきであるから、一九八条はその確認規定ということになり、「被疑者」の文言は必ずしも限定的意味をもたないことになります。㈠と異なり、取調べ観としては妥当ですが、被告人の取調べを認める結論に疑問がわいてきます。

(3)　また同時に第二説が、被疑者の取調べの実際において貫徹しにくいという現実も直視せざるをえません。「任意のはずだから」被告人の取調べも一九七条一項でできるという結論だけが残りかねません。しかし起訴された被告人は当事者であって、公判ならば弁護人の立会のもとに供述する・しないの包括的黙秘権を行使できるのです。そういう被告人を法廷外で取り調べるのは、右の制度の脱法で許されるべきではないというのが第三説（田宮裕・捜査法大系I二七一頁）です。第四説も、身体拘束下の被告人の取調べは強制処分と考えるので、規定のない以上許されない、ということになります。

(4)　第五説は、捜査手続は起訴・不起訴を決定する独立の手続であり、起訴後は捜査はないと考えるので、弁解聴取にしろ被告人の取調べは許されぬこととなります。

(5)　下級裁判所の裁判例も消極説・積極説・折衷説（第一回公判期日迄は可とするもの）と分かれていましたが、最決昭三六・一一・二一刑集一五巻一〇号一七六四頁は次のような態度を明らかにしました。

「刑訴一九七条は、捜査については、その目的を達するため必要な取調をすることができる旨を規定しており、同条は捜査官の任意捜査について何ら制限していないから、同法一九八条の『被疑者』という文字にかかわりなく、起訴後においても、捜査官はその公訴を維持するために必要な取調を行なうことができるものといわなければならない。なるほど起訴後においては被告人の当事者たる地位にかんがみ、捜査官が当該公訴事実について被告人を取り調べることはなるべく避けなければならないところであるが、これによって直ちにその取調を違法とし、その取調の上作成された供述調書の証拠能力を否定すべきいわれはなく、また、勾留中の取調べであるのゆえをもって、直ちにその供述が強制されたものであるということもできない」と。

すなわち身体を拘束中の被疑者の取調べについて黙秘権が認められているのだから任意処分であり、本来一九七条一項の必要な取調べとして捜査官に認められている。そうすると一九八条一項は単に注意規定であって創設規定ではないのだからこの「被疑者」という文字にこだわる必要はなく、被告人の場合も一九七条で取調べできるのだ、という考えです。第一説㈠のように強制処分という考えをとらず、第一説㈡ⓑのように任意処分だとしても特別の規定を必要とするという見解もとらず、また第二説のように任意処分であるための要件を定めず、取調べを被告人に迄及ぼそうとするわけです。そのような取調べは、被告人の当事者たる地位に正面から矛盾するでしょう。原告が被告に出頭を強制したり、退出を認めないことはどうみても当事者主義にかなうとは思われませんから。それで「なるべく避けねばならない」と言ったのでしょうが、今後はこの点を軸にする運用が行われるべきでしょう。

(6)　この最高裁判例が出たのちも、下級裁では当事者主義との調和を基軸にした解釈努力が払われています。

(a)　「任意の取調べ」といえるための要件を備えることを要求するもの。例えば大阪高判昭四三・七・二五判時五二五号三頁は、起訴後検察官は任意の取調べをなしうるが、「ここに任意の取調とは被告人が任意に取調に応じたこと、すなわち、被告人が自ら供述する旨を申し出て取調を求めたか、あるいは取調のための呼出に対し、捜査官の取調を拒否できることを十分に知ったうえで、これを拒否せず出頭し取調に応じたことが必要である」としました。

(b)　公判廷において当事者として弁護人の立会のもとで供述する被告人の権利の保障は、公判廷外の捜査官による取調べにも及ぶと解するもの。東京地決昭五〇・一・二九判時七六六号二五頁は、「捜査官が被告人に対して弁護人選任権を告知したのみでは十分でなく、さらに弁護人の選任を希望するならば弁護人の選任がなされた後その立会の下で取調を受ける権利があることをも告知する必要があり、そのうえで、被告人が弁護人の立会は必要でない旨を明示して取調に応じた場合等の特別の事情のない限り、捜査官が弁護人を立会わせることなく当該被告事件について取調をすることは……被告人に対する任意捜査の方法として許されないものというべきである」としました。

(7)　その後、さきの昭和三六年決定を敷衍する昭和五七年決定（最決昭五七・三・二裁判集二二五号六八九頁）が出ますが、福岡地判平一五・八・二四判タ一一四三号一九二頁は、これらの判例が「被告人に対する起訴後第一回公判後の取調べを無条件で全面的に許容しているとは到底考えられない」として公判廷における被告人質問後の検察官による法廷外での被告人の取調べを違法としました。

三　黙秘権

一で、被疑者の取調べの適正を保障するためにどのように考えるのが最も妥当かを、捜査観とも関係づけながら考察しました。それをどう構成するにせよ、現行法が捜査機関に被疑者に対する取調権を認めていることは否定できません。とくに身体を拘束されている被疑者の取調べをみると、理論的にあるべき姿を越えて現実には、被疑者に取調受忍義務があるかの如くに運用されているのが実態といってよいでしょう。そういう中で、被疑者が自己の権利・利益を防禦するためにささやかですがもっとも重要な手段は、黙秘権と弁護人依頼権です。それでこの両者をこの場所で説明することとしました。まず、黙秘権から始めましょう。

1　沿革及び自白法則との関係

黙秘権は一七世紀後半に史上はじめてイギリスで成立しました。当時の星法院裁判所（スター・チェンバー）は、審理は訴をまたずに開始され且つ被告人に宣誓の上供述することを義務づけていました。この制度に反抗したのがリベラーズの一人であるリルバーン（Lilburne）でした。一六三七年彼は右の宣誓供述を拒否したために処罰されました。一六四一年下院はこの裁判所の措置は市民の自由に反し、血なまぐさく、残虐・不正・野蛮・暴虐である、とし、議会は同年星法院裁判所を廃止しました。これをきっかけとして一七世紀末までには、「何人も自らの口で自分自身を有罪とするように強制されることはない」という原理がイギリス刑事司法の手続的規制として一般に承認されることになったのです。ここに黙秘権が誕生することになります。これが合衆国憲法修正五条（「何人も、いかなる刑事事件においても、自己に不利益な供述を強制されない」）に具体化され、さらにわが国では憲法三八条一項に引き継がれたといってよいでしょう。

これに対して、拷問・脅迫等によって獲得された自白を排除する法則（自白法則）の方は一八世紀後半に成立します。

両者の違いについて、ここで簡単に述べておきましょう。

右に述べたような沿革上の差違だけでなく、黙秘権は、供述義務のない者を法律上供述義務ある立場に立たせることの禁止ですが、自白法則は、拷問・脅迫など事実上の強制の結果を排除することでかかる強制を禁じようとするものです。そこから前者は裁判所の前で被告人に法律上供述義務を負わす場合にだけ問題となるが、後者は主として公判廷外の自白に適用がある、といわれます。

そうすると、被告人のばあいは憲法上も刑訴法上も黙秘権のあることはかわりないのですが、まだ起訴されていない被疑者のばあい、黙秘権はないことになります。そこでこの論者は、①裁判所に対して人は一般に供述義務があるが、被告人は対裁判所との関係で法律上供述を強制されない特権をもつ、②それに対し被疑者も捜査機関に対し供述しなくてよいがそれは自己と対等の相手方に対して凡そ供述する義務などはないことに基づく（平野龍一「黙秘権」『捜査と人権』一一〇頁）のだといいます。

しかし、①証人のばあいならともかく、被告人の場合は裁判所に対しても一般的供述義務はそもそもないのではないか（田宮裕・刑訴講座㈠八九頁）。だから一般的供述義務を前提とし具体的場合にそれから解放する「特権」と解する必要はないでしょう。②供述強制から保護すべきは何も裁判所に対してだけでなく、国家機関による供述強制一般から保護する必要があるでしょう。供述強制による侵害の危険の高いのはむしろ被疑者のばあいです。したがって黙秘権は裁判所に対する特権とだけ考えていたアメリカ合衆国でも、やがて捜査機関に対する被疑者の黙秘権を強調するようになってきました。また被疑者の供述義務のないことを事実上のものにとどめず、法的権利（黙秘権）として構成する方が被疑者の保護に厚いでしょう。なぜなら、それが侵害された場合のサンクション（証拠排除、場合により国家賠償）をひき出すことが容易となるからです。そうすると国家機関の強要である限り、「事実上の」供述義務を課した場合にも黙秘権の侵害があることになります（田宮・前掲八九頁）。この点で、黙秘権と自白法則は捜査機関による被疑者に対する供述強要の場面では融合することとなります（同旨、松尾・基礎知識一六九頁、坂口裕英・鴨編『法学演習講座刑事訴訟法』三七五頁、松本一郎『双書刑事訴訟法』三七頁）（ただ、共犯たる被告人に対する免責が問題となるときは、黙秘権固有の問題となるでしょう）。

2　黙秘しうる事項

では黙秘しうる事項について考えてみましょう。刑訴法上、被告人の黙秘権は「終始沈黙し、又は個々の質問に対し、供述を拒む」権利であり（三一一条一項）、被疑者の黙秘権は「自己の意思に反して供述」しなくてもよい権利（一九八条二項）ですから、利益な事項・不利益な事項を問わず黙秘することができ、また、何故黙秘するか理由を言う必要はありません。これと対照的に、証人は「自己が刑事訴追を受け、又は有罪判決を受ける虞《おそれ》のある」事項について証言を拒むことができるだけで（一四六条）、しかも証言を拒むばあい、「拒む事由」を示さなければなりません（規一二二条一項）。

ところでこれらの上位規範である憲法三八条一項は「何人も、自己に不利益な供述を強要されない」としています。そこで通説は、被告人・被疑者は、利益・不利益を問わず一切の供述を拒否できるが、それは憲法三八条一項の保障を被告人・被疑者については訴訟法上拡張したものである、とします。「氏名に黙秘権はあるか」という設例でこれを考えてみましょう。

被告人・被疑者は一切の供述を拒否する権利を有するのですから訴訟法上は氏名を黙秘することができます。しかし憲法上は氏名が不利益な供述にあたるときにのみ拒否しうることになります。そしてその場合として①氏名を言うことによって被告人と犯人との同一性が確認されるとき、②氏名を言うことによって前科が判明し累犯加重又は常習犯成立を基礎づけるに至る場合、③氏名を言うことによって住所・知人等が判明し犯罪捜査の手がかりを与えるばあいがあげられます（平野龍一「黙秘権」『捜査と人権』一〇二－一〇三頁）。

これについて最判昭三二・二・二〇刑集一一巻二号八〇二頁は次のようにいいます。「……憲法三八条一項の法文では、単に『何人も自己に不利益な供述を強要されない。』とあるに過ぎないけれど、その法意は、何人も自己が刑事上の責任を問われる虞ある事項について供述を強要されないことを保障したものと解すべきであることは、この制度発達の沿革に徴して明らかである。されば、氏名のごときは、原則としてここにいわゆる不利益な事項に該当するものではない」と。

黙秘しうる事項が、沿革に照らし「刑事上責任を問われる虞のある事項」であることはその通りなのですが、そこから直ちに氏名は原則としてそれに該当しない、とするにはやや厳しすぎるように思われます。しかし「原則として」といっているので、氏名が黙秘権の保障を受ける場合もあることを認めているわけです。そうであれば、上記①②③の範囲まで含むとするのが妥当なように思われます（もっとも判例の事案は、勾留中の被疑者が自己の氏名を記載しないで監房番号等で自己の同一性を示した弁護人選任届（弁護人名は本名（甲））を却下し、そのため氏名を開示せねばならなくなったのは、黙秘権の侵害だと争ったものです。したがってこの事案の解決としては、そのような自己の同一性の表示では弁護人選任としての要件を欠くか、という観点こそ重要です。誰が甲弁護人を選任したかが明らかとさえなれば、被疑者の弁護人選任の効力は認めるべきだったでしょう）。

そうすると、氏名には訴訟法上は黙秘権が及ぶが、憲法上の黙秘権が及ぶのは上記①②③のばあいだ、ということになります。訴訟法上の効力と憲法上の効力のそれぞれ及ぶ範囲が異なる（そして後者なら上告理由〔四〇五条〕となる）という構成はほかにもありうることで、成り立たぬ構成ではありません。しかし、黙秘権のように取調べという実際的な場面で行使される権利について訴訟法上は一切に及ぶが、憲法上はそうではないとする構成は、複雑さをもたらし、また拒否の理由は言わなくてよいという黙秘権の特質をそこなうおそれがあります。証人と異り、被告人・被疑者には一般的供述義務を前提としたうえで具体的場合に特権として黙秘権がみとめられるというものでないことは、憲法の場合も同様のはずです。そんなわけで私は氏名についても被告人・被疑者には訴訟法上も憲法上も黙秘権があると考えるのが妥当だと思います（同旨、松本・前掲書三五頁、小田中・下四三頁。松尾・上一〇五頁は、「被疑者の場合は、現に捜査の対象となっているのであるから、本人の意思に反する限りにおいて、すべて憲法にいう『不利益な供述』に含まれる」とされます。なお田宮教授（刑事訴訟法講座I八六頁）は、氏名は中立的な事項で憲法上黙秘権は関知せぬが、証拠調べに入ったのちはそこで問われる事項はすべて不利益と推定されるので氏名も当然黙秘しうるとされています。しかし証拠調べ後に限る必要はないでしょう）。

3　供述に限られるか

憲法三八条一項が自己に不利益な「供述」という用語を使っているので黙秘権の侵害として禁止されるのは、供述およびこれに代わる文書の提出の強要である、とするのが一般的です。したがって、指紋・足型の採取・身長の測定・写真撮影（二一八条二項参照）、身体検査など、供述証拠の収集と関係のない証拠の収集は黙秘権とは関係ありません。これらは口頭の供述を強要するよりは望ましい証拠収集の方法だから、黙秘権で規制すべきではないでしょう（呼気検査が黙秘権の保護の対象から除かれるとしたものとして最判平九・一・三〇刑集五一巻一号三三五頁（百選（七版）六八頁（小早川義則））。

問題となるのは麻酔分析とポリグラフ検査の使用です。オイナルコン、エヴイパンなどの麻薬を注射すると被検者は現実感覚を失い、潜在意識下にある事柄を何らの抵抗なく供述します。これを利用しようとするのが**麻酔分析**です。麻酔分析は、右供述をその真実性を証明するために用いるのであり、供述を拒否する自由を奪って供述させるものですから、正に黙秘権を侵害するものといわざるをえません（平野・一〇七頁）。

ポリグラフ検査は、被検者の体に、呼吸運動、心脈波、皮膚電気反射の測定装置の全部又はそのいくつかを取り付け、被検者の応答に伴う生理的変化を記録し、そこに記録された、呼吸、皮膚電気反射、脈波（血圧及び脈搏）の変化の状態によって、応答の真実性もしくは虚偽性を証明しようとするものです。わが国では（犯罪捜査において）年間五〇〇〇回も施用されているといわれています。（信用性があると前提した上で）被検者の同意なしにこの検査を行うことが許されるか、がここで問題となります（証拠法上の問題はあとで触れます）。これについては、次の二つの説があります。すなわち①証拠に用いられるのは被検者の答えの供述としての真実性ではなく、その際の生理的変化にすぎないから黙秘権の侵害にはならない、しかし、単なる身体検査ではなく、心理の検査であるから、現行法上同意がなければ許されない、とする見解（平野・一〇七頁、青柳・通論二四二頁、松本・双書三八頁）。②生理的変化は独立に証拠となるのではなく発問との対応関係で意味をもつ（供述的性格をもつ）のであるから、やはり黙秘権の侵害となるとする見解（光藤景皎・法学志林五七巻二号一三九頁、田宮裕・刑訴講座㈠八〇頁。黙秘権を放棄してテストをうけることはできるとします）とがあります。

その人の口からその者に刑事上の責任を負わせる供述を強要することを禁ずる点に黙秘権の意義がある、とすれば①の見解が妥当なように思われるでしょう。しかし黙秘権は、右を基本としながらも取調べの規制であると考えられるようになってきています。ポリグラフ検査は被検者の応答が、呼吸、脈波、皮膚電気反射の変化で評価されるところの「尋問」であることは、この技術の改善の努力が主として質問表の構成の仕方（いわば尋問の仕方）に注がれていることをみても明らかでしょう。また、心理の検査であれば何故同意が要るのか必ずしも明確ではありません。黙秘権の問題と構成することにすると同意が必須の要件となり、黙秘権の真摯な放棄がある場合にのみ許容されると構成しうるでしょう（この場合、黙秘権放棄を一切認めないものとして浅田和茂『科学捜査と刑事鑑定』九三頁、なお、最近の文献として山名京子『井戸田侃先生古稀祝賀論文集』一七三頁参照）。

4　各種行政法規上の記帳・申告義務と黙秘権

各種の行政法規が行政上の取締り目的のため、一定の記帳・報告・申告・登録義務を課しており、その義務を怠った者には刑罰による制裁が加えられることになっています（麻薬取締法三七―四〇条・七〇条一〇号、道路交通法七二条一項・一一九条一項一〇号、所得税法一二〇条・二三八条、外国人登録法三条・一八条

（一二号など）。

例えば、交通事故を起こした運転者などには、事故発生の日時・場所等の警察官への報告義務があります（道交七二条二項）が、この義務を怠ると、三月以下の懲役又は五万円以下の罰金に処せられます（道交一一九条一項一〇号）。人身事故をおこした運転者は、これを報告すれば、業務上過失致死傷で処罰され、報告しなければそれを理由に処罰され、いわば進退両難に陥るでしょう。そこで国民をそういう状態に追い込まないことにこそ黙秘権の意義があるのではないか——、こういう疑問が出てくるわけです。

行政手続であるからといって直ちに憲法三八条一項の適用を受けないとすることはできません（最判昭四七・一一・二二刑集二六巻九号五五四頁）。行政手続においてであれ、民事手続においてであれ、何人も自己が刑事責任を問われる虞のある事項については、憲法上の黙秘権が及ぶと解することには、現在では殆ど一致があります（その点で最判昭五九・三・二七刑集三八巻五号二〇三七頁が、国税犯則取締上の質問調査手続が「実質上刑事責任追及のための資料の取得収集に直接結びつく作用を一般的に有する」ものだから憲法三八条一項の黙秘権の保障が及ぶとしたのは、やや狭い限定といえるでしょう）。

そうすると行政上の各種申告義務と黙秘権との関係は避けて通れないことになります。そのうち麻薬取扱者などの、取扱う物が危険な性質をもち且ついわゆる警察許可に係る業務に従事する者の報告・記帳については、許可（免許）取得時に黙秘権の包括的事前放棄があったと解せないわけではありません（最判昭三一・七・一八刑集一〇巻七号一一七三頁）。

交通事故を起こした者の「事故の内容」の報告義務（旧道路交通取締令六七条二項）などになると、それを右と同じ趣旨で合憲だとすることはできません。というのは、自動車運転免許は、一般的禁止の解除として警察許可の範疇に属しますが、広く一般人に与えられる点で、いわば技能証明書的性格を持っています。また無免許運転者の場合は黙秘権の放棄がないことになり、この理論は適用がないことになるからです（松本・双書三八｜三九頁）。

そこで最高裁は、①報告義務を定める条項は、被害者の救済、交通秩序の回復をはかり、よって交通の安全を確保するため必要かつ合理的な規定であること、②報告を義務づけられる「事故の内容」とは、「その発生した日時、場所、死傷者の数及び負傷の程度並びに物の損壊及びその程度等、交通事故の態様に関する事項」を指すのだから、刑事責任を問われる虞のある事項には当たらないことから、この程度の報告義務を課しても憲法三八条一項に反することにはならない、としました（最判昭三七・五・二刑集一六巻五号四九五頁）。

②では報告内容を圧縮して犯罪報告の形にならないようにし、他方黙秘権の内容をも圧縮して報告義務と黙秘権が衝突しないように工夫しています。しかし事故の態様を具体的客観的に報告することを義務づけられることは犯罪構成要件の客観的事実を報告せしめられることになるから、少くとも事実上犯罪発覚の端緒を与えることになります。また黙秘しうる「自己に不利益な事項」から犯罪発覚の端緒となる事項を除くことは、憲法の文言を不当に圧縮して解することになるでしょう。したがって、②で合憲性を理由づけることには多くの反対説があるのはもっともといわねばなりません（田宮裕『憲法の判例』〔二版〕一一三頁。松尾浩也「交通事故報告規定の合憲性」法律のひろば一五巻七号、高田卓爾・佐伯編『生きている刑事訴訟法』九七頁など。なお、道路交通法七二条一項は道路交通取締令六七条の「事故の内容」を右最高裁判例の掲げた事項に変更しましたが、事態は変わらぬわけです）。

①の理由づけについては、公共の福祉による黙秘権の制約になるとして否定的に解する見解（松本・前掲書三九頁、高田・前掲一〇三―一〇五頁）があります。他方、憲法三八条一項の黙秘権も、(i)必要且つ合理性のある公共的必要の前に必要な制約を蒙らざるをえないとし、②の報告事項をより無色化し、且つ報告の必要な場合をより限定することを要件として、合憲と解する見解（田宮・前掲一一三頁）もあります。

救助義務が定められているうえに、さらに事故の報告を、又どんな軽微な事故の場合でも一律に、刑罰をもって義務づける迄の必要があるのか、また黙秘権との抵触をさけようと思えば、事故現場からの立去りを禁止する西ドイツ刑法一四二条のような立法手段もあるのではないか、という疑問が出されています。

5　黙秘権の告知

(1)　被疑者の取調べに際しては、被疑者に対し、あらかじめ、自己の意思に反して供述をする必要がない旨を告げなければなりません（一九八条二項）。被告人に対しては裁判長は、終始沈黙し又は個々の質問に対して供述を拒むことができる旨告知せねばなりません（二九一条二項）。この黙秘権の告知は、憲法三八条一項に規定する権利の実効性を手続上保障しようとしたものであることは争いありません。問題は憲法三八条一項が黙秘権の告知を義務付けているかにあります。

それについては、

①告知は憲法三八条一項の趣旨を担保する機能をもつが、同条項の直接の要請ではないとするもの（高田卓爾・注解中五〇頁）

②告知自体が憲法の要請とはいえないが、自己に不利益な事実に関する限り、被疑者が知らなかったとき、および権利の行使が困難な事情があるときなどは、告知自体も憲法の要請だといわねばならないとするもの（平野・一〇八頁。田宮裕・刑訴講座㈠七八頁は「具体的事情によって、告知を欠いたために、供述義務があるものと誤認したような場合は、告知も黙秘権の内容になることはある」とします）。

③黙秘権の実質的保障の見地からも告知は黙秘権の内容とすべきであるとするもの（小田中・下四三頁、石川・講義七四頁）があります。

判例は一貫して①の立場をとっています。憲法三八条一項の規定は、「被告人又は被疑者に対しあらかじめ、いわゆる黙秘の権利あることを告知理解させねばならない訴訟手続上の義務を規定したものではない」、と（最判昭二七・三・二七刑集六巻三号五二〇頁など）。この背景には次の考えがあるのでしょう。(i)憲法三八条一項は「何人も自己に不利益な供述を強要されない」と規定して被告人・被疑者に黙秘権を認めるにとどまること。他方、(ii)告知が憲法三八条一項の内容をなすとすると、少年審判や行政取締法規により質問し、報告を求める場合のように告知手続の定めがない場合も、刑事上不利益な事項の供述を求める以上、告知が不可欠となる。それは実際にそぐわず、立法政策にゆだねるべき問題であること（国税犯則取締手続上の質問に関連して最判昭五九・三・二七刑集三八巻五号二〇三七頁）。

しかし(i)は疑問です。被告人の黙秘権を告知する制度は「訴訟の構造を明らかにする重要な意義をも」ちますが

（平野・一七九頁）、被疑者に黙秘権を告知する制度も捜査の構造を明らかにする重要な意味をもたないでしょうか。検察官の起訴・不起訴の決定に資するよう被疑者は申し開きをすべきだ、しかし黙秘権があるから言いたくなければ言わないでもよいのだという考えに依るなら、告知はさほど重要でないでしょう。しかし黙秘権は、被疑者が主体的に自己を防禦する権利であり、それによってのみ捜査官に対抗することがかろうじてできる、そういう権利だと考えるならば、告知は捜査の構造を決定する重要な意味をもつでしょう（同旨、高田昭正・法学教室二二二号一〇五頁）。英国における黙秘権告知の意味についてデヴリンが「黙秘権の本当の意味は、それがいわば宣戦布告があるということにある。黙秘権を告知することによって、警察は、彼らが質問をしている人に対して、自分たちはもはや……中立的な取調官として現れるのではないことを告知するのである」（デヴリン・兒島武雄訳『警察・検察と人権』四九頁）と述べているのは、よく本質を衝いたものではないでしょうか。

こう考えると(ii)の点は残る（今後の発展にまつ）としても、少くとも犯罪の嫌疑がその者に集中した被疑者以後の段階では——そして法律上告知が規定されている手続においては——むしろ黙秘権の告知は、黙秘権の内容をなすと考えるのが妥当ではないでしょうか（最判昭五九・三・二七刑集三八巻五号二〇三七頁は、憲法三八条一項は黙秘権の告知を義務づけるものではない、と従来の見解を踏襲していますが「国税犯則取締法に黙秘権告知の規定を欠き、収税官吏が犯則嫌疑者に対し…質問をするにあたりあらかじめ右の告知をしなかったからといって、その質問手続が憲法三八条一項に違反することとなるものでない」としている点参照）。

(2)　黙秘権を告知しないで得られた供述調書の証拠能力　判例は任意性の問題として把え、告知しなかったからといって、その取調べに基づく供述が直ちに任意性を失うことにはならない（最判昭二五・一一・二一刑集四巻一一号二三五九頁など）としています。それに対し学説は批判的で、不告知のばあいはむしろ供述の任意性の不存在が推定されるとします（高田卓爾・注釈中五〇頁、井戸田・要説八九一頁）。

なお、取調べ中一度も、黙秘権の告知がなされなかったと疑われる事案において、その間になされた自白の任意性に疑いありとしたものとして浦和地判平二・三・二五判タ七六〇号二六一頁（百選〔八版〕一六六頁〔岡田雄一〕）が注目されます。また、この告知は取調手続の重要な方式だからそれを欠いたためとられた不利益供述は――任意性の有無と関係なく――証拠から排除されなければならない、とするものもあります（団藤・条解三六七頁、小田中聰樹・演習刑訴五四頁）。

6　黙秘権の法的効果

一般に、①刑罰その他の制裁で供述を強要することを禁止すること、②黙秘権を侵害してえられた供述に証拠能力がないこと（証拠禁止）、③黙秘したことを不利益な証拠とされないこと、があげられています（平野・二二九頁、小田中聰樹・演習刑訴五四頁）。①についてはすでに述べましたし、②については証拠法のところで、③については公判手続のところで論ずることとします。

四　弁護人の援助を受ける権利

1　弁護人の選任

憲法三四条は「何人も、……直ちに弁護人に依頼する権利を与へられなければ、抑留又は拘禁されない」と規定して、身体の拘束を受けた被疑者の弁護人選任権を保障しています。告知については二〇三条、二〇四条参照。また、刑事訴訟法は「被告人又は被疑者は、何時でも弁護人を選任することができる」（三〇条一項）として、身体の拘束の有無を問わず、弁護人選任権があるものとしています。なお、被告人又は被疑者の法定代理人、保佐人、配偶者、直系の親族及び兄弟姉妹は、独立して（即ち被告人・被疑者の意思から独立して）弁護人を選任することができます（三〇条二項）。

旧刑事訴訟法では「被告人ハ公訴ノ提起アリタル後何時ニテモ弁護人ヲ選任スルコトヲ得」となっており（旧刑訴三九条）、被告人になってはじめて、弁護人の選任が認められていました。現行法は被疑者の段階ですでに何時でも弁護人選任を認めたわけで、旧刑訴にくらべ、弁護人の選任権の面で著しい伸張を示したものといえます。もっとも、捜査段階が、公判段階に劣らず、被疑者の権利・利益の保護にとって重要な意味をもつことを考えると、当然のこといわなければなりません。

弁護人選任は、公訴提起後は、弁護人と連署した書面を裁判所に差し出してすることになっています（規一八条）。公訴提起前にも、弁護人と連署した書面をその事件を取り扱っている検察官又は司法警察員に差し出しておけば、その選任は起訴後の第一審においても効力をもちます（三二条一項、規一七条）。右の連署とは、選任者と弁護人とが氏名を並べて記載することですが、厳格に自署に限ると解する必要はなく、記名・押印でもよろしい（伊達・講話一二一頁）。このばあい、被疑者が黙秘権を行使して自己の氏名を記載せず拘置所（又は留置場）の留置番号を記載し拇印をしている場合にも選任届の効力があるかが問題となります。すでに紹介したように最高裁は、氏名には原則として黙秘権はないということで、選任届が受付けられなかったため氏名を開示せざるをえなくても憲法三八条一項に反しないとしました（最判昭三二・二・二〇刑集一一巻二号八〇二頁）。また、被告人の場合について、弁護人選任の要式行為性ならびに手続の厳格性及び訴訟上の権利は誠実にこれを行使すべきであることを理由として、「氏名を記載することができない合理的理由もないのに」被告人の署名のない選任届によってなした弁護人選任の効力は無効だとしたものがあります（最判昭四四・六・一一刑集二三巻七号九四一頁）。しかし留置番号と拇印によって、依頼する本人が特定され弁護人を選任する意思が明確に表示されている以上効力を有すると解すべきでしょう（伊達・前掲書一二一頁、平野・七七頁）。被疑者・被告人が何々弁護士を弁護人に選任する意思が確認できるのに、なお選任の効力を否定することは弁護人依頼権という憲法上の権利を不当に制限するものといわざるをえません。

2　被疑者の国選弁護人選任

憲法三七条三項後段により、請求により国で弁護人を付する国選弁護人の制度が設けられました。もっとも、刑訴法（三六条）上は、国選弁護人は被告人になってはじめて付けられることになってました。起訴後（通常事件の）七〇％以上の被告人に国選弁護人が付されていることから推測すると、弁護人のないまま捜査段階を経過する被疑者は七〇％あるいはそれ以上あったと考えられます。さきに述べた捜査段階における弁護の重要性を考えると、被疑者にも国選弁護人選任請求権をみとめる必要性は非常に大きかったといわざるをえません。

被疑者国選弁護の制度の確立は、弁護士層及び弁護士会にとって積年の悲願でした。しかし、被疑者に国選弁護人を付する制度は立法上中々実現せず、一九九〇年以降弁護士会は各弁護士の自発的奉仕に基礎を置く**当番弁護士制度**（逮捕・勾留された被疑者等から依頼があった場合に、弁護士会が、そのため登録されている弁護士を接見のため派遣する制度）を発足させ、被疑者に国選弁護人が得られない制度的欠缺を埋めてきました。

(a)　このような強い要望に答え、被疑者に対する弁護権の保障を実質化するべく、二〇〇四年の刑訴法改正により、身柄を拘束された**被疑者に対する国選弁護人制度**が創設されるに至りました。この制度は、捜査段階から国選弁護人が選任されることにより、弁護人が早期に争点を把握することが可能になること、とりわけ（平成二一年度から導入される）裁判員関与の裁判が迅速で且つ充実したものになることにも資すると考えられます。捜査段階にも、国選弁護人制度を設けることは、被疑者に対する実質的弁護の保障になりますし、又刑事手続全体の充実・活性化にも役立ちます。しかし、そのためには、これ迄の（被告人に対してだけ認められた）国選弁護人制度を改革する必要があります。そこで、二〇〇四年（平成一六年）に、制定された「**総合法律支援法**」（平成一六年法律七四号）によって、新たに**日本司法支援センター**が設立され、そこが被疑者・被告人段階を通しての国選弁護人制度の運営に関する事務を担うことになっています。

(b)　被疑者の国選弁護人選任

これには、①被疑者の請求によって国選弁護人が選任される場合と、②職権によって国選弁護人が選任される場合及び③職権による国選弁護人の追加選任の場合があります。

①　請求による国選弁護人の選任　死刑または無期もしくは短期一年以上の懲役もしくは禁錮にあたる事件について被疑者に対して勾留状が発せられている場合において、被疑者が貧困その他の事由により弁護人を選任することができないときは、裁判官はその請求により、被疑者のため弁護人を付さなければなりません(三七条の二第一項)。

(i)　対象事件

被疑者に対する国選弁護人の選任制度の対象を被疑者が身柄を拘束されているものに限定した上で、その対象事件を「死刑又は無期もしくは短期一年以上の懲役もしくは禁錮にあたる事件」に限定しています。しかし、これは第一段階で本法の公布の日から起算して五年を超えない範囲において政令で定める日に施行される第二段階では、対象事件は「死刑又は無期もしくは三年を超える懲役もしくは禁錮にあたる事件」に拡大することとされています(三七条の二第一項、改正法附則一条二号)。すなわち、第二段階では、国選弁護人を選任できる対象は、これまでの公判の必要的弁護事件の範囲と同じになります(勾留されていることが要件ではありますが)。第一段階の対象事件で勾留されている被疑者の数は、二〇〇二年(平成一四年)の統計では一万人であるのに対し、第二段階の対象事件で勾留された被疑者の数は、同年の統計によれば約一〇万人であったと報告されています(落合義和・辻裕教「刑事訴訟法等の一部を改正する法律について(3)」法曹時報五八巻七号四〇頁)。これによって、国選弁護人の選任請求が可能になる事件の範囲は飛躍的に増大するので、司法支援センターによる契約弁護士の確保により、全国的に均等・的確な国選弁護人の保障が緊急の課題となります(田口・一四一頁)。

(ii)　選任時期

被疑者に国選弁護人の選任が可能となるのは、その被疑者に勾留状が発せられた段階からです(三七条の二第一項)。弁護人の援助を受ける権利をより早期に保障する観点からすれば「逮捕段階から」とするのがベターでしょう。しかし、「逮捕段階で国選弁護人のための新たな手続を実施する時間的余裕が乏しく、これを全国一律に遂行することは極めて困難」（落合＝辻・前掲四二頁）ということが、国選弁護人の選任時期が勾留状発付以降となった理由といわれています。もっとも、対象事件について勾留請求があった段階でも、国選弁護人の選任を請求することができます（三七条の二第二項）。したがって多くの場合、被疑者の身柄が勾留質問のため裁判官のもとへ送致された際に、国選弁護人の選任を請求することになると思われます（落合＝辻・前掲四二頁参照）。

「国選弁護人選任のための新たな手続」としては、被疑者の国選弁護人の選任請求、裁判官による要件審査、司法支援センターによる弁護人の候補の指名・通知、裁判官による選任命令の発付などがあります。

(iii) 国選弁護人の選任要件

被疑者の請求による国選弁護人の選任は、被疑者が「貧困その他の事由により弁護人を選任することができないとき」に行われます。そこで、国選弁護人選任の請求をするには、㋐まず、**資力申告書**（「その者に属する現金、預金その他政令で定めるこれらに準ずる資産額及びその内訳を申告する書面」のこと（三六条の二））を提出しなければなりません（三七条の三第一項）。資力が政令で定める基準額以下の者については右の要件が認められるでしょう。㋑資力が基準額以上である被疑者のばあいには、あらかじめ所定の弁護士会に私選弁護人の選任の申出をして私選弁護人を求める途を試みておかねばなりません。それにも拘らず弁護士の紹介を受けることができなかった場合、紹介は受けたものの弁護士から選任の申込みを拒まれたような場合には、弁護士会から、裁判所へその旨の通知がゆくことになっています（三七条の三第三項）。その通知がある場合には、「貧困**その他の事由に**より弁護人を選任できないとき」に当ると認められるでしょう。私選弁護人の選任の申出をした後相当の期間を経過したにも拘らず、弁護士会から弁護人となろうとする者の紹介を受けることができなかった場合にも同様に解してよいでしょう（落合＝辻・前掲四五頁）。

(iv)　選任請求に関する**事項の教示**　国選弁護人の選任の時期は勾留段階からですが、国選弁護人の選任請求権のあることや請求の手続について、十分に説明しておくことは、被疑者の権利行使やその準備にとって必要なことです（三井＝酒巻・入門七二頁）。そこで、勾留より前の逮捕段階から、捜査機関は、国選弁護人の選任に関する事項について、被疑者に教示することとなりました（二〇三条三項、二〇四条三項）。教示すべき事項は、㋐引きつづき勾留を請求された場合において、貧困その他の事由により自ら弁護人を選任することができないときは裁判官に対して国選弁護人の選任を請求できる旨のほか、㋑裁判官に対して国選弁護人の選任を請求するには、資力申告書を提出しなければならない旨及び㋒被疑者の資力が基準額以上であるときは、あらかじめ、所定の弁護士会に私選弁護人の選任の申出をしておかなければならない旨です。その際、政令で定められた右の基準額がいくらであるか、私選弁護人の選任の申出をすべき弁護士会はどの弁護士会であるかも具体的に教示せねばならないでしょう（落合＝辻・前掲八七頁）。

非対象事件で逮捕された被疑者には右の教示はなされません。ところで、非対象事件で逮捕された後、対象事件を追加して送致がなされたり、被疑事実の同一性の範囲内で被疑事実が変更されて対象事件について送致がなされたような場合、教示はどうなるでしょうか。このような場合でも国選弁護人の選任請求権を知らせて、請求に必要な準備の機会を与えるのが妥当でしょう。二〇五条の五項はそのことを明文でみとめました。

さらに、勾留の請求を受けた裁判官も、対象事件については、同じく国選弁護人の選任請求に関する事項を教示しなければなりません（二〇七条二項、三項）。

②　職権による国選弁護人の選任

(i)　裁判官は、被疑者国選弁護の対象事件について、「精神上の障害その他の事由により弁護人を必要とするかどうかを判断することが困難である疑いがある被疑者について必要があると認めるとき」は職権で弁護人を付することができます（**職権による選任・**三七条の四）。

(ii)　裁判官は、国選弁護人対象事件のうち「死刑又は無期の懲役もしくは禁錮にあたる事件については、職権で、更に弁護人一人を付する」ことができます（職権による追加選任・三七条の五）。

3　接見交通権

(1)　接見交通権の意義　被疑者に弁護人が付いていても、被疑者がその弁護人と十分相談する機会がなければ、自己の権利・利益を防禦することはできません。身体を拘束されていない即ち在宅の被疑者のばあいは、右のことが可能です。したがって問題の焦点は、身体を拘束されている被疑者がその弁護人と十分相談できる機会が与えられているかどうかです。

そこで法は、身体の拘束を受けている被告人又は被疑者は、弁護人又は弁護人を選任することができる者の依頼により弁護人となろうとする者と立会人なくして接見し、又は書類もしくは物の授受をすることができる（三九条一項）と定めています。旧刑訴のもとでは被告人と弁護人との接見に看守が立会って会話の内容を逐一聴き取っていましたので、現行法が立会人なしの接見を認めたことは大へん歓迎されました。何故なら、被告人・被疑者が弁護人には自己に利益なことも不利益なこともすべて打ち明けてこそ、弁護人は被告人・被疑者の権利・利益を真に擁護することができる（その替り弁護人にはつよい守秘義務があります）のに、看守が立会ったのでは、そういう相談は不可能だからです。この接見交通権が当初**秘密交通権**と呼びならわされたのは理由のあることでした。

しかし、より重要なのは、身体を拘束されている被告人・被疑者が自由に弁護人と接見交通し相談できることです。とくに憲法三四条は、身体を拘束された被疑者の弁護人を依頼する権利を保障していますが、それは単に弁護人を選任できるという形式を保障したのではなくて、防禦について弁護人と十分に相談できる権利を保障したものと解さねばなりません（最（大）決平一一・三・二四民集五三巻三号五一四頁もこれを正面から認めています）。捜査段階で弁護人がその役割を十分に果すためには、適宜被疑者と面接して事案の内容やその言い分などを十分聴取し理解し、適切な助言を与えることがもっとも重要ですが、それは身体を拘束された被疑者と弁護人との面接が保障されねば不可能です。したがって憲法三四条の弁護人依頼権は自由な接見交通権をも含んだものと解さねばなりません。

最判昭五三・七・一〇民集三二巻五号八二〇頁が、刑訴三九条一項は、憲法三四条前段の趣旨にのっとり、規定されたものであるとし、「この弁護人等との接見交通権は、身体を拘束された被疑者が弁護人の援助を受けることができるための刑事手続上最も重要な基本的権利に属するものである」と述べているのは、憲法三四条前段と刑訴法三九条一項の関係を適切に表現したものといえます。

(2) **接見の日時等の指定**

(1)で述べたように三九条一項は身体を拘束された被告人・被疑者の弁護人との自由交通の原則をかかげましたが、三九条三項は検察官、検察事務官又は司法警察職員は、「捜査のため必要があるときは、公訴の提起前に限り、第一項の接見又は授受に関し、その日時、場所及び時間を指定することができる」として**被疑者**の接見交通の場合に限り捜査機関に日時等の指定権を認めています。但し、その指定は、被疑者が防禦の準備をする権利を不当に制限するようなものであってはなりません（三九条三項但書）。

(a) **「捜査のため必要があるとき」（指定要件）**

捜査機関は捜査のため必要があるとき接見の日時等を指定でき、その場合には、身体を拘束されている被疑者と弁護人との接見交通が一時的に妨げられることになりますが、この「捜査のため必要があるとき」の解釈をめぐって見解の相違がみられます。

① 罪証隠滅の防止を含めた捜査全般の必要性を意味し、必要であるか否かの判断は捜査機関の裁量に委ねられるとする見解（**広義説**、出射義夫・団藤重光編『法律実務講座刑事編』三巻六二〇頁、伊藤栄樹・警察学論集一八巻六号一〇三頁、大津丞・法律のひろば一九巻一〇号九頁）。

② 被疑者を現に取調べている場合、あるいはまさに取り調べようとしているとき、検証、実況見分等に同行しているとき等取調べ中に準ずる場合をいうと解する見解（**限定説**、平野・一〇五頁、青柳・通論上一三五頁、下村幸雄『司法研究所一五周年論文集』（下）三六〇頁、田宮『捜査の構造』四〇五頁）

③―1 ②を前提としつつ、現に取調べ中であっても、被疑者の防禦にとってとくに必要があるとき（とくに接見

の申出が初めての場合）は接見させるべきものとする見解（熊本典道・法セミコンメンタール五四頁ほか。③の見解中にもこの点を付言するものがある）。

③—2　警察署等で接見申出があったが被疑者が検証等に立会っていて不在であるため「物理的」に接見できないような場合に限り、指定できるとする見解（物理的限定説、例えば、高田昭正・法学教室二四号一二六頁）。

①の見解は、次のような論拠をあげます。即ち、(i)接見交通権は、憲法三四条に由来するとしても、その直接の法的根拠は法三九条一項においているのだから、法は実体的真実発見（一条）に支障をもたらすような場合には接見交通権が制限されるべきことを予定している。(ii)逮捕・勾留の強制処分の要件として逃亡のおそれと並んで罪証隠滅のおそれがあるが、罪証隠滅のおそれがあるのに接見を許したのでは逮捕・勾留のそもそもの効果が減じられる、(iii)汚職事犯等のばあい、被疑者の供述が主な証拠とならざるをえず、被疑者を隔離して調べない限り真相究明は殆ど不可能になる、ことを主な理由とします。これに対して②③の見解は、次のようにいいます。すなわち、(i)接見交通権は憲法三四条の弁護人依頼権を担保する（乃至はその内容をなす）「刑事手続上最も重要な基本的権利」（前掲最判）であり、捜査の利益に優越するものであるが、被疑者の防禦準備の権利を不当に制約しないかぎりで捜査上の必要も配慮して指定権を捜査機関に与えたのが三九条三項の趣旨である。(ii)一方の当事者として捜査の渦中にある捜査官に本来中正な立場からの判断でなければならぬ「罪証隠滅のおそれ」の判断を委ねて、弁護権の中核的部分を制約するのは妥当でなく、又実際にもその判断は捜査側に有利に際限なく拡大するおそれがある。弁護人以外の者との接見交通を罪証隠滅のおそれを理由に裁判官が「裁判」によってのみ制限できる（八一条、二〇七条）のとくらべても著しい不均衡である（神垣英郎『令状基本問題七五問』二七頁、大森政輔・捜査法入門一二五頁）。罪証隠滅行為をする弁護人が絶無とは考えられないとしても、具体的な罪証隠滅行為の確認なしに、弁護人すべての防禦活動を制限するのは角をためて牛を殺すのたぐいであるし、当事者主義がよって立つ基盤を掘りくずすであろう（田宮・構造四〇四頁。なお佐伯千仭『生きている刑事訴訟法』一一四頁）。(iii)広義説のあげる理由(iii)は結局取調べの未了を理由に接見を拒否しようとするものであろう。だがそれは身体拘束を自白追及に利用しようとすることを意味するこ

とになる。逮捕・勾留制度の趣旨に反する（田宮・前掲四〇五頁）だけでなく、被疑者を隔離して孤立無援の心理状態に追い込んで自白を得ることは現行法のもとでは許されないと考えられる（神垣・前掲二七頁、福井・入門一七五頁）、と。

このような理由から、②③説は、一つの身体をめぐって事柄の性質上必然的に生じる「接見」と「取調べ等の捜査」との時間的衝突を調整する範囲内においてのみ捜査機関による指定権を認めるのでなければ、憲法の前記保障は空洞化されると考えるのです。

最判昭五三・七・一〇民集三二巻五号八二〇頁も「弁護人等の接見交通権が前記のように憲法の保障に由来するものであることにかんがみれば、捜査機関のする右の接見等の日時等の指定は、あくまで必要やむをえない例外的措置であって、被疑者が防禦の準備をする権利を不当に制限することは許されるべきではない」とし、「捜査機関は、弁護人等から被疑者との接見の申出があったときは、原則として何時でも接見の機会を与えなければならないのであり、現に被疑者を取調中であるとか、実況見分、検証等に立ち会わせる必要がある等捜査の中断による支障が顕著な場合には、弁護人等と協議してできる限り速やかな接見のための日時等を指定し、被疑者が防禦のため弁護人等と打ち合わせることのできるような措置をとるべきである」としました。

これは、指定要件としては限定説の立場がとられ、現に被疑者を取調べ中でないとか、実況見分、検証等に立ち会わせていないときは、指定要件がなくしたがってその場合の捜査機関は日時等の指定権を行使しえない（したがってただちに接見できる）としたもの、と考えられました。そしてこれに従っていくつかの下級裁裁判例が出されました（例えば、浅井事件控訴審判決、名古屋高金沢支判昭五七・一二・二二判タ四八九号七四頁）。この立場でゆけば、検察官、捜査主任官の判断を仰ぐまでもなく、留置施設の係官のところで即座に判断できるのではないかと思われました。そうこうするうちに、主として検察官サイドから判文中の「捜査の中断による支障が顕著な場合」が基準となる指定要件であって、その前の「現に被疑者を取調中であるとか、実況見分、検証等に立ち会わせる必要がある」というのはそのすぐあとに「等」がついていることからも分るように、例示にすぎない、との主張がつよくなされました。限定説からの後退が懸念されました。

かたずをのんで見守られる中で、最判平三・五・一〇民集四五巻五号九一九頁（百選〔七版〕七六頁〔安村勉〕）が出されました。次のように判示されました。すなわち、「捜査の中断による支障が顕著な場合には、捜査機関が、弁護人等の接見等の申出を受けた時に、現に被疑者を取調べ中であるとか、実況見分、検証等に立ち会わせているというような場合だけでなく、間近い時に右取調べ等をする確実な予定があって、弁護人等の必要とする接見等を認めたのでは、右取調べ等が予定どおり開始できなくなる場合も含むものと解すべきである」と。これは限定説をベースにしながら（したがって「証拠隠滅のおそれ」などを含める広義説を否定）も、いわば**折衷説**ともいうべきものへ後退したといってよいでしょう。指定要件が裁量の余地あるものに広げられました。留置係官が検察官や捜査主任官に判断を仰ぐという従来からの方式がかえって温存されるのに寄与したといってよいでしょう。

他方、被疑者の取調べ中であっても、接見を認めても捜査の中断による支障が顕著なものにならない場合もありうるし、また、間近いときに取調べをする確実な予定をしているときでも、その予定開始時間を若干遅らせることが常に捜査の中断による支障が顕著な場合に結びつくとは限らない（坂上寿夫補足意見）ともいえます。

なお、以上の要件があれば、捜査機関はすぐ指定権を行使できるわけでなく、さらに指定がやむを得ない限度でなされねばなりません。とくに防禦上の必要が高い場合には被疑者の取調べ中でも指定をせずに接見の機会を保障しなければなりません（田宮・一四八頁、渡辺修『被疑者取調べの法的規制』二二八頁、後藤昭・平野龍一先生古稀祝賀論文集下巻三〇〇頁、なお最判平一二・六・一三民集五四巻五号一六三五頁参照）。

(b)　指定の方式　だが、捜査機関による接見の日時等の指定につき、次のような運用がかつて広く行われ現在も一部で行われています。すなわち検察官が、まず、「捜査のため必要があるので、被疑者と弁護人又は弁護人を選任することができる者の依頼により弁護人になろうとする者との接見又は書類もしくは物の授受に関し、その日時、場所及び時間を別に発すべき指定書のとおり指定する」と記載した書面（これを**一般的指定書**といいます）を、被疑者及び被疑者が留置されている監獄（拘置所又は警察留置場）の長に交付しておきます。それから、弁護人等から接見の申出があったときに、具体的な日時・場所・時間等を記載した指定書（**具体的指定書**という）を交付します。この場合被疑者との接見にはこの具体的指定書の持参が要求されることになります（法務大臣訓令事件事務規程旧二八条参照）。

すなわち、この一般指定書が出ていると弁護人は具体的指定書を持参しない限り監獄の長から被疑者との接見を拒否されるわけですから、「一般的指定書イコール接見の一般的禁止、具体的指定書イコール接見禁止の一部解除」ということになります。

その結果本来原則として自由であるべき接見交通を、具体的指定があってはじめて認められるものに変化させる、即ち原則と例外を逆転させている点で違法だとの批判をうけました（下村・前掲三六〇頁、佐伯・前掲二四頁、神垣・前掲七八頁、田宮『捜査の構造』四〇八頁、大森・前掲一二六頁）。

ところで三九条三項の指定権の行使に不服のある者はその取消・変更を求めて裁判所に準抗告（検察官の処分に対しては四三〇条一項、司法警察職員の処分に対しては同条二項）を申立てることができます。これに対し当初は、一般的指定は三九条三項の処分とはいえないから取消・変更の対象とならぬとする裁判例（京都地決昭三三・二・二一第一審刑集一巻二号三一七頁）や、一般的指定だけでは三九条三項の処分があったものといえず、それに「具体的指定をしないこと」がプラスされてはじめて取消・変更の対象となるという裁判例がありました。しかし、やがて昭和四〇年代に入り一般的指定そのものを取消す裁判例が出てきます。その嚆矢《こうし》をなすのが鳥取地決四二・三・七下刑集九巻三号三七五頁です。一般的指定がなされると「具体的指定のない限り一般的に接見交通が禁止されている点に鑑《かんが》みれば一般的指定自体は法第三九条第三項の指定権にもとづいて発せられた処分ということができるのであって、具体的指定の拒否または引延しをまつまでもなく、一般的指定自体を不服申立の対象にでき」るとし、一般的指定を違法な処分として取消しました。その後一般的指定を違法な処分として取消す決定は下級裁判所で相次いでなされました（例えば、東京地決昭四三・七・四判時五二九号八二頁など）。

一般的指定書——具体的指定書の組み合わせ方式は大分下火になってきました。しかし、他方で、一般的指定書書持参方式）がとられました。

を出さないまでも、接見に赴いた弁護人が「具体的指定書を持参しない限り接見させせない」という方式（具体的指定

(c)　一般指定書方式の廃止と新しい方式

①さきに挙げた、一般的指定書が出されると具体的指定書を持参しなければ接見が拒否されるという扱いは、そのまま存続することは許されないでしょう。これに対し相次いで準抗告が申立てられ、また民事上の国家賠償請求訴訟が提起されることになりました。そういう情況の中で、法務省は、昭和六三年四月一日をもって、従前のような一般的指定書方式（法務大臣訓令事件事務規程二八号、様式四八号）を廃止しました。それにともなって概略次のような運用指針を発表しました。それによると、㋑検察官から監獄の長へ「日時、場所及び時間を指定することがあるので通知する」旨の「通知書」が使用される。㋺通知書が出ている事案で、弁護人が、事前連絡なしに当該監獄（例えば警察署留置場）へ直行した場合には、直ちに留置業務の係官より検察官へ連絡し、指定をするかどうかの確認をとり、検察官は「捜査のため必要」があれば指定し、なければ指定しない。㋩この場合に、合理的時間内に指定するか否かについて検察官から連絡がない場合には、指定しないものとして扱われる。㊁㋺の指定は書面によることを原則とせず、書面・口頭のいずれかによって適切に行われることになる（法務省説明）、というものです。

㋑の通知書が従前の一般指定書と変って、単に「捜査機関の内部的事務連絡文書」として「それ自体弁護人又は被疑者に対し何ら法的効力を与えるものでな」いもの（最判平三・五・三一判時一三九〇号三三頁は、対象事案の連絡文書についてそう言う）であるためには、捜査機関の側において㋺㋩㊁が厳格に守られることが前提となります。「現に取調べ中」でなく「取調べ予定」も、指定要件に含ましめて裁量の余地を広め、それを、被疑者留置施設の係官ではなく、検察官又は警察の捜査主任官に委ねることを容認している現状においては、いささかでも㋺㋩㊁の方式がルーズに扱われるならば、㋑の通知書は実質的にかつての一般的指定書と同様の効果を被疑者・弁護人に及ぼすことになるでしょうから（なお、高田昭正・百選〔七版〕七六頁、白取・一七一頁参照）。

②さて、指定要件がある場合にのみ、日時等の指定をすることができるわけですが、その場合に捜査機関のとるべき手順（方式）について判例（最判平三・五・一〇民集四五巻五号九一九頁）は次のように言っています。

「弁護人等から接見等の申出を受けた捜査機関は、直ちに、当該被疑者について申出時において現に実施している取調べ等の状況又はそれに間近い時における取調べ等の予定の有無を確認して具体的指定要件の存否を判断し、右合理的な接見等の時間との関連で、弁護人等の申出の日時等を認めることができないときは、改めて接見等の日時等を指定してこれを弁護人等に告知する義務があるというべきである。」

「そして、捜査機関が、右の日時等を指定する際いかなる方法を採るかは、その合理的裁量にゆだねられているものと解すべきであるから、電話などの口頭による指定をすることはもちろん、弁護人等に対する書面（いわゆる接見指定書）の交付による方法も許されるものというべきであるが、その方法が著しく合理性を欠き、弁護人等と被疑者との迅速かつ円滑な接見交通が害される結果になるようなときには、それは違法なものとして許されないことはいうまでもない」と。

すなわち、弁護人から被疑者との接見の申出があったら、直ちにその被疑者が現に取調べ中であるか、あるいは間近い時に取調べ等の予定が本当にあるのかを調べ（そういう指定要件がないとわかれば直ちに接見を認めねばならないが）、右要件が備っていて、且つ接見により取調べ等が中断しそれによる捜査の支障が著しいと認めるときは、直ちに弁護人と協議してその取調べ以外の時間を指定せねばならない、場合によっては、取調べ開始時刻を遅らせてその間の時間を指定することもできるでしょう。しかし、接見にはそれなりの合理的時間の確保が必要だ。それらをかね合わせて考えて弁護人申立の時刻以外の時刻が適当と考えたらそれをすぐ弁護人に告知する義務がある。その日時は弁護人に電話で口頭で知らせればよく、書面によるときもファックスですませばよいわけで、検察庁まで指定書を取りに来させるというようなことは、普通は著しく不合理な指定方法になる、というのです。

ごく最近、最高裁は、被疑者の身柄拘束事後の初回の接見につき、画期的な判断を示しました（最判平一二・六・一三、民集五四巻五号一六三五頁、百選（八版）七八頁（川出敏裕））。すなわち、とりわけ、弁護人を選任することができる者の依頼により弁護人となろうとする者と被疑者との逮捕直後の初回の接見は、身体を拘束された被疑者にとっては、弁護人の選任を目的とし、かつ、今後捜査機関の取調べを受けるに当っての助言を得るための最初の機会であって、直ちに弁護人に依頼する権利を与えられなければ抑留又は拘禁されないとする憲法上の保障の出発点をなすものであるから、これを速やかに行うことが被疑者の防御の準備のために特に重要である。したがって、右のような接見の申出を受けた捜査機関としては、前記の接見指定の要件が具備された場合でも、その指定に当っては、弁護人となろうとする者と協議して、即時又は近接した時点での接見を認めても接見の時間を指定すれば捜査に顕著な支障が生じるのを避けることが可能かどうかを検討し、これが可能なときは、留置施設の管理運営上支障があるなど特段の事情のない限り、犯罪事実の要旨の告知等被疑者の引致後直ちに行うべきものとされている手続及びそれに引き続く指紋採取、写真撮影等所要の手続を終えた後において、たとい比較的短時間であっても、時間を指定した上で即時又は近接した時点での接見を認めるようにすべきであり、このような場合に、被疑者の取調べを理由として右時点での接見を拒否するような指定をし、被疑者と弁護人となろうとする者との初回の接見の機会を遅らせることは、被疑者が防御の準備をする権利を不当に制限するものといわなければならない。

(3) 余罪捜査の必要と接見指定の可否

甲事件で起訴され且つ勾留されている被告人Xが同時に乙事件（余罪）を被疑事実とする捜査の対象となっている場合に、弁護人とXとの接見について、捜査機関は三九条三項による指定をすることができるか、を考えてみましょう。Xは起訴され被告人となっているので、一般的には捜査機関は弁護人との接見の日時等の指定をすることはできません（三九条三項は「公訴の提起前に限り」としています）が、そのXに余罪である被疑事実がある場合はどうなんだろうか、がここでの問題です。

最高裁は、千葉大チフス菌事件で、「およそ、公訴の提起後は、余罪について捜査の必要がある場合であっても、検察官等は、被告事件の弁護人または弁護人になろうとする者に対し、同三九条三項の指定権を行使しえないものと解すべき」だと判示しました（最決昭四一・七・二六刑集二〇巻六号七二八頁）。しかし右の事案は、余罪である被疑事実について逮捕・勾留されていない場合だったので、余罪被疑事実についても逮捕・勾留されている場合にそのまま妥当するかが問題となります。その点について、①身体が拘束されていることが接見指定権の根拠となるという考えによると、右事案の場合身体が拘束されていなかったのだから指定権を行使できない。その当然のことを最高裁はいったにとどまり、余罪被疑事件で逮捕・勾留されている場合は別だということになります。これに対し、②「およそ公訴の提起後は」「指定権を行使しえない」という部分に注目すると、被告人については被告人の自由な接見交通権に優位を認め、余罪被疑事実で逮捕・勾留されているか否かにかかわらず、被告人・弁護人の接見につき捜査機関は指定権を行使できないことになります。思うに、最高裁は本決定当時は、甲事件で公訴の提起があった以上、捜査中の余罪被疑事件があったとしても三九条三項の適用の余地はおよそないと考えていたのではないでしょうか（最高裁判例解説昭和四一年度一五一頁参照（鬼塚賢太郎））。しかし、最高裁は、そののち、一連の収賄事件で一部収賄事件ですでに起訴され、別の収賄被疑事件につき逮捕・勾留された事件で、「同一人につき被告事件の勾留とその余罪である被疑事件の逮捕・勾留とが競合している場合、検察官等は、被告事件について防禦権の不当な制限にわたらない限り、刑訴法三九条三項の接見等の指定権を行使することができる」としました（最決昭五五・四・二八刑集三四巻三号一七八頁百選〔八版〕八四頁（飯田喜信））。四一年の判例の内容を後の判例によって補充したことになります。

しかし、(i)もともと起訴すべき類似の事件は、できるだけ同時に捜査して起訴すべきなのが建前であり、被告事件の勾留と被疑事件についての逮捕・勾留が競合することは従来実務上例外的なことであること（石松竹雄・刑事裁判ノート七三頁、新関雅夫・令状基本問題追加四〇問一六六頁）、(ii)もし余罪被疑事実を理由に逮捕・勾留しさえすれば、捜査機関は接見の日時等を指定できるとすると、同人の被告人として公判のために不可欠な準備活動を担保する弁護人との接見交通が――本来は何ら制約できないにもかかわらず――事実上制約を受けざるをえないことを考えると、五五年判例の考えにはなお疑問が残ります。

したがって、五五年判例を前提としても、余罪被疑事実の捜査を理由に、被告人と弁護人との接見交通を制約することは原則として許されず（四一年判例）、被告事件の起訴を決定した後余罪被疑事実がたまたま判明するなど、被告事件の起訴前には余罪の捜査が不可能乃至著しく困難であったという事情があって捜査の緊急の必要性がある場合に限り、接見の日時等を指定できると解するのが妥当でしょう（ほぼ同旨、椎橋隆幸・演習刑訴七六頁）。

(4) 任意同行中の被疑者との面会・打合わせ

これは、任意同行後取調べを受けている被疑者に、弁護人から面会の申出があったばあい、捜査機関はそれを被疑者に伝える義務があるか、という形で問題となりました。

このような場合について、次のような見解があります。

すなわち①身体不拘束の被疑者はいつでも自由に退出し、弁護人の援助を受けることができるのだから、捜査機関には弁護人の面会申出を伝達する義務がないとする見解（吉田昭『捜査手続法精義』八九〇頁）。②身体不拘束とはいえ外界から隔離された状態で取調べが行われている点に注目し、三九条の接見交通権を肯認し、伝達義務を肯認する見解（例えば、小早川義則・法セミ四五五号一三一頁参照）。

①は、任意同行後の任意取調べ中の被疑者に対して連絡を取ろうとしても捜査機関を通じてでなければ事実上不可能である事実に目をつむった現実離れした議論であり、②は逆に、その現実を見据えるがゆえに、被疑者の接見交通「権」をこの場でも実現することを目的として捜査機関の伝達義務を引き出そうとしています。任意同行中の被疑者の権利保障への配慮が感じられます（このような場合も、憲法三四条が実質的に保障すべき場面だとするならばその方向性自体には、共感をおぼえます）。

ですが、この場合を刑訴三九条の適用場面をとらえるのは、必ずしも妥当とは思われません。むしろ「任意捜査の一般原則が妥当し、接見の制限はいかなる形であれ行えず、被疑者がのぞめば直ちに接見の機会を与えなければならない。そのような自由な選択権を行使させるため、弁護人等の接見の申し出があれば、その旨を被疑者に伝え、希望すれば接見させる必要がある」と考えるのが（田宮・一四五頁）もっとも妥当だと思います。この点で、次の福岡高判平五・一一・一六判時一四八〇号八二頁の判示はきわめて説得力があります（百選〔八版〕八二頁〔佐藤博史〕）。

被疑者の弁護人……は、当然のことながら、その弁護活動の一環として、何時でも自由に被疑者に面会することができる。その理は、被疑者が任意同行に引き続いて捜査機関から取調べを受けている場合においても、基本的に変わるところはないと解するのが相当であるが、弁護人等は、任意取調べ中の被疑者と直接連絡を取ることができないから、取調べに当たる捜査機関としては弁護人等から右被疑者に対する面会の申出があった場合には、弁護人等と面会時間の調整が整うなど特段の事情がない限り、取調べを中断して、その旨を被疑者に伝え、被疑者が面会を希望するときはその実現のための措置を執るべきである。

(5)　面会接見　検察庁の庁舎内で取調べのため等で待機中の被疑者と接見したい旨弁護人から申出があった場合、これ迄は、検察庁内には接見室又は接見のための設備がないことを理由に、接見が拒否されるのが通例でした。これに対し、最判平一七・四・一九民集五九巻三号五六三頁は、次のような形態での接見を認めました。すなわち、

「検察官が上記の設備（注―弁護人と被疑者との立会人なしの接見を認めても被疑者の逃亡や罪証の隠滅を防止でき、戒護上支障が生じないような設備）のある部屋等が存在しないことを理由として接見の申出を拒否したにも拘らず、弁護人等がなお検察庁の庁舎内における即時の接見を求め、即時に接見する必要が認められる場合には、検察官は、例えば立会人の居る部屋での短時分の『接見』などのように、いわゆる秘密交通権が十分保障されないような態様の短時分の「接見」（以下、便宜「面会接見」という）であってもよいかどうかという点につき、弁護人等の意向を確かめ、弁護人等がそのような面会接見であっても差し支えないという意向を示したときは、面会接見ができるように特別の配慮をすべき義務があると解するのが相当である」と。

すなわち秘密交通権が十分保障されないような短時分の「面会接見」という概念を新たにみとめた上、弁護人等がそのような面会接見でも差支えないとの意向を示したときは、「面会接見」できるよう特別の配慮をする義務が検

察官にあるとしたもので、接見の実質面に配慮した判例といえます。

五　弁護人以外の者との接見交通

勾留されている被疑者は、弁護人または弁護人となろうとする者以外の者と法令の範囲内で接見し、または書類もしくは物の授受をすることができます。（二〇七条一項、法八〇条）。二〇九条はこの八〇条を準用していないので逮捕中は弁護人以外の者との接見が認められないと解するのが一般ですが、そう解する必然性はありません。

「法令の範囲内」の法令にはさしあたり、刑事収容施設・被収容者等処遇法一一六条一項（施行は平成一九年五月二五日迄）等があげられます。「刑事施設の長は、その指名する職員に、未決拘禁者の弁護人等以外の者との面会に立合わせる…」（前条）とある点で、秘密交通権の保障された弁護人との接見と著しい違いがあるといえます。

以上は法令による制限ですが、**裁判による制限**も認められます。すなわち、裁判官は、逃亡し、または罪証を隠滅すると疑うに足りる相当な理由があるときは、検察官の請求により、または職権で、勾留されている被疑者と弁護人または弁護人となろうとする者以外の者との接見を禁じ、またはこれと授受すべき書類その他の物を検閲し、その授受を禁じ、またはこれを差し押えることができます（二〇七条一項、八一条）。

この点も、弁護人との接見交通権——裁判によっても禁止することはできない——との違いです。弁護人以外の者との接見交通にこのような制限が認められるのは、それが被疑者の防御準備のため不可欠とはいえないからでしょう。しかし、逃亡のおそれ、又は罪証隠滅のおそれを理由に勾留がなされているのに、さらに接見の禁止までするからには、勾留によってもなお防止することができない程度の逃亡のおそれ、罪証隠滅のおそれがあることが必要でしょう。また、弁護人以外の者との接見には刑事施設の職員が立会い、又発受する信書は検閲を受けるので、通常のばあいは接見の禁止まで必要とは考えられないでしょう（大森政輔・中武靖夫＝高橋大郎編『捜査法入門』一三〇頁）。なお、糧食の授受は、裁判によっても禁止することはできません（八一条但書）。

裁判による接見禁止をうけている間に、裁判官の裁判によらないで、被疑者と特定の者との接見を認めることはできるかどうか議論がありますが、接見禁止は本来例外的な措置であってこれを原則に戻す方法を認めても被疑者の利益を損うおそれはないので、積極に解してよいでしょう（新関・令状基本二六九頁）。接見を恩恵的に運用し自白を誘引するという弊害は、事後に自白の証拠能力を否定するなどの方法で対処すればよいと思われます（同旨、大森・前掲一三一頁）。

六　被疑者以外の者の取調べ

被疑者以外の者の取調べは、任意のときと強制によるときとがあります。任意の取調べは参考人の取調べといい、宣誓の上強制的に供述させられるときは証人尋問といいます。

1　参考人の取調べ

「検察官、検察事務官又は司法警察職員は、犯罪の捜査をするについて必要があるときは、被疑者以外の出頭を求め、これを取り調べ……ることができる」（二二三条一項）。参考人の取調べについては、被疑者の取調べの規定が準用されています（二二三条二項）。したがって、捜査機関からの出頭の求めに応じる義務や、取調べに応じる法的義務はありません。もっとも黙秘権の告知の規定（一九八条二項）は準用されていませんが、これは参考人が取調べの対象である犯罪の嫌疑を受けている者ではないからであって、参考人にはおよそ黙秘権がないということを意味するわけではありません。取調べがその者にとって刑事上不利益な事実に及んだばあい、供述を拒否できることは、憲法三八条一項の趣旨からいって当然です（高田卓爾・注解中一五四頁）。またそういう状態に至った場合黙秘権を告知すべきですし、その者に嫌疑を生じる見込で取り調べる場合（重要参考人と呼ばれたりします）には最初から黙秘権を告知すべきです。後者の場合の取調べはむしろ端的に一九八条によるべきでしょう（高田卓爾・注解中一五四頁）。

この参考人の尋問調書は、その供述が警察官面前でなされた場合は、三二一条一項三号で、検察官面前でなされた場合は、三二一条一項二号で後に証拠能力が認められます。

2　証人尋問

(1)　概　観

検察官は、(a)犯罪の捜査に欠くことのできない知識を有すると明らかに認められる者が、参考人としての取調べに対して出頭または供述を拒んだ場合（二二六条）および、(b)参考人としての取調べに際して任意の供述をした者が、公判期日においては前にした供述と異なる供述をするおそれがあり、かつ、その者の供述が犯罪の証明に欠くことができないと認められる場合（二二七条一項）には、第一回公判期日前に限り、裁判官に証人尋問の請求をすることができます。(a)は、参考人が捜査にとって不可欠の情報をもっていても、その者が任意に出頭し供述することを拒むと捜査機関はその者に協力を強制することはできない（二二三条）ので、その打開策として、検察官から裁判官に対して証人として取り調べてもらうこととしたものです（松尾・上九五頁）。(b)は、捜査機関の面前でした参考人の供述を確実な証拠として保全するための証人尋問の請求です。

この証人尋問を請求することができるのは検察官だけで、司法警察員が捜査の過程でこの請求を必要と認めた場合には疎明資料を添えて検察官の手で請求してもらうことになります（犯罪捜査規範一七三条）。

(2)　請求の要件

(a)の場合の請求の要件である「犯罪の捜査に欠くことのできない知識を有する者」というのは、必ずしも、犯罪の被害者とか犯罪の目撃者のように、犯罪について直接の知識をもち、被疑者の犯罪を証明するために重要な証人である必要はありません。例えば被疑者の居所を知っている者のように、とにかく、その者の供述を得ることが捜査に欠くことができないと明らかに認められる者であればよろしい（江家・教室上二〇五頁）。しかし、捜査のため裁判官が証人を尋問するということは、やむを得ない事情の下での例外的な措置ですから、捜査機関はこの制度を濫用しないように心掛けねばなりません（江家・教室上二〇五頁）。

(b)の場合、裁判官の証人尋問調書がつくられると、それは検察官面前の参考人調書（証拠能力は三二一条一項二号）や警察官面前の参考人調書（証拠能力は三二一条一項三号）よりもずっと容易に証拠となる（三二一条一項一号）ので、捜査機関としては、できるだけ参考人を証人として尋問してもらいたいということになり旧法時代の予審制度の復活と同じことになるということで、改正前の二二七条は要件をきびしく定めていました（江家・教室上二〇七頁）。しかし、「圧迫を受けて」供述を変えるおそれのある場合に限るのでは、狭すぎるとして、今次改正（平成一六年法律六二号）で、「圧迫を受けて」という文言が削除されました。本条の利用を促そうというのが立法者の意図と思われます。この証人尋問は、二二三条により参考人として任意の供述をした者だけに許されるのですから、被疑者として一九八条の取調べを受けた場合には、さきに述べた要件があっても、その者の証人尋問を請求することはできません。

(3) **尋問手続**　以上のような請求にもとづいて裁判官が証人尋問を行う場合は、裁判所又は裁判長が証人尋問を行う場合と同一の手続によることになります（二二八条一項）。もっとも、裁判所又は裁判長が証人尋問を行う場合には被告人又は弁護人を尋問に立ち会わせなければならないのですが（一五七条）、裁判官が行う場合には、捜査に支障を生ずるおそれがないと判断して立会を認めた場合にだけ、被疑者・被告人または弁護人は立ち会うことができるにとどまります（二二八条二項）。そして大抵の場合、被疑者、被告人又は弁護人を立ち会わせないで証人尋問が行われていますが、その際に作成した証人尋問調書を公判で三二一条一項一号によって証拠とすることが許されるのが一般です。その点については、証拠法のところでくわしく述べましょう。

なお、請求により証人が尋問された場合、その証人尋問調書は検察官に送付されることになっています（規則一六三条）。

七　被疑者・被告人のための証拠保全の請求

保全を求めるのは供述証拠に限りませんが、便宜上ここで述べることにしましょう。被疑者・被告人側が、自己に有利な証拠を求めて、関係人から事情を聴取したり、証拠物を入手したりすることは、差支えありませんが、捜査機関のような強制処分権をもちません。そこで法は、捜査機関と実質的対等をはかるため、組織・能力で劣る被疑者・被告人側に、裁判官に対する証拠保全の請求権を認めました。すなわち、被疑者・被告人または弁護人は、あらかじめ証拠を保全しておかなければその証拠を使用することが困難な事情があるときは、第一回の公判期日前に限り、裁判官に押収・捜索・検証・証人の尋問又は鑑定の処分を請求することができます（一七九条一項）。例えば証人となるべき者が重病で公判の開かれるまでに死亡するかもしれないとか、いまのうちに検証しておかなければ現場が変ってしまうとか、公判迄に証拠が散逸してしまうおそれがあるようなばあいに、この請求をするわけです。しかし、実際にはあまり利用されていません。被疑者・弁護人に本条を効果的に活用するだけの余裕（態勢）のないことが理由の一つとして挙げられています（田宮・注釈一九二頁）。

右の請求にもとづいて裁判官が証人尋問調書やその他の書類を作成したりあるいは証拠物を収集したときは、検察官や弁護人は、その書類および証拠物を閲覧したり、謄写することができます。被疑者・被告人に弁護人がついていないときは被疑者・被告人は閲覧することはできます（一八〇条。検察官の請求による証人尋問の調書（二二六―二二八条）は、検察官の手許へ行ってしまい、被告人・弁護人はそれをなかなか閲覧できないのにくらべ、検察官には有利な扱いとなっています）。そして公判で右の書類の証拠調べを請求することができます。そのばあい、証人尋問調書は三二一条一項一号で証拠となります。

第五章　物的証拠の収集・保全——捜索・押収・検証——

一　物の押収・捜索

刑訴法上
差押（二一八条一項、九九条一項）
憲法上の　国家が物に対し強制的に占有を取得する処分
押収　領置（二二一条）
提出命令（九九条二項）

1　令状による差押と捜索
——とくに令状主義について——

(1)　令状主義の内容

①　正当な理由の必要　憲三五
被疑者の犯罪の嫌疑→「罪名」二一九条一項
証拠物又は没収すべき物と思料するもの→刑訴九九条一項
証拠物の存在する蓋然性
（第三者のばあいとくに規則一五六条三項）
最決昭三三・七・二九
正当な理由に基づいて発せられたことを明示すること
まで要求せず
罪名—適用罰条を示して記載することまで必要なし

②　捜索すべき場所・押収すべき物の特定（一般令状の禁止）
憲三五条・刑訴二一九条一項
差押えるべき物「……その他本件に関係ある文書・物件」
罪名—地方公務員法違反
肯定—最決昭三三・七・二九

③　裁判官による捜索・押収の承認、憲三五条、刑訴二一八条一項
裁判官は差押の必要性を判断することができるか
令状—命令状説—当然判断権あり
許可状説
一九九条二項但書のような規定なし
←規則一五六条は必要性の判断資料を要求せず
しかし令状主義による司法的抑制をどの程度徹底させるかによって決すべし（田宮）
判例—最決昭四四・三・一八
肯定
必要性判断にあたり考慮すべき事項を摘示
将来発生が予想される犯罪事実について
令状を発付することの可否
消極説
積極説

(2)　捜索・差押令状に関するその他の諸問題

①　郵便物等の差押
一〇〇条一項「証拠物又は没収すべき物と思料するもの」
〃　二項　との要件なし
違憲の疑い
「通信の秘密」との関係—とくに捜索について

②　捜索・差押の範囲
令状記載の物に限定—原則

差押えるべき物↓概括的記載のばあい
→被疑事実に関係ある物件に限定する必要
つよし
最決昭五一・一一・一八
背景立証のため必要として差押範囲を拡大
別件捜索・差押えに言及
「差押令状に明示された物であっても捜査機関が専ら別罪の証拠に利用する目的で差押許可状に明示された物を差押えること」―憲三五条、刑訴二一八条一項、二一九条一項違反（前記判例）↓但し右ケースは該当せず
別件捜索・差押
広島高判昭五六・一一・二六
札幌高判平一・五・九

③ フロッピーディスクの差押
大阪高判平三・一一・六
最決平一〇・五・一

④ 場所に対する令状による、人の身体着衣の捜索の可否
東京高判平六・五・一一

2 令状によらない差押と捜索
刑訴二二〇条一項二号↓憲三五
認められる理由
(i) 適法な逮捕を遂行するため逮捕者の安全を保護し、あわせて罪証隠滅防止のため必要（限定説）
(ii) 逮捕の現場には証拠の存在する蓋然性が高いので合理的な一場合（合理説）

① 憲法三五条―令状主義が原則↓例外は限定的に↓(i)が妥当か
逮捕に先行して捜索・差押が許されるか
二二〇条一項「逮捕する場合において」「逮捕の現場で」
(i) 限定説↓まず逮捕の着手が必要
あるいは、被疑者の現在する場合は直前でもよい
(ii) 最判昭三六・六・七（捜査開始二〇分後の逮捕）
「逮捕の現場」――逮捕と捜索・差押の場所的同一性
「逮捕する場合において」――
「逮捕との時間的接着性を必要とするけれども、逮捕着手時の前後関係はこれを問わないと解すべ」き

② 差押えることができる物
○逮捕の理由となっている被疑事実に関する物件及び兇器
○たまたま発見された他の犯罪に関する物―差押は許されず
（例外）法禁物の場合―現行犯のさいの差押として適法説
別件捜索のための逮捕
乙事件に関する証拠を捜索・差押えるため、甲事件の逮捕を利用するばあい
←違法
札幌高判昭五八・一二・二六

③ プレイン・ビューの原則適用の肯否
捜索をなしうる場所的限界
限定説↓被疑者の身体又はその直接支配下にあると認められる場所
合理説↓令状によれば許容される範囲

④ 被逮捕者の身体の捜索は現場地点でなされねばならないが、
路上で逮捕↓自動車で署に連行↓携帯した証拠の差押
〔広く認める見解
逮捕現場での捜索・差押を困難とする合理的理由がある場合で且つ比較的逮捕現場と近い場所に限る見解
○判例・最決平八・一・二九

(2) 承諾による捜索

所持品・着衣のばあい——拒絶できることを十分知った上での任意の承諾ある場合——許容
住居——認められず
犯罪捜査規範一〇八条

3 捜索・差押の実施
(1) 令状の呈示の必要（二二二条一項、一一〇条）
責任者の立会 ｛公務所内のばあい
公務所以外のばあい（一一三条の準用なし）
弁護人の立会——認められず
令状呈示前の立入り
(2) 実施後の措置
捜索証明書の交付——請求あるばあい（二二二条一項、一一九条）
押収目録の交付（二二二条一項、一二〇条）
(3) 押収拒絶権
①公務上の秘密に関する押収拒絶権（二二二条一項、一〇三条、一〇四条）
②業務上の秘密に関する押収拒絶権（二二二条一項、一〇五条）
公認会計士・税理士・薬剤師・薬種商→なし
ニュースソースの秘匿を主張する報道関係者→当然にあるというわけではない

二 検証

(1) 意　義
(2) 令状による検証　二一八条一項
被疑者が罪を犯したと思料すべき資料の提供——規則一五六条一項
捜査のため必要があるとき＜事実発見のため必要
強制処分として行う必要
(3) 令状によらない検証
検証のための必要な処分（二二二条一項、一二九条）
① 身体を拘束された被疑者の身体検査（二一八条二項）
② 「逮捕の現場」での検証（二二〇条一項二号）
③ 実況見分
(4) 身体の検査
① 検証としての身体検査
特別の令状（身体検査令状）の必要　二一八条一項後段
適当と認める条件　二一八条五項
正当な理由なく拒絶したばあい
二二二条一項一三七条　過料・費用賠償（間接強制）
〃　一三八条　罰金・拘留（　〃　）
〃　一三九条　直接強制
身体に関する捜索との限界
② 鑑定としての身体検査
鑑定の嘱託　二二三条一項
裁判官の令状にもとづき強制処分 ｛鑑定留置（一六七条）
身体の検査等（一六八条）｝——可
正当な理由なく拒んだ場合
直接強制——許されない ｛二二五条四項が一七二条を準用せず
一六八条六項は一三九条を準用せず
③ 血液の採取
i) 身体検査令状によるべきとする説
ii) 鑑定処分許可状によるべきとする説
iii) (i)(ii)を併用する説（通説）
④ 尿の採取
とくに強制採尿
最決昭五五・一〇・二三

医師等によって行われる限り健康上格別の障害なし
屈辱感等の精神的打撃は、検証の方法としての身体
検査と同程度
(要件)被疑事件の重大性、嫌疑の存在、証拠の重要
性と取得の必要性、適当な代替手段の不存
在
(法律上の手続)捜索・差押令状(但し二一八条五項
を準用)
(批判)身体の秘部に対し積極的に侵入
人の基本的生命活動に属する採尿を人為的に操作——
違法——(井上正仁)体腔検査に比しても屈辱感大
立法府の解決すべきこと
捜索・差押＝「物」の占有取得を目的とする処分
——……重大な疑問
尿——生体の一部
採尿令状による連行
最決平六・九・一六

三　その他の諸問題

(1) 写真撮影——捜査目的での——
任意捜査か強制捜査か
二一八条二項以外は法律上の条文なしに写真撮影は許されないか
i) 容ぼう等を撮影されない合理的期待権がない状況なら
犯罪と関係ある状況の撮影→任意捜査(佐藤)
ii) 一九七条一項但書の強制処分でないが、新しいパターンの強制処分としてコントロールの必要(田宮)
最判昭四四・一二・二四
国家に対するものとしてみだりに容ぼう等を撮影されない
権利＝実質的に肖像権の承認(重要)
令状なしに写真撮影できるための条件
現行犯的情況の存在
証拠保全の必要性、緊急性
方法の相当性
捜索差押の際の写真撮影
名古屋地決昭五四・三・三〇
最決平二・六・二七

(2) 盗　聴
・ワイヤータッピング
・バッギング
1. 電話盗聴
検討点 ① 通信の秘密、プライバシーの侵害
② 任意処分か、強制処分か
③ 憲法三一条の規制か
憲法三五条の規制か
④ 強制処分法定主義との関係
ⓐ 条文がないので不可
ⓑ 検証許可状による傍受は可
ⓒ 立法による方向を追求する動向
2. 検証許可状による電話傍受
最決平一一・一二・一六
・多数意見
・反対意見
3. 犯罪捜査のための通信傍受に関する法律
・その内容の概略
・この法律に対する評価
4. 会話の一方当事者の同意のばあい(同意盗聴、当事者録音)
① 任意捜査説(土本)
→批判
相手方の反対の予想される場合に拒絶の機会を与えず
相手方のプライバシイの権利・利益を奪う

— 強制処分

② 憲法との関係

i) 憲法三五条の「押収」にあたり、同条のコントロール（平野、光藤、渥美）

ii) 憲法三一条のコントロール（田宮）

iii) 憲法二一条のコントロール（松本、阪村）

新たな法律なしに盗聴は許されるか

否定――通説

許容説――渥美（但し令状（差押令状または検証令状）は必要）

覚せい剤事犯で「検証」令状による電話盗聴の実例

→ 批判

③ 会話の一方当事者の同意のあるばあい（同意盗聴、当事者録音）

許容説――相手方から会話内容がもれることは通常忍受すべき危険

→（疑問）

限定説――{一方で　秘密録音をする正当な理由／他方で　会話がプライバシイを期待しえない状況}（井上正仁）

逆探知

判例　最決昭五六・一一・二〇

一　物の押収・捜索

1　令状による差押と捜索――とくに令状主義について――

住居等の不可侵は、基本的人権の一つです。憲法は、「住居、書類及び所持品について、侵入、捜索及び押収を受けることのない権利」を認め、それは「権限を有する司法官憲」が「正当な理由に基いて」発し、且つ「捜索する場所及び押収する物を明示する」令状によらなければ侵されない、としました（憲三五条）。住居等に化体された個人のプライバシーを憲法がいかに重要視しているかが窺われます。これをうけて刑訴二一八条一項は、捜査機関が差押、捜索及び検証をするためには「裁判官の発する令状」によらねばならぬことを定め、二一九条一項は、その令状には「罪名」「差し押えるべき物」「捜索すべき場所、身体若しくは物」等を記載することを要件としました。

(1)　令状主義の内容

ここには、次の三つの重要な原則が示されています。**令状主義**の内容といってよいでしょう。

①　捜索・押収は、それを正当とすべき相当な理由がない限り認められない、ということです。捜索に必要な相当な理由とは、証拠物又は没収すべき物と思料するもの（九九条）が特定の場所に隠されていると分別のある者が信ずるに足りる資料（情報）が存在していることです。被疑者の住居等の捜索のばあいには、そこを捜索すれば被疑事実に関する証拠が得られる蓋然性が高いと考えられるでしょう。ただし、その前提として被疑事実の存在が一応認められねばなりません。そこで捜査機関が捜索差押令状を請求するには被疑者が罪を犯したと思料されるべき資料を裁判官に提供しなければなりません（規一五六条一項）。その結果が二一九条の「罪名」の記載になるでしょう。もっとも最高裁は憲法三五条は「…その令状が正当な理由に基いて発せられたことを明示することまでは要求していないもの

と解すべきである。されば、捜索差押許可状に被疑事実の罪名を、適用法条を示して記載することは憲法の要求するところでな」いとしました（最決昭三三・七・二九刑集一二巻一二号二七七六頁）。

被疑者以外の者の住居等の捜索のための令状を請求するには、捜査機関は、「差し押えるべき物の存在を認めるに足りる状況があることを認めるべき資料を提供しなければな」りません（規一五六条三項）。

② 捜索すべき場所と押収すべき物のいずれもが特定していなければなりません（**一般令状の禁止**）。たとい令状が出ていても、警察官等の執行機関が手あたり次第に住居等を捜索し、発見された物なら何でも差し押えできるというのであれば、住居等のプライバシーの保護は画餅に帰するからです。

もっとも最高裁判例は、差し押えるべき物として「会議議事録、斗争日誌、指令、通達類、連絡文書、報告書、メモその他の本件に関係ありと思料せられる一切の文書及び物件」との記載は、押収すべき物の特定に欠くるところはない、としました（最決昭三三・七・二九刑集一二巻一二号二七七六頁）。即ち「本件に関係ありと思料される一切の文書及び物件」という記載は一般令状の禁止に触れるではないか、との主張に対し、その部分は、その前に「会議議事録、斗争日誌、指令、通達類、連絡文書、報告書、メモ」と記載された具体的な例示に附加されたものであって、(i)許可状に記載された地方公務員法違反被疑事件に関係があり、(ii)且つ右例示の物件に準じられるような闘争関係の文書、物件を指すことが明らかであるから、物の明示に欠くるところがあるということもできない、というのです。(ii)の点は首肯できるように思われます。というのは、まず身体を拘束して供述を求めるという捜査方法よりも「物から人へ」の捜査方法の方が捜査の弾劾化のためによいのですが、他方捜査の初めには証拠物がどんな状態で存在しているか明確でない場合もあります。そのばあい差し押えるべき物を完全に列挙して記載することを要求するには無理があります。したがってこのような場合に、できる限り具体的な物件を例示しその例示に準じるような物件という意味で「その他本件に関係ある文書、物件」という記載方法（縦のしぼり）をとることはあながち否定できません。しかし、それだけでは足りません。「本件に関係ある」という限定（横のしぼり）が必要です。この（ⅰの）点で、右最高裁判例は説得力を欠くといわねばなりません。というのはその事案では「罪名」は「地方公務員法違反」と記載されているだけだからです。地方公務員法にはいくつもの罰則があり、一体そのうちのどの罪にあたるかがはっきりして、即ち本件がはっきりしてはじめて、「本件に関係ある」文書、物件が限定されるからです。また罪名の記載には、被疑事件を特定して（捜索・差押が）他の事件に流用されることを防止する趣旨もある（田宮裕『捜査総説』総合判例研究叢書⒃二五二頁）のですから、特別法違反についても罰条を記載するのが妥当でしょう。

③　一般に——憲法三三条の場合の例外はあるが——、捜索・押収が正当であるためには、権限ある司法官憲（裁判官）から捜索・押収を承認されることを要します。すなわち正当な捜索・押収とは、裁判官があらかじめ理由あるものとして許可し、かつその場所及び目的物を特定しその範囲を確定した捜索・押収をいいます。

ところで裁判官は捜索・押収の理由のほかに**捜索・差押の必要性**も判断することができるか、が問題となります。捜索・差押令状は裁判官の命令状だと考える見解（平野）からすれば、命令権者である裁判官が理由と同時に必要性についても判断できるのは当然ということになりましょう。

これに対し、逮捕状のばあいと異なり、証拠を探し、提出するのは当事者の役割だと考える方がより弾劾的捜査観にマッチするので、捜索・差押令状はむしろ許可状と考える方がよい。裁判官が捜索・差押の必要性を判断しうるかどうかは令状の性格の如何によるのではなく、令状主義による司法的抑制をどの程度徹底させるかによるという見解が対置されています（田宮・基礎知識三九頁）。したがって許可状と考えても裁判官は捜索・差押の必要性を判断できると考えるのです。

通説は、従来から捜索・差押令状は許可状と考えてきています。令状発付にあたって、逮捕状についての一九九条二項但書（及び規一四三条の三）のような必要性判断の規定がありません。また逮捕状請求のばあい（規一四三条）と異なって、捜索・差押令状の請求にあたって捜査機関は捜索・差押の必要を認めるべき資料を提供しなければならないとする規定もありません（規一五六条参照）。このようにみると、捜索・差押令状の発付にあたってその必要性を裁判官は判断できないかにみえます。しかし、たとい許可状説をとっても、その証拠の重要性もさほどなく、他の証拠で十分であるというような場合にも、住居等のプライバシイを侵害することを裁判官が抑制できないとするならそれは憲法三五条の趣旨を没却するでしょう。

この点最高裁は、準抗告審裁判所の判断権についてですが、次のとおり判示し、裁判官に必要性の判断権を認めました（最決昭四四・三・一八刑集二三巻三号一五三頁）。すなわち「刑訴二一八条一項によると、検察官もしくは検察事務官または司法警察職員は、『犯罪の捜査をするについて必要があるとき』に差押をすることができるのであるから、検察官等のした差押に関する処分に対して、同法四三〇条の規定により不服の申立を受けた裁判所は、差押の必要性の有無についても審査することができるものと解するのが相当である」と。右の判旨はそのまま令状請求をうけた裁判官にも妥当します。ついで決定は、「…差押は『証拠物または没収すべき物と思料するもの』について行なわれることは、刑訴法二二二条一項により準用される同法九九条一項に規定するところであり、差押物が証拠物または没収すべき物と思料されるものである場合においては、差押の必要性が認められることが多いであろう」と述べたのち、「しかし、差押物が右のような物である場合であっても、犯罪の態様、軽重、差押物の証拠としての価値、重要性、差押物が隠滅毀損されるおそれの有無、差押によって受ける被差押者の不利益の程度その他諸般の事情に照らし明らかに差押の必要がないと認められるときにまで、差押を是認しなければならない理由はない」と述べて、差押の必要性の判断基準も明らかにしました。逮捕の場合とくらべ必要性の判断にあたって考慮すべき事項にちがいがある点が注意さるべきでしょう。差押は第三者の物にも及びうるのですから、差押によって被差押者のこうむる不利益の程度が考慮に入れられるべきことがよりつよく妥当するわけです。

将来発生が予想される犯罪事実について令状を発付することの可否

本文1(1)①で述べたように、強制処分を認める令状は、被疑事実（すなわち過去の犯罪事実の嫌疑）を理由に発せられるので将来発生のおそれのある犯罪を理由に発せられるものではない、と考えるのが、従来の通説であったと思われます。ところが最近、電話通信の傍受を視野に入れて、将来発生が予想される犯罪事実についても、強制処分のための令状の発付を否定すべきでないという見解が唱えられはじめました。そこで、大まかに、消極説・積極説を整理し、論点の所在を示しておきましょう。

まず、**消極説**ですが、次のようにいいます。

①将来行われる犯罪行為については、いかに犯罪の発生が確実と思われる場合でも、不確実な要素があるので、その発生を見越して予め捜索・差押・検証等の強制処分の令状を発付することはできない（村瀬均・令状基本上三三五頁）

②予測の域を出ない将来の犯罪事実を具体的に特定しうるか疑問があり、犯罪事実と関係付けてはじめて差押や検証の目的物の特定が可能となるようなばあい、それらの特定が不十分となり、ひいて捜索も一般探索的なものとなる。

③刑訴規則一五五条一項四号が罪名及び犯罪事実の要旨を令状請求書の必要的記載事項としていること、ことに規則一五六条一項は、捜索差押令状、検証令状を請求するには「被疑者又は被告人が罪を犯したと思料されるべき資料を提供しなければならない」として、過去形をもって表現していること（村瀬・前掲書三五頁）

④仮に、犯罪の発生前でも司法警察上の作用があることを認めるとしても、令状の執行という強制処分を利用することは、許されない。犯罪の発生を確認してはじめて令状は執行されることを条件として令状を発付することも、その確認は捜査機関に委ねられることとなり、令状の司法的（抑制）機能を弱体化する点で疑問がある（村瀬・前掲書三七頁）。

これに対し、**積極説**は次のようにいいます。

①′過去に犯罪があったという推認が正しいものである蓋然性とこれから犯罪が行われるという予測が正しいものである蓋然性との間には、これから行われる犯罪についての令状の発付をおよそ禁止しなければならないような質的な差はない（古田佑紀・判タ五二八号五四頁、辻裕教・研修五八二号二九頁）。

②′過去の犯罪事実についても、ある程度犯罪事実を概括的に特定するほかない場合もあるのであって、これから犯罪が

行われることが確実なばあいには、それと同程度かそれ以上に犯罪事実を特定することができる。そのように犯罪事実が特定されれば差押えるべき物も特定することができる（井上正仁『捜査手段としての通信・会話の傍受』四六頁、辻・前掲二九頁）。

③′刑訴規則（一五六条一項）の定める令状請求の方式は、通常の場合を念頭においたもので、例外的にこれと異なる方式による疎明資料の提供があった場合、これによっても令状発付の要件が判断できる限り、直ちに不適法として退けるべきではない（長沼範良・刑法雑誌三六巻三号四二八頁）。

④′犯罪の防止等を直接の目的とする行政警察作用でなくて犯罪の捜査としても、具体的事案において、犯罪発生の確実性及び証拠保全の高度の必要性が認められるときには、犯罪発生前であっても、強制処分が認められるばあいがある（辻・前掲三二頁）

このように消極・積極両論を対比して考察した場合、過去の犯罪の解明についての蓋然性と、将来犯罪がおこるかもしれない蓋然性とは、やはり質的に差があるのであって、起こるか起こらないかがつきつめれば起こってみないと分らない「将来の犯罪」に、人のプライバシーの重大な侵害の許容をかからしめることに、私としては躊躇を覚えざるをえません。これに対しテレビカメラによる監視を適法とした東京高判昭六三・四・一判時一二七八号一五二頁（百選〔八版〕二二頁〔上垣猛〕）を挙げる向きもありますが、その事案のばあいは任意捜査の範疇にあるとも考えうるので事前捜査としての強制処分許容の前例と考えるのは適当ではありますまい。また、犯罪捜査のための通信傍受に関する法律第三条の将来発生する犯罪の嫌疑を理由とする電話傍受の許容規定は、上記積極説の具体的例証とみるべきではなくて、電話傍受の場合に限定して全く新たに創設されたものと考えるべきでしょう。

(2) 捜索・差押令状に関するその他の諸問題

①　郵便物等の差押　差押すなわち強制的な占有取得の対象となるのは証拠物又は没収すべき物と思料するものに限られます（二二二条一項、九九条）。ところが郵便局や電信電話会社などの保管、所持する「郵便物又は電信に関する書類」については、それが被疑者から発せられたかまたは被疑者宛に発せられた場合には、右の要件がなくても差押えでき（一〇〇条一項）、またその他の場合は「被告事件に関係あると認めるに足りる状況」があることを条件として差押ができるとされています（一〇〇条二項）。それは正当な理由に基づかない差押であり憲法に違反しないかという疑問が生じます。

これについては郵便物は性質上開披しなければ証拠物かどうか判明しないから「証拠物」又は「没収すべき物」という要件を緩和したのだと説明されています（平野・一一二頁、松尾・上六七頁）。したがって、被疑者発または被疑者宛の場合も、被疑事件に関係がないことが明らかなものを除外するのは当然（松尾・上六七頁）といえましょう。実務上はさらに、自ら絞りをかけて証拠物または没収すべき物が含まれていると思料される郵便物に限り、差押令状の請求がなされているといってよいといわれます（藤原寛・捜査法入門一八三頁）。郵便物等の差押をしたときは、原則として、発信人又は受信人に通知しなければなりません（一〇〇条三項）。

なお、郵便物等の差押については、通信の秘密（憲二一条二項）との関係上、郵便局等の捜索は許されず、捜索に相当する調査選び出しの操作は、通信の秘密保持の職責を有する郵便局等の職員がこれを行うべきものと解されます（藤原・前掲一八二頁）。

② 捜索・押収の範囲　(1)の②で述べた一般令状の禁止の趣旨は、一般的探索により住居等のプライバシーを侵害することを厳に禁止することを狙いとしているのです。したがって、令状記載の上で「差し押えるべき物」が特定していなければならないだけでなく、捜査官が令状により捜索・差押することができる場所又は物件は、当該令状に「捜索すべき場所」及び「差し押さえるべき物」として明示された場所及び物件に限られなければなりません。その他の場所又は物件は、裁判官の司法審査を受けていないことからもそういえます（(1)③参照）。同時に令状は正当な理由に基づいてのみ発せられることができるのですから（(1)①）、特定の被疑事実に関する場所又は物件についてのみその発付が許されるといわねばなりません。そしてこの特定の被疑事実に関するということが差押可能な物件の範囲を画すると考えられます。「差し押えるべき物」がいくらか概括的に記載されている場合には、差押えの実施にあたってこのことがとくによく配慮されねばなりません。

ところで、暴力団O組の若者頭補佐である被疑者Xが、Yと共謀の上、拳銃をつきつけてAから現金一〇〇〇万円を喝取したという被疑事件で、差押の目的物として「本件に関係ある、一、暴力団を標章する状、バッチ、メモ等、二、拳銃、ハトロン紙包の現金、三、銃砲刀剣類等」と記載された差押令状が発せられた事案があります。この捜索差押令状の執行中捜査機関は、被疑者らが賭博場を開帳した際の張客等の名前及び寺銭関係等の計算関係を記載したメモ八枚を含むメモ一九六枚を差し押え、それに基づきのちに同組のZが賭博場開帳図利・賭博の罪で起訴されました。このZの事件で、第二審裁判所は右のメモ八枚は賭博特有のメモであることが一見して明らかであり、恐喝被疑事件に関係あるものとはとうてい認められず、また、令状記載の「暴力団を標章する状、バッチ、メモ等」に該当するものとも考えられないので、その差押は令状に記載されていない物に対してなされた違法なものといわざるをえない、としました。

ところが最判昭五一・一一・一八判時八三七号一〇四頁（百選〔八版〕五二頁（的場純男））は、右の令状記載の〔一〕、はO組の性格、Xらと同組との関係、事件の組織的背景などを解明するために必要な証拠として掲げられたものと認められるし、そして賭博のメモによりXとO組との関係を知りうるばかりでなく、O組の組織内容と暴力団的性格を知ることができるので、右賭博メモは恐喝事件の差押許可状記載の差押の目的物にあると解するのが相当である、としました。

さらに、このように差押令状に明示された物（注―最高裁はそう考えた）であっても、「捜査機関が専ら別罪の証拠に利用する目的で差押え許可状に明示された物を差し押えること」も憲法三五条一項、刑訴二一八条一項、二一九条一項に反することになるが、差し押えられた賭博メモは別罪である賭博被疑事件の直接の証拠になりうるとしても、同時に恐喝被疑事件の証拠ともなりうるのだから、その点の違法のかどもない、としました。

さきにも述べたように差押ができるものは当該事件に関するものに限られます。そして被疑事実に関するものであれば、直接証拠だけでなく間接証拠でもよいと考えられます。だが被疑事実の真相を明らかにするのに必要もしくは役立つと考えられる資料であればどこ迄も拡張されてよいのでしょうか。動機等の犯罪行為に直接関係する情状証拠までは許されるでしょうが、背景に関する証拠も被疑事実に関する証拠に広くとり込むことは、差し押えるべき物の範囲を不必要に拡大し、且つ不明確さを増大し、ひいては差押物の明示の要求からますます遠ざかることにならざるをえません。一旦背景立証に関する証拠として暴力団を標章するバッチ、メモ等に広げた差押物の解釈はついに、他の犯罪の証拠物をも取り込む解釈へと広がったのが、右の最高裁判例であったように思われます。

＊別件捜索・差押

本文中の最高裁の定義即ち「捜査機関が専ら別罪の証拠に利用する目的で差押許可状に明示された物を差し押えること」というのは、狭すぎよう。実際には、本件についての証拠を捜索、差し押える目的で、別件（別罪）について捜索・差押令状を発付してもらいその捜索の過程で発見した、本件の証拠を、任意提出を受けて領置したり（広島高判昭五六・一一・二六百選〔八版〕六四頁（洲見光男）、札幌高判平一・五・九判時一三二四号一五六頁）、狙いの法禁物を発見した場合に、被疑者を現行犯逮捕し、物を差し押える方策として、別件捜索が行われる場合（別件逮捕状の執行に伴う捜索を利用して覚醒剤を差押えた事例としては札幌高判五八・一二・二六百選〔六版〕五六頁）がむしろ多いのではないでしょうか。このように考えると「別件捜索・差押えとは、本件についての証拠を収集・発見する目的で、捜索差押えの理由乃至必要性を欠くか、それが乏しい事件の捜索、差押えの手続をとること」（三井誠『刑事訴訟法(1)〔新版〕』四七頁参照）と広く定義しておくのがよいでしょう。このような別件捜索・差押えは、令状（逮捕状も含む）発付及びその執行を、本来の目的から逸脱して、裁判官に明示的に主張されておらず、司法審査を経ていない他事件（本件）の証拠収集に利用する点に、令状主義の潜脱の違法があることになります（梶田英雄『小野慶二判事退官記念論文集』九三頁、その他島伸一『捜査・差押の理論』一九一頁以下、酒巻匡「いわゆる別件捜索・差押について(一)」神戸法学雑誌四三巻三号六一五頁以下、なお、平良木登規男『捜査法』二五七頁以下参照）。

③　フロッピーディスクの差押え

コンピューターに入力されている電磁的記録（無体情報）それ自体は有体物ではないので差押の対象とはなりません。もっとも、電磁的記録媒体は有体物ですので差押えは可能です。しかし、フロッピーディスク等には、多量の情報が収納されており、かつ、そのままでは記録内容が可視性、可読性を有しないので、差押対象物としての特定に困難が生じます。すなわち、フロッピーディスク等は令状に「本件に関連のある……」という形で表示されるのが普通なので、令状に記載されたものに当るかどうかを判断するため、被疑事実との関連性を確認する必要が生じるが、それが困難なのです。フロッピーディスクのラベルや、コンピューター使用者の説明により、右の点が確認できれば、当該フロッピーディスクを差し押えればよろしい（安冨潔『刑事手続とコンピューター犯罪』一四六頁参照）。そうでない場合、ⓐ被処分者又はコンピューター操作に精通した者にプリントアウトするよう求めるのが一つの方法でしょう。これはあくまで相手方の協力を求めるのだから、相手方がこれを拒否すれば実行不可能です。ⓑ捜査官が自ら被処分者のコンピューターを使用して電磁情報をプリントアウトする方法があります（これは二二二条一項で準用される一一一条一項の「必要な処分」として許されるというのが、小川新二・新実例Ⅰ二五七頁）。しかし、当該コンピューターに通じていないと困難でしょう。ともあれ、ⓐ又はⓑにより、被疑事件との関連性を判断すべく、捜査官は努めねばなりません（白取・一一六頁）。

それにもかかわらず関連性ありと判断できない場合、どうするかが問われます。

まず大阪高判平三・一一・六判タ七九六号二六四頁（百選〔七版〕五四頁〔小津博司〕）があります。この事案で、捜査機関はある団体の活動拠点を捜査し、フロッピーディスクの内容が被疑事実と関連するか否かを確認することなく、その場にあった二七一枚全部のパソコン用フロッピーディスクを差押えました。その適法性について、次のように判示されました。

> (1)捜査機関による差押は、そのままでは、記録内容が可視性・可読性を有しないフロッピーディスクを対象とする場合であっても、被疑事実との関連性の有無を確認しないで一般探索的に広範囲にこれを行うことは、令状主義の趣旨に照らし、原則的には許されず、捜索差押の現場で被疑事実との関連性がないものを選別することが被押収者側の協力等により容易であるならば、これらは差押対象から除外すべきであると解するのが相当である。(2)しかし、①その場に存在するフロッピーディスクの一部に被疑事実に関連する記載が含まれていると疑うに足りる合理的な理由があり、かつ、②捜索差押の現場で被疑事実との関連性がないものを選別することが容易でなく、③選別に長時間を費やす間に、被押収者側から罪証隠滅をされる虞れがあるようなときには、全部のフロッピーディスクを包括的に差し押さえることもやむを得ない措置として許容されると解すべきである（番号は筆者）。

やがて、最決平一〇・五・一刑集五二巻四号二七五頁（百選〔八版〕五四頁〔村瀬均〕）は、電磁的公正証書原本不実記録・同供用被疑事実に関し、差し押えるべき物を「組織的犯行であることを明らかにするための磁気記録テープ、光磁気ディスク、フロッピーディスク、パソコン一式」等として発付された令状に基づいて捜索し、捜索の現場で内容を確認することなくパソコン一台、フロッピーディスク合計一〇八枚を差し押えた事案について、次の如く判示しました。

…差し押えられたパソコン、フロッピーディスク等は、本件の組織的背景や組織的関与を裏付ける情報等が記録されている蓋然性が高いと認められた上、申立人らが記録された情報を瞬時に消去するコンピューターソフトを開発しているとの情報もあったことから、捜索差押えの現場で内容を確認することなく差し押えられたものである。…令状により差し押えようとするパソコン、フロッピーディスク等の中に被疑事実に関する情報が記録されている蓋然性が認められる場合において、そのような情報が実際に記録されているかをその場で確認していたのでは記録された情報を損壊される危険があるときは、内容を確認することなしに右パソコン、フロッピーディスク等を差し押えることが許されるものと解される。

最高裁決定ももとより大阪高判の判示(1)の部分（一般探索的捜索差押えの禁止）を前提とし、止むを得ない事情のため、捜索の現場で、被疑事件との関連性を調査し選別することが著しく困難な場合に限って、例外的にフロッピーディスクの差押え認めたものと解さねばなりません。被処分者側が情報を瞬時に消去するコンピューターソフトを利用する蓋然性があれば、例外的にフロッピーディスクの差押えを認めてよいでしょう。それにしても、犯罪の背景的事情の捜査の必要が情報収容量のきわめて大きいパソコン本体の包括的差押えまで許容するものかどうかは、今後とも慎重な検討を要するでしょう（なお、コンピューターに関連しての捜索・差押・検証等について詳しい研究として安冨潔『ハイテク犯罪と刑事手続』一九頁以下があります）。

なお、この法的性質は「差押」ないし「押収」ではなく、あくまでディスクの捜索・差押に「必要な処分」が対象物件の性質上続行しているものと理解しなければならない、とする見解があります（酒巻匡・刑法雑誌三六巻三号四五三頁）。しかし、国家機関による「占有の取得」は「差押」にほかならず、そうすると〝差押のための必要な処分＝差押え〟となること、及び論者のいう「差押」はほとんどが警察署内で行われることになろうが、責任者の立会（二二二条、一一四条）などの被処分者の権利の具体的保障が示されていないことから、にわかに賛同することはできません（なお、川出敏裕・平成一〇年度重判一八三頁参照）。

④　**場所に対する令状により、その場に居合わせた者について、その身体、着衣の捜索が許されるか。**いろいろの説があるが、おおむね、⑴場所に対する捜索令状の効力は、人の身体には及ばないことを原則として認めています。その理由として、㋐刑訴二二二条一項、一〇二条が捜索の対象として「身体、物又は住居その他の場所」をあげ、身体と場所を区別していることを挙げるもの、㋑憲法三五条が一般令状を禁止した令状主義の趣旨からして、人の身体について「捜索」を許すためには、その人を令状に特定していなければならない（刑訴二一九条が捜索令状には「捜索すべき場所、身体若しくは物」を記載すべきとしたのはこの趣旨と解する）ことを挙げるもの（高田昭正・村井＝後藤編『現代令状実務二五講』六三頁、井上正仁『松尾浩也先生古稀祝賀論文集』(下)一六六頁）、㋒身体の捜索により侵害される利益（人身の自由）は、場所の捜索により侵害される利益（住居の不可侵）よりも一般的に大きいことを挙げるもの（島田仁郎・令状基本下二三二頁）があります。㋑に、㋒を加味して考えるのが妥当でしょう。

とはいえ、もともと捜索すべき場所にあった目的物件が身体乃至着衣に隠匿されたと認められまたはそのように疑うに足りる合理的理由のある場合にも、人の身体に関するがゆえに捜索できないとするのも妥当ではないでしょう。ほぼ右の合理的理由がある場合には人の身体に対する捜索を認めるのが大方の見解といってよいでしょう。これを説明するのに、(i)場所に対する捜索「令状の効力」が当然身体の捜索に及ぶとするのは、すでに⑴㋑㋒に挙げた理由からも正当化されないでしょう。(ii)場所に対する捜索を有効に遂行するための「必要な処分」（二二二条一項、一一一条一項）だとする説（百選〔七版〕四九頁（川出敏裕））も、場所に対する捜索の権限により侵害することができない身体を何故附随的処分としてなら侵害できることになるのか分らないという批判（井上・前掲一七二頁）にさらされています。結局、(iii)捜査の必要性・緊急性が高い反面、当人にとってその身体や着衣の捜索を受けることによって利益を侵害されても止むを得ない事情のある場合だからと説明する（島田・前掲一二三頁）以外にないでしょう（この点が客観的にも分ることを要求するものとして高田昭正・前掲六四頁があります）。これを、強制処分として捜索を行う権限が与えられているということは、その実施にあたって、捜索の目的達成を困難にするような事由が生じたときには、その人に対し、当該捜索を支障なく実施し、その目的を有効に達成するために合理的にみて必要かつ相当な措置をとることも、当該捜索の権限に当然含まれるものとして許されているとの考えで説明するものがあります（井上・前掲一七二頁）。しかし、その論理が妥当かどうかはなお慎重な考慮を要するでしょう。というのは、島田説では、「場所に対する令状の効力が及んでいたはずの目的物が、令状の執行の最中またはその直前にそこに居合わせた人によって隠匿され、令状の有効な執行が妨げられる」のを防止する措置を人に対してとることは、緊急止むを得ない原状回復的措置と考えるのに対して、井上説では、その場所に居合わせた者が当初から身体又は着衣に隠匿していたと疑うに足りる充分な理由があればその場合にも、身体又は着衣に対し捜索権限が及ぶということになりかねません。そこに後説の問題点があるように思われます。

東京高判平六・五・一一高刑集四七巻二号二三七頁でも、この点があいまいです。すなわち、

> 場所に対する捜索差押許可状の効力は、当該捜索すべき場所に現在する者が当該差し押さえるべき物をその着衣・身体に隠匿所持していると疑うに足りる相当な理由があり、許可状の目的とする差押を有効に実現するためにはその者の着衣・身体を捜索する必要が認められる具体的な状況の下においては、その者の着衣・身体にも及ぶ……。

さて、**⑵その他の所持品**についてはどうか。㋐居住者またはそれに準ずる地位にある者の支配に属するものである限り場所に対する捜索令状の効力が及ぶと考えてよろしい。現に携帯しているか、その場に置かれているかで差はないでしょう（田宮・一〇六頁、井上・前掲一七九頁）。㋑たまたま居合わせた第三者の所持品については、その人の身体、着衣について上述したところと同様の要件が備わる場合に限り、これを捜索することが許されます（田宮・一〇六頁、井上・前掲一八〇頁、なお、最決平六・九・八刑集四八巻六号二六三頁、島伸一・平成六年度重判一六九頁、百選〔八版〕四八頁（川村博））。

2　令状によらない差押と捜索

(1)　憲法三五条は、住居等の不可侵を保障するため、令状がなければ捜索・押収されないとしていますが、適法な逮捕に伴う場合は例外としています。これをうけて刑訴二二〇条は、検察官、検察事務官、司法警察職員が被疑者を「逮捕する場合において」必要があるときは、令状によることなく、「逮捕の現場で」捜索・差押・検証をすることを認めています（一項二号、三項）。

これがなぜ認められるかについて、ほぼ二つの考え方があります（これについては田宮・刑訴Ｉ三四九頁参照）。

一つは、(i)令状によるのが原則だという考えに基づくもので、逮捕のばあいには例外として、逮捕者の身体の安全を保護し、被逮捕者の逃亡を防止し、あわせて罪証隠滅を防止するため必要不可欠の限度で認められる、とします。この立場では令状を求める余裕のない緊急のばあいに、被逮捕者の身体及びその直接の支配下にある範囲のものについてのみ、捜索・押収が認められることになります（緊急処分説）。

いま一つは、(ii)捜索・押収は必ずしも令状による場合が原則でなく、一般的に相当な理由があるばあいに許されるが、逮捕に伴うばあいには逮捕の現場には証拠の存在する蓋然性が高いので合理的な一場合だという考えに基づくものです（相当説）。この説によると、必ずしも令状を得られない緊急の場合に限られず、また捜索・押収も、令状が発せられたら許される範囲したがって被疑事件と関連ある範囲で広く認められることになります。

アメリカ合衆国の判例では(i)が伝統的考えでしたが、一時(ii)の考えがとられたこともあります。やがて(i)に復帰しているといえるでしょう。

合衆国憲法修正第四条では明文上は必ずしも令状が要求されていないので(ii)の見解のでてくる余地がありますが、憲法三五条では令状要求がその核心となっていますので、例外を認めるにあたり限定説をとるのが妥当でしょう（平野・一一六頁、高田・三四四頁、修正第四条と憲法三五条の相違について明解なのは村井敏邦・法律時報六九巻一一号五一頁以下）。

①　逮捕に先行した捜索・差押が許されるか　刑訴二二〇条一項が「逮捕する場合において」と述べていること並びに逮捕に伴って令状なしに捜索・差押が認められる理由(i)から考えると、逮捕の着手が必要ということになります。もっとも被疑者が現在する限り逮捕の直前であってもよいが、被疑者が不在で現に逮捕する状況にないときは捜索・差押は許されない、ことになります。

最判昭三六・六・七刑集一五巻六号九一五頁は、司法警察職員の職務を行う麻薬取締官がXを麻薬不法譲渡罪の嫌疑で緊急逮捕すべくX方に赴いたところ、Xは外出不在でしたが帰宅次第逮捕する態勢のもとに、X方住居の捜索を開始し、麻薬を発見して差押え、捜索を殆ど終るころ、即ち捜索開始から二〇分程経過して、Xが帰宅したのでXを緊急逮捕した事案で、逮捕に先行するこの捜索・差押を適法としました。解明を要するのは、二二〇条一項の「逮捕する場合」と「逮捕の現場で」の意義ですが、最高裁は前者は、単なる時点よりも幅のある逮捕する際をいうのであり、後者は、場所的同一性を意味するにとどまると解するのが相当だとし、前者の場合は「逮捕との時間的接着を必要とするけれども、逮捕着手時の前後関係は、これを問わないものと解すべき」だとしました。従って「被疑者がたまたま他出不在であっても、帰宅次第緊急逮捕する態勢の下に捜索、差押がなされ、且つ、これと時間的に接着して逮捕がなされる限り、その捜索・差押は、なお緊急逮捕する場合その現場でなされたとするのを妨げるものではない」としました。この論点に限っていえば五名の裁判官が反対の意見を述べています。この事案のばあいはたまたまXが帰宅し逮捕できたから適法とされたが、Xが帰宅しなければ先行した捜索・差押が違法であることは明らかです。Xが「たまたま帰宅すれば適法」、「そうでなければ違法」というのは法解釈として妥当性を欠くでしょう。また、逮捕そのものに全く着手していないのに又は少なくとも被疑者が現在してまさに逮捕しようとしている状況ではないのに、捜索・差押が許されてよいとは、この制度の認められる理由(i)からは到底出てこないように思われます。

この事案の場合、緊急逮捕の要件は備わっていると考えられた事案（またのちに緊急逮捕状が発付されている）でした。したがって、判旨は、緊急逮捕する嫌疑もないのにまず被疑者の所持品について捜索をし、その結果緊急逮捕の嫌疑が生じた場合に、被疑者を緊急逮捕するとともに所持品を差し押えることができるとするものではありません。

② 差し押えることができる物　逮捕に伴う捜索・差押は証拠の損壊・隠滅を防ぎ、また逮捕行為を安全・確実にすることにその理由があるのですから、その対象となるのは、当該逮捕の理由となっている犯罪事実に関する物件及び兇器に限られねばなりません。前記最高裁三六年判例も捜索・差押は「当該逮捕の原由たる被疑事実に関する証拠物件を収集保全するためになされ、且つ、その目的の範囲内と認められる」べきことを当然の前提としています。逮捕のさい他の犯罪に関する証拠物が発見されても、それを差し押さえることはできません。①任意提出を求めて領置するほかありません。その見込みがないときは、②隠匿、散逸等を防止するため適切な措置をとりつつ、ただちに令状を請求すべきです（犯罪捜査規範一五四条）。③もっともたまたま発見された物が法禁物（所持自体が違法となる物）であるばあいには、所持の現行犯で逮捕したその際の差押として無令状でも適法とすることはできるでしょう。

さきにも述べたように捜査機関は捜索するために住居に立入るのではなくて被疑者を逮捕するために住居に立入り、それに付随して捜索を行うことが許されるにすぎないことを銘記せねばなりません。暴行被疑事件について逮捕状を得て被疑者の住居に逮捕に赴いた警察官が、部屋中くまなく、ぬいぐるみの犬を壊してその中まで捜索した事案について札幌高判昭五八・一二・二六判時一一一一号一四三頁のした次の判示は注目されます。すなわち「警察官らは右暴行事件による被告人の逮捕の機会を利用し、右暴行事件の逮捕、捜査に必要な範囲を越え、余罪、特に被告人又はA子（内妻―注）による覚せい剤の所持、使用等の嫌疑を裏付ける証拠の発見、収集を意図していたものと認められる」と。「別件捜索のための逮捕」の違法を明確に指摘したものです。もっとも、覚せい剤は敷いてあったフトンのすぐ傍の木箱の中から容意に発見され、被疑者を重ねて現行犯逮捕のうえ差し押えられたので、証拠排除するまでの重大な違法はないとしました。

プレイン・ビューの原則の適用の肯否　搜索の過程でたまたま他事件の証拠を発見したばあいその物の差押はできないのだろうか。田宮教授は、この場合には、アメリカのプレイン・ビュー（明認）の法理を採用する余地がないわけではないとし、その要件としては、①適法な職務執行中に、②偶然の事情で、③明白な犯罪関連物件を発見し、④それ以上の捜索を要せず直ちに差押えが可能であり、以上により、その物件についてたんなる不審事由でなく「相当な理由」が肯定されることが必要であるとされています（田宮・一〇五頁）。適法な捜索・差押令状にもとづく捜索の実施中に、発見された他の犯罪の証拠物の隠滅を防ぎこれを保全する必要性・緊急性のある場合がないとはいえませんが、強制処分につき、手続の法定—すなわち立法府による事前の制度設定—を要請する憲法三一条とそれを受けた刑訴法の強制処分法定主義から、プレイン・ビュー原則適用を肯認することはできません（同旨、松尾・上七六頁、福井・入門一四一頁、平良木登規男『捜査法』二四九頁、酒巻匡「いわゆる「緊急差押」について」内藤謙先生古稀祝賀論文集『刑事法学の現代的状況』四五三頁）。

③　**捜索をなしうる場所的限界はどうか**　適法な逮捕を完遂するに必要な範囲で同時的に捜索を行うことが許されるにすぎないという考え（緊急処分説）によれば、捜索の場所は、被疑者の身体又は被疑者の直接支配下にあると認められる場所に限られるでしょう。それに対して、二二〇条を、すでに逮捕という強力な処分が許されているうえ、被疑者の周辺からは証拠の存在する蓋然性が高いためみとめられた規定と解する（相当説）と、逮捕に伴ってある程度ゆるやかな証拠収集が許されることになるでしょう。場所的には、令状によれば許容されうる範囲で許されることになります（以上の分析につき田宮・注釈二四六頁参照）。理由(1)(i)からは、前者が妥当だということになります。したがって、被疑者方住居の一室で逮捕が行われたときは、当然に被疑者方住居全部（付属建物・敷地を含む）が、逮捕の現場であるとする一般的慣行（藤原・前掲一八七頁）は、疑問だといわねばなりません。

④　**被逮捕者の身体についての捜索は、逮捕の現場地点でなされねばならないか**　被疑者を路上で現行犯逮捕した場合にその場所で被疑者の身体について捜索をしないで自動車で、いくらか離れた警察署へ連行したのち被疑

者が携行した証拠物を差し押えるような事案で、それはなお、二二〇条一項二号にいう「逮捕の現場」といえるかという形で問題とされています。(ア)一〇・七キロ離れている場合、(イ)一キロ離れていた場合、それを違法とする裁判例があるとともに、一二〇メートル離れている場合、四〇〇メートル離れている場合に逮捕地点で捜索・差押をすることが混乱を防止し被疑者の名誉を保護するうえで適当ではないと認められるときは、警察署等への連行後の捜索・差押を適法とする裁判例があります。

警察署等への連行後の捜索・差押えを肯定する見解は、㋐被疑者の身体が移動しても、所持品等の状況に格別の変化がないこと、㋑逮捕された被疑者自身とその所持品についてなので、新たな法益侵害が生じるおそれがないこと（河村博・百選〔七版〕五八頁）、㋒身体という「現場」には実質的変更はないこと（田宮・一一一頁）などをその理由としています。しかし、法が「逮捕の『現場』で」といっている以上それから離れるためにはもっと強い理由が必要でしょう。逮捕直後には被疑者の関係人で付近が混乱し被疑者が奪還されたり、証拠物が散乱するようなおそれがあるような事情がなければならないでしょう。最決平八・一・二九刑集五〇巻一号一頁は（百選〔八版〕六〇頁〔長井圓〕）次のように判示しています。

> 逮捕現場付近の状況に照らし、被疑者の名誉等を害し、被疑者らの抵抗による混乱を生じ、又は現場付近の交通を妨げるおそれがあるといった事情のため、その場で直ちに捜索、差押えを実施することが適当でないときには、速やかに被疑者を捜索、差押えの実施に適する最寄りの場所まで連行した上、これらの処分を実施することも、同号（注―二二〇条一項二号）にいう『逮捕の現場』における捜索、差押えと同視することができ、適法な処分と解するのが相当である。

準現行犯逮捕の現場から直線で三キロメートル離れた警察署への連行後の差押えを、現場における差押えと「同視」できるだけの事情があったといえるかどうか疑問も残ります。

(2) 承諾による捜索　令状によらない捜索・差押が許されるのは(1)の場合に限られます。緊急捜索や緊急差押は認められません（松尾・上七六頁、異説―渥美・六一頁）。

承諾による捜索は、被捜索者が捜索のなんたるかを理解するとともに捜査官の申出を拒絶できることを十分に知った上で、真意に基づいて積極的に同意した場合には、認められます。しかし、人の着衣、所持品の捜索ならともかく、住居について捜索を受けることをまったく任意に承諾することなどは社会常識上考えられないだけでなく、承諾があったとしてもその承諾は何らかの強制力が加えられたからではなかろうかと疑う余地が大きい（藤原・前掲一八九頁。なお、福岡高判平五・三・八百選〔八版〕六二頁（笹倉宏紀）参照）といえます。犯罪捜査規範一〇八条は「人の住居または人の看守する邸宅、建造物もしくは船舶につき捜索をする必要があるときは、住居主または看守者の任意の承諾が得られると認められる場合においても、捜索許可状の発付を受けて捜索をしなければならない」としていますが、至当と思われます。

3　捜索・差押の実施

(1)　捜索・差押の実施に際しては、処分を受ける者に令状を示さなければなりません（二二二条一項、一一〇条）。逮捕状のばあい（二〇一条二項、七三条三項）のような緊急執行を許す規定がないので、現場に赴いた捜査員が令状を所持しないときは、いかに急速を要する場合でも捜索・差押を実施することはできません。公務所内で実施するときは公務所の長またはこれに代わるべき者に通知して立会を求めねばならないし、人の住居、人の看守する邸宅・建造物・船舶内で実施するときは、住居主・看守者、またはこれに代わるべき者等の立会を求めねばなりません（二二二条一項、一一四条）。この責任者の立会は、処分を受ける者の権利を保護するとともに手続の公正を担保するためであると解されています（佐藤道夫・注釈㈠四一七頁）。被疑者及びその弁護人の立会権は認められていません（二二二条一項は、裁判所が公判廷外で行う捜索・差押に被告人及びその弁護人の立会権を認めた一一三条の規定の準用を除外しています）。逆に捜査上必要があるときは、被疑者を立ち会わせることができます（二二二条六項）。但し、強制することはできません。

日出前・日没後に捜索・差押のため、人の住居等に立入って、執行に着手することは、令状にこれを許す旨の記載がない限り許されません（二二二条三項、一一六条。但し一一七条の例外があります）。

令状呈示前の立入り

近時、薬物の捜索・差押事例において、対象物の隠滅が容易なことを理由として、警察官が在宅の被疑者に気取られないように、あるいは合鍵を用い（大阪高判平五・一〇・七判時一四九七号一三四頁、東京高判平八・三・五高刑集四九巻一号四三頁）、あるいは宅急便を装って開扉させることにより（大阪高判平六・四・二〇高刑集四七巻一号一頁、百選〔七版〕五〇頁〔山室恵〕）、まず直接当該家宅に立入ったのち、令状を呈示・執行するという事例が、散見されるようになりました。なお、最決平一四・一〇・四刑集五六巻八号五〇七頁（百選〔八版〕五〇頁〔加藤克佳〕）参照。

裁判例では、「捜索・差押えの実効を確保するために必要であり、その手段方法も社会通念上相当な範囲内にある」から「令状執行のため**必要な処分**として許容される」として、根拠規定として刑訴一一一条一項を引くものが多いでしょう。

これに対し、呈示後に適用があるはずの刑訴一一一条一項の「必要な処分」の問題とせず、令状の**事前呈示原則の緊急例外**として、例外事由の存在の高度の蓋然性が積極的に示されたときにのみ例外として認めるべきだとする説（松代剛代「捜索差押令状執行に伴う家宅立入」法学六二巻六号二七一頁）がありますが、この方が妥当と思われます。

(2)　実施後の措置として次のものがあります。捜索機関は、捜索をしたが証拠物も没収すべきものも発見することができなかったときは、捜索を受けた者の請求があれば、その旨の証明書（捜索証明書）を交付しなければなりません（二二二条一項、一一九条）。逮捕の現場において捜索令状によらないで捜索を受けた者も請求できます。差押をしたときは、その目録（押収目録）を作り、所有者、所持者若しくは保管者またはこれらの者に代るべき者に交付しなければなりません（二二二条一項、一二〇条）。

なお、法は、差し押えた物の保管・廃棄・売却・還付・仮還付および贓物の被害者還付について規定を設けています（二二二条一項、一二一条―一二四条）。

(3)　**押収拒絶権**　捜査機関が令状により差押を実施しようとしても、その差押が許されないばあいがあります。公務上又は業務上の秘密に関する押収拒絶権の行使がそれです。

①　**公務上の秘密に関する押収拒絶権**　公務員又は公務員であった者が保管し、又は所持する物について、本

人又は当該公務所から職務上の秘密に関するものであることを申し立てたときは、当該監督官庁の承諾がなければ押収することができません。もっとも監督官庁は国の重大な利益を害する場合を除いては、承諾を拒むことはできません（二二二条一項、一〇三条、なお国会議員及び国務大臣等の場合については一〇四条）。捜査による事実解明の利益よりも国の重大な利益に関する秘密の保護を優先させようとする趣旨です。

②　**業務上の秘密に関する押収拒絶権**　医師、歯科医師、助産婦、看護婦、弁護士、弁理士、公証人、宗教の職にある者又はこれらの職にあたった者は、業務上委託を受けたため保管し、又は所持する物で、他人の秘密に関するものについては、押収を拒むことができます（二二二条一項、一〇五条）。他人の秘密を取扱う機会の多い業務に従事して居る者に対し、秘密の保持を認め、これらの業務を利用する社会一般の業務に対する信頼を保護しようとするものです（松尾・上七〇頁）。但し、本人すなわち委託者が承諾を与えた場合や、押収拒絶が被疑者のためのみにする権利の濫用と認められる場合（本人にとって秘密とする利益がないのに、もっぱら被疑者の利益のため、本人と業務者とが意思を通じて証拠物の押収を拒む場合をいいます）には、押収を拒絶することはできません（一〇五条但書）。但し被疑者が同時に秘密の主体であるときは、この但書は適用されません。押収拒絶権を有する者は右に列挙された者に限るというのが通説です（団藤・条解二〇九頁）。したがって公認会計士や税理士はもとより刑法一三四条に規定される薬剤師、薬種商などもこの押収拒絶権をもちません（栗原宏武・捜査法入門二一一頁）。ニュースソースの秘匿を主張する報道関係者については、当然に刑訴法上押収拒絶権があるというのではなく、憲法二一条により取材の自由も十分尊重に値することに鑑み、具体的な場面にあたって、右の自由と刑事手続における事実発見の利益を比較考量して個々的に、押収拒絶の是非を決すべきでしょう（同旨か、栗原・前掲二一一頁、条解一七〇頁。最決平二・七・九刑集四四巻四二一頁、百選（八版）四六頁（白取祐司）参照。なお、提出命令と報道の自由に関するものであるが、最決昭四四・一一・二六刑集二三巻一一号一四九〇頁参照）。

二　検　証

(1)　検証とは、実質的には主体のいかんを問わず場所・物又は人の身体を客体として、その状態を五官の作用によって感得する処分をいいますが、刑訴法上の概念としては、裁判機関又は捜査機関が主体となって、これを強制処分として行う場合のみを指します（井垣康弘・捜査法入門二二八頁）。検証の対象の点からいうと、犯罪の現場の状況を見分すること等は場所に対する検証であり、兇器や死体の検査等は物に対する検証であり、人の容貌・体格を見分し、身長・体重測定し、傷口等を検査すること等は人の身体に対する検証です（井垣・前掲二二九頁）。人の身体に対する検証については、これをとくに**身体検査**といいます。

(2)　**令状による検証**　検察官・検察事務官または司法警察職員は、犯罪の捜査をするについて必要があるときは、裁判官の発する令状により、検証をすることができます（二一八条一項前段）。この場合、身体検査は身体検査令状によらなければなりません（同項後段。これについて別に述べます）。令状の請求権者は、捜索・差押令状の請求の場合と同様、捜査機関のうち司法巡査を除いたものです。令状を請求するにあたっては被疑者等が「罪を犯したと思料されるべき資料」を提供せねばなりません（規一五六条一項）。犯罪の捜査のため必要があるとの要件は、事実発見のため必要があり（一二八条参照）、しかも、強制処分として行う必要があるという趣旨です（井垣・前掲二三二頁）。

検証の実施にあたって、処分を受ける者に検証令状を示さねばならないこと、責任者の立会の必要なこと、被疑者の立会を求めることができること、実施中の出入禁止など付随の処分ができることも、捜索・差押のばあいと同じです（二二二条一項）。

検証については、身体の検査、死体の解剖、墳墓の発掘、物の破壊その他必要な処分をすることができます

（二二二条一項、二二九条）。右の各処分は、処分を受ける者の権利を侵害するものである以上、当該検証の目的を達するため必要最小限に限られるべきであり、その実施方法も社会通念上相当と認められるものでなければなりません。死体の解剖については、むしろ原則として医師等に鑑定の嘱託をし（二二三条）、鑑定受託者（医師）によって鑑定のための処分として行われるべきです（井垣・前掲二三四頁）。

(3) 令状によらない検証

① 被拘束被疑者の身体検査　身体の拘束を受けている被疑者については裸にしない限り令状によらないで指紋・足型の採取、身長・体重の測定又は写真の撮影を行うことができます（二一八条二項）。右の範囲の身体検査は被疑者の特定・識別のため通常必要とされるものであり、一般に身体の拘束に包摂されたものとみてよいので、あらためて裁判官の令状を必要としないとしたのでしょう。

② 「逮捕の現場」での検証（二二〇条一項二号）　被疑者を逮捕するばあい直ちに検証しないと対象物が隠滅されあるいは散逸するおそれがあり、緊急を要するので、被疑者の占有する場所又は物の検証、被疑者の身体検査が令状なしにみとめられるわけです。もっとも身体の検査については、検証の一種だということで令状なしに認めることは疑問です。身体の捜索として許される限度にとどめるべきでしょう（松尾・上七九頁）。

③ 実況見分　捜査機関は、実質的意味における検証を任意処分として行うこともできます。これを実況見分といいます。実況見分には、検証と同様の処分を、ⓐ被処分者の同意・承諾を得て行う場合と、ⓑ公道上の交通事故現場における見分のように、利益を侵害される者がいないため処分を強制することにはならない場合があります（団藤・条解三四二頁）。しかしⓐのばあい、要件を欠く「検証」が実況見分の名のもとに行われる弊害も考えられます。したがって、承諾による実況見分を行うことが許されるのは、犯罪の嫌疑及び見分の必要性が令状を得られる程度に存在するばあいに、同意の権限ある者が、受けるべき処分の具体的内容を知った上で、任意に承諾した場合に限られね

ばなりません。また承諾によって甘受させられる不利益の程度が社会通念上相当と認められる範囲にとどまらねばなりません（井垣・前掲二三九頁）。とくに住居内の実況見分は、家宅捜索の場合に準じ（犯罪捜査規範一〇八条）、承諾があっても（令状がなければ）原則としてできないと解すべきでしょう。身体の検査については、所持品等身体に関する捜索の限度でのみ許されるといわねばなりません。

(4)　身体の検査

①　検証としての身体検査　検証の対象が人の身体であるときは、とくにこれを身体の検査といい、身体検査令状が必要とされます（二一八条一項。但し例外として同条二項の場合があります）。身体検査は、人の身体を捜索したうえでさらに身体に対し一定の処分を行われなければならないので、その意味ではあらゆる処分のうち最も人権を損うおそれの強い処分でしょう（井垣・前掲二四九頁）。

したがって、身体検査令状の請求に際しては、身体の検査を必要とする理由、対象者の性別及び健康状態を示さねばなりません（二一八条四項）。令状を発する裁判官は、身体検査の場所・時期を指定したり、医師の立会を要求するなど、適当と認める条件を付すことができます（二一八条五項）。実施にあたっては、身体検査を受ける者の性別、健康状態その他の事情を考慮し、特にその方法に注意し、その者の名誉を害しないように注意せねばなりません。とくに女子の身体検査については医師または成人の女子を立ち会わせなければなりません（一三一条一項、二二二条一項）。

他方、対象者が正当な理由なく身体検査を拒否したときは、過料・費用賠償（二二二条一項、一三七条）、さらには罰金・拘留（一三八条）の間接強制ないし制裁が用意されています。また拒む者を過料に処し又はこれを刑を科してもその効果がないと認めるときは、そのまま身体の検査を行うことができます（直接強制、一三九条）。

身体に関する捜索は、着衣等身につけている物の捜索を指し、身体検査は身体の状態についての検査という点で差があります。しかし体腔検査の場合を考えると、肛門を検査することも物を捜す目的なら捜索令状で行うことができるというわけではないでしょう。被処分者を全裸にして行っても、それが捜索であれば許されるというわけではないでしょう。そうすると対象者の身体の自由・安全や秘密に対する侵害の可能性というより実質的な観点からみて、対象者を裸にしたり、体腔内を検査することは、すべて「身体の検査」として裁判官の特別の令状を得て行わねばならないと考えるのが妥当でしょう（井上正仁「刑事手続における体液の強制採取」法学協会雑誌百周年記念論文集第二巻七〇九頁）。

検証としての身体検査には、上記のほか、歯並び、身体の傷跡、刺青等の検査が入るでしょう。

②　鑑定としての身体検査　捜査機関は捜査のため必要があるときは、学識経験者に鑑定を嘱託することができます（二二三条一項）。鑑定受託者が鑑定の目的を遂げるため強制処分を行う必要のある場合のあることは否定できません（井垣・前掲二四五頁）。そこで刑訴法は裁判官の発する令状により、鑑定受託者が被疑者を病院等へ留置すること（一六七条、鑑定留置）及び被疑者の身体の検査をすること等（一六八条一項）の処分を強制処分として行うことを認めています。令状の請求そのものは捜査機関が行います。鑑定受託者による身体検査にあたっては、被処分者がこれを拒む場合、過料・罰金に処す等間接強制ないし制裁の方法はとることができます（二二五条四項、一六八条六項、一三七条、一三八条）が、直接強制は許されていません（二二五条四項が準用する一六八条六項は一三九条（直接強制の規定）を準用しておらず、又二二五条四項は一七二条も準用していないので）。

③　血液の採取　血液の採取は、血液中のアルコール濃度の測定（主として交通事件）のためや、血液型の判別のために必要なことがあります。被疑者が採血に応じた場合、任意捜査として許されるでしょうか。任意捜査は通常ありえないとする見解（平場・講義三四四頁）と、医学上承認された方法により捜査目的に必要最小限の量（四ミリリットルを越えない範囲）で許されるとする見解があります。原則として、令状によるべきでしょう。

採血の方法としては、(i)これを検証の一種とみなして身体検査令状によるべきであるとする説と、(ii)鑑定処分許可状によるべきであるとする説及び(iii)両者の併用により行うべしとする説があります。(i)の説は、検証として身体検査は身体の外表の観察にとどまらず、その内部の検査も含み、そのため、身体に若干の傷をつけることも許されるという考えに立ちます。そして医師等の専門家を補助者として実施する限り、鑑定の場合に準ずる程度の検査が許されてしかるべきだといいます（渥美・八九頁、鈴木茂嗣・注解上四〇八頁）。この説によると、被疑者が拒んだ場合、二二二条一項によって準用される一三九条によって捜査官が直接強制できます。これに対しては、検証はその性質上、身体の外表かせいぜい体腔を外部から検査する程度にとどまるべきであり（谷沢忠弘・捜査法大系Ⅲ二二八頁、門馬良夫・判タ二九六号四〇九頁）、また専門知識・技術を要する事項について法律上捜査機関を主体として行う形式をとるのは不自然である（小林充・司研論集一九七八年Ⅰ八九頁）との批判があります。

(ⅱ)の説は、体液の採取はその事柄の性質上医師等の専門家によって実施されなければならないものである上、そのようにして採取された体液は通常鑑定に付されることが予定されているものであるから、鑑定のために必要な身体検査と考えるのが適切だとします（団藤・条解三〇〇頁、ポケット注釈四〇八頁、古川実・刑事裁判ノート三巻二六〇頁）。しかしこの説の難点は対象者が拒むと直接強制できないという点にあるとされます（古川・前掲二六二頁、もっとも刑訴一七二条の類推適用により可能とするもの（小林・前掲九三頁）があります）。

そういう状況のもとで、多数説は、鑑定処分許可状と身体検査令状とを併用し（ⅲの説）、被検査者が採血を拒否したため前者で目的を達しないときは、後者にもとづいて直接強制し、その機会に鑑定受託者を立ち会わせて必要な検査をさせるという解決策をとってきました（団藤・条解四三〇頁、平場・講義三五八頁）。

捜査のためどうしても採血する必要性があるばあい私は、(ⅲ)の方式によることに賛成しますが、直接強制は、採血の検証たる側面から許されていることにかんがみ、かえって外表からの検査に準じるような極めて軽微な侵襲に限られねばならぬと考えます。

④　**尿の採取**　昭和五〇年代に入り、覚せい剤事犯の激増に伴い、その証拠を収集する手段として、カテーテルを用いて強制的に尿を採取できないかが問題となりました。これについては、羞恥心を害し人間性を著しく傷つける処分だから全く許されないとする見解（岡部・判タ四二七号一〇八頁）から直接採尿を鑑定ないし検証としての身体検査に属す

るものとし、処分の性質上直接強制は許されないとする見解、相当性をこえるとして許されないとする見解があった一方（原田國夫・警察学論集二七巻五号三一頁、谷沢・捜査法体系Ⅲ二三五頁、亀山・注釈Ⅰ四八七頁、熊本・争点八八頁）、覚せい剤事犯の解決の緊急的必要性を強調し、やむをえない最終的手段としてこれを肯定する見解までありました（澤新・法律のひろば三三巻五号二二頁、鈴木義男・研修三七五号五四頁）。肯定する下級裁判例は、血液の採取のばあいと同様、鑑定処分許可状と身体検査令状の併用説に立っていました。そういう中で、最決昭五五・一〇・二三刑集三四巻五号三〇〇頁は次のように述べて**強制採尿**を肯定しました。すなわちかかる強制採尿は、「身体に対する侵入行為であるとともに屈辱感等の精神的打撃を与える行為であるが、……医師等これに習熟した技能者によって適切に行われる限り、身体上ないし健康上格別の障害をもたらす危険性は比較的乏しく、仮に障害を起こすことがあっても軽微なものにすぎないと考えられるし、また、右強制採尿が被疑者に与える屈辱感等の精神的打撃は、検証の方法としての身体検査においても同程度の場合がありうるのであるから、被疑者に対する右のような方法による強制採尿が捜査手続上の強制処分として絶対に許されないとすべき理由はな」いとし、要件として「被疑事件の重大性、嫌疑の存在、当該証拠の重要性とその取得の必要性、適当な代替手段の不存在等の事情に照らし、犯罪の捜査上真にやむをえないと認められる場合には、最終的手段として、適切な法律上の手続を経てこれを行うことも許され」るとしました。

法律上の手続については次のように述べています。すなわち「体内に存在する尿を犯罪の証拠物として強制的に採取する行為は捜索・差押の性質を有するものとみるべきであるから、捜査機関がこれを実施するには捜索差押令状を必要とすると解すべきである。ただし、右行為は人権の侵害にわたるおそれがある点では、一般の捜索・差押と異なり、検証の方法としての身体検査と共通の性質を有しているので、身体検査令状に関する刑訴法二一八条五項が右捜索差押令状に準用されるべきであって、令状の記載要件として、強制採尿は医師をして医学的に相当と認められる方法により行わせなければならない旨の条件の記載が不可欠であると解さなければならない」と。

最高裁判決は出たものの、これにはきびしい批判が向けられています。

第一は、人の身体の秘部に対する積極的な侵入により人の基本的生命活動に属する排尿を人為的に操作することが果たして許されるかです（井上正仁・昭和五五年度重要判例解説二一八頁、小早川義則・矢野勝久教授還暦記念論文集五九一頁）。検証の一種として行われる体腔検査にくらべても屈辱感等の精神的打撃ははるかに大きいといわねばなりません（島伸一・百選〔七版〕六五頁）。

第二に、強制採尿のような明らかに強制処分に属する行為については、本来国民にとって選ばれた立法府が（立法により）解決すべき事柄であって（井上・前掲二一九頁）、このような新たな強制処分を判例によって創設することは疑問だといわねばなりません。

第三に、仮に、許容性ありとしても、捜索・差押令状によるとすることは、納得しがたいところです。というのは、(i)捜索・差押は「物」の占有の取得を目的とする処分ですが、体液のような生体の一部は――いずれ排泄される存在であっても――「物」とはいえないこと、(ii)捜索・差押は専ら捜査機関自身がこれを行うことになっており、性質上医師等の専門家によって実施されるべき体液採取の法形式としてはふさわしくないこと、が挙げられています（井上・前掲二二〇頁）。

この点では、鑑定処分許可状と身体検査令状を併用し、前者で目的を達しないときは、後者で直接強制し、その実施に鑑定人を立ち会わせる方法のほうが、方式としてはまだベターでしょう。

しかし、問題の核心は第一の点にあるのであって、強制排尿という身体の秘部への重大な侵襲は許容されていないと解すべきでしょう。

採尿令状による連行

身体を拘束されていない被疑者の、採尿令状による採尿場所への連行については、様々の観点からの批判が学説からなされた（例えば、浅田和茂・昭和六〇年度重判一七九頁、酒巻匡・百選〔六版〕六三頁など）にもかかわらず、最決平六・九・一六刑集四八巻六号四二〇頁（百選〔八版〕六八頁（安村勉））は、

次のように判示して、連行を肯認しました。すなわち、

「身柄を拘束されていない被疑者を採尿場所へ任意に同行することが事実上不可能であると認められる場合には、強制採尿令状の効力として、採尿に適する最寄りの場所まで被疑者を連行することができ、その際、必要最小限度の有形力を行使することができるものと解するのが相当である。けだし、そのように解しないと、強制採尿令状の目的を達することができないだけでなく、このような場合に右令状を発付する裁判官は、連行の当否を含めて審査し、右令状を発付したものとみられるからである」と。

本文で紹介したように最高裁が（医師の手によることを必須の要件とした）強制採尿令状を創設した以上、このようになるのは必然の流れともいえます。やはり問題は、強制採尿令状という強制処分の創設に端を発するので、批判はこの本体に向かわねばならぬでしょう（そして例えば「適当な代替手段の不存在」という強制採尿要件はいまも存続しているのか厳密な検討を、裁判所はいささかも怠ってはなりません）。

三　その他の諸問題

(1)　写真撮影

①　写真撮影は、犯罪現場など物を対象としてなされるばあいは、検証又は実況見分の一手段として用いられます。人を被写体とした写真も証拠として価値をもつことは否めません。しかし、他方、人はみだりに容貌・姿態を撮影されないという自由ないし利益すなわち人格権＝肖像権をもっています。したがって捜査としての写真撮影は肖像権との関係でどこまで許されるのかが問題となります。

捜査目的での写真撮影は、物理的強制力を用いたり、人の自由意思を制圧しないので任意捜査だ、という説があります。しかし、捜査目的での写真撮影は相手の意思に反するか又は相手方が知ったら拒絶すると思われる場合に、

相手方の肖像権を奪う捜査行為ですので任意処分とすることはできないでしょう。もっとも任意処分とする説も相手方の法益を侵害するおそれがあるので、緊急性・必要性と手段の相当性が必要であるとします。

②　他方、強制処分とした場合には、二一八条二項のような明文の規定ある場合以外は写真撮影は許されないのか、という問題にぶち当ります。これについて(i)被撮影者が自己の容貌等を目撃されない合理的期待を有する場面かどうかを基準とし、捜査官が公共の場所または適法に立入ることのできる場所から通常の方法によって目撃可能なところの、犯罪と関係ある状況を撮影するのは強制処分とならない、とする見解（佐藤文哉・高田＝小野(慶)編『刑事訴訟法の基礎』一二三頁）があります。他方(ii)刑訴一九七条一項但書の強制処分法定主義は、刑訴法に掲げられたような強制処分（逮捕・差押等）は刑訴法に定められた様式にしたがって行わねばならないことを言っているにとどまるので、写真撮影はその強制処分のいずれにも入らぬ新しいパターンの強制処分であるが、強制処分の一種として令状主義の精神にそって解釈・構成される必要がある——そしてその要件は、犯罪の嫌疑が明認されるばあいで、証拠としての必要性が高く、緊急事態であり、かつ撮影方法も相当であること——とする見解があります（田宮・刑訴Ｉ一四一頁）。

思うに、一九七条一項但書が、法に定められた強制処分は法に定められた様式でのみ行うことができる、という宣言にすぎないとすることは疑問ですが、こと写真撮影に限っては（盗聴の場合と異なって）既存の強制処分（「検証」）と近似した性格をもつので、検証に準じた扱いが許されると思われます。刑訴二二〇条二項は逮捕の現場で令状なしに検証できるとしています。それに準じる状況のある場合には、写真撮影することが許されると解しうるように思われます。現実に逮捕がなくても写真撮影できるのは、写真撮影が比較的侵害度が弱く他面証拠を正確に保全するという特殊性に求めることができるでしょう。

③　最高裁は、国家に対する権利として何人もみだりに容貌等を撮影されない自由を憲法一三条を根拠に認めますが、同時に次のような場合には撮影される本人の同意がなく又裁判官の令状がなくても警察官による個人の容貌

等の撮影が許容されるとしました（最判昭四四・一二・二四刑集二三巻一二号一六二五頁）。すなわち、「現に犯罪が行われもしくは行われたのち間がないと明らかに認められる場合であって、しかも証拠保全の必要性および緊急性があり、かつその撮影が一般的に許容される限度をこえない相当な方法をもって行われるとき」、と。この要件は厳しすぎるという意見もありますが、②で述べたところから、おおむね妥当なものと思われます。

捜索・差押の際の写真撮影

①令状の執行方法の適法性の証明のため、とくに令状を呈示している場面を撮影するばあい、②証拠物の証拠価値を保存するために、証拠物をその発見された場所、発見された状態において写真撮影するばあいには、検証許可状なしに写真撮影することを認める下級裁判例が散見されます。②の場合は、捜索・差押えに附随する行為として、また①のばあいも、撮影が捜索・差押えに伴う利益侵害の範囲を越えない限り、許容されるといってよいでしょう（後藤昭・村井敏郎＝後藤昭編『現代令状実務二五講』六八―六九頁参照）。しかし③差押の目的物以外の物とくに文書類を撮影した場合は、問題です。㋑手帳の内容を撮影したようなばあい「プライバシイの侵害の状態を半永続的に残す」ものであり許可状に記載されていない物件をも「捜索差押したのと実質的に異ならない結果をもたら」し、令状に記載のない物を差し押えたと同然の違法があったとみる裁判例（例えば名古屋地決昭五四・三・三〇判タ三八九号一五七頁）の考え方は、事の本質を衝いたものといえます。侵害をうけた者の準抗告の申立（四三〇条二項）も可能になります。これに対し、㋺警察官が捜索のさい、令状に記載のない印鑑・ポケットティッシュペーパー・電動ひげ剃り機、および背広を接着でまたは床に並べて写真撮影した事案についてですが、最決平二・六・二七刑集四四巻四号三八五頁（百選〔八版〕七四頁（髙崎秀雄））は、右写真撮影は、「それ自体としては、検証としての性質を有すると解されるから、刑訴法四三〇条二項の準抗告の対象となる『押収に関する処分』には当たらないというべきである」と判示しました。たしかにこの事例では、撮影された対象が文書類のように内容たる情報が重要性をもつものでなく、侵害も永続的なものではないとみたのでしょう（後藤・前掲七六頁）。もし、メモや日記帳の内容を撮影するような場合（㋑の場合）であれば「写真撮影という手段によって実質的に日記帳又はメモが差し押さえられたものと観念し、これを『押収に関する処分』として刑訴法四三〇条の準抗告の対象と」することができる（上記最決における藤島昭補足意見）と考えるべきでしょう。

⑵　盗　聴

①　捜査目的で、電話を盗聴したり（ワイヤータッピング）、盗聴機を用いて室内の会話をひそかに聴取すること（バキング）が許されるかが問題となります。

1　ここでは、最近とくに問題となっている**電話傍受**をとりあげて検討しましょう。①会話の当事者の同意を得ることなく電話を傍受することが、憲法二一条二項の通信の秘密を侵害し、また憲法一三条によって保障されるプライバシーを侵害することは誰しも認めています。次に、②この電話傍受が捜査機関によって行われるばあい、それは強制処分か、任意処分かが問題となります。一部には、強制処分は他人の意思を制圧するところに特質があるのだから、盗聴についてはそのような自由意思の制圧はあり得ないことを理由に、任意処分として許されるという見解（土本武司『犯罪捜査』一三〇頁）があります。しかし電話の当事者が知ったならば当然拒絶することが予想されるのに、隠密裡に他人の重要な権利・利益（プライバシー権）を奪うことは強制処分だという見解が多数です。③強制処分である以上、電話利用者のプライバシー権を侵害するためには、その必要があるといえる場合でも、憲法三一条、憲法三五条の手続に従って行われねばなりません。憲法三一条説もあります（田宮・基礎知識七八〜七九頁など）が、今では憲法三五条の要件を充足せねばならないとする見解が多数です。電話盗聴は、プライバシー侵害の点で実質的には捜索・押収と異なるところはないので、憲法上押収の一種と考え憲法三五条の保護が及ぶと考えるわけです。そこで、電話傍受がこの要件をそもそも充足することができるのか、またはどのような手当てをすれば充足しうるのかが問われるわけです。④電話盗聴は強制処分だと考えた場合　次に、強制処分法定主義（一九七条一項但書）との関係が問題となります。ⓐ刑訴法には「情報の押収」である電話傍受の規定がないので、立法によらねばおよそ許されないという見解と、ⓑ強制処分法定主義の規定は刑訴法の立法時から存する強制処分（例、捜索・差押など）は、刑訴法の定める手続にしたがって行われねばならないことを規定しただけで、新しい強制処分は、立法によらなくても、憲法の令状主義の精神をクリアーする要件さえ満たせば、行うことができるという見解が唱えられました。もっとも、一般論としてこの立場に立つ渥美教授は電話盗聴は現行法上の強制処分である検証として、裁判官から検証許可状をもらえば、これを実行できることとされました（渥美・九九頁）。やがてこれが実務上実行され、判例によっても肯認されるに至りました（この検証説に対する批判としては、渡辺修『捜査と防御』四四頁以下）。他方で、ⓒこのままでは電話傍受は強制処分法定主義に反するので、立法してこれを行う必要ありとして、立法化する動きも活発になり（資料としては、法務省刑事局法制課編『組織的犯罪と刑事法』（一九九七年、有斐閣）、支持する学説の代表的なものとして井上正仁『捜査手段としての通信・会話の傍受』（一九九七年、有斐閣））——同時にこれに対する学界からの厳しい批判もありました（その代表的なものとして、小田中聰樹・村井敏邦・川崎英明・白取祐司『盗聴立法批判』（一九九七年、日本評論社））——が、やがて法律となりました。

2　ここでは、まず1ⓑの線上にある、「検証許可状により電話傍受を行ったことの適否」に関する、最決平一一・一二・一六刑集五三巻九号一三二七頁、百選〔八版〕七二頁（椎橋隆幸）を見ておきましょう。すなわち、曰く、

「重大な犯罪に係る被疑事件について、被疑者が罪を犯したと疑うに足りる十分な理由があり、かつ、当該電話により被疑事実に関連する通話の行われる蓋然性があるとともに、傍受以外の方法によってはその罪に関する重要かつ必要な証拠を得ることが著しく困難であるなどの事情が存する場合において、電話傍受により侵害される利益の内容、程度を慎重に考慮した上で、なお電話傍受を行うことが犯罪の捜査上真にやむを得ないと認められるときには、法律の定める手続に従ってこれを行うことも憲法上許されると解するのが相当である」と。

そして、実施当時本件電話傍受は次の点にかんがみ適法であったといいます。即ち㈠電話傍受は、五官の作用によって対象の存否、性質・状態・内容等を認識・保全する検証としての性質をも有する、㈡裁判官による前記（カッコ内）要件の存否の事前審査が可能、㈢許可状の記載の傍受すべき通信、傍受の対象となる電話回線、実施の方法、場所、期間を限定することにより、傍受対象の特定という要請を相当程度満たすことができること、㈣裁判官は、例えば第三者を立ち会わせて、対象外と思料される通話内容の傍受を速やかに遮断する措置を採らせねばならない

旨を検証の条件として付することができること、㈤捜査機関は傍受すべき通話に該当するかどうか明らかでない通話について、その判断に必要な限度で傍受することは、一二九条所定の「必要な処分」に含まれると解しうること。
この多数意見に対して、元原利文判事が、次の如く述べて、電話傍受が本件当時捜査の手段として法律上認められていなかった違法な強制処分であった、と喝破されているのが注目されます。すなわち、

> 電話傍受は多数意見のいうとおり、検証としての性質をも有することは否めないところであるが、傍受の対象に犯罪と無関係な通話が混入する可能性は、程度の差はあっても否定することができず、傍受の実施中、傍受すべき通話に該当するか否かを判断するために選別的な聴取を行うことは避けられないものである。多数意見は、そのような選別的な聴取は、刑訴法一二九条所定の「必要な処分」に含まれると解し得るというが、犯罪に関係のある通話についてのみ検証が許されるとしながら、前段階の付随的処分にすぎない「必要な処分」に無関係通話の傍受を含めることは、不合理というべきである。電話傍受に不可避的に伴う選別的な聴取は、検証のための「必要な処分」の範囲を超えるものであり、この点で、電話傍受を刑訴法上の検証として行うことには無理があるといわなければならない、と。

反対意見は、また、事後の告知及び不服申立の各規定を欠く点で、電話傍受を刑訴法上の検証として行うことは、適正手続の保障の観点からみて許されないというべきである、とされています。

反対意見は、憲法三五条の令状主義とくに押収対象の特定の要請が満たされるのが、電話傍受においていかに困難であるかを直視しています。その点をあいまいなままにして回避しようとする方策に対する頂門の一針として、説得力があると、私には思われます。

3　1ⓒの線上の、捜査手段として電話の傍受を立法化する動きは、一九九九年八月一二日、**犯罪捜査のための通信傍受に関する法律**（以下、通信傍受法と呼びます）を成立させるに至りました。この通信傍受に関しては、刑事訴訟法が「別に法律で定めるところによる」と規定して（二二二条の二）、強制処分法定主義についての一九七条一項但書の要請

を満たし、その上で通信傍受法が要件、手続を定めています。ここでは、通信傍受法の内容を項目的に掲示するにとどめましょう。

①「**傍受令状**」は、検察官または指定警視以上の警察官の請求により、地方裁判所の裁判官が発付（四条・五条）。

②令状発付の要件は、**対象犯罪**（薬物犯罪、銃器犯罪、集団密航犯罪、組織的殺人など）が行われたと疑うに足りる十分な理由があり、それが数人の共謀によるものであると疑うに足りる状況があるときなどにおいて当該犯罪の実行等に関連する事項を内容とする通信が行われると疑うに足りる状況があり、他の方法では捜査が著しく困難であることが必要（三条）。

③対象犯罪が犯されかつ引き続き同種犯罪が同様の態様で行われると疑うに足りる十分な理由があるときも②の令状発付が可能（いわゆる**将来の発生犯罪の嫌疑を理由とする令状**（三条））。

④**傍受期間**は一〇日以内を原則とし、合計三〇日を超えての延長は不可（七条）。

⑤傍受するときは、通信手段を管理する者又はそれに代わるべき者を常時**立会わせ**なければならない（一二条）。

⑥傍受の実施中、令状に記載された通信に該当するかどうか明らかでないとき、**該当するかどうかの判断のための傍受**が可能（一三条）。

⑦傍受実施中、令状記載の犯罪以外の犯罪で、対象犯罪にあたるか又は死刑、無期もしくは短期一年以上の懲役・禁錮にあたるものを実行したこと、実行していることまたは実行することを内容とすると明らかに認められる通信の傍受（一四条、**別件傍受**）。

⑧検察官、司法警察員の、傍受した通信内容を刑事手続において使用するための記録（**傍受記録**）を作成する義務（二二条）。

⑨傍受記録の当事者へ、傍受終了後三〇日以内に、**通知する義務**（二三条）。

⑩通信の傍受を受けた者の、この処分に対する**不服申立**（二六条）。

⑪政府は、毎年、傍受令状の請求、発付の件数などを国会に報告し、公表する（二九条）。

⑫捜査権をもつ公務員が、通信の秘密を侵した場合、三年以下の懲役または一〇〇万円以下の罰金。告訴・告発した者は、検察官の不起訴処分に対し、**付審判請求**が可能（三〇条）。

以上、通信傍受法の内容を簡単に紹介しましたが、この法律の発効後は、「通信の当事者のいずれの同意も得ないで電気通信の傍受を行う強制の処分」はすべてこの法律によらねばならず、したがって電話検証の方式（2）を用いることはできません（松尾・上八三頁）。

この法律が出来ることによって、強制処分法定主義はクリアーすることができましたが、憲法三五条の令状主義との関係では、将来発生のおそれがある犯罪を理由とする傍受令状の発付は、「正当な理由」にもとづいて発せられた令状といえるのか、該当性判断のための傍受の肯認は、目的物の「明示」の要請に合致するものなのか、別件傍受の許容は令状審査を潜脱するおそれを生じさせないかなど疑義が残されたままです。**2**の最高裁判例の対象事案が、傍受期間が二日間で、且つ立会人に事件に関係のない通話の遮断権を認めた令状によるものであったのに比べ、本法律の対象通話の特定化のための努力がこれでよいのか、疑問が残ります（この法律については特集「盗聴法と市民的自由――盗聴法の法的批判」法律時報七一巻二号掲載の各論文があり、解説としては酒巻匡「組織的犯罪対策に関する刑事手続立法について(下)」現代刑事法No.9五九頁以下、黒川智「通信傍受法の解説」警察学論集五三巻一号六〇頁以下があります）。

4　会話の一方当事者の同意のあるばあい　強制処分も、それを受ける者の任意の同意があれば、許容される場合があります。会話の一方当事者が相手方に無断で密かに会話を録音し（**当事者録音**）、あるいはその一方の同意を得て第三者がこれを盗聴するばあい（**同意盗聴**）が許されるかが、ここでの問題です。

一方が同意すれば相手が同意しなくても違法でなく録音することもさしつかえない、したがって会話者が相手の知らないうちに録音してもモラルの問題は別として違法とはいえないという見解があります（平野・一一六、一一七頁）。会話内容の情報は相手方に伝達した以上、相手からそれが（例えば捜査機関に）洩らされることがあったとしても、それは、会話者が通常受忍すべき危険であるというのがその背景にあるでしょう。たしかに会話内容は相手方に伝達した以上、相手方が記憶しその記憶を換起して他に漏らすことは受忍しなければならないでしょう。しかし相手方の同意に基づくとはいえ、第三者によって密かにその会話が盗聴されることを常に覚悟せねばならないとしたら、話し手の有する会話やプライバシーに対する期待権は大幅に損われるし（同意盗聴）、当事者録音のばあいもそれを再生して聴く者（第三者）が当の会話をそのまま当事者の立場で直接聴くも同然の状態が作り出されるのだから、同意盗聴と同じ問題が生じます（井上正仁・重判（昭和五六年）二〇四頁）。

もっとも一方の当事者の同意があっても、法律上の規定が設けられていなければ、一切許されないかは問題です。「一方において、盗聴や秘密録音をする正当な理由があり、他方において、当の会話がプライヴァシーをそれ程期し得ないような状況でなされるものであるとき」に、当事者録音や同意録音も例外的に許される（井上・前掲二〇四頁）とするのは説得力があるように思われます。

電話を利用して現に脅迫の罪を犯している者があるばあいに、脅迫の被害者が加害者からかかってくる電話を自ら録音するとか、第三者に要請して聴取させる場合がそれに当るでしょう。相手方の犯罪行為に対する一種の防衛行為だからです。この場合、被害者の要請によって、電信電話会社の職員がその電話の発信場所を探索し、これを捜査機関に通報するいわゆる**逆探知**になると、いま一つ考慮を要するでしょう。というのは、公衆電気通信法五条一項及び五条二項が、電信電話会社の職員は、取扱中に係る通信の秘密を侵してはならず、又知り得た他人の秘密を守らねばならないと定めているからです。現に脅迫をうけている被害者からの要請があり且つこのような場合脅迫者はプライバシーに対する合理的期待権をもたないことでやっと理由づけうるでしょうか。

限界的事例は、対話者の一方が会話内容が相手方によって録音されることを認容していると思われる状況があるばあいです。ロッキード事件に関係してのいわゆる「にせ電話」事件について、最決昭五六・一一・二〇刑集三五巻八号七九七頁は次のように述べて適法としました。すなわち以上の会話を「同記者において取材の結果を正確に記録しておくために録音したものであり」、いま一つのテープは「未必的にではあるが録音されることを認容していた被告人と新聞記者との間で右の偽電話に関連して交わされた電話の会話を、…同様の目的のもとに録音した」ことが認められる「このように、対話者の一方が右のような事情のもとに会話やその場の状況を録音することは、たとえそれが相手方の同意を得ないで行われたものであっても、違法ではないと解すべきである」と。被告人が報道されることを目的として持ちこんだテープとそれに関する会話であるという点で即ちそれ自体プライバシーの利益を期待ないし主張しうる程度に達しない会話であるという点で、その録音はかろうじて適法としうるでしょう。判例は対話の当事者でさえあれば密かに録音のうえ洩らしてよいかとか、一方当事者の同意さえあれば第三者が盗聴してよいという趣旨でないことは注意しておく必要があるでしょう。

第六章　捜査の構造その他

一　捜査の構造

1　当事者主義の萌芽……団藤
　弾劾的捜査観の提唱……平野
糺問的捜査観＜捜査は本来、被疑者を取調べるための手続
　　　　　　　強制が認められるのもそのため
　　　　　　　但し、濫用を避けるため裁判官による抑制
　　　　　　　捜査は捜査機関が単独で行う準備活動にすぎない
弾劾的捜査観＜被疑者も独立に準備活動を行う
　　　　　　　強制は、将来行われる裁判のために裁判所又は裁判官が行う
←
帰結＜①令状――命令状
　　　②逮捕・勾留――将来、公判廷へ出頭させるため
　　　③被疑者の取調べ――身体拘束中も取調受忍義務はない

2　糺問的捜査観からの批判
出射義夫……捜査は本来糺問的
土本武司……捜査は、ある者が犯人である方向にも、犯人でない方向にもなされる捜査機関の一方的活動
亀山継夫……誰を対立当事者と確定するべきかの検討も捜査の重要な課題

3　訴訟的捜査観の提唱（井戸田）
捜査――公判段階から「全く独立した手続段階」
目的――起訴・不起訴を決定するために嫌疑の有無及び情状を明らかにすること

　①検察官＜被疑者・弁護人
　　　　　　警察官　　　　三面構造
帰結＜②被疑者の取調べ――被疑者の弁解聴取
　　　③逮捕・勾留――捜査の内容をなさず

4　弾劾的捜査観の展開――田宮
起訴するに足りない事件のスクリーンという独自目的を強調する説を批判←主宰者としての捜査機関の準司法的活動という考えに直結する傾向をもつ
構造論→刑事手続における捜査の法的性格ないし地位の問題
＜糺問的捜査観……予備裁判的・権力集中的・職権主義的構造
　弾劾的捜査観……公判中心的・権力分散的・当事者主義的構造
←
帰結＜①被疑者の取調受忍義務――否定
　　　②逮捕・勾留の「必要性」の判断権――裁判官
　　　③被疑者側の訴訟準備活動　可及的に保障

5　修正された弾劾的捜査観――松尾
①糺問的捜査観の否定→被疑者の取調べの強制的色彩の否認
②訴訟的捜査観が「前手続の独自性を強調」する点は批判
③検察官の性格付け→警察捜査との関係で、検察官にはむしろデュー・プロセスの擁護義務あり→司法官的性格

6　折衷説――鈴木（茂）
①捜査＜起訴・不起訴の決定＞二重の目的
　　　　公判の準備
②主体相互間の関係　真の構造論

実体形成に着目……検察官＜被疑者／警察官 の三面関係

③　強制処分に着目……裁判官＜被疑者／訴追側 の三面関係

7　訴訟的捜査観及び折衷説批判　小田中

㈢について

捜査の目的を「嫌疑の有無・情状の解明」――捜査機関と被疑者の二面関係に親近性

三面関係成立の前提＜三者相互の独立性・自主性／検察官の中立性・公平性・人権擁護性＞存在せず

㈥について

どういう状況の下で㈥②はなされうるかという点こそ重要

強制処分の問題こそ核心←

8　諸説の検討

二　訴訟条件を欠く場合の捜査

1　（訴訟条件――公訴の適法要件／捜査――公訴提起並びに公判のための準備活動

公訴提起の可能性のない場合（例――公訴時効の完成）←

起訴迄に訴訟条件が備わる可能性があるばあい

2　主に親告罪につき告訴が欠けている場合の捜査の可否

①　任意捜査によるべし――井上正治

②　強制捜査も許される（最決昭三五・一二・二三国税犯則事件における告発前の強制調査）

3　各場合の検討

三　捜査の終結

1　司法警察員――→事件のすみやかな送致――→検察官（二四六条本文、二四二条、二四五条、なお身柄事件のばあいは、二〇三条一項、二一一条、二一六条参照）

例外＜微罪処分（二四六条但書）／少四一条のばあい

2　中間処分

他管送致（二五八条）＞検察官

家庭裁判所への送致（少四二条）

3　検察官の事件処理

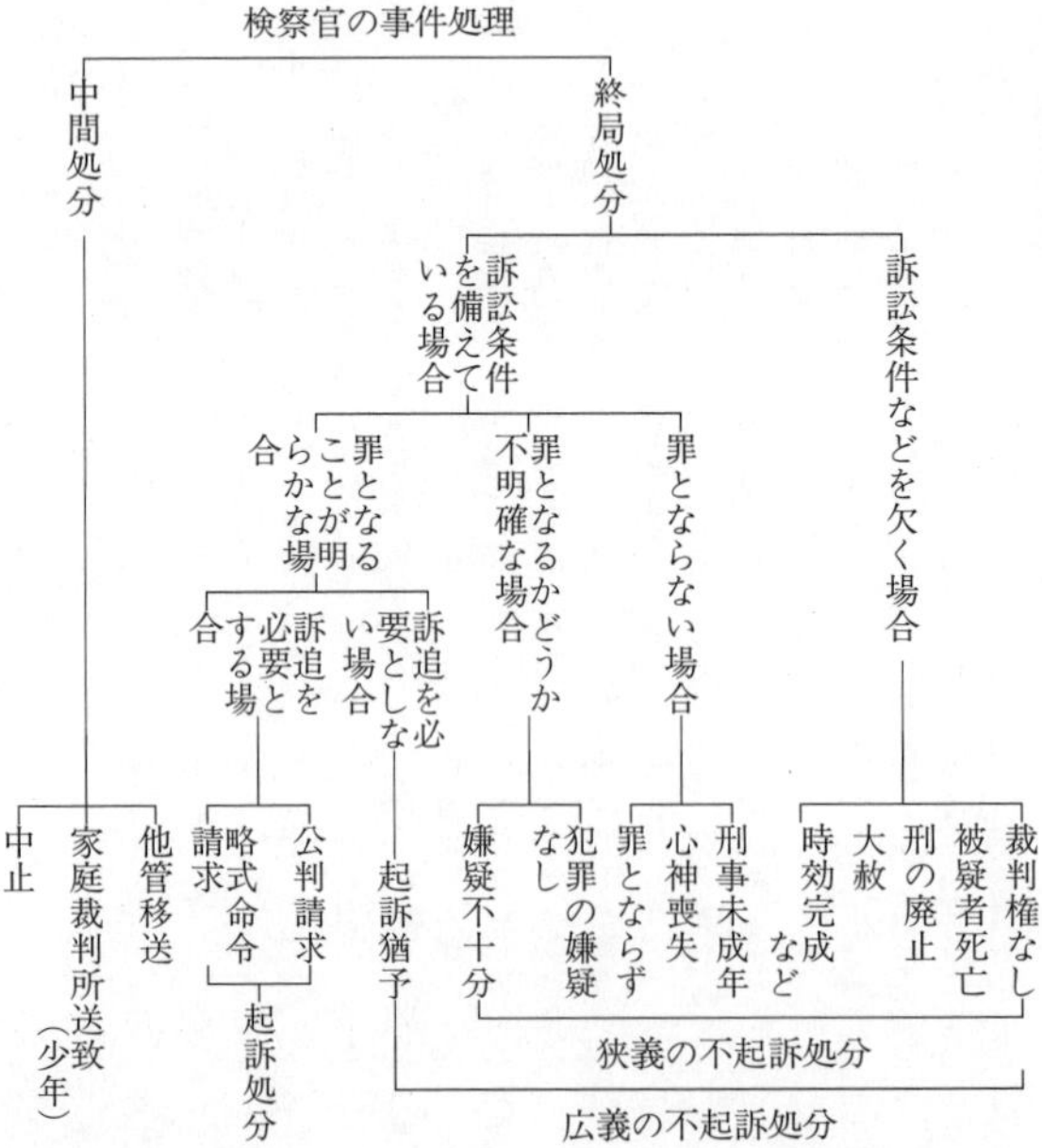

一　捜査の構造

これまでの三つの章にわたって、捜査の諸相を解明してきましたが、最後にそのしめくくりとして、いわゆる捜査構造論について述べておきましょう。これは本来第三章の冒頭にくるべきテーマでしょうが、ここへもってきたのは、捜査手続上の諸制度を知った上での方が、より理解を得やすいと思ったからにほかなりません。

個々の規定をばらばらにとらえたのでは、捜査手続の上で直面する様々の問題に適切に答えることはできません。それらを包括的にとらえる努力がなされるに至ります。それがいわゆる捜査構造論なのです。

つとに団藤博士は、捜査段階においても、一方にやがて原告となる検察官があり、他方にやがて被告人となるべき被疑者があり、同時に司法的抑制をも果たすところの裁判官があるとし、すでに当事者訴訟的構造の萌芽がみられる、と述べられていました（団藤・綱要〔初版昭二三〕二一三頁）。だが、実際には、捜査は捜査機関が被疑者を取り調べる手続であり、強制処分が認められるのもそのためであるという考えが、つよく流れつづけていました。

このような中で、捜査の構造を根本的に考えなおしてみるきっかけをつくったのが、平野教授の弾劾的捜査観の提唱でした。

1　弾劾的捜査観の提唱（平野・八三頁以下）

糺問的捜査観と弾劾的捜査観ともいうべき全く対照的な捜査観があるとした上で、以下のように述べます。糺問的捜査観によれば「捜査は、本来、捜査機関が被疑者を取り調べるための手続であって、強制が認められるのもそのためである。ただ、その濫用を避けるために、裁判所または裁判官による抑制が行われる」。これに対し弾劾的捜査観では「捜査は、捜査機関が単独で行う準備活動にすぎない。被疑者も、これと独立に準備を行う。強制は、将来行われる裁判のために（すなわち、被告人・証拠の保全のために）、裁判所が行うだけである。当事者は、その強制処分の結果を利用するにすぎない」ことになる、とします。そこから、①令状の性質―命令状（条件付命令状）であり、発付にあたり裁判官は「必要性」を判断できる、②逮捕・勾留―将来公判廷へ出頭させるためで取調べのためではない、③被疑者の取調べ―身体拘束中の者を含め、取調受忍義務はない、という重要な帰結を導いています。

2　糺問的捜査観からの批判

1　に対しては、主として検察実務家から次のような批判が向けられました。

出射義夫氏は、捜査の構造は、犯罪は必ず検挙されるというものでなければならず、その本質は偽善を許さない限り糺問的本質を内包する、とします（出射義夫『検察・裁判・弁護』六五頁以下）。

土本教授は、①捜査は本質的に密行性をもつ、②捜査手続は事実的色彩がつよく弾力的・合目的的に行われねばならないので、非段階的連鎖性をもつ、③捜査は、ある者が犯人である方向にも犯人でない方向にもなされる、捜査機関の一方的活動である。したがって捜査は、その本質上、弾劾的・当事者主義的構造論になじまないとします（土本武司『犯罪捜査』二六頁以下）。

また、弾劾主義の立場からなされる捜査の定義（「捜査機関の行う公判のための準備活動」）では、捜査の重要な部分、殊に被疑者を捜査対象ないし訴追対象から排除してゆく過程が欠落している点に問題があるとし、①被疑者の取調べも確定された対立当事者への攻撃というよりも、対立当事者として確定すべきかどうかの疑念を晴らすために最有力の資料の一つの検討という色彩がつよい、②公判と捜査は目的を異にし後者では誰を公判における被告当事者とすべきかを最も適正かつ効率的に決定するための手続構造が独自に追求さるべきである、③弾劾的捜査観には令状イコール命令状など解釈論上無理が多い、とするものがあります（亀山継夫「検察の機能」『現代刑罰法大系5』三九―四一頁）。

3 「訴訟」的捜査観の提唱（井戸田侃『刑事手続の構造序説』六七頁以下）

この見解は弾劾的捜査観は、真の構造論ではないとし、捜査の目的論がまず必要といいます。そして捜査段階は、公判段階から明確に区別された「全く独立した手続段階」だとします。即ち、捜査は「起訴、不起訴を決定するために嫌疑の有無並びに情状を明らかにすることを目指して行われる一連の過程」であり、起訴するに足る嫌疑のない―かつ必要のない―被疑者の訴追を避け、被疑者を一日も早く手続から解放する使命が捜査そのものの中に当然含まれる、とします。「第一のふるいわけ」が捜査の目的だというわけです。そこから、①構造―検察官をはさんで警察官と被疑者・弁護人が対立する三面構造、②被疑者の取調べ―被疑者の弁解・主張を捜査機関が聴取する機会を与えるもの、③逮捕・勾留―公訴提起の準備たる色彩が濃厚なので、本来的には捜査の内容に属さない、という帰結を導きます。

4 弾劾的捜査観の展開（田宮・刑訴I二八頁以下）

田宮教授は、弾劾的捜査観と糺問的捜査観で実際上違いが現われるのは、①被疑者の取調受忍義務を認めるか、②逮捕・勾留の「必要性」の判断権者は誰か、③被疑者側の訴訟準備活動（例えば接見交通権、証拠開示）をどこまで実質的に保障するかに、あるとします。そして①は否定し、②は裁判官にあるとし、③を可及的に保障するのが弾劾的捜査観だとします。

この説は、目的から直接構造を引き出すことを避けます。すなわち、捜査が起訴するに足りない事件をスクリーンするという独自の目的をもつか、公判の準備という目的をもつかは、いわば捜査の機能論であり、しかも捜査の独自目的を強調する立場は、むしろ捜査を　その主宰者としての　捜査機関の準司法的活動と把える考え方に直結する傾向をもち、適当でない。構造論にとって重要なのは刑事手続における捜査の法的性格ないし地位の問題だ、とします。そして糺問的捜査観にもとづく予備裁判的・権力集中的・職権主義的構造に対し、公判中心的・権力分散的・当事者主義的構造を対置し、さきに挙げた①②③をその帰結とするわけです。構造論の実践的課題はとくに①の被疑者の取調べの規制にあるといってよいでしょう。

5　修正された弾劾的捜査観（松尾浩也『刑事訴訟の原理』二五二頁以下）

此の見解は①糺問的捜査観に対してはこれを否定し、捜査における対立当事者的構造を容認し、そこから被疑者の取調べにおける強制的色彩の否認を帰結します。②訴訟的捜査観に対する態度―これが強制的被疑者取調べを否定し、弁護権を拡大しようとする点は評価しますが、他面、起訴前手続の独自性を強調し「確実な嫌疑―真実の探究」という図式を追う点は、糺問的捜査観と共通の側面だとし、批判します。③検察官の性格づけ―この点では**1**の見解を修正します。そこには、「一方で検察官同一体の原則を説いて検察官が強力な官僚機構であることを是認しながら、他方で当事者訴訟を強調して検察官にデュー・プロセスの（可能的）侵害者としての役割を与えることは危険である」との認識があるのです。そこから警察捜査との関係で、むしろ検察官にはデュー・プロセスの擁護義務があるとし、この意味で**検察官の司法官的性格**を肯認します。

6　折衷説　1と3の折衷（鈴木茂嗣「捜査の本質と構造」『刑罰法大系5』一〇三頁以下）

①捜査の目的―捜査の目的は「起訴・不起訴の決定」と「公判の準備」のいずれか一方に割り切るべきでなく、二重の目的をもつと考えるべきである、とします。②捜査の主体相互の関係―これこそが捜査構造論だとし、実体形成に注目すれば、検察官への被疑者の働きかけを認めるうえで、検察官・司法警察職員・被疑者の三面関係ととらえることは有益だとします。③捜査段階における強制処分の性格論―これも構造論の一部をなすとしますが、この場面では裁判官・訴追側・被疑者の三面的関係が必要だとします。

7　「訴訟的捜査観3」及び「折衷説6」批判（小田中聰樹『刑事訴訟と人権の理論』一〇九頁以下）

まず**3**の見解に対して。①捜査の目的は捜査の構造を規定する一つのファクターであろうが唯一のものではない。

その目的（「嫌疑の有無と情状の解明」）は、検察官・司法警察職員・被疑者の三面的な「訴訟」構造を必然化せず、むしろ捜査機関・被疑者の二面関係の方にこそむすびつきやすい。③三面関係が成立するためには(i)三者相互間の独立性・自主性、(ii)検察官に中立・公平性と人権擁護性が必要であるが、現実には存在せず（(ii)にはむしろ癒着性・連鎖一体性さえある）したがって三面関係の成立の余地はない。かようにして、見解3は、「かなり弾劾的ではあるが、糺問化の契機ないし危険をかなり含んだ」検察官司法の理論だとします。6の見解に対して。①被疑者から検察官への働きかけを認めるうえで三面関係が有益であるというが、検察官に中立性・客観性・人権擁護性がなければならないのでありこの点を抜きにして有益であると断定することはできない。②被疑者が検察官に働きかける場合に、どういう状況の下でよくそれをなしうるかという点こそが重要なのであって、その点からみると、逮捕・勾留をはじめとする強制処分の問題こそ問題の核心である、とします。この見解7は、むしろ1及び4の説を積極的に擁護するものと位置づけられるでしょう。

8　諸説の検討

弾劾的捜査観は、捜査を、捜査機関の行う公判のための準備活動として把え、被疑者もこれと独立に準備活動を行う、とします。この弾劾的捜査観に対する主な批判は、①被疑者未特定の段階を説明していない、②被疑者を捜査対象乃至訴追対象から排除してゆく過程を欠落させている、③捜査機関と被疑者の準備が没交渉となり、被疑者の検察官への働きかけの意義を評価していない、といいます。

まず①の点ですが、法的理解にとって重要なのは、登場する主体の権利・義務という法律関係ですから、やがて確認されるであろう被疑者を予定してモデルを立てることは許され且つ有意義であろう、と思われます（なお田宮・刑訴I三八頁参照）。

②の点は、被疑者に対し公訴を提起し維持するに足る要件が具わっているかどうかを検討してゆくことの反面にす

ぎません。もっとも3説は、被疑者を捜査対象乃至訴追対象から排除してゆくことが専ら捜査の目的だとし、排除の方向での検討が十分なされないまま起訴がなされた場合、これを無効とする論拠を捜査の構造に求めるものではありません。

他方、捜査を「公判の準備」ととらえる見解も、捜査された事件は全部起訴せよという政策的主張を含むものではありません。むしろ「公判の準備のため」というしぼりをかけることによってそれを目的としない捜査（行政目的実現のための捜査など）を禁じ、又身柄の拘束を取調べ目的から切り離し、公判への出頭確保の目的に結びつけようという志向をもつものなのです。もっとも3説は、情状についても詳しく吟味すべきであるとする点に特色があります。起訴するに足る情状があるかも併わせ検討すること自体に異論はないのですが、それ自体が目的となると、「情状の有無」を検討するために必要という名目のもとに、いきおい捜査が長期化し、勾留延長、余罪の取調べが行われるでしょう（なお、松岡・一三〇頁参照）。

③の点はたしかに注目すべき点です。もっとも弾劾的捜査観が「捜査は、捜査機関の行う公判のための準備活動にすぎない。被疑者もこれと独立に準備活動を行う」というばあい、それは、一方の当事者に、他方の当事者にない権限を集中してはならない、したがって「強制処分権は裁判所又は裁判官へ」ということの布石でしょう。それはともかくとして、双方の準備活動がそれぞれ独立に且つ没交渉に行われることになる点、とりわけ被疑者の検察官への働きかけが等閑視されている点が弾劾的捜査観への批判です。たしかに弁護人が被疑者に代って検察官に弁解し不起訴にもち込んだ事例もあります。しかし、そのために、捜査を、検察官を頂点にして警察官と被疑者が対立する三面構造だとする（3説）のはゆきすぎです。頂点に立つのが英米の予備審問官のような中立的な第三者ではなく、訴追官であり、警察と同様捜査機関でもある検察官だからです。だからといって訴追官としての検察官に起訴しない方向で働きかけること、また、検察官は単なる当事者ではないのだから公平義務に立ってそれに対処すべきこと、を否定するわけではありません。ですが、この場合でも、主体性を認められた被疑者にしてようやくそう

いう目的を達しうるでしょうし、むしろ弁護人が法的観点からも判断して働きかけを行う必要があります。そのためには、被疑者が出来るだけ身柄を拘束されていないこと、拘束されていても取調受忍義務はないこと、弁護人との接見交通権が十分保障されていることが前提となるでしょう。そうすると、被疑者の権利の実質的保障と弁護人依頼権の実質化こそ重要となります。また、一方の側に対する身柄拘束のような強制処分は相手方当事者でなく第三者である裁判官のみが原則として権限をもつべきこととなるでしょう。捜査については、当事者の（互に交錯することもある）準備でありつつ、強制処分は両者の間に立つ裁判所又は裁判官が行うというのが、基本的な構造ではないでしょうか。

二　訴訟条件を欠く場合の捜査

1　訴訟条件がすでに欠如したばあい

訴訟条件は、公訴の適法要件であり、捜査の適法要件ではありませんが、捜査が公訴提起並びに公判の準備活動である以上、およそ公訴提起の可能性のない場合にまで捜査を許すことはできないはずです。すべての告訴権者につき告訴期間が徒過している場合とか、公訴時効が完成した場合などがそれにあたります。

2　訴訟条件の備わる可能性のあるばあい

問題は当該捜査の段階では一応訴訟条件が欠けるようにみえるが、なお法律上、起訴迄に訴訟条件が備わる可能性があるばあい、です。主に親告罪について、被疑者の告訴がないばあい、捜査は許されるかが問題とされます。

①これについてはまず、「人権保護の見地」から強制捜査は差し控えるべきであり、証拠収集等の必要があれば任意捜査によるべきであるという見解（井上正治・日本刑法学会編『刑訴講座』Ⅰ一二八頁）があります。

これに対し、②告訴等は訴訟条件にすぎないこと及び捜査機関は犯罪があると思料するときは捜査することができることを根拠に、任意捜査・強制捜査を含め許されるとする見解があります。最決昭三五・一二・二三刑集一四巻一四号二二一三頁は、税関長の告発をまって起訴できる国税犯則事件について、告発前の強制捜査の適否について判断し、告発等は訴追条件にすぎないこと、捜査機関は犯罪があると考えるときは捜査することができることをあげた上、「しかも捜査については、その目的を達するため必要な取調をすることができ、法律の定めに従い強制の処分をすることもできるのであるから、該違反罪につき税関長等の告発前においても被疑者を逮捕、勾留し、取り調べることができるのであって、その逮捕、勾留または取調が右の告発前になされたからといって、ただそれだけの理由でこれを違法とすべきものではな」いとしました（もっともこれは国税犯則という特殊の場合であって、本判例をもって全般的許容説とするには疑問があります）。

3　親告罪とされた趣旨の考慮

この問題は画一的に答えることは困難でしょう。理論的には訴訟条件は捜査の条件ではなく、実際上も、時間がたてば証拠が散逸してとりかえしがつかなくなるおそれもあります。しかし、他方、捜査により被害者の名誉・プライバシーが害されるおそれがあるので、被害者が望まないのに、捜査を発動することは不当だともいえます（田宮・刑訴Ⅰ二四頁）。

強姦罪のように事件が公けになることから被害者のプライバシー等を保護する趣旨で親告罪とされたものについては、まず被害者の意思を確め、確答がえられなかった場合、直ちに捜査を行うべき緊急の必要性があり、被害者の名誉等を侵害するおそれがない場合に限って捜査が許されると解すべきでしょう（田宮・刑訴Ⅰ二四頁）。強制捜査は行われるべきではありません。被害の軽微性を理由に親告罪とされたもの（器物損壊罪、信書隠匿罪）は、軽微性のゆえに国家が最初から乗り出さず、刑事手続の発動も被害者の意思に委ねたものですから、告訴が期待できないような場合は捜査は許されないといわねばなりません。

告発を訴訟条件とする犯罪のうち各種犯則事件（専売法・関税法など）については若干趣きを異にするでしょう。まず通告し、通告期間中に通告処分が履行されなければ告発がなされます。且つ、関税長等にはこの告発が義務づけられています。いわば訴追迄の間に国家と国民との間の一種の私和が認められているにすぎません。したがって通告迄の間に捜査が行われることは差支えないでしょう。捜索・押収等の強制処分も認められてよいでしょう。しかし、いきなり起訴でなく、間に通告期間というクッションをおきそこで通告処分が履行されれば立件しないという手続ですので、逮捕・勾留という身柄拘束を認めることはこの制度の趣旨を損うでしょう。議員証言法違反の罪については、議院の自治を尊重する趣旨で告発が要件とされていることにかんがみ、告発前の捜査は避けるべきでしょう。

請求を訴訟条件とする罪（外国国章損壊罪など）については、捜査は請求があって行うのを原則とすべきです。

三　捜査の終結

1　検察官送致

司法警察員は、犯罪の捜査をしたときは、原則として、すみやかに書類および証拠物とともに事件を検察官に送致しなければなりません（二四六条本文、二四二条、二四五条）。捜査が終結したばあい、公訴を提起するかしないかいずれかの処分がなされねばならず、それをなす権限は検察官のみにあるからです。

もっとも、これには例外があります。一つは、検察官の指定した事件については右の送致を必要としません（二四六条但書）。司法警察職員が捜査した成人の刑事事件のうち、犯罪事実が極めて軽微で処罰の必要性のないことが明らかなばあいに司法警察員の判断で、事件送致の手続を要しないとするものです。このような処分を**微罪処分**といいます。対象となるのは、被害額が少なく、被害の回復などのなされている、事案の軽微な窃盗・詐欺・横領・盗品等に関する罪の事件、賭博事件などです。

例外の二つ目は、少年の、罰金以下の刑にあたる被疑事件で、このばあい司法警察員は事件を直接家庭裁判所に送致しなければなりません（少四一条）。

2　中間処分

検察官は、事件が所属検察庁に対応する裁判所の管轄に属しないときは、書類及び証拠物とともにその事件を管轄裁判所に対応する検察庁の検察官に送致しなければなりません（二五八条）。これを他管送致といいます。また、少年の被疑事件について、犯罪の嫌疑があるか、または犯罪の嫌疑がない場合でも家庭裁判所の審判に付すべき事由があると判断するときは、家庭裁判所へ送致しなければなりません（少四二条）。

3　検察官の事件処理

検察官は、公訴の提起をするに足りる犯罪の嫌疑があり、かつ訴訟条件も備わっているときは、起訴を相当とみとめて公訴の提起をするか（二四七条）、またはいろいろの事情を考慮した上、訴追を必要としないと考えるときは起訴猶予にします（二四八条）。なお、事件が罪とならないとき、犯罪の嫌疑がないか不十分なとき、訴訟条件が備わっていないとき、のどれかにあたるときは、検察官は不起訴処分にします。起訴猶予も（広義の）不起訴処分の一種です。これらについては、レジュメの表を参照して下さい。

第七章　公訴の提起

一　国家訴追主義および起訴独占主義

刑事訴追の二つの型＜国家訴追主義
私人訴追主義＜被害者訴追主義
公衆訴追主義
私訴（フランス・ドイツ

国家による起訴独占（原則）――例外＜（限定的）
補充的私訴（オーストリア（限定的）
→わが国は認めず

起訴独占主義――国家機関のうち検察官だけに訴追権
△国家訴追主義＋起訴独占主義（二四七条）
検察官――（被害者のために公訴を提起するのでなく、社会秩序の維持という観点から公訴を提起
長所……（報復感情にとらわれず冷静な判断可能
全国的に均斉のとれた訴追が可能
短所……（被害者の意思からの遊離のおそれ
検察官―官僚組織…民衆から遊離する危険
起訴便宜主義と結合…恣意的訴追・不訴追の危険

二　起訴便宜主義

1　意義

＜起訴便宜主義――起訴猶予を認める
起訴法定主義――犯罪の嫌疑があり、訴訟条件が備われば必ず起訴すべしとする

起訴便宜主義―┤起訴の強制によって生じる具体的正義に反する事態の回避
一旦起訴されると有罪判決――前科というスティグマの回避
起訴自体により蒙る社会的不利益の回避
但し訴追裁量が、適正な基準に則り、公平に運用されることが前提

←

2　起訴・起訴猶予の基準

←考慮（① 犯人に関する事項
② 犯罪自体に関する事項
→事項 ③ 犯罪後の状況に関する事項
←基準化・定量化で困難
諸要素の総合的判断――「感」
＜慣行的尺度
決裁制度――事件処理の統一
＞批判

3　捜査のあり方との関係

起訴便宜主義→「情状」についても調査の必要←捜査を長期化・糺問化（松尾ほか）
情状の調査のため捜査が長期化し糺問化することはない（横井）
検察官の権限強化→「終局処理者」→十全の証拠の保全
←
捜査の長期化・糺問化の一因か

二つの方向
↗① 検察官は起訴猶予すべき情状をちゃんと調査すべしという方向（井戸田）
↘② 起訴猶予は限られた捜査にもとづく検察官の起訴放棄処分と考えるべきだとする方向（田宮、三井）

△起訴猶予処分＝恩恵的処分という考え方の及ぼす弊害
〈恩恵的処分だけに不当と思っても不服申立しない
〈起訴猶予をえさにして自白を誘引するおそれ（平場）

→ 改善方法

○起訴猶予——基準に照らし訴追の必要性が客観的になければ、被告人は訴追の負担から解放される制度

三　不当な不起訴処分に対する控制

1 告訴・告発人への不起訴処分の通知（二六〇条）
（請求があれば）理由の通知（二六一条）

2 検察審査会

(1)現状

構成——衆議院議員の選挙権者からくじで選ばれた一一人の審査員（検審四条）

所掌——検察官の公訴を提起しない処分の当否の審査（検審二条一項一号）

申立権者〈告訴・告発をした者　（検審二条二項）
　　　　〈被害者

職権で審査開始もできる（検審二条三項）

議決——起訴担当——八人以上が必要（検審二七条）

謄本の送付——不起訴処分をした検察官を指揮する検事正宛（検審四〇条）、但し拘束力なし（検審四一条）

(2)改正された検察審査会法

3 付審判請求手続

(1)〈公務員の職権濫用罪についての不起訴処分に対する不服申立
　〈付審判決定のあった場合——公訴提起の効力——起訴独占主義の唯一の例外

ドイツの起訴強制手続との差異

付審判制度の本質——公務員の職権濫用に対し国民の人権保障を実効的なものとするための政策的制度

(2)　手続
二六二条——二六九条

(3)　手続の問題点

①　公訴時効は〈ⓐ付審判の請求によって停止する
　　　　　　〈ⓑ付審判の決定があって初めて停止する…最決昭三三・五・二七

②　被疑者にも裁判官の忌避申立権があるか
最決昭四四・九・一一
〈付審判手続…検察官の不起訴処分の当否の審査を裁判所に委ねたもの
〈裁判官の権限は極めて広範
〉肯認

③　請求審理手続への請求人の関与
(ア)　捜査記録の閲覧権（代理人）
(イ)　証人請求・証人尋問立会権

手続構造

(i)　捜査説…検査官捜査の裁判所による続行——東京地決昭三九・九・三〇　(ア)(イ)を否定

(ii)　訴訟説

ⓐ　抗告訴訟類似の構造（前川）
裁判官　請求人　検察官　訴訟物…検察官の不起訴処分の当否
(ア)(イ)を肯定

ⓑ　通常の審判類似説（鈴木茂等）
裁　請求人　被疑者　訴訟物…付審判請求の理由の有無
(ア)(イ)を肯定（四七・四八年度における大阪地裁の方式）

(iii)　捜査に類似する性格をも有する公訴提起前における職権手続

⇠ …最決昭四九・三・一三

この基本構造に反しない限り適切な裁量により必要な審理方式をとりうる ⇠

(イ)を原則として否定

④ 職権濫用罪以外の罪への訴因変更の可否

肯定説…最決昭四九・四・一、香城

否定説…訴訟条件の後発的欠如――高田、米田、松尾

四　不当な起訴に対する控制

従来の訴訟条件欠如のばあい以外に不当起訴と考えうる場合あり

← これを訴訟障害事由として構成＝公訴権濫用論→三つの類型

1 嫌疑のない起訴

有罪判決を得られる見込み＝公訴権成立の実体的要件
これがはじめから存在しないことが手続上明らかな場合
→三三九条一項二号で公訴棄却
} 高田

公訴提起を許容する客観的嫌疑の存在を欠くばあい→
公訴棄却（井戸田）

〈批判〉

① 嫌疑の有無について二重の審査を要求するのは不自然
② 予断排除の原則に抵触
③ 無罪判決の方が被告人に有利（平野）
④ 起訴時に確実な嫌疑を要求すると、捜査手続を糺問化（三井）
⑤ 訴訟外での救済の方が妥当（松尾）

〈反批判〉

①' 嫌疑なき起訴に対し国家賠償が肯定されるのに、起訴に嫌疑を要求すべきでないとするのは矛盾
②' 被疑者の申立をまって審査すべき要件と考えれば批判①②は回避可能
③' 迅速な無罪判決は必ずしも期待できぬ「現状」に注目する必要（田宮）

起訴が証拠に支えられていないことが、たまたま暴露されたような場合で、それにも拘らず迅速な無罪が期待されないような場合

← 妨訴抗弁的構成

2 応訴の負担から被告人を早期に解放

起訴猶予基準を逸脱した起訴

軽微な事件の起訴、平等原則に反する差別的起訴、悪意に基づく起訴

形式裁判で訴訟が打切られることがなければ、有罪判決（1のばあいとの差）

軽微事件――〈可罰的違法性なし――無罪の実体判決〉よりも〈訴追の負担から被告人の早期の解放〉がベター

← 公訴権濫用論肯定の必要

(1) 理論構成

「起訴猶予すべき事情の不存在」＝訴訟条件
「起訴猶予すべき事情」が存在するに拘らず起訴――免訴判決（井戸田）

「刑事訴追の必要性についての刑事政策その他の考慮を客観的に行う義務」違反（岡部）

(2) 訴追裁量には限界があり、司法審査は可能だとする見解（田宮）

理由
(i) 客観的な限界のある羈束裁量
(ii) 起訴猶予＝捜査の一応の結論として消極的起訴放棄処分
(iii) 当事者の活動は裁判所のコントロールに服する

(3) 限定的に肯認するもの

①
(i) 訴追裁量の客観性を過度に追求→究明的で厳格な捜査活動を招くおそれ
(ii) 立証内容が複雑化→実体審理との関係の曖昧化

←「不法な意図（ないし重大な過失）にもとづく明白に軽微な事案の起訴」（三井）

「ごく軽微な事件、普通ならばとうてい起訴しなかったであろ

う事件の起訴」(松尾)

② 「明らかに不合理な差別的訴追」(鴨、石川)

(4) 否定説

事件の軽微性――裁判所の実体形成の結果はじめて判明↓公訴提起批判の尺度とならず(正田)

不平等訴追――諸般の情状全般についての審理を必要↓本案審理との重複、訴訟の遅延

(5) 判例の動き

下級裁判所

〈公訴権濫用のありうることは一般論として承認〉一般

〈当該具体的事案では認められない

東京高判昭五二・六・一四(チッソ川本事件控訴審判決)――具体的事案につき公訴権濫用を認む

最決昭五五・一二・一七(チッソ川本事件上告審決定)

① 裁量権行使に考慮事項(二四八条)
検察官は公益の代表者(検四条)
権利の誠実行使義務(一条、規則一条)
}→裁量権の逸脱が公訴の提起を無効ならしめる場合はある

↓ しかし、「例えば公訴の提起自体が職務犯罪を構成するような極限的な場合」に限られる

② 裁量事項――情状を含め広範
他の被疑事件の公訴権の発動の当否は軽々に論定できず

(6) 最決の評価と公訴濫用論の今後

3 違法捜査に基づく起訴

(1) 実際の類型

① 訴追を目的とする犯罪の誘発(いわゆる「おとり捜査」前出第一章)

② 逮捕の際の暴力の行使
大森簡判昭四〇・四・五――公訴棄却
最決昭四一・七・二一――捜査手続に違法があっても、公

訴提起の手続が無効となるとはいえない

③ 手続の遅延による少年年齢の徒過
仙台高判昭四四・二・一――公訴棄却
最判昭四四・一二・五――捜査手続の違法は、公訴提起の効力に関係がない

(2) 学説

① 捜査手続に違法――検察官「起訴猶予処分にすることによって抑止機能を果すべき客観義務」違反→公訴の無効(岡部)
捜査手続のデュー・プロセス違反→検察官「犯罪後の状況により訴追を必要としない」場合 違反→公訴棄却(松尾)

② ①の検察官の義務違反を媒介項とする間接的構成を批判
捜査手続に重大な違法→それ自体訴訟障害を構成(小田中)

③ 捜査手続に重大な違法→違法捜査の抑制の必要あり→公訴棄却(田宮)(公訴権濫用論とは分離)

五　一部起訴は許されるか

一部起訴とは
① 科刑上一罪又は包括一罪の一部のみの起訴
例・「住居侵入・窃盗」→「窃盗」
② 単純一罪の一部だけの起訴
例・i) 結合犯の一部起訴　強盗傷人→強盗
ii) 強姦事件で告訴のない場合、手段たる暴行で起訴

消極説
ⓐ 実体的真実に反する
ⓑ 単一の犯罪は訴訟上不可分

積極説
ⓒ 審判の対象は公訴事実、訴因はその法的評価を示すもの

ⓐ' 訴訟対象の設定――当事者たる検察官の権限、起訴便宜主義の存在

検察官の請求の範囲内での真実発見―現行法の立場

ⓑ' 一部が別個の構成要件に該当し、独立の「訴因」を構成しうるなら分割可

ⓒ' 訴因だけが審判の対象

積極説が妥当（但し実体的真実によって耐えられないような一部起訴は不可）

判例
- ①の場合・可
- ②(i)の場合・可
- ②(ii)の場合・不可…暴行による起訴を許すと親告罪の趣旨を没却

ⓐ 最決昭五九・一・二七

買収資金の供与罪（交付罪も成立するとそれを吸収）

→交付罪としての起訴可

批判 → ⓐ 名古屋高判昭六二・九・七

六　公訴提起の方式

書面主義（二五六号一項）

起訴状の記載事項（二五六条二項）

- 一、被告人の氏名又は被告人を特定するに足りる事項
- 二、公訴事実 ｝第十章「訴訟対象」で説明
- 三、罪名

↓規則一六四条一項、二項

七　誰が被告人か――被告人を定める基準

(1) 基準　意思説（検察官が誰を起訴する意思であったか）

表示説（起訴状の表示により客観的に）

行動説（被告人らしく行動した者も被告人）

通説――「起訴状の表示を中心としつつ、検察官の意思及び客観的諸事情を資料として、表示説・意思説・行動説の判定基準を併用のうえ合理的に解釈した結果、起訴状によって指し示されていると解せられる者が被告人」

(2)
① 誰が被告人として起訴されたか――実質的意味での被告人を定める基準の問題

② 実質的意味での被告人でないのに、その者に事実上訴訟係属を生じるのは、どのような場合か――形式的意味での被告人を定める基準

｝区別の必要あり

(3) 略式命令のばあい

① 略式命令――書面審理――起訴状に表示された者が被告人

但し、氏名冒用の事実が判明し、正式裁判請求のばあいは実質的表示説で

② Bの氏名をAが冒用――略式命令の被告人表示はB――略式命令の履行A

（身体不拘束―三者即日処理方式のばあい）

略式命令の効力は被冒用者Bについて生じる（最決昭五〇・五・三〇　井上正仁、坂口裕英）

③（逮捕中待命略式のばあい）

略式命令告知後、冒用の事実判明――

検察官が正式裁判請求――起訴状の表示を「B」から「A」に訂正を肯認（大阪高決昭五二・三・一七）

八　即決裁判手続

1 即決裁判手続の趣旨

2 即決裁判手続の申立て

(1) 公訴提起と同時の申立て（三五〇条の二）

(2) 弁護人が同意し、又は意見留保する場合に限る（三五〇条の二第二項・第四項）

(3) 職権による国選弁護人の選任

3 即決裁判手続による審理の決定

(1)　公判準備
弁護人の意思の速やかな確認の必要（三五〇条の九）。
証拠開示
(2)　即決裁判手続をとる旨の決定
・三五〇条の八（決定）
・弁護人のない場合
開廷できない→弁護人の職権による選任
4　即決裁判手続における公判審理
(1)　即日判決の言渡し（三五〇条の一三）
・証拠調の方法・順序等の規定の不適用
・伝聞法則の（原則）不適用（三五〇条の一二）
(2)　科刑制限と上訴制限
科刑制限—猶行猶予の言渡しが原則（三五〇条の一四）
上訴制限—事実誤認を理由とする
控訴申立及び原判決破棄の禁止（四〇三条の二第一項、
第二項）
上告審による事実誤認を理由とする
原判決破棄の禁止（四一三条の二）。

九　犯罪の被害者

1　被害者のこれ迄の立場
2　被害者の立場の配慮

一　国家訴追主義および起訴独占主義

「公訴は、検察官がこれを行う」（二四七条）。公訴の提起及び遂行は、国家機関である検察官が行うという意味で、これを国家訴追主義と呼びます。これに対置されるのは私人訴追主義です。私人訴追主義とは、刑事訴追を国家機関でない一般私人にゆだねる方式ですが、それはさらに被害者訴追主義（被害者の申立によって訴訟が開始される方式）と、公衆訴追主義（一般公衆の何人からでも刑事の訴追が可能だとする方式）に分かれます。

検察官制度成立前のヨーロッパ大陸では、かねてから刑事訴追の公的性格が強調されていましたが、裁判官が裁判のみならず訴追も担当する糺問訴訟の弊害がようやく認識されるとともに、刑事訴追を担当する国家機関として検察官という制度が導入されました。即ち、はじめから国家訴追が念頭にあって、それを担う独立の機関として検察官が登場したといってよいでしょう。もっともイギリスのように私人訴追主義を標榜する国もあります。イギリスでも刑事訴追は実際は警察によってなされていますが、警察は公衆として訴追するので公衆訴追主義といってよいでしょう（もっとも、一九八五年の犯罪訴追法で訴追機関としての検察制度が創設されました。小山雅亀・イギリスの訴追制度四三頁以下参照）。検察官制度をもち、それに公訴の開始及び維持を委ねている国々でも、公訴と並んで被害者に私訴権を広くみとめる制度（フランス）、一定の犯罪に限ってですが被害者である私人にも訴提起の権利を認める制度（私訴、ドイツ）又は一定の犯罪について検察官が起訴しなかった場合に補充的に私人に訴追をみとめる制度（補充的私訴、極めて制限的ですがオーストリアにあります）を置いているところがあります（それらはもともとは犯罪の被害者にあった訴権を国家がとりあげ独占してしまったことに対し、程度の差はあれ、これを匡正する制度といってよいでしょう）。わが国では、被害者に私訴権を認めていないので、もっとも徹底した国家訴追主義をとっていることになります。

国家訴追主義のなかで、国家機関のうち検察官だけが訴追権をもつ方式を、**起訴独占主義**とよびます。二四七条は、したがって、刑事訴追について国家訴追主義と起訴独占主義をとる旨を明らかにしたものということになります。刑事訴追の公的な性格はきわめて強いものとなっています。したがって、検察官は、被害者のために公訴を提起するのではなく、社会秩序の維持という観点から、公益を代表して公訴を提起する（平野・一二五頁）ことになります。即ち、訴追が個人的な報復感情にとらわれず、犯罪の軽重、社会的影響、被害者の感情、犯人の諸事情を総合的かつ冷静に判断してなされることができます。また、検察官は「検察官同一体の原則」のもとで活動することにより全国的に統一のとれた制度の運用が可能です。これは国家訴追主義・起訴独占主義の長所といえます。しかし、他面、被害者その他の私人から訴権を奪って国家がそれを独占し且つその行使が官僚的組織の手に委ねられていることは、訴追をしないことによって被害者等に訴訟を保証しない危険とか、また逆に被害者の意思から全くかけ離れて過剰に訴追をするおそれがあります。また一般的に民衆の考えから遊離する危険も伴っています。これが、あとで述べる起訴便宜主義とむすびつくときは、その弊害は一層大きくなる危険があるといってよいでしょう。このような欠点を匡正するために、諸々の制度がありまた理論が唱えられているわけですが、この問題に入る前に、まず、起訴便宜主義について考察しておきましょう。

二　起訴便宜主義（二四八条）

1　意　義

犯罪の嫌疑があり、訴訟条件が備わっているときでも、必ず公訴を提起しなければならないわけではありません。法は、「犯人の性格、年齢及び境遇、犯罪の軽重及び情状並びに犯罪後の情況により訴追を必要としないときは、公訴を提起しないことができる」（二四八条）としています。これが**起訴猶予**の制度です。この起訴猶予を認める主義を起訴便宜主義といいます。

これに対して、犯罪の嫌疑があり、訴訟条件が備わっている場合に必ず起訴がなされねばならない主義を起訴法定主義といいます。ドイツでは伝統的にこれが建て前とされてきましたが、そこでは刑事訴追を検察官の裁量に委ねると、訴追の公平性を欠くおそれがあると考えられたわけです。同時に、犯罪は法秩序に対する侵害であり、一旦発生した刑罰権を貫徹することは正義の要求するところであるという刑罰思想が背景にありました。とくに、私人から訴権を奪い国家がそれを独占していながら訴追が恣意的になされたばあいには国家訴追主義の正当性が失われると考えられたわけです。そこで犯罪の嫌疑があり訴訟条件が備わっていれば検察官は原則として訴追義務があるとするのです（もっともそれは建て前であって、多くの例外規定によって訴追義務が緩和されているのが実情ではあります）。

しかし、およそ犯罪がある以上その処罰が必要だという古い応報刑主義はすたれて、現代の応報刑主義も、一般の人々の規範意識の強化という一般予防に必要な限度で、刑罰を加えようとするにすぎないものですし、改善刑主義も、犯人の改善に必要な限度で刑を加えようとするものです（平野・一二五頁）。このようにみると、法益侵害がきわめて軽微な場合など、起訴することが、かえって刑罰目的にもそわない処罰要求である場合もでてきます。起訴の強制によって生じる具体的正義に反する事態の回避もまた起訴便宜主義の機能といってよいでしょう。また、一旦起訴されると、その殆どは裁判所で有罪判決を受けることになり、その際たとい執行猶予がついても、前科者というラベルが貼られることになります。また一旦起訴されると、起訴されたということだけですでに法律上の不利益を受ける場合がある（公務員法七九条参照）だけでなく、それ自体で既に犯罪者であるかの如き社会的評価をうけるおそれもあります。このような「ラベル」貼りやスティグマを与えることなく早期に刑事手続から解放する方が、ベターな場合があることは否定できません。

このように考えると起訴便宜主義の方が、刑事制度全体の目標の実現により適合した方式のように思われます。しかし、それは起訴便宜主義の運用が適正な基準に則り公平に行なわれるという前提のもとでのみ言えることです。検察官によって訴追裁量が恣意的に運用され、例えば一定の政治目的のため不当な不訴追が実行されるならば、国家訴追主義自体の正当性が揺らがざるをえないし、不公平に且つ過剰と思われる訴追が行われるならば、それは起訴法定主義よりも起訴便宜主義を選んだ根拠が揺らぐでしょう。

2　起訴・起訴猶予の基準

検察官が起訴・起訴猶予の決定にあたり、その判断の基準とすべき事項として、法は「犯人の性格、年齢及び境遇、犯罪の軽重及び情状並びに犯罪後の情況」を揚げています（二四八条）。これを大別すると、①犯人に関する事項、②犯罪自体に関する事項及び③犯罪後の情況に関する事項の三種になります（この分類は松尾・上一六五頁による）。具体的にみると①については、素行、性癖、知的能力、生活史、健康状態、前科・前歴の有無、犯行時及び現在の年齢、家庭環境、職業、交友関係など広い意味で性格・環境に含まれる事項が、②については法定刑の軽重、被害の大小、加重減軽事由の有無、共犯の有無、犯行の動機、方法、犯罪による利得の程度、被害者との関係、犯罪の社会的影響など、いわゆる犯罪の軽重及び情状に当たる事項、さらに③としては、改悛《かいしゅん》の情の有無、被害の回復や謝罪の努力、示談の成否、時間の経過、社会情況の推移、法令の改廃、犯人の生活状況、身許《みもと》引受人の有無など、諸般の事情を考慮して、起訴か起訴猶予かの決定がされます。②は主として一般予防的な標準、③は主として特別予防的な標準、①は両様の意味をもつといってよいでしょう（松尾・上一六五頁、臼井滋夫・青柳文雄他編『註釈刑事訴訟法』Ⅱ三四六―七頁）。もっとも、これらすべてが考慮されるわけではなくて、罪種によって重点の置き所は異なっています。例えば、窃盗・詐欺などの財産犯では、(イ)犯行の手口、(ロ)被害額、(ハ)犯行の回数、(ニ)動機、(ホ)被害弁償の有無が、傷害などの人身犯においては、(イ)傷害の部位・程度、(ロ)犯行の態様・凶器の有無、(ハ)被害者側の誘発の有無、(ニ)被害者の宥恕の有無などの要素を中心に訴追の要否が決せられているといわれます（山本和昭・高田卓爾＝小野慶二編『刑事訴訟法の基礎』一五〇頁、三井誠・法協九一巻一二号二四頁、三〇頁参照）。

具体的事案に則して重点のおきどころが異なることは首肯できますが、同じ罪種なら罪種で、訴追裁量が適正・公平に行使されることこそが重要です。そこで、一定の罪種については起訴猶予の要素を数量化し、数値によって起訴・不起訴を決定する試みもなされてはいます。しかし、一般的には、考慮事項のいずれもが基準化、定量化が困難であるとし、結局起訴猶予の可否は、前述の諸要素の総合的判断、最終的には、事件を直接取り調べた検察官の全人格的な判断、ある意味では「感」に頼らざるをえず、決裁判度や、ある程度の基準の設定等がその「感」による結論を合理的な範囲内にとどめるよう機能することになろう、とされます（亀山継夫・現代刑罰法大系5前掲四五頁）。あるいは長い年月と多数の事件の処理を通じて自然にできあがった慣行的尺度があり、検察官同一体の原則により、個人差や地域差の調整が適切に行われている（臼井滋夫・前掲註釈Ⅱ三四八頁、なお横井大三・公判法大系Ⅰ八七—八八頁）といわれます。

たしかに、担当の検察官の一存でなく、彼が一応の結論を出したのち、上席の検事（部長、副部長あるいは検事正、次席検事など）が決裁する制度がとられておりそれが判断の精度を高め、事件処理の統一に役立つことは認められます。

具体的事案の適切な処理のためには、裁量にある程度の幅が必要であること、基準の客観化を徹底し且つそれが公けにされると一般予防を損なうおそれのあることは認められますけれども、基準そのものがやや不明確で、可視性に乏しく、慣行的尺度があるとはいえ「感」に頼るという現状は、なお改善を要するように思われます。罪種毎に考慮すべき項目をリスト・アップし、それに一応の基準を設けてそれに従うようにし、具体的事情でそれから離れるときは、簡単であれ理由を付するというような運用が望まれます。

3　捜査のあり方との関係

起訴便宜主義の採用の結果、検察官は犯罪の嫌疑の点についてのみならず「訴追を必要としない」かどうかを決する諸事情（情状）についても、十分な資料を集めざるをえず、そのことが捜査をして微に入り細を穿《うが》つ傾向をもたせ、捜査手続を糾問化していると批判されます。その結果、起訴の段階ですでに検察官が一応の「裁判」を終了したといっても過言でない状況があり、公判は半ばこの「裁判」に対する再審査の観を呈している、と（松尾・上一六八頁）。

もっとも情状の調査のために捜査が長期化し糾問化するという主張に対しては、事実関係の証拠の収集のためにあるいは捜査に無理がかかることはあっても、起訴便宜主義の運用のために捜査に無理がかかることはほとんどないと思われるという見解（横井・前掲八五―八六頁）があります。一般的にいって、特別予防のための資料の収集に格別の努力が払われているとは思われない（横井・前掲八九頁）ということでしょう。

そうすると、起訴便宜主義は、その刑事政策的意義のゆえに、検察官に広い裁量権を与えたわけですが、その広い裁量権のゆえに検察官が事件のいわば終局的処理者をもって任ずることとなり、その結果ふるい落されなかった事件は、公判における裁判所の審査に十分耐えるものでなければならないという信念と伝統を生み出したように思われます。公判における審査に十分耐えるためには、むしろ被告人が犯人たることの証拠が十分保全されていることこそ重要となります。したがって捜査段階で検察官調書の形での供述保全に力が注がれることになります。起訴便宜主義がこのような形で一面で検察官の捜査権・取調権の強化とつながっているといえるかもしれません。捜査の長期化・肥大化を防止するために、起訴猶予を、端的に、限られた捜査にもとづく「起訴放棄」処分と構成しようとする最近の一部学説の動き（三井・田宮）は、この点に焦点を合わせたものといってよいでしょう。他方、方向を異にして検察官は起訴猶予すべき情状を十全に調査すべしとする見解（井戸田）もあります。

第二は、起訴猶予が恩恵的にとらえられる点から生じる弊害です。条文の「訴追を必要としないときは」「公訴を提起しないことができる」という文言が、訴追しようと思えばできるのだが恩恵的に訴追しない権限を検察官に与えた趣旨に解されがちです（「訴追する必要がない」のに「訴追する」のは自己矛盾ですが）。平場教授は夙《つと》に、①この恩恵を受けなかった者は内心不服であっても、これを正面切って争うことは困難である。それだけに起訴猶予処分は事後審査に親しみにくく、②犯罪後の情況を考慮事情に入れたのは注目すべきことだが、反面起訴猶予を餌にした自白強要の危険をはらんでいる、と指摘されました(平場安治「検察官」現代法6二五七頁)。捜査のあり方との関係では、②がとりわけ重要であるように思われます。起訴猶予が検察官の恩恵ではなく、基準に照らし訴追の必要性が客観的になければ、被疑者は訴追の負担から解放されるという制度であることを認識することが必要であるように思われます。そのためにも捜査の可視性が高められる必要があります。

三　不当な不起訴処分に対する控制

1　告訴・告発人への通知

検察官は、告訴、告発または請求のあった事件について、公訴を提起しない処分をしたときは、速やかにその旨を告訴人、告発人または請求人に通知しなければなりません(二六〇条)。この場合に、告訴人、告発人または請求人の請求があれば、その理由も告げなければなりません(二六一条)。不起訴にした直接の最も主な理由である「罪とならず」、「証拠不十分」、「刑事未成年」、「起訴猶予」などを通知すれば足りるとする説(ポケット註釈(上)六三三頁)もありますが、その内容である事実も含むとするのが(平野・一二六頁)妥当でしょう。不起訴処分の通知の制度は、それ自体、検察官の専断的な不起訴処分を間接的に抑制しようとするもの(ポケット註釈(上)六三二頁)ですが、さらに、告訴人等に不起訴処分の当否につき検討する機会を与え、検察審査会に対する審査申立てや、準起訴手続による審判請求の機会を与えるという意義ももちます。

2　検察審査会

(1)　現　状　検察審査会は「公訴権の実行に関し民意を反映せしめてその適正を図るため」(検審一条)に設けられた

もので、地方裁判所の管轄区域内に少なくとも一つ（かつ合計二〇〇以上）置かれねばなりません（検審一条一項）。審査会は、衆議院議員の選挙権を有する者の中からくじで選定された、一一人の審査員で構成されます（検審四条）。検察審査会は、(i)検察官の公訴を提訴しない処分の当否の審査に関する事項、(ii)検察事務の改善に関する建議又は勧告に関する事項を掌りますが（検審二条一項）、ここで重要なのは(i)です。告訴、告発もしくは請求をした者、または犯罪により害を被った者（犯罪により害を被った者が死亡した場合においては、その配偶者、直系の親族又は兄弟姉妹）（以下被害者と呼ぶ）は、検察官の公訴を提起しない処分に不服があるときは、処分をした検察官の属する検察庁の所在地を管轄する検察審査会に、その処分の当否の審査の申立をすることができます（検審三〇条）。この申立があったときには検察審査会は審査を行わねばなりませんが（検審二条二項）、職権で審査を開始することもできます（検審二条三項）。審査会議の議決は過半数によりますが、起訴相当の議決をするには、とくに八人以上の多数が必要です（検審二七条）。審査の結果、起訴相当、または不起訴不相当の議決をしたときは、理由を付した議決書を作成し、その謄本を、当該検察官を指揮・監督する検事正に送付します（検審四〇条）。しかし起訴相当の議決も、法的には検察官を拘束する効力はなく、検事正はその議決を参考にして、起訴すべきものと考えるとき起訴の手続をしなければならないだけです（検審四一条）。

さて、この制度運用の実態をみると以下のようになっています。一九四九年から二〇〇四年迄の検察審査会における既済件数（人）は、一四二・九七四人で、そのうち起訴相当・不起訴不当の議決のあった件数（人）は一六・七九一件（人）（一一・七％）、不起訴相当七七・四二五件（人）（五四・二％）、その他四八・七五八件（三四・一％）となっています。そのうち、検察官の措置したのは総件数一六・四〇〇件（人）に対し、起訴一・二六七件（七・七％）、不起訴維持は一五・一三三件（九二・三％）となっています（最高裁判所総局刑事局「平成一六年度における刑事事件の概況（上）」法曹時報五八巻二号二二四―二二六頁）。

(2) 改正された検察審査会法（平一七―法五〇、但し施行は平成二一年五月二七日迄に政令で定める日から）。

現在の検察審査会の制度は、公訴権の運用に民意を反映しようとした制度として、それなりの意義をもっていることは認めねばなりません。しかし、検察審査会の議決に法的拘束力はなく、審査会の議決を参考にしつつも、公訴を提起するかどうかは、最終的に検察官が判断するものとされてきた点に、即ち、民意を公訴に反映させる面で不徹底であることに批判が向けられてきました。

今般、司法制度改革審議会意見は、「検察審査会制度の機能を更に拡充すべく、被疑者に対する適正手続の保障にも留意しつつ、検察審査会の組織、権限、手続の在り方や、起訴、訴訟追行の主体等について十分な検討を行った上で、検察審査会の一定の議決に対し法的拘束力を付与する制度を導入すべきである」という提案をしました。それを受けて二〇〇四年、重要な法改正が行われました。施行は二〇〇九年（平成二一年）五月二七日迄の政令で定める日からですが、以下改正法の中味を重点的に解説しておきましょう（なお参考文献として、伊藤榮二「検察審査会法の改正について―〔現代刑事法二〇〇四年一一月号五六頁以下〕、辻裕教「刑事訴訟法の一部を改正）する法律（平成一六年法律第六二号）について（四・完）」（法曹時報五八巻八号三頁以下））。

(a) 二段階審査による検察審査会の起訴議決

検察審査会が、第一段階の審査において、起訴相当の議決（検審三九条の五第一項第一号）をしたのに対し、検察官が当該議決に係る事件について、再度不起訴処分をしたとき又は一定期間内に公訴を提起しなかったときは、当該検察審査会は、改めて審査（第二段階の審査）を行わねばなりません（検審四一条の二）。そして、その審査において改めて起訴を相当とみとめるときは、検察審査員八人以上の多数によって起訴をすべき旨の議決（**起訴議決**）をします（検審四一条の六第一項）。この議決には拘束力が認められます。このように検察審査会の起訴議決にもとづき公訴が提起される制度が導入されたわけで、これにより公訴権行使に直截に民意が反映されることになりました。このように重要な審査なので、慎重を期して、起訴議決をするには、あらかじめ検察官に対し、検察審査会議に出席して意見を述べる機会を与えなければならないとされています（検審四一条の六第二項）。また、第二段階の審査では、弁護士の中から**審査補助員**を必ず委嘱しなければなりません（検審四一条の四）。

(b) 起訴議決に基づく公訴の提起と公訴の維持　起訴議決書の謄本の送付を受けた（検審四一条の七第三項）裁判所は、起訴議決に係る事件について、公訴の提起及びその維持にあたる者を弁護士の中から指定しなければなりません（検審四一条の九第一項）。そして、指定された弁護士（**指定弁護士**）は、起訴議決に係る事件について、公訴を提起し及びその公訴を維持するため、検察官の職務を行うことになります（検審四一条の九第三項）。事件につき起訴決議があっても、公訴の維持にあたるのが、当該事件について終始不起訴の意見であった検察官であるとすると、果して公訴の維持に熱心であることを必ずしも期待できないことが、指定弁護士の制度のおかれた理由といってよいでしょう。

3　付審判請求手続

(1)　これは刑法一九三条ないし一九六条または破防法四五条の職権濫用罪ならびに公務員による電気通信事業法第一〇四条第一項及び有線電気通信法第一四条第一項の秘密侵害罪について、告訴または告発をした者が、検察官の不起訴処分に不服があれば、裁判所にその事件を審判に付することを請求し、裁判所がその請求を理由があると認めたときは、その事件を審判に付する旨の決定をし、それによって公訴提起の効力が生ずるものであります（二六二条―二六九条）。それでこれを裁判上の準起訴手続とか、付審判の手続と呼んでいます。これは起訴独占主義の一つの例外になります。

この制度は、ドイツの起訴強制手続（独刑訴一七二条以下）に示唆をえてつくられたものといわれます。しかし、起訴強制手続が、端的に検察官の不起訴処分の一般的な控制手段であって対象となる犯罪の種類を問わないのに対して、付審判請求手続は職権濫用罪の場合に限る点、請求が理由がある場合に起訴強制手続は検察官に起訴を義務づけるにとどまり、検察官の訴追という形式は維持されるのに対し、付審判請求手続では、裁判所の付審判決定があると、自動的に起訴の効力が生じる点で違いがあります。

わが国の制度は、公務員による職権濫用に対し国民の人権保障を実効的なものとするための政策的制度であることを本質とする（田宮・刑訴I四七六頁）といってよいでしょう。

検察官が公訴権を独占し、しかも起訴・不起訴の裁量権をもっている制度のもとで、公務員とりわけ警察官の職権濫用罪が不起訴（起訴猶予）になる可能性がどうしても大きいわけです。そこで旧刑訴時代から在野法曹によって公務員の職権濫用について告訴・告発のあったときは裁判所が起訴・不起訴を決めるべきだという法律案が再三にわたり出されていました。この趣旨が、準起訴手続に採用されているとみるのが妥当なように思われます。

もっとも、ドイツの起訴強制手続の影響をうけていることも否定することはできません。

(2) 手　続　請求権者は告訴又は告発をした者です（二六二条一項）。不起訴処分がなされた場合にだけ許され、たんに捜査が遅延しているだけでは、請求できません。不起訴処分の通知（二六〇条）を受けた日から七日以内に、不起訴処分をした検察官所属の検察庁の所在地を管轄する地方裁判所に請求しますが、請求書はさきに不起訴処分をした検察官に差し出します（二六二条二項）。検察官に差し出すことにしたのは、その事件の捜査資料が検察官の手元にあるのと、もう一つは、これによって検察官に公訴提起について再考をうながすためです。検察官は、再度の考案によって請求を理由があると認めるときは公訴を提起しなければなりません（二六四条）が、そうでなければ、意見書を添えて、書類及び証拠物とともに、請求書を裁判所に送付します（規一七一条）。

検察官から右の送付を受けた裁判所は、請求について審判するのですが、審判は合議体でこれをすることになっています（二六五条一項）。そして、請求が法令上の方式に反しているばあい（請求書の記載要件（規一六九条）を欠くような場合）や請求権の消滅後になされた場合には、請求を棄却します。請求に理由がないときも同様です（二六六条一号）。もし、請求に理由のあるときは、事件を管轄裁判所の審判に付する旨の決定をします（同条二号）。これを**付審判の決定**といいます。

裁判所が事件を審判に付する決定をしたときは、その事件について公訴の提起があったものとみなされます

（二六七条）。そしてこの決定を記載した裁判書が起訴状に代わることになるわけです。

さて、このようにして審判に付された事件のその後の手続は、普通の公訴提起による場合と同様に行われます。ただ一つ違いがあるのは、その事件の公訴の維持にあたるのは検察官でなく、裁判所が指定した弁護士であることです（二六八条一項）。せっかく事件を審判に付しても、検察官が公訴の維持に不熱心であれば、有罪になるべき被告人が無罪になってしまうおそれがあるからです（なお、新屋達之・村井＝高山＝二瓶編『検証付審判事件』二一四頁以下参照）。

このように指定弁護士は、裁判の確定に至るまで、その事件について検察官の職務を行うわけですが、公訴の取消はできません。みずから公訴を提起したものではなく、公訴を維持するのがその職務だからです（通説）。

(3) 手続の問題点

① 公訴の時効は、付審判の請求によって停止するか、それとも付審判の決定があって始めて停止するか。

審判に付する決定があって始めて停止するというのが判例（最決昭三三・五・二七刑集一二巻八号一六六五頁）です。刑訴法の文言（二五四条、二六七条）からすると、やむをえないでしょう。しかし、(i)検察官が告訴受理後日時を徒過し、あるいは付審判請求後裁判所が事実の取調べに時間を費消するなどのことがあると、被害者に責むべき事由がないのに付審判の目的が阻害されること、(ii)この手続が検察官による起訴独占の例外としての意義をも担うことを考えると、付審判の請求時に公訴時効は進行を停止するよう立法的措置を講ずべきだと思います（ほぼ同旨、梶田英雄・法時四四巻一号一二六頁、井戸田侃『刑事手続構造論の展開』二〇八頁、高田・三九五頁）。

② 被疑者にも裁判官の忌避申立権があるか。

刑訴二〇条および二一条一項には、「被告人」の文言が使用されていて、被疑者には忌避申立権がないかにみえます。だが、いわゆる博多駅事件において、最決昭四四・九・一一刑集二三巻九号一一〇〇頁は、付審判請求は「特殊の犯罪について、検察官の不起訴処分の当否に対する審査を裁判所に委ねたものであり、その審査にあたる裁判所は、いうまでもなく、職務の独立性を保障された裁判官をもって構成され、かつ、その権限は極めて広範なものである（刑訴法二六五条二項）。かような裁判所を構成する裁判官について、その職務執行の公正を期するため、除斥、忌避および回避の規定の適用のあることは…いうをまたずして明らかである」として、付審判請求審理手続での被疑者の忌避申立権を積極に解しました。ここでは、担当機関が裁判所であるという司法機関の性格が根拠とされています。と同時に、付審判請求審理手続は「検察官の不起訴処分の当否に対する審査」を裁判所に委ねたものと述べているので、この時期には最高裁は、付審判請求審理手続の構造を、検察官の不起訴処分の当否を訴訟物とする審判と考えていたのではないかと思われます（松尾浩也・百選〔三版〕九三頁参照）。

③　付審判請求手続に、請求人は当事者的地位において、関与することができるか。

具体的には、(ア)請求人の代理人（通常は弁護士）に捜査記録の閲覧・謄与が認められるか、(イ)証拠の申請ないし証拠調べの立会が許されるか、が問題となりました。そのばあい、付審判請求審理手続を捜査に近いものとみるか（捜査説）、訴訟乃至裁判に近い性格のものとみるか（訴訟説）という構造論が解釈の指針として問題とならざるをえません（田宮・刑訴Ｉ四八一頁）。

(i)　捜査説　付審判請求審理手続を、検察官の捜査の裁判所による続行とみる見解（東京地決昭三九・九・三〇下刑集六巻九・一〇号一一〇一頁、東京高決昭四〇・五・二二下刑集七巻五号八一〇頁）。そしてそこから「請求人又はその代理人を手続に関与させ、これらの者に審理の内容や経過を開示することは、被疑者の名誉を傷つけ、延いては捜査の効果を減殺する虞がある」（前掲・東京高決、傍点筆者）としました。捜査→請求人不関与構造といってよいでしょう。

(ii)　訴訟説　ⓐ（行政事件の）抗告訴訟に準じた訴訟構造をもつものとする説（訴訟物は検察官の不起訴処分の当否、構造は裁判所・検察官及び請求人の三面構造。前川信夫・佐伯編『生きている刑事訴訟法』一四三頁、井戸田侃・立命館法学一〇二号一五七頁、沢田脩・判時六七一号一二頁）、ⓑ端的に不審判請求の理由の有無が審判の対象であり、裁判所・請求人・被疑者の三面関係をもつ通常の裁判所の手続に近い構造をもつとする説（鈴木茂嗣・注解中三二六頁）。(ii)ⓐⓑの説の基礎には、審理の内容と結果に対し重大な利害と関心をもち、しかも通常最も決定的な資料提供者である請求人の関与を一切排除し、秘密のうちに審理・裁判を行うならば、この制度の趣旨が没却されるという考えがあります（なお、田口・一四二頁）。

大阪地裁は、審理手続の構造に言及することなく、昭和四七、八年、審理方式について（部によって差はありますが）ほぼ本節冒頭に挙げた(ア)(イ)の方式を採用しました。

(iii)　最高裁の考え　最決昭四七・一一・一六刑集二六巻九号五一五頁は、（傍論としてですが、）それ（付審判請求審理手続）は「直接に検察官の不起訴処分の効力を争い、あるいは起訴命令を求めるがごとき本来の意味における行政訴訟ではなく、請求人はもとより、被疑者あるいは検察官も、当事者たる地位を有するものではない」とし、「捜査に類似する性格をも有する公訴提起前における職権手続である」としました。また、最決昭四九・三・一三刑集二八巻二号一頁は付審判請求審理手続は①「捜査に類似する性格をも有する公訴提起前における職権手続であり、本質的には対立当事者の存在を前提とする対審構造を有しない」と判示しました。つづいて②「このような手続の基本的性格・構造に反しないかぎり、裁判所の適切な裁量により、必要とする審理方式を採りうるものと解すべき」だとし、③「検察官から送付された捜査記録等の閲覧謄写を請求人代理人に許可することは、これによって被疑者その他捜査協力者らの名誉・プライバシーを不当に侵害する可能性や、真実歪曲の危険性などの存在を否定しきれないのであるから、このような密行性の解除によってもたらされる弊害に優越すべき特段の必要性のないかぎり、裁判所に許される裁量の範囲を逸脱し、違法となると解するのを相当とする」としました（①②③の符号は筆者）、いわんとするところは、この手続が「捜査の性格をも有する」ことから密行主義を導き出し、審理に入るに先立ち請求人の代理人に――守秘義務は課しても――広く捜査記録の閲覧等を許可するのは、裁量権の範囲を逸脱し違法だとすることにあったものと思われます。ここで被疑者（殆どの場合警察官）の名誉の保護が強調されますが、そもそも付審判の制度が国民を被害者とする「公務員」の「職権濫用」が不当に不起訴処分になったような場合に、それの匡正を計る制度であることから考えても（なお刑法二三〇条の二第二項も参照）、疑問の残るところです。ともあれ②で、①の基本構造に反しない限り、裁判所は必要とする審理方式をとることができると認められたのですから、裁判所の訴訟指揮によろしきをえれば、付審判手続の目的（不起訴処分の消極的審査にとどまらず請求人の人権擁護のための積極的な調査活動（田宮・刑訴Ⅰ四八三頁））を、いささかなりとも達成することができるでしょう。

④　職権濫用罪以外の罪への訴因変更は可能か。

最決昭四九・四・一刑集二八巻三号一七頁は、特別公務員暴行陵虐致傷罪で審判に付されたばあい、暴行の事実を認定することができるかにつき、「準起訴裁判所が、相当な嫌疑のもとに刑訴法二六二条一項に掲げる罪が成立すると判断し公訴提起すべきものとして審判に付した以上、その後の審理の結果それ以外の罪の成立が認められるにすぎないことになったとしても、それが審判に付された事件と公訴事実の同一性が認められるかぎり、この事実を認定し処断することが許されないわけではない」としました。これに対し、反対意見は、付審判決定ができるのは、刑訴法二六二条一項に掲げる罪に限られるところ、公判審理の結果これに当らないことが判明した場合は、結局誤って付審判決定をしたことになるのであるから、三三八条四号を準用して、公訴を棄却すべきものである、といいます。二六二条一項に掲げられた罪であることが付審判（公訴提起）の要件即ち訴訟条件であるとすると、そして訴訟条件は起訴条件であるにとどまらず、訴訟の発展・継続のための条件でもあると考えると、反対意見にも理由があるように思われます（訴因変更を不可とするものとして高田・三九六頁、米田泰邦・判タ三一三号一四七頁、松尾・上一四八頁があります）。それにも拘らず私は、特別公務員暴行陵虐致傷罪で裁判所が付審判の決定をしたばあい、少くとも右事実に包含される事実については訴因変更なり縮小認定は許されると考えます。というのは、付審判の決定があると検察官が起訴を強制されるという法制のもとならば、右のことは当然とされるでしょう。現行法制のもとでも、付審判の決定により公訴の提起があったものと、みなされている（二六七条）のは、検察官の手による起訴が強制されて検察官が起訴した場合と同様の効果を認めるという趣旨ではないでしょうか（同旨、香城敏麿・前掲註釈Ⅱ五四四頁）。そしてそう考える方が、付審判の制度の趣旨・目的により合致すると思われます。

四　不当な起訴に対する控制

不当な不起訴処分に対しては、法律は三で掲げた控制手段を準備したけれども、不当な起訴処分に対しては、それを準備していません。もっとも、刑訴法三二九条、三三七条、三三八条、三三九条に掲げられている事由があるとき（即ち起訴が訴訟条件を欠くとき）は、形式裁判で訴訟が打切られることになっているので、これも不当な公訴提起に対する控制といえます。しかし、それらは法定の類型的な無効事由があるばあいで、――法理論上は大変関心がもたれるところですが――、実際にはそれほどひんぱんにおこるわけではありません。むしろ、起訴が不当だとして被告人が争うのは、ビラ貼りのような軽微な事件で、他の同種事件は殆ど起訴されていないのに自分だけ特に起訴されたとか、あるいは自分だけ狙い撃ち的に差別して訴追されたと感じるような場合なのです。このように、従来の訴訟条件欠如と考えられていたもの以外に、不当起訴といえる場合があり、これを新たに訴訟障害事由と考えようという主張が現われました。これがいわゆる**公訴権濫用論**です。これは最初実務から提起されたものですが、やがて学説は、これに検討を加え、問題とすべき事項をおよそ次の三個のパターンに分類しました。すなわち、①嫌疑のない起訴、②起訴猶予基準を著しく逸脱した起訴、③違法捜査に基づく起訴、がそれです。

1　嫌疑のない起訴

かつての通説は、公訴提起のさいに犯罪の嫌疑を必要とするが、訴訟条件とはしませんでした。犯罪の嫌疑のない起訴は許されないが、嫌疑のない起訴かどうかの司法審査はしないという考えです。もっとも旧法下では（一定の重さ以上の罪について）予審制度があり、公判に付するに足りる犯罪の嫌疑がないときは免訴を言い渡すものとされていた（旧刑訴三一三条予審免訴）ので、――いわば司法審査の機会があったので――右の通説の考えで、さほど不都合はなかったわけです。現行刑訴になって予審が廃止されるとともに予審免訴の制度もなくなったので、犯罪の嫌疑のない起訴に対する（予備的）司法審査の機会がなくなりました。こういう中で、起訴されるかどうかは被告人にとって重大な問題であるので、「官権の恣意を制限し、被告人の人権を保障するために」、起訴にあたっては「有罪判決を得られる見込み」（公訴権成立の実体的要件）が必要であり、それがはじめから存在しないことが手続上明白なばあいには、裁判所は公訴棄却（三三九号一項二号）を言い渡すべきだとの主張がなされるに至ります（高田卓爾「公訴権理論の反省」『木村還暦祝賀論文集』（下）八九七頁）。そののちも、「公訴提起を許容する客観的嫌疑の存在」を包括的な「実体的訴訟関係を有効に構成するための要件」と構成する考え（井戸田侃「訴訟条件の機能と内容」立命館法学六二巻三九頁）も出されています。これらは、刑事訴追機関の恣意的な訴追を抑制し、公判継続によって受ける諸々の負担から被告人を可及的速やかに解放するという実践的意図をもっています。

しかしこれに対しては以下の批判が提出されました。即ち、①嫌疑を訴訟条件とすると、まず冒頭手続で相当の嫌疑があるかどうかを取り調べて、相当の嫌疑があると認めたとき始めて実体審理即ち証拠調に入ることになる、それは嫌疑の有無について二重の審査を要求するもので不自然である。②冒頭手続で嫌疑の有無を審査することは予断排除の原則に反する。また嫌疑があって始めて公訴が有効だとすると裁判所は手続中十分な嫌疑があるという見方で手続をすすめることになりはしないか。③嫌疑がないことが分ったときは無罪を言い渡せばよい。無罪判決が確定したならば一事不再理効が生じるので、公訴棄却のばあいよりも被告人に有利である（以上、平野龍一「刑事訴訟における実体判決請求権説」『兼子博士還暦記念論文集』（下）一四九頁）。④起訴時に確実な嫌疑を要求する――起訴の時点で慎重な事件のふるい分けを行う――ことは、綿密で十全な捜査を容認し、捜査構造を糺問化する危険がある（三井誠・高田卓爾・田宮裕編『演習刑訴』一八二頁）。⑤証拠により公訴事実の存否を判断するのは、まさに刑事裁判の機能であり、嫌疑なき起訴の救済は検察官に対する懲戒や被告人とされた者に対する損害賠償など、訴訟外の方法によるほうが妥当である（松尾『刑事訴訟の原理』二九二頁）。

これに対して田宮教授は、④について、嫌疑のない起訴は国家賠償請求の理由となることは現在の通説であるが、

④のように言うとそれをも否定せざるをえなくなる。②については、被告人の主張をまって判断し、明らかに不当起訴と思われる事案に限定すれば、②のいうような弊害は防止できる。③について、嫌疑のない場合に直ちに無罪判決で事件の終結に導かれるとみるのは平面的・形式的観察であり「迅速な無罪」が現実でないとすれば、形式裁判によって英米における指示評決に近い結論を解釈上導くことは可能だ、とします（田宮・刑訴I四八八頁）。

犯罪の嫌疑の存在を通常の起訴条件と同様に裁判所の職権調査の対象とするならば、たしかに否定説のいうように、二重の実体審理になるとか、予断排除の原則に抵触するとかの問題を生じるでしょう。したがってそれは被告人の申立をまって始めて審査すればよい特殊の訴訟条件と解さねばなりません。そのうえで証拠によって支えられていないことがたまたま暴露されたような場合に、（それにも拘らず迅速な無罪判決が期待できないような場合に）応訴の負担から被告人を公訴棄却でもって早期に解放する限りで、犯罪の嫌疑の不存在が訴訟障害となるととらえておけば足るように思われます。「犯罪の嫌疑」をそれ以上に、予め審査すべき公訴の積極的要件と考えることは、必要でないでしょう。

2　起訴猶予基準を著しく逸脱した起訴

「起訴猶予処分が相当な事案を起訴したばあい、これを形式裁判で打切ることができるか」がここでの問題です。訴追裁量の濫用・逸脱が問題となるばあいで、公訴権濫用論の中心を占めます。ここでは、軽微な事案の起訴、平等原則に反する差別的起訴、悪意にもとづく起訴など論者によって様々の類型が論じられています。

1の嫌疑のない起訴のばあいは、形式裁判で手続を打切らなくても、被告人はけっきょく無罪判決になるのに対して、この場合には手続を打切ることがなければ、有罪判決をうけることになります。また軽微な法益侵害を可罰的違法性なしとして無罪とする実体法的解釈も、下級裁判例の中にみられますが、そうであれば、より早い時期に被告人を訴追の負担から解放する訴訟的解決の方がベターだともいえます。したがって、起訴猶予相当の事案の起訴を公訴権濫用としてとらえ、これに形式裁判で対処する必要性は認めざるをえません。これをどう論理構成するかが次に問題となります。

(1)　井戸田教授は、「起訴猶予すべき事実の不存在」が訴訟条件であるとし、起訴猶予すべき事実が存在しているのに起訴されたばあい、訴訟関係は有効に成立しているが存続する条件が欠けるので、このような場合免訴で訴訟を打切るべきだとします。この説は、嫌疑と情状の第一のふるい分けを捜査の機能と考えるので、それを尽くさないで起訴した場合、そのまま公訴が存続するのを無効と考えるわけです。このように独自の捜査構造論を媒介とするのと同様、検察官の「客観義務」（訴因を十分な証拠で裏打ちすべき義務及び刑事訴追の必要性についての刑事政策その他の考慮を客観的に行うべき義務）を媒介として、その違反として公訴権濫用を論拠づける見解もあります（岡部泰昌・金沢法学一三巻二号八五頁）。

(2)　(1)が起訴猶予裁量自体に裁判と類似した客観性を求めるのに対し、起訴猶予裁量の有用性は認めつつ、訴追裁量には限界があり、それに対する司法審査は可能だとする見解（田宮・刑訴I四八九頁）。その論拠は次の点におかれています。すなわち(i)訴追裁量は無制限の自由裁量ではなく客観的な限界のある羈束《きそく》裁量であること、(ii)かつて起訴猶予は、積極的な刑事政策的な処分で、かなり自由な判断を前提とするものであったが、今日では、捜査の一応の結論として消極的な起訴放棄処分であり、「犯罪の軽重」の文言（二四八条）が追加されたことに象徴されるように、微罪処分的考慮が前面に出た類型的、客観的なものになるべきこと、(iii)当事者主義を採用する今日、ちょうど捜査が司法的抑制に服するように、当事者の活動は裁判所のコントロールに服すること。

(3)　この類型の公訴権濫用を肯定しながら、適用場面を限定しようとする見解もあります。それは(i)第一にチェックの幅を広げると訴追裁量の客観性を過度に求めることになり、その結果究明的で厳格な捜査活動を招く危険があると同時に、(ii)手続的にも濫用の立証内容が複雑化し、実体審理との関係が曖昧になる、ことを危惧するのです（三井誠・演習刑訴一八四頁）。その結果、公訴権濫用の場面は、「不法な意図（ないし重大な過失）にもとづく明白に軽微な事案の起訴」に（三井・演習刑訴一八四頁）、あるいは「ごく軽微な事件、普通ならばとうてい起訴しなかったであろうと思われるような事件について公訴の提起が行われた場合」（松尾・前掲書三〇二頁）に限定されます。

また、公訴権濫用論の理論的基礎を法の下の平等の保障に求め、明らかに不合理な差別的訴追は憲法一四条に違反するものとして、その場合に限りあるいはこの場合に重点をおいて公訴権濫用論を肯定する見解もあります（鴨良弼・法律のひろば二一巻四号六頁、石川才顕・刑法雑誌一六巻二・三・四号二八六頁など）。

(4)　これらに対しては否定説は次のようにいいます。事件の軽微性は、裁判所の実体形成をまってはじめて得られる評価だから、公訴提起そのものを批判する尺度とはなりえない（正田満三郎・判例評論一一二号二一〇頁）とか、同種事件は起訴されてないのにこの事件だけ起訴されたのは平等原則違反の差別的訴追だと断定しうるためには、それは訴因にかかげられた犯罪事実自体についての比較のみならず、二四八条所定の諸般の情状全般についての詳細な審査、比較を必要とするが、それは本案審理との重複、予断排除の原則との抵触、訴訟の遅延を招来する、とします。

(5)　**判例の動き**　昭和三〇年代前後までは検察官の訴追裁量に濫用があったとしても、手続が適式である限り公訴は不適法とならないという態度が維持されていました。しかし、昭和三〇年代の後半から、訴追裁量の限界を認め、公訴権濫用「論」を認める下級審の裁判例が現われるようになり、既に多数の裁判例の集積を見るに至りました。もっとも、これらの裁判例は一般論としては公訴権濫用を理由として公訴提起が無効となる場合のあり得ることを肯定しながらも、当該具体的事件については公訴権濫用があったとは認められないとしたものでした。

はじめて、具体的事案について、訴追裁量の逸脱を理由に公訴の無効を認めたのは東京高判昭五二・六・一四判時八三五号三頁（チッソ川本事件）です。会社側との自主交渉の過程で生じた傷害事件による被告人の起訴は、公害の加害会社の責任につき国家機関による追及の怠慢と懈怠、自主交渉の過程で生じたトラブルにつき会社従業員の不法行為に対する不訴追などとくらべて、偏頗・不公平であり、訴追裁量を逸脱しており、検察官の故意又は重大な過失が推認されてもやむをえないから、刑訴三三八条により公訴を無効であるとしたものです。

これに対し検察官から上告申立がありましたが、最決昭五五・一二・一七刑集三四巻七号六七二頁（百選〔八版〕八八頁〔川崎英明〕）は、公訴権濫用の点について次のように判示しました。

①「検察官は、現行法制の下では、公訴の提起をするかしないかについて広範な裁量権を認められているのであって、公訴の提起が検察官の裁量権の逸脱によるものであったからといって直ちに無効となるものでないことは明らかである。たしかに、右裁量権の行使については種々の考慮事項が刑訴法に列挙されていること（二四八条）、検察官は公益の代表者として公訴権を行使すべきものとされていること（検察庁法四条）、さらに、刑訴法上の権限は公共の福祉の維持と個人の基本的人権の保障とを全うしつつ誠実にこれを行使すべく濫用にわたってはならないものとされていること（刑訴法一条、刑訴規則一条二項）などを総合して考えると、検察官の裁量権の逸脱が公訴の提起を無効ならしめる場合のありうることを否定することはできないが、それはたとえば公訴の提起自体が職務犯罪を構成するような極限的な場合に限られるものというべきである。」

②「いま本件についてみるのに、原判決の認定によれば、本件犯罪事実の違法性及び有責性の評価については被告人に有利に参酌さるべき幾多の事情が存在することが認められるが、犯行そのものの態様はかならずしも軽微なものとはいえないのであって、当然に検察官の本件公訴提起を不当とすることはできない。本件公訴提起の相当性について疑いをさしはさましめるのは、むしろ、水俣病公害を惹起したとされるチッソ株式会社の側と被告人を含む患者側との相互のあいだに発生した種々の違法行為につき、警察・検察当局による捜査権ないし公訴権の発動の状況に不公平があったとされる点にあるであろう。……しかし、すくなくとも公訴権の発動については、犯罪の軽重のみならず、犯人の一身上の事情、犯罪の情状及び犯罪後の情況等をも考慮しなければならないことは刑訴法二四八条の規定の示すとおりであって、起訴又は不起訴処分の当不当は、犯罪事実の外面だけによっては断定することができないのである。このような見地からするとき、審判の対象とされていない他の被疑事件についての公訴権の発動の当否を軽々に論定することは許されないのであり、他の被疑事件についての公訴権の発動の情況との対比などを理由にして本件公訴提起が著しく不当であったとする原審の認定判断は、ただちに肯認することができない。まして、本件の事態が公訴提起の無効を結果するような極限的な場合にあ

たるものとは、原審の認定及び記録に照らしても、とうてい考えられないのである」と。

最高裁はこの様に述べて原審の公訴棄却の判断を失当だとしました。しかし同時に、第二審判決を破棄しなければ著しく正義に反する（四一一条一号）とまではいえないとして、検察側の上告を棄却し、「公訴棄却」という第二審判決の結論はこれを維持しました。

(6)　この最高裁判例が、公訴権濫用による公訴棄却は、「公訴提起自体が職務犯罪を構成するような極限的な場合に限られる」といったことから、そういう事態はおこらないのだから公訴権濫用論は終焉《しゅうえん》を迎えたという感想（河上和雄「公訴権濫用論の終焉」判タ四二八号九頁以下）も聞かれます。しかし、検察官の裁量権の行使に限界のあること、その裁量権の逸脱が公訴の提起を無効ならしめる場合のありうることが、少くとも一般論として認められたことにより、「検察官の極めて広範な裁量にかかる公訴提起の性質にかんがみ、司法的審査は不可能」という考えは斥けられたとみてよいでしょう。とはいえ、必ずしも軽微とはいえない事案の場合及び他事件との対比を理由とする場合の濫用論に対して判例はきわめて厳しい態度をとっているといわざるをえません。

しかし他事件との比較についていえば、公訴権濫用論は、他事件の不起訴処分の当・不当を直接に審査の対象としているのではなくて、それと外面的に比べただけでも（他の考慮事項については他事件の方に被疑者に有利な事情が多々あると措定しても）現に審判の対象とされている本件事件の起訴自体は、不公平だという判断は可能ですから、他事件との比較による不平等訴追の認定は凡そできないというように考える必要はないでしょう。とまれ、判例により、公訴権濫用の認められる余地は限定されましたが、ごく軽微な事件で、普通ならばとうてい起訴しなかったであろうような事件の起訴を中心として、なお公訴権濫用論の実際の展開の余地はあると考えられます。また、明らかに差別的訴追の意図があると客観的事情から推認されうるような場合も同様でしょう。公訴提起は被告人に対する国家の側からの応訴強制ですから、明らかに不当と思われる起訴に対する被告人の異議申立としての公訴権濫用論は、英米の予備審問、絶対的解釈のような制度、西ドイツの「裁判所による手続打切り」のような制度の準備されていないわが国においては、いわば刑事司法に不可欠の衡平さの回復装置として意義を失うことはないと考えられます。

3　捜査に重大な違法があった場合それに基づく起訴

(1)　まず、どのような場合が実務上問題となったかをみておきましょう。

①　**訴追を目的とする犯罪の誘発**（いわゆるおとり捜査、前出第一章参照）

②　**逮捕のさいの暴力の行使**　速度違反（一二・一キロオーバー）のタクシー運転手が、現行犯逮捕のさい、逮捕を指揮した警察官によって暴行をうけ、そのため被告人は約二週間の入院加療とこれを含めて一ヵ月の休養を要するウィプラッシュ傷害（むちうち症）をうけた事案です。被告人は右の速度違反で起訴されましたが、一審裁判所（大森簡裁）は、現行犯逮捕の必要性はなかったと思われること、公衆環視の中でのこのような暴力の行使は「いわば形を変えた拷問」であることを総合判断し、また本件事案が軽微なものであったことを考慮すると、逮捕から取調べに至る全事態は、「事実上憲法三六条に違反」し、「同時に、また同法三一条に規定する法の公正な手続による裁判の保障」に反するものといえる。むろん捜査段階において憲法違反の事実があっても、ただちに、公訴提起が無効になるわけではないが、本件は「憲法三一条の運用が期待される典型的な事例」であり、同条違反の訴訟手続において刑罰を科することは許されないから、「憲法三一条を適用し、刑事訴訟法三三八条四号を準用して公訴棄却の言渡をすることが適当である」としました。本判決は控訴審で破棄されたので被告人は上告しましたが、最決昭四一・七・二一刑集二〇巻六号六九六頁は、「本件逮捕の手続に所論の違法があったとしても本件公訴提起の手続が憲法三一条に違反し無効となるものとはいえないことは、当裁判所の判例の趣旨に徴し明らかである」として上告を棄却しました。

③　**手続の遅延による少年年齢の徒過**　業務上過失傷害の事件（自動二輪運転中の人身事故）当時年令が一九歳三ヶ

月であった少年の事件について捜査が遅延したため、少年が満二〇歳に達し、少年法により家裁に送致される機会を失ったとして争われた事件があります。控訴審は、「本件において、公訴提起の手続がそれ自体としては格別違法な点の存しない……けれども、警察官による捜査手続の違法は……少年の被疑事件について家庭裁判所の審判の機会を失わせるに至らせたという現行少年法制のもとにおけるもっとも重要な原則を破るものであり……右違法が存したことによりまさしく被告人が成人に達したのちにおける公訴の提起を可能にしたということができるのであるから、捜査手続の違法が公訴提起の手続を無効ならしめるものとして……刑事訴訟法第三三八条第四号にかかげる場合にあたる」として公訴棄却の判決をしました。これに対し最判昭四四・一二・五刑集二三巻一二号一五八三頁は、「仮に捜査手続に違法があるとしても、それが必ずしも公訴提起の効力を当然に失わせるものでないことは、検察官の極めて広範な裁量にかかる公訴提起の性質にかんがみ明らかであって、この点に関する原判示は、いまだ首肯するに足りるものではない」としました（破棄差戻。ほぼ同旨最判昭四五・五・二九刑集二四巻五号二二三頁）。

(2)　このような問題状況の中で、学説は、違法な捜査手続に基づく起訴を、まず公訴権濫用の一類型としてとらえました。

①　岡部教授は、検察官には「デュー・プロセスの保障を明らかに侵害する違法な捜査活動……の結果に基づき、公訴を提起することを自ら抑止し、たとえ、嫌疑が十分にあると認められるにとしても、起訴猶予処分にするということによって、積極的に抑制的機能を果たすべき客観義務」があるとし（刑法雑誌一六巻二・三・四号」一五四頁）、違法捜査に基づく起訴はこの義務に違反したこと――内容としては起訴猶予しなかったこと――に求めています。また、松尾教授は、起訴前ないし公訴提起においては検察官にデュー・プロセスへの配慮と警察捜査への批判とを求めねばならない、とし、捜査手続にデュー・プロセスを著しく侵害する違法があったときは、検察官は「犯罪後の情況により訴追を必要としない」（二四八条）場合として処理すべきであり、この点を看過して公訴を提起したときは、裁判所は公訴を棄却し

てよい、としました（警察研究三九巻二号一二七頁）。

② このように公訴提起にあたる検察官の義務違反を媒介項として設定して公訴の無効を論証しようとする間接的構成に対しては、やがて異論が唱えられます。小田中教授は、捜査手続に重大な違法があった場合に、それ自体がただちに訴訟障害事由を形成し、公訴を無効ならしめると考えるべきだとしました（小田中聰樹・捜査法大系Ⅰ二〇七頁、川崎英明「訴訟条件」基本問題セミナー一七八頁）。とりわけ検察官の義務を「起訴猶予義務」として捉えるのは、疑問だとします。というのは、起訴猶予は検察官が犯罪に対して与えるところの特別予防的色彩のつよい刑事政策的処遇の一種と一般にとらえられているが、その起訴猶予制度に、それと全く関係のない検察官のデュー・プロセス擁護機能の発揮を期待するのは、見当違いだから、といいます。同時に、検察官の起訴猶予裁量を多少とも制約してゆこうとする近時の学説の有力な潮流にむしろ逆行するものだとします（小田中・前掲二一七頁）。

③ 田宮教授は、①のように考えると、捜査手続の適正化（手続的正義の意味でのデュー・プロセスの担保）の要求という問題の本質がよりゆるやかな起訴猶予処分の論点の中にかくされてしまい妥当ではないとします（田宮・刑訴Ⅰ四四五頁）。他方②説の欠陥は、捜査の違法がなぜ公訴の無効をきたすのか不明である点にある、といいます。これに応えて白取教授はそれは違法捜査の抑制という、証拠排除と同じ政策上の理由に基づくといいます（白取・刑訴一九二頁）。そこで証拠排除との関係が問題になるが、証拠排除では十分でない強度の違法がある場合（その違法があってはじめて公訴提起が可能になったという関係の存在）や、証拠採取と結びつかない処分であるため排除法則が有効に働きえない場合などに、実体的真実の発見をなげうってもデュー・プロセスの貫徹が必要だと思われる限度で、機能すべきこととなるとします。

基本的にはこの③のように考えるのが妥当でしょう。

五　一部起訴は許されるか

(1)　三の不当な不起訴に関連する問題として、いわゆる一部起訴（逆の面から見れば一部不起訴）の問題に触れておきましょう。併合罪など数個の罪のうち一部のみ起訴するのはここには含まれません。ここでは客観的にはその全部についての起訴が可能であるにも拘らず、①科刑上一罪又は包括一罪の一部のみについて起訴する（例えば住居侵入窃盗の事件で窃盗だけを起訴する）場合、②単純一罪の犯罪の一部を切りすてて起訴する場合（例えば結合犯の一部起訴――(i)強盗事件を窃盗で起訴、強盗傷人を強盗で起訴、(ii)強姦事件で告訴が得られないのでその手段である暴行のみを起訴）場合などをいいます。

旧法下では、一部起訴があっても公訴不可分の原則が働いて、それと単一の事実全部について裁判所は審判することができたのでこの問題はあまり意味がありませんでした（②(ii)を除く）。しかし現行法になると訴因制度が採用され、窃盗の訴因による起訴に対し実体形成の結果強盗なり、住居侵入窃盗なりが明らかになっても裁判所はこれらの事実を自由に認定することはできなくなりました。そこで、検察官の側でこの様な一部起訴をすることが許されるのかどうかが鮮明な形で問題となったのです。

(2)　消極説はⓐ強盗の構成部分である窃盗を単純な窃盗として起訴することを認めると実体的真実に反し（岸・要義五三頁、内田一郎・争点〔旧版〕一一五頁）、ⓑ単一の犯罪は訴訟上不可分に扱うべしとの原則に反し（中武靖夫・演習刑訴〔旧版〕一八九頁）、ⓒ審判の対象は公訴事実であって訴因はその法律的構成の仕方を示すにすぎないという審判対象の構造（公訴事実対象説）に反する（中武・前掲一八九頁）、といいます。これに対し、積極説は、ⓐ'訴因制度のもとでは、裁判所は検察官の請求の範囲内で真実を発見するのがその任務であって、徹底した実体的真実の発見をその任務とするものではないから実体的真実との乖離《かいり》もやむをえない、ⓑ'単一の犯罪事実でも、事実として分割可能でその一部が別個の構成要件に該当し独立して訴因を構成できるならば、それに「縮減」して訴追することは可能である、ⓒ'公訴事実が審判の対象ではなく、訴因だけが審判の対象であり、それは検察官の具体的事実の「主張」にすぎない、したがって主張の構成の裁量性（一部起訴の肯定）と矛盾はしない（石井一正・谷口正孝編『刑事法演習』Ⅰ一一九頁）、といいます。

このように、検察官の具体的主張である訴因のみが審判の対象であって、裁判所の審判は当事者により公判廷に提出された証拠によって訴因が認められるかどうかにとどまるべきものだという考えは、その反射として、一罪の一部起訴を容認しやすくします。

しかし、裁判所が訴因の背後にある事実は何かを探究する立場にないこと、そのことだけでは、一罪の一部起訴の許容性を理由付けるに足らないでしょう。その点、根拠を提供するのは、刑訴二四八条の起訴便宜主義だと思われます。すでに述べたように（本章二1）、起訴便宜主義の背景にある「一般予防又は特別予防に必要な限度での訴追」ということを訴訟対象面に反映させ、右目的以上の訴追をしなくてよいことを検察官に認めた結果として、一罪の一部起訴が容認されるのだと考えます。

このようにみると、一部起訴の理由として(イ)裁判所が訴因に拘束されて容喙《ようかい》できないことの帰結という消極的根拠と、(ロ)起訴猶予との類比から導かれる一部起訴という積極的根拠の二つが考えられねばなりません（田宮・二七〇頁）。

このように考えるとき、一部起訴にあたり次の点が考慮に入れられねばなりません。(i)分割しても別個の訴因を構成するだけの事実が存しなければならない。(ii)実体的真実にとって耐えられないような一部（選択的）起訴は許されない（消極的公訴権濫用の一場合、松尾教授は検察審査会の審査を免れるための犯罪の一部の名目的起訴を挙げている、松尾・上一八二頁）。(iii)他の制度の趣旨を潜脱することになる一部起訴は許されない（例えば、告訴の得られない強姦罪の事実を、その手段たる暴行罪で起訴する場合、平野・一四二頁、松尾・上一八二頁、高田・三七四頁、田口・一六七頁、異説、佐藤隆文・新実例Ⅱ二六頁以下）。

(3)　判例の考え方

ⓐ最決昭五九・一・二七刑集三八巻一号一三六頁（百選〔五版〕四六事件）は、（処罰上）吸収一罪（供与罪が

成立すれば、交付罪はそれに吸収）の関係にある罪の一部（即ち交付罪のみの）起訴を認めました。次のようにいいます。「選挙運動者たる乙に対し、甲が公職選挙法二二一条一項一号所定の目的をもって金銭等を交付したと認められるときは、たとえ、甲乙間で右金銭等を第三者に供与することの共謀があり乙が右共謀の趣旨に従いこれを第三者に供与した疑いがあったとしても、検察官は、立証の難易等諸般の事情を考慮して、甲を交付罪のみで起訴することが許される」と。ⓑ過失により自車を衝突させ加療三カ月を要する傷害を負わせたが、被害者は一一時間後に死亡した。この事案を検察官が加療三カ月を要する（業務上過失）傷害で起訴した事案について名古屋高判昭六二・九・七判タ六五三号二二八頁（百選〔八版〕九〇頁〔杉田宗久〕）は、次の如く判示しました。「専権的に訴追権限を有する検察官が、審判の直接的対象である訴因を構成・設定するにあたって、被告人の業務上の過失行為と被害者の死亡との間の因果関係の立証の難易や訴訟経済等の諸般の事情を総合的に考慮して、合理的裁量に基づき、現に生じた法益侵害のいわば部分的結果である傷害の事実のみを摘出して、これを構成要件要素として訴因を構成して訴追し、その限度において審判を求めることも、なんら法の禁ずるところではない…」と。しかし、検察官が起訴をきめる段階で、過失と死との間の因果関係の立証を危惧したとは思われず、一旦成立した致傷罪が、わずか一一時間後には被害者の死によって実体法上致死罪に吸収される関係にあったことをみると、受交付者（乙）による供与という新たな行為をまってはじめて供与罪に（処遇上）吸収される交付罪の場合（ⓐの事案）とくらべ一罪性がかなり強い事案といえましょう（木谷明・百選〔六版〕一〇一頁）。一部起訴を正当化する理由のやや乏しい事案だといえるでしょう。もっとも、致傷罪と致死罪の間に法定刑に違いがないこと、致傷罪の処罰によって一応、刑罰目的も達成されるといえるので、この一部起訴を違法とするまでのことはないでしょう（木谷・前掲一〇一頁）。

六　公訴提起の方式

公訴の提起は、必ず起訴状という書面を裁判所に提出してしなければなりません（二五六条一項）。このように公訴の提起が厳格な要式行為とされるのは、それが審判手続の基礎となるからであり、書面にすることによって、訴訟手続の明確化をはかり、また防禦すべき範囲を被告人に対して明らかにして、被告人の権利を保障するためです。

口頭による起訴は許されません。それは当然無効で、裁判所はこれに対して無効だとの裁判をする必要もありません。電報による起訴も同様に考えるべきでしょう。追起訴も、公訴の提起ですから、口頭によってすることはできません。

起訴状に記載すべき事項として、法は、㈠被告人の氏名その他被告人を特定するに足りる事項、㈡公訴事実及び㈢罪名の三つを列挙しています（二五六条二項）。公訴事実及び罪名の記載については、第一〇章の「訴訟対象」のところで詳しく述べる予定ですから、ここでは被告人の氏名等の記載について、簡単に述べるにとどめます。

起訴状には、「被告人の氏名その他被告人を特定するに足りる事項」を記載して（二五六条二項一号）、検察官が起訴する被告人を指定しなければなりません。被告人を指定する方法としては被告人の氏名・年齢・職業・住居・本籍を記載します（規一六四条一項一号）。被告人の氏名が明らかでないときは、その旨を記載すれば足ります（規一六四条二項）。勾留中の被告人につき、氏名等を黙秘しているため、氏名不詳のまま公訴を提起する場合には起訴状に「氏名不詳」と記載したうえ、人相、体格、留置番号その他被告人を特定するに足りる事項（規一六四条二項参照）をなるべく具体的に記載し、被告人の写真を「別紙」として添付する方法がとられます。

起訴状記載の被告人の氏名に誤記があっても、起訴状記載の事項によって被告人を特定することができれば、公訴の提起は無効とはなりません。記載に被告人を特定することが不可能な程度の誤りがあれば、それは有効な公訴の提起とはいえません。このような場合、裁判所が起訴状を送達しようとしても送達不能となり、起訴の日から二箇月を経過すれば遡って公訴提起の効力を失い、従って、決定で公訴が棄却されることになります（二七一条二項、三三九条一項一号）。

七　誰が被告人か

(1)　このようにして検察官が公訴提起の対象とした者と起訴状に被告人として記載された者と、公判に出頭して被告人として行動する者とは、一致するのが普通ですが、時にそれが食い違う場合があります。この場合、誰が被告人かを定める基準については、ⓐ**意思説**（検察官が誰を被告人として起訴する意思であったかによって定める考え方）、ⓑ**表示説**（起訴状の表示によって客観的に定める考え方）、ⓒ**行動説**（被告人らしく行動しもしくは裁判所によって被告人として取り扱われた者を被告人とする考え方）、の三説があります。起訴状の記載によって客観化されたものを基準として被告人を定める表示説が形式的だが明確性の点で意思説より優れています。そうはいっても氏名を冒用された者はそれだけで被告人とされ審判を受けねばならぬのは問題です。そこで表示説的立場を基本としながら意思説や行動説の要素をこれに取り入れ（青柳・通論一〇四頁、高田・七四頁）、あるいは起訴状の表示の合理的解釈としてこれらのものを取り入れようとする考え方（平野・七〇頁）が生じます。

(2)　ただ注意を要するのは、①誰が本来被告人として扱われるべきか、という実質的意味での被告人を定める基準の問題と、②実質的意味での被告人でないのに、その者に事実上訴訟係属が生じたばあい、その訴訟係属を打切るために形式裁判をするのはどの様な場合かの問題、いわば形式的意味での被告人を定める基準の問題を区別して考えねばならぬことです。これは次の〈設例〉（服部一雄・刑事実務ノートII一頁）をもとに考えると分りやすいでしょう。

①　被疑者Aが、検察官の取調べに際し、知人であるBの氏名・住所等を冒用したため、起訴状（在宅起訴）にはBの氏名・住所等が記載された。起訴状謄本はBに送達された。

②　被告人C（保釈中）に対し、第一回公判期日を指定して召喚したところ、Dがその身代りとして出頭した。裁判所は、DをCであると思って手続を進めたが、証拠調の段階でDが身代りであることを発見した。

①のばあい、表示説からすれば、Bを被告人とせざるをえないでしょう。しかし、氏名を冒用された者は、それだけで被告人となり、公判への出頭を強制されるのは不当といわざるをえません。表示説を基本としながら、検察官の釈明即ちその意思を考慮に入れて、実質的に被告人は誰かを判定するのが妥当でしょう（実質的表示説）。検察官が起訴しようとしたのはAであるということが客観的資料に基づいて認められれば、Bという表示に拘らずAが被告人と判定されることになります。「BことA」としてAにつき訴訟を進行すれば足ります。Bに対する公訴提起はなかったのですから、Bに対しては訴訟上何らの措置を要しません。

さて、設例とは異なり、Bの氏名を冒用したAが、身体拘束のまま起訴され、その後保釈されたものの、公判廷に出頭して審理を受け判決の宣告を受けた場合、その判決は誰に対してなされたものと解すべきでしょうか。検察官が起訴しようとしたのはAであり（意思説）、被告人として行動したのはAのみであり、裁判所もAを被告人として扱った（行動説）ので、判決はAに対して（のみ）なされたことになります（最決昭六〇・一一・二九刑集三九巻七号五三二頁、百選〔八版〕一一六頁〔三好幹夫〕）。

②のばあいは、「検察官の指定した被告人以外の者」が実際上訴訟手続に関与することになった場合、これをどう扱うべきかの問題です。人定質問の段階で「身代り」であることが判明すれば、出頭したDを被告人とみる必要はなく、Dに帰ってもらえば足ります。Cに対してあらためて手続をすすめればよろしい。それを越えてある程度までDに対し訴訟手続が進行した場合、例えば証拠調にすすんだ後はじめて人違いが判明した場合には、本来公訴を提起された者でないDについて実質上訴訟係属が生じているので、その限度でDをも形式上被告人として扱い（行動

説）、Dに対しては公訴棄却の判決（三三八条四号）をもってその訴訟係属を終らせねばなりません。Cに対しては、これを出頭させてあらためて公判手続を開始すればいいわけです（平場安治・注解上二三八頁、安西温『刑事訴訟法下』八五一頁）。

(3)　略式命令のばあいにはややむずかしい問題が生じます。通常公判手続の場合と異って、書面審理であって、裁判所が被告人と直接対面することがないからです。

AがBの氏名を冒用したため、被告人としてBが表示された略式命令請求がなされた場合どうでしょう。

これは以下の①②に分けて考えるのが分り易いでしょう。

①　**在宅略式方式の場合**　書面審理がなされるだけで、被告人が裁判所で行動することは予定されていません。また、検察官はAを起訴するつもりであったとはいえ、その意思は起訴状の記載から判断するほかありません。裁判所としては氏名を冒用されたBを被告人とするほかありません。略式命令が発せられ、略式命令の謄本を受けたBは正式裁判の請求をして（四六五条）、無罪判決を求めることができます。（三井・II四二一頁）

②　**在庁略式方式の場合**はどうでしょうか。これには、三つの類型があります。

②―1　**在宅在庁略式方式の場合**　身柄不拘束の被疑者を検察庁へ呼び出し、被疑者を検察庁へとどまらせたうえ、略式命令を請求し、即日、略式命令が発せられた時点で被疑者を裁判所へ同行し、直ちに略式命令の謄本を交付します。呼出しに応じてAが現われて被告人として行動しても、在宅略式①と同様、起訴状表示のBを被告人と考えざるをえないでしょう。

②―2　**三者即日処理方式**　在宅在庁略式方式の一種です。交通切符を切られた交通違反者は、指定された期日に警察官のもとへ出頭し所定の手続の後検察官に送致され、簡単な取調べを受けた上で、略式起訴され、その日のうちに簡易裁判所で発付された略式命令の謄本を書記官から直接交付され、検察庁で罰金を支払います。AがBの氏名を冒用した場合、被告人は、A・Bのいずれかが問題となります。学説には、被疑者・被告人として一貫し

て行動しているのはＡだからＡを被告人と考えるべきだとする見解があります。最高裁昭五〇・五・三〇刑集二九巻五号三六〇頁は、本件のような略式手続においては、通常の公判手続における人定質問のような被告人選別の機能をもつ慎重な手続はなく、もっぱら書面上で特定された被告人に対して裁判が下されることを理由に、「本件被告人ＡがＢの氏名を冒用し、一日のうちに捜査機関に対し被疑者として行動しかつ裁判所において被告人としてＢ名義の略式命令の交付を受けて即日罰金を納付する等の事実があったからといって……略式命令における被告人はＡではなく、結局その表示にしたがいＢと認めるべきである」旨判示しました。

②―3　逮捕中（又は勾留中）在庁略式方式　無免許運転で逮捕されたＡが、弟Ｂの氏名等を冒用して、Ｂ名義の略式命令を受けた場合、被告人はＡかＢかが問題となりました。大阪高決昭五二・三・一七判時八五〇号一三頁は、本件は逮捕中待命方式であり、現に逮捕されている者（Ａ）がおり、そのＡを起訴したという検察官の意思は明らかであるから、本件起訴状及び略式命令における被告人はＡであると判示しました。この件で起訴状表示の実質的な被告人をＡと解したのは妥当と思われます。

八　即決裁判手続

二〇〇四年三月に成立した「刑事訴訟法等の一部を改正する法律」（以下「改正法」という）において、新たな審理形態として導入され、二〇〇六年一一月から実施に移されています。

1　即決裁判手続の趣旨

その趣旨は、争いのない明白軽微な事件につき、公訴提起後、できるだけ早期に公判期日を開き、簡略な手続による証拠調を行ったうえ、原則として即日判決を言渡すものとするなど、簡易かつ迅速に公判の審理及び裁判を行うことができるようにすることにより、手続の合理化・効率化をはかるものといわれます（落合義和・辻裕教「刑事訴訟法等の一部を改正する法律について(3)・法曹時報五八巻七号一頁）。すなわち、争いない軽微な事件の審理・裁判を効率化することによって、それによって生じた人員等の資源を、争いのある、比較的重い事件の審理に、とりわけ裁判員裁判の対象事件の審理に振り分けることによって、全体として刑事手続の合理的な且つ効率的な処理を計ろうとしたと考えられます。他面、被告人にとっても、従来より早期に手続から解放される利点もあります。また、即決裁判手続において懲役又は禁錮の言渡しをする場合には、執行猶予の言渡しがなされる（三五〇条の一四）ことになっているのも被告人に利益です。他方、即決裁判手続では、簡略な手続によって審判が行われ、事実誤認を理由とする上訴が認められないなどの制限があること（四〇三条の二、四一三条の二）にも注意せねばなりません。

2　即決裁判手続の申立て

(1)　検察官は、死刑又は無期もしくは短期一年以上の懲役若しくは禁錮に当る事件を除き、事案が明白且つ軽微であり、公判の証拠調べが速やかに終わると見込まれることなどの事情を考慮し、相当と認めるときは、被疑者の同意を得た上で、公訴提起と同時に、即決裁判手続の申立てをすることができます（三五〇条の二）。このように検察官が捜査段階において、被疑者の同意を得るなどして、起訴と同時に即決裁判手続の申立てをするという点で、起訴後に裁判所が手続を選択する簡易公判手続とは異なります。

(2)　被疑者に弁護人がある場合には、被疑者の同意のほか、弁護人が同意し、又は意見留保をする場合に限り、即決裁判手続の申立てをすることができます（三五〇条の二第二項、第四項）。

被疑者が同意するかどうか明らかにしようとする場合に、貧困その他の事由により弁護人を選任することができないときは、裁判官は、被疑者の請求により、**国選弁護人を選任**しなければなりません（三五〇条の三）。

検察官による申立てという仕組みが設けられたことにより、両当事者が早い段階から、即決裁判による事件処理を見越して訴訟活動を準備できるという点及びこの手続による裁判に対し上訴制限のあることを考慮し、検察の申立てに対し、被疑者にとって弁護人との相談及び弁護人の同意が重要となるといってよいでしょう。そこで、勾留されていない被疑者であっても、即決裁判手続に関しては、国選弁護人の選任請求ができることとなったのです。

(3)　ところで、即決裁判手続に係る公判期日においては弁護人がいないときは、これを開くことができないとされています(三五〇条の九)。したがって、即決裁判手続の申立てがあった場合に、被告人に弁護人がないときは裁判長はできる限り速やかに、**職権で国選弁護人**を付しなければなりません(三五〇条の四)。

3　即決裁判手続による審理の決定

(1)　**公判準備**　裁判所は、即決裁判手続の申立てがあった事件について、弁護人が意見を留保しているとき、または同手続の申立てがあった後に弁護人が選任されたときは、弁護人に対し、できる限り速やかに、同手続によることに同意をするかどうかを確認せねばなりません(三五〇条の六)。

裁判所は、即決裁判手続の申立てがあった場合、できる限り早い時期に公判期日を開かねばならないので、裁判所は、弁護人の選任(三五〇条の四)の、検察官は証拠開示(三五〇条の五)などの公判準備をできるだけ速やかに行わねばなりません。

(2)　**即決裁判手続をとる旨の決定**　裁判所は、当該事件の公判期日の冒頭手続において被告人が、起訴状に記載された訴因について**有罪である旨の陳述**をしたときは、被告人又は弁護人の（この手続によることの）同意が撤回されたとか、当該事件が即決裁判手続によることができないか、相当でないと認めるときを除き、同手続によって審判する旨の決定をしなければなりません(三五〇条の八)。

右の即決裁判手続によるかどうかを判断する手続を行う公判期日と即決裁判手続で審判を行う公判期日（両者は同一日に行われるのが原則だが）は、弁護人がいないときは、これを開くことができません(三五〇条の九)。前者の場合、被告人が有罪の陳述をするかどうか、裁判所が即決裁判手続をする決定を行うかどうかが問題となり、被告人の権利に及ぼす影響が大きいことから、弁護人が必要的とされたわけです（落合・辻・前掲一二三頁）。**必要的弁護事件**が、軽微事件についても、拡張されることになります。なお、後者の審判において弁護人が必要的であることはいうまでもありません。

4　即決裁判手続における公判審理

(1)　即決裁判手続によって審判する旨の決定があった場合、できる限り、即日判決の言渡しをしなければなりません（三五〇条の一三）。「即日」とは「即決裁判手続決定をした日のうちに」ということです（落合・辻・前掲一二九頁）。（即決裁判手続によるかどうかの決定手続の場合も同様ですが）即決裁判手続による審判の方式については、基本的には簡易公判手続の場合と同様の規律のもとにおかれます。証拠調の順序・方法等を定めた規定の多く（二九六条・二九七条・三〇〇条乃至三〇二条）が適用されません（三五〇条の一〇第一項）。証拠調は適当と認める方法でこれを行うことができます（同条第二項）。さらに、公判で用いることができる証拠の面でも、簡易公判手続の場合と同様、当事者の異議のない限り、伝聞証拠も許容されます（三五〇条の一二）。

(2)　科刑制限と上訴制限　まず**科刑制限**から言うと、即決裁判手続において懲役又は禁錮の言渡しをする場合には、その**刑の執行猶予**の言渡しをしなければなりません（三五〇条の一四）。他方、**上訴制限**として、即決裁判手続による第一審判決に対しては、事実誤認を理由とする控訴を申立てることができず（四〇三条の二第一項）、控訴裁判所が事実誤認を理由に原判決を破棄することもできません（同条二項）。同様に、上告審でも、事実誤認を理由とする破棄（四一一条三号）は、認められないとされています（四一三条の二）。公訴を提起する側の検察官はもちろん、被告人も、判決に至るまで訴因に対する有罪の陳述を撤回すること（このことは三五〇条の一一で可能）がなかった以上、訴因記載の事実の認定に不服を申立てることができないとしても、それは不当な制約ではないといってよかろうといわれます（川出敏裕・現代刑事法六八号二四頁）。もっとも、上訴ができないということ自体は被告人にとってかなり重大な権利制限であることは否定できず、即決裁判手続において懲役・禁錮刑の実刑を言渡すことができないのは、この点が一つの理由になっている（川出・前掲二四頁、落合・辻・前掲三一頁）といわれます。かように、簡易公判手続と比較した場合の即決裁判手続の特色の一つは、**科刑制限と上訴制限が、いわば**

セットになって導入されていることでしょう（川出・前掲二四頁）。

九　犯罪の被害者

1　被害者のこれ迄の扱い

犯罪被害者については、現行法上、①捜査段階では、告訴権（二三〇条）が認められていますが、一般には捜査機関の捜査の端緒となるにすぎません（但し二四二条参照。なお、親告罪では告訴は訴訟条件）。捜査の実行面では、二二三条にいう「被疑者以外の者」すなわち「参考人」として関与するにすぎません。②公訴及び公判手続において、現行刑訴法の国家訴追主義・検察官の起訴独占主義のもとでは、被害者が公訴の提起に直接関与することはありません。ただ、起訴便宜主義がとられており、示談成立などにより被害者の被害の回復があった場合、それが訴追が回避される要因となっています（野間禮二『刑事訴訟における現代的課題』二八五頁）。なお、不起訴処分（この通知は二六〇条）に不服があるとき、被害者は、検察審査会に（不起訴処分の当否の）審査請求を（検察審査会法三〇条、第七章三2参照）あるいは、裁判所に対し付審判請求（二六二条乃至二六八条、罪種は限定）をすることができます（第七章三3参照）。公判手続の段階では、公判期日は何時か、判決の内容はどうかについて、被害者はこれまで情報を得る権利をもちませんでした。他方、被害者は、証人として公判に召喚され、事実を述べる義務を負う立場におかれています。証人となる場合の保護としては、刑訴三〇四条の二、刑訴規二〇二条、刑訴二八一条、二九五条二項、二九九条の二参照（後二者は平成一一年法一三八号で追加）。

こういう状況下で、国際的には一九七〇年代後半から被害者にもっと配慮し刑事手続における被害者のおかれている状況を改善すべきだという声が大きくなってきます。その具体的要請としては、⑴刑事手続における被害者の保護、⑵刑事手続における被害者への情報提供、⑶刑事手続への被害者の関与、⑷刑事手続における損害回復、被害者救済が出されています（加藤克佳・法律時報七一巻一〇号二九頁）。

とくに、犯罪により「第一次被害」を受けた被害者が、刑事手続の客体（対象）とされることによってさらに苦痛を受け（「第二次被害」）、その結果、国家機関や法に対し幻滅感・不信感を抱いて社会から身を引き自己の存在を破壊してしまう（「第三次被害」）という事態が注目され、かかる被害を最小限にすべきだ、という声も出てきました（加藤・前掲二九頁）。他方、刑事手続における被害者のおかれている状況の改善もそれを強調するあまり、長い間努力してやっと確立した又は確立しつつある被疑者・被告人の法的権利の保障を犠牲にするようなことがあってはなりません。

2　被害者の立場の配慮

このような状況下で、犯罪被害者保護のための二法案（「刑事訴訟法及び検察審査会法の一部を改正する法律案」及び「犯罪被害者等の保護を図るための刑事手続に付随する措置に関する法律案」）が国会で成立し、二〇〇〇年五月一九日に公布されました。

その内容について、以下かいつまんで説明しておきましょう（神村昌通・飯島泰「犯罪被害者保護のための二法の概要等」警察学論集五三巻七号六三頁以下、酒巻匡「犯罪被害者保護等のための新法律」法学教室二四〇号三六頁以下、田口・一九四頁以下参照）。

(1)　刑事訴訟法及び検察審査会法の一部を改正する法律

(a)　刑事訴訟法の一部改正

(ア)　証人の負担軽減のための措置

被害者等が証人として尋問される際の負担を軽減するための手続として、①証人への適当な者の附添いを認める措置（一五七条の二）、②証人と被告人又は傍聴人との間を遮へいする措置（一五七条の三）、③強制わいせつ罪、強姦罪、わいせつ目的又は結婚目的の誘拐罪や児童福祉法における児童に対する淫行の罪等の犯罪の被害者を証人として尋問する場合に証人を法廷以外の場所に在席させ、映像と音声により相手の状態を相互に認識しながら通話する方法（ビデオリンク方式）による証人尋問（一五七条の四第一項一号・二号）が導入されました。①は性犯罪の被害者あるいは年少者が証人として尋問を受けるときの不安や緊張を和げるために設けられたものであり、②は被害者等が証人として被告人や傍聴人の面前で証言する場合に、受けるおそれのある精神的圧迫感を軽減するために設けられた措置だとされ、③はいわゆる性犯罪の被害者等については法廷で証言することにより、二次的被害といわれる精神的圧迫を受けるおそれがあるので、それを軽減するために設けられた、とされます。性犯罪被害者以外の者でも、犯罪の性質・証人の年齢・心身の状態、被告人との関係その他の事情により、被告人等の在席する場所で供述するときは圧迫を受け精神の平穏を著しく害されるおそれがあると認められる者を証人として尋問する場合にも、この方式をとることができます（一五七条の四、第一項三号）。③によると、弁護人もテレビモニターを通じてのみ尋問できるにとどまり証人との直接体面は不可能です。最判平一七・四・一四刑集五九巻三号二五九頁は「一五七条の三、一五七条の四は憲法三七条二項に違反するものでない」としました。

また、証人が複数の公判で繰り返し証言させられる負担を軽減するために、ビデオリンク方式による証人尋問の状況を録音した記録媒体を添付した調書については、訴訟関係人に尋問の機会を与えることを条件に、証拠能力を付与することとしています（三二一条の二）。

(イ)　**親告罪であるいわゆる性犯罪の告訴期間の撤廃**

強姦罪等のいわゆる性犯罪については犯罪による精神的ショックや犯人との特別の関係から短期間では告訴するかどうかの意思決定が困難な場合があるため、これらの犯罪については告訴期間（普通は「犯人を知った時から六月」）を撤廃しました（二三五条一項一号）。

(ウ)　**被害者等による心情その他の意見陳述**

裁判所は被害者等から申出があるとき、公判期日において、被害に関する心情その他の被告事件に関する意見を陳述させるものとしています（二九二条の二）。

もっとも、この規定については、被告人による反対尋問乃至反対質問の機会を与えることなく、被害者等の攻撃的意見陳述のみを許す可能性があり、被告人の防禦権を著しく侵害するおそれがあるという批判があります。

(b)　**検察審査会法の一部改正**

被害者が死亡した場合の遺族は、これまで、検察官の不起訴処分の当否につき審査申立権者とされていませんでしたが、遺族にも右の審査申立てが認められることとなりました（検審二条二項・三〇条）。また、審査申立人は検察審査会に意見書又は資料を提出することができることとされました（検審三八条の二）。

(2) 犯罪被害者等の保護を図るための刑事手続に付随する措置に関する法律

この法律は、その目的として、「犯罪により害を被った者及びその遺族は、被害に係る刑事事件の審理の状況及び内容について深い関心を有するとともに、これらの者の受けた身体的・財産的被害その他の被害の回復には困難を伴う場合があることにかんがみ、刑事手続に付随するものとして、被害者及びその遺族の心情を尊重し、かつその被害の回復に資するための措置を定め、もってその保護を図ること」を掲げています（犯罪被害者保護法一条）。右目的にそって設けられた措置は概要次の通りです。

(a) **公判手続の傍聴**

刑事被告事件の係属する裁判所の裁判長は、被害者等から傍聴の申出があるときは申出た者が公判手続を傍聴できるよう配慮しなければなりません（二条）。

(b) **公判記録の閲覧及び謄写**

刑事被告事件の係属する裁判所は、被害者等から申出があるときは、当該被害者等の損害賠償請求権の行使のため必要があると認める場合その他正当な理由がある場合であって、相当と認めるときは、申出をした者に当該被告事件の訴訟記録の閲覧又は謄写をさせることができる、としています（同法三条）。

(c) **民事上の争いについての刑事訴訟手続における和解**

被告人と被害者等の間で、被告事件に関する民事上の争いについて合意が成立した場合には、刑事被告事件の係属する裁判所に対し、共同して当該合意の公判調書への記載を求める申立てをすることができます。そして、裁判所が右の合意を公判調書に記載したときは、裁判上の和解と同一の効力を有することとしています（同法四条）。当該公判調書に民事執行法上の債務名義性を付与することによって、被害者等が容易に損害回復の実現を図ることができるようにしたものです。

(3) 犯罪被害者等基本法（平成一六年法律第一六一号）

犯罪被害者等のための施策の基本理念を明らかにしています。

第八章　裁判所

一　司法権の独立

- 権力分立論による基礎づけ
- （それ自身重要な意義）三権の均衡と抑制→（間接的に国民の権利の侵害の防止
- （しかし不十分）……国家権力そのものの限界は出てこない

←権利宣言＋権力分立→司法権の独立の根拠

司法権の機能

＝
- 個人の権利と基本的自由に至上の価値

法の支配
- 普通裁判所による権利の保障
  - 司法機能の独立が基本的条件 ――→ 担当する裁判官の独立の地位

(1)　裁判権の独占（憲七六条一項、二項）

「一切の法律上の争訟」に対して裁判する機能→裁判所

(2)　裁判官の独立（憲七六条三項）

裁判官の職権の独立＝実質的意味における司法権の独立
- 対外的独立
- 対内的独立

(3)　裁判官の身分保障（憲七八条）

裁判官の職権の独立を実質的に保障する要件

(4)　司法行政の独立

二　裁判所という言葉の意味

1　国法上の意味の裁判所―司法行政組織上の単位としての裁判所
- 官署としての裁判所
- 官庁としての裁判所……司法行政権の主体

2　訴訟法上の意味の裁判所

裁判機関としての裁判所
- 合議体
- 単独体

最高裁判所
- 大法廷……一五人の裁判官（定足数九人）
- 小法廷……五人の裁判官（定足数三人）

（裁九条・一〇条）

高等裁判所
- 五人の合議体（内乱罪にかかわる訴訟の一審など）
- 三人の合議体

地方裁判所・家庭裁判所
- 単独体……一人の裁判官
- 合議体……三人の裁判官
  - 法定合議事件
  - 裁定合議事件

簡易裁判所……常に一人の裁判官（裁三五条）

(2)　単独体の長所と合議体の長所

(3)　合議体
- 裁判長……訴訟指揮権・法廷警察権等
- 陪席裁判官

・補充裁判官

・受命裁判官

・受託裁判官

3　裁判員の参加する裁判所

(1)　総　説

(2)　対象事件

(3)　裁判官及び裁判員の権限

(4)　裁判員の選任

(5)　裁判員等の任務の終了

(6)　裁判員の保護

三　公平な裁判所

1 「公平な裁判所」

刑事被告人……「公平な裁判所の裁判を受ける権利」（憲三七条一項）

2 ―

組織・構成からみた公平な裁判所の保障のみに限局するのは疑問

組織と構成からみた公平な裁判所

判例……その組織や構成からみて偏頗な裁判をするおそれのない裁判所（最判昭二三・五・五）

・任用資格、手続の厳格性

・除斥・忌避・回避

(1) 除斥（二〇条）――法律上当然に職務の執行から排除

(2) 忌避――当事者の申立による（二一条）

- 除斥事由あるばあい
- 不公平な裁判をするおそれ――忌避の決定があって排除
  - 判例―最決昭四八・一〇・八・
    - 当該事件の手続外の要因により、当該裁判官による公平な審判を期待しえない場合
    - 手続内の審理の方法・態度などは直ちには忌避理由とならない
  - 学説―訴訟指揮・審理の方法なども極端な場合には忌避理由になりうる

忌避申立に対する決定
- (原則) 当該裁判官を除く合議体（二三条）
- (例外) 簡易却下（二四条）

簡易却下↓訴訟を遅延させる目的のみでなされたことの明らかな忌避申立

→最決昭四八・一〇・八　訴訟手続内の審理の方法等を理由とする忌避申立――しょせん受け入れられる可能性なし

(3) 回避（規一三条）

四　管轄

1 総説

管轄――刑事の裁判権の一定の基準による分配

第一審の管轄
- 事物管轄
- 土地管轄

2 事物管轄……事件の性質・軽重による事件の分配

高等裁判所―内乱罪、東京高裁―独禁法違反事件

地方裁判所
- その他の罪
- 常習賭博・窃盗・横領・盗品等に関する罪など選択刑として罰金が定められている罪（簡易裁判所）

罰金以下の刑にあたる罪（簡易裁判所）

家庭裁判所……少年法三七条一項に規定する罪

3 土地管轄……土地による事件の分配

4 審級管轄……上訴との関係における管轄

第一審
- 簡易裁判所
- 地方裁判所
- 家庭裁判所
- (例外的に高等裁判所)

控訴・抗告―高等裁判所

上告・特別抗告―最高裁判所

5 管轄の修正

(1) 関連事件の管轄（九条）

(2) 管轄の移転（一七条、一八条）

(3) 管轄の競合（一〇条、一一条）

6 管轄の競合

刑事事件について検察官から公訴の提起のあったときは、裁判所はその事件について審判しなければなりません。かようにして、裁判所は審判の主体となり、検察官と公訴の提起を受けた被告人が「訴訟当事者」となります。刑事訴訟手続は、この三者間において、いろんな法律関係や法律状態を形成しながら発展してゆきます。これら訴訟当事者（検察官と被告人）とともに弁護人が訴訟において重要な役割を担います。検察官と被告人については、これ迄、手続の各場面で言及してきましたので、本章と次章では、裁判官と弁護人について述べることとします。

一　司法権の独立

裁判官の性格について第一に特記せねばならぬのは司法権の独立ということです。これについては憲法の講義でくわしく触れられるところですので、ごく簡単にだけ述べることとします。

司法権の独立は、その基礎を近代国家における権力分立論に見出すのが一般です。ところで、権力分立は、国家の作用を立法・行政および司法に大別し、そのおのおのについて各別の機関を設けてこれを行わせ、かつ各機関相互間に抑制を認め、均衡をもたせることによって、国家権力の濫用を防止し、国民の自由を保障しようとすることを内容とする理論です。この観点からみた「司法権の独立」は、――立法権を国会に、行政権を内閣に、それぞれ独立して分属させたのに対し――、司法権を独立して裁判所に属させ、それによって立法権と行政権との均衡を維持することに主たる目的があります。そのことによって間接的に国民の権利・自由の侵害が防止されるとしても、なお統治機構の上からみての国家権力の分配に意味があります。このこと自体はきわめて重要な原則ですが、これだけでは、国家権力そのものの限界は出てきません。「権力の絶対的限界を定めるのは権利宣言」（阿部照哉・現代法二巻二一五頁）です。権利宣言と権力分立が両者あいまって国民の権利と自由が保障されると考えるべきでしょう。

ここで、司法権の機能との関係をあわせ考えておくことが必要でしょう。司法権の機能は端的に**法の支配**（ルール・オブ・ロー）だといってよいでしょう。法の支配の意味内容は、いくつかの要素から成っており、時代によっても変遷があり、とうてい簡単には表現できるものではありませんが、それは個人の権利と基本的自由に至上の価値をみとめることと、裁判所によるそれらの保障ということに要約できるでしょう。この保障が実効性をもたねばなりません。この保障が制度化され確立される基盤として、司法機能の独立が基本的条件となります。そして、法の支配を貫徹するためには司法機能を担う裁判官が、何ものによっても侵されない独立の地位を保持することが必要となります。

(1) **裁判権の独占**　憲法は「すべて司法権は、最高裁判所及び法律の定めるところにより設置する下級裁判所に属する」（憲七六条一項）として、司法権は裁判所の独占するところとし、「特別裁判所は、これを設置することができない。行政機関は、終審として裁判を行ふことができない」（憲七六条二項）としました。したがって、現行憲法のもとでの司法とは、民事・刑事の裁判だけでなく行政事件の裁判をも包含し、したがって、司法権とは「一切の法律上の訴訟」（裁三条）について裁判を行う機能ということになりました。制度上、法の支配を一層徹底させたということができるでしょう。

(2) **裁判官の独立**　法の支配を確立し、国民の基本的権利の保障を全うするためには、司法を担う裁判官が何ものによっても犯されない地位を保持することが必要です。裁判官がいかなる権力からも拘束されず、良心にしたがって、法の支配をつらぬくことがなければ、裁判は公正なものとはなりません。裁判官の職権の独立（実質的意味における司法権の独立）は、かようにして公正な裁判を保障するかなめとなります。

「すべて裁判官は、その良心に従ひ独立してその職権を行ひ、この憲法及び法律にのみ拘束される」という憲法七六条三項は、まさに右の裁判官の職権の独立の保障をうたったものです。この裁判官の職権の独立が、司法権の独立の実質的意味内容なのです。

したがって、裁判官がその職権の行使にあたり、立法部・行政部からの圧迫や干渉から独立でなければならない（対外的独立）だけでなく、司法部内で司法行政上の上司から圧迫や干渉があってはならない（対内的独立）のです。

(3) 裁判官の身分保障　公正な裁判のためには、裁判官の職権の独立が必要ですが、この裁判官の独立を実質的に保障するためには、事実上の圧迫から裁判官をまもる制度が設けられねばなりません。そこでもっとも重要なのは裁判官の身分保障です。そこで法は、裁判官は、公の弾劾による場合（国会内の弾劾裁判所だけが行う。憲六四条、七八条、国会法一二五条、裁判官弾劾法）、国民審査による場合（最高裁の裁判官のみに適用がある、憲七九条）、心身の故障のため職務をとることができないと裁判された場合（裁判官分限法）を除くほか、その意思に反して免官・転官・転所・職務の停止または報酬の減額をされることはない、としてその身分の保障をしているのです（憲七八条、裁四八条）。

また、裁判官の懲戒処分は、行政機関が行うことはできません（憲七八条後段）。ただ、裁判官が職務上の義務に違反し、職務を怠り、または品位をはずかしめる行為があったときは、別に法律で定めるところにより、裁判によって懲戒されます（裁四九条）。その詳細は、裁判官分限法によって規定され、懲戒は戒告または一万円以下の過料とされています（裁判官分限法二条）。

(4) 司法行政の独立　広く裁判所の事務をみた場合に、これを本来の裁判事務そのものと裁判事務以外の事務に分けることができます。後者は、裁判官または裁判官以外の職員の任免・監督・懲戒・裁判所の設置、庁舎の管理、事件の配分などの行政的活動を指し、これを「司法行政」といいます（伊達・講話一〇〇頁）。

司法行政は、司法権の行使としての裁判そのものに大きな影響をもつものなので、司法行政も裁判そのものが独立に且つ円滑に行われるような仕組みでなければなりません。そこで司法行政は裁判所内部で行われることとなりました（司法行政の独立）。もっとも、裁判官の任命については、最高裁判所長官は内閣の指名に基いて天皇が任命し、その他の裁判官はすべて内閣が任命することになっている点で（憲六条二項、七九条一項）、行政権が裁判所に対しコントロールを及ぼすことは否定できません。しかし、最高裁判所以外の裁判官の任命は、必ず最高裁判所の指名した者の名簿によってなすことを要するとなっています（憲八〇条一項）。

右以外の司法行政事務は、最高裁判所を頂点とする各裁判所が行うこととなっています。旧法（裁判所構成法）下では、司法行政は司法大臣を頂点とする司法行政官の手に収められたのに比べると、このことは一大進歩ですし、各裁判所の裁判官（判事補は除く）の合議体である「裁判官会議」によって司法行政が行われる建て前がとられている（裁一二条、二〇条、二九条、三一条の五）点もまた、他の一般行政事務にみられない一大特色といってよいでしょう（伊達・講話一〇二頁）。

二　裁判所という言葉の意味

裁判所ということばには、二つの意味があります。その一つは**国法上の意味の裁判所**で、もう一つは**訴訟法上の意味の裁判所**です。

1　国法上の意味の裁判所

これはさらに二つの意味があります。その一つは裁判官だけでなく職員全員を含めた官署としての裁判所をいいます。これは、司法行政上の単位としての意味があるだけで、訴訟法上特別の権限はもっていません。もう一つは、裁判所によって定められた裁判機関（裁判官）の集合体としての裁判所です。人事その他の司法行政上の主体であって、その裁判所を構成する裁判官全員（判事補をのぞく）によって、権限を行使します（但し簡易裁判所は別）。訴訟法上の意味をもつ場合もあることに留意せねばなりません（二三条、規一八七条一項など）。

2　訴訟法上の意味の裁判所

(1)　1の国法上の意味の裁判所に対して公訴の提起がなされると、裁判所は事務分配規程にしたがって、その事件を1の意味の裁判所に属する一定数の裁判官で構成される裁判機関に分配します。こうして決定された具体的事件についての裁判機関を訴訟法上の意味での裁判所といいます（松本一郎「裁判官の役割」『刑事訴訟法を学ぶ』九三頁）。この意味での裁判所が一名の裁判官によって構成されている場合を**単独体**（裁判所）、数名の裁判官による場合を**合議体**（裁判所）といいます。最高裁判所（裁九条）と高等裁判所（裁一八条）はすべて合議体であり、簡易裁判所は常に単独体です（裁三五条）。地方裁判所の刑事事件は原則として単独体で審判されますが、法定刑が死刑、無期または短期一年以上の懲役もしくは禁錮にあたる罪（裁二六条二項二号、但し強盗や常習窃盗などは除かれる）、②刑事訴訟法によって合議体で審判すべきものと定められた事件（裁二六条二項四号、刑訴二三条一項、二項、二六五条二項、四二九条三項など）（以上**法定合議事件**）、③合議体で審判する旨を合議体で決定した事件（**裁定合議事件**。裁二六条二項一号）は、三人で構成される合議体で審判します。

(2)　単独体がよいか合議体がよいか。単独体には、裁判官の責任感をつよめ、また、事件処理の迅速を期することができるという長所があります。他方、合議体には、合議（評議及び評決）の過程を通じて各裁判官の個性が中和され裁判所が客観性を備えるようになるし、複雑・困難な事件では各裁判官の異なる方面の知識を活用できるという長所があります。合議体の方が審理・裁判を慎重にして誤りを少なくする点で単独体より適しているでしょうし（環唱一・裁判下一八九頁）、裁判に対する当事者や国民の信頼を得やすい面もあると思われます。

(3)　合議体は裁判長と陪席裁判官から成ります。裁判長は合議体の機関として、訴訟指揮権（二九四条、二九五条等）、法廷警察権（裁七一条、七一条の二、刑訴二八八条等）等の重要な権限を行使できます。これらの権限は、裁判長に固有なものではなく、合議体の権限を裁判長が代行するものと解されます（書研・講義案二六頁）。証人尋問（三〇四条）、被告人に対する質問（三一一条）などは陪席裁判官も行うことができます。合議体の審理が長引くことがあらかじめ予想される場合には、**補充裁判官**に立ち会わせ、審理中故障の生じた裁判官に代わって合議体に参加させることができます（裁七八条）。こうしておくと、公判手続の更新（三一五条）をしないですみます。

検証とか裁判所外の証人尋問のように、事柄によっては必ずしも合議体の全員が参加しないですむ訴訟行為があります（書研・講義案二六頁）。そのような行為は合議体の構成員に行わせることができ、その裁判官を**受命裁判官**といいます（一二条二項、四三条四項など）。また、他の裁判所の裁判官に証人尋問などの嘱託をすることができますが、その嘱託を受けた裁判官を**受託裁判官**といいます（四三条四項、一二五条など）。

3　裁判員の参加する裁判所

裁判員の参加する刑事裁判に関する法律（平成一六年度法律六三号）の主条文は、**平成二一年五月二七日までに政令で定める日から実施**されます。その日に備えて、あらかじめ、説明を加えておきましょう。

(1)　総　説　**(a)　意義**　裁判員制度の意義は、一般の国民が裁判の過程に参加し、裁判内容に国民の健全な社会常識がより反映されるようになることによって、国民の司法に対する理解・支持が深まり、司法はより強固な国民的基盤を得ることができるようになることにあるとされます。

この見地から、「刑事事件の一部を対象に、広く一般の国民が、裁判官と共に、責任を分担しつつ協同し、裁判内容の決定に主体的、実質的に関与することができる制度」として導入が決定されました（平成一三年六月司法制度改革審議会意見参照）。

それをうけて、裁判員の参加する刑事裁判に関する法律（以下裁判員法ともいう）一条は国民の中から選任された裁判員が裁判官と共に刑事訴訟手続に関与することが司法に対する国民の理解の増進とその信頼の向上に資することにかんがみ、裁判員の参加する刑事裁判に関し、裁判所法及び刑事訴訟法の特則を定めるものであると規定し、このことを明らかにしています。

また、これに加え、裁判員制度のもとでは裁判の手続や判決の内容を法律家ではない裁判員が理解しやすいものとする必要があるから、国民にとって分りやすい裁判が実現されることとなることも期待されています（上富敏伸「裁判員制度導入のための法整備」現代刑事法六七号三五頁）。

いま一つ、「非法律家である裁判員が公判での証拠調を通じて十分に心証を形成できるようにするために、口頭主義、直接主義の実質化を図ることも必要となる」（司法制度改革審議会平成一三年六月意見書）ことも忘れてはならぬでしょう。わが国の公判審理が書面・調書受け渡しの場と化しており、この克服こそ改革の最重要課題と考えられてきました。この克服のための方策としては、国民の裁判への参加しかないとの考え（例えば、平野龍一「現行刑事訴訟の診断」『団藤重光博士古稀祝賀論文集第四巻』四二三頁）も、裁判員制度創設の背後にあることを忘れてはなりますまい。

(2) 対象事件

(a)　裁判員の参加する刑事裁判の対象事件は、次の通りです。①死刑または無期の懲役もしくは禁錮に当たる罪に係る事件、②①を除き、法定合議事件であって、故意の犯罪行為によって被害者を死に至らせた罪に係るもの（裁判員法二条一項）。

ただし、裁判員やその親族等の身体または財産に危害が加えられるおそれ等の事情があるときは、地方裁判所の決定によって、例外的に対象事件から除外されます（裁判員法三条）。

(b)　合議体の構成　裁判員の参加する刑事裁判の対象事件については、合議体が構成されます。その合議体の構成は、原則として、**裁判官は三人、裁判員は六人**です（同法二条二項本文）。もっとも、(i)公判前整理手続による争点及び証拠の整理において公訴事実について争いがないとみとめられ、(ii)検察官、被告人及び弁護人に異議がなく、(iii)事件の内容その他の事情を考慮して裁判所が適当とみとめるときは（同条三項・四項）**裁判官一人及び裁判員四人から成る合議体**を構成して審理及び裁判をすることができます（裁判員法二条二項但し書）。

なお、裁判所は、審判の期間その他の事情を考慮して必要と認めるときは、**補充裁判員**を置くことができます（裁判員法一〇条一項）。補充裁判員は、裁判員の関与する判断をするための審理に立ち合い、合議体の裁判員の員数に不足が生じた場合に、あらかじめ定める順序に従い、裁判員に選任されます（同条二項）。

(3) 裁判官及び裁判員の権限

(a) 裁判員の関与する事件では、合議体を構成する裁判官と裁判員の会議によって決することになりますが、その判断事項は、①事実の認定、②法令の適用及び刑の量定です（裁判員法六条一項・三項）。裁判員は、事実の認定だけでなくて、法令の適用や刑の量定の判断にも関与する点で、陪審制よりも参審制に類似しています。そして、関与する判断に必要な事項について、証人を尋問し、被告人に質問するなどの権限をもちます（裁判員法五六条乃至五九条参照）。評議の際には、裁判官と同じ一票をもつことになります。

(b) 以上に対して、構成裁判官のみの合議に委ねられる事項としては、①法令の解釈に係る判断、②訴訟手続に関する判断（少年法五五条の決定を除く）および③その他裁判員の関与する判断以外の判断があげられています（裁判員法六条二項・三項、七条）。法令の解釈に関する判断や訴訟手続に関する判断については、専門的で複雑な法律判断をすることが少なくないことから、構成裁判官の合議によることとされたといわれます（上富敏伸・前掲三六頁参照）。もっとも、これらの事項についても、構成裁判官は、その合議により、裁判員の傍聴を許し、意見を聴くことができます（裁判員法六八条三項）。構成裁判官と裁判員が協同して事件の法的解決に当るのだから、法令の解釈を分り易く説明できるよう裁判員の傍聴をみとめその意見を聞いておくことは有用でしょう。訴訟手続上の判断の前提となる事実には、違法収集証拠や自白の任意性の判断も入ると考えられているのでしょうが、これらの事項の判断にこそ、一般国民の意見をもっとも聞いてみる必要があるのではないでしょうか。また、自白の任意性の判断は自白の信用性判断と密接不可分なので、事実の認定の権限をもつ裁判員の意見の聴取は不可欠といわねばならぬでしょう。

(4) 裁判員の選任

(a) 資格その他　裁判員は、衆議院議員の選挙権を有する者、すなわち「日本国民で年齢満二〇才以上の者」

（公職選挙法九条一項）の中から選出されます（裁判員法一三条）。ただし、一定の欠格事由（同法一四条）、就職禁止事由（同法一五条）、事件に関連する不適格事由（一七条）および「不公平な裁判をするおそれ」を理由とする一般的不適格事由（同法一八条）が定められています。なお、裁判員制度特有の制度として、年齢七〇才以上の者、学生・生徒、重い疾病又は傷害、同居の親族の介護などのため裁判所への出頭が困難である者は、裁判員となることについて**辞退の申立て**をすることができます（同法一六条）。なお、参加する国民の負担を軽減する見地から過去一定期間内に裁判員、検察審査会員等の職務を行ったことが辞退理由とされている（同条四乃至六号）のは注目されます。

(b) **裁判員候補者名簿の調整**　地方裁判所は毎年、次年に必要な裁判員候補者の員数を管轄内の市町村選挙管理委員会に割当てて通知し（裁判員法二〇条）、各選挙委員会は、選挙人名簿被登録者からくじで選定して作成した名簿を、地方裁判所に送付します（同法二一条、二二条）。地方裁判所は送付された名簿に基いて裁判員候補者名簿を調整し、名簿に記載された者にその旨を通知します（同法二三条、二五条）。

(c) **裁判員候補者の呼出し**　裁判所は、対象事件について、第一回公判期日が定まったときは、審判に必要と見込まれる期間その他の事情を考慮して、呼び出すべき裁判員候補者の員数を決めなければなりません。その員数の裁判員候補者が、裁判員候補者名簿（b）の中からくじで選定され、裁判員等選任手続を行う期日に呼び出されます（裁判員法二六条、二七条）。その際、裁判所は、裁判員の資格を判断するに必要な質問をするための**質問表**を事前に送付することができます（同法三〇条）。裁判員に関するこれらの情報は、検察官及び弁護人に開示せねばなりません（同法三一条）。

(d) **裁判員の（呼び出し後の）選任手続**　この手続は裁判官及び裁判所書記官が列席し、検察官及び弁護人が出席して行い、必要と認めるときは被告人も出席させることができます（裁判員法三二条）。選任手続は、裁判員候補者のプライバシーに関することなども明らかになりうるため非公開で行われます（同法三三条一項）。裁判長は、裁判員候補者について、選任資格があるか、欠格事由、就職禁止事由、不適格事由に該当しないか、申し立てられた辞退事由がみとめられるか、不公平な裁判をするおそれがないかなどを判断するため、必要な質問をすることができます（同法三四条）。検察官及び被告人または弁護人も必要と考える質問を裁判長がするよう求めることができます（同法三四条二項）。検察官及び被告人は、裁判員候補について、それぞれ四人（二条三項の決定のあった場合は三人）まで理由を示さずに不選任の請求をすることができます。これは、英米法系の陪審制度で認められている**専断的忌避**の制度にならったものです。

裁判所は、不選任の決定のなかった裁判員候補者から、くじ等のような作為の加わらない方法で、必要な員数の裁判員及び、補充裁判員を選任する決定をします（同法三七条）。裁判員および補充裁判員は、法令に従い公平誠実に職務を行うことを誓う旨の宣誓をします（同法三九条二項）。

(5)　裁判員等の任務の終了

裁判員及び補充裁判員の任務は、①終局裁判を告知したとき、又は、②事件が裁判官のみによる裁判で取り扱うことになったとき終了します（裁判員法四八条）。評議において判決の形成に関与し、宣告に立ち会うことによって裁判員としての責任は実質的に果したといえるうえ、判決書の作成を終えるまでその任務を解かないことは過重な負担になると考えられることによるといわれます（上富敏伸・前掲四〇頁）。

(6)　裁判員の保護

(a)　不利益取扱いの禁止　労働者が、裁判員の職務をおこなうために休暇を取得したことなどを理由として、不利益な取扱いをしてはならないものとされています（裁判員法七一条）。

(b)　裁判員の個人情報の保護　裁判員を保護するとともに裁判の公正を確保するため、何人も、裁判員、補充裁判員又は裁判員候補者等の氏名、住所その他の個人を特定するに足る情報を公けにしてはならず、これらであった者についても、本人がこれを公けにすることに同意している場合を除いて、同様とされています（同法七二条）。

(c)　裁判員等に対する接触の禁止　何人も被告事件に関し裁判員や補充裁判員への接触してはならず、かつ、裁判終了後も、裁判員が職務上知り得た秘密を知る目的で、これらであった者と接触してはならないとされています（同法七三条）。もっとも、これらの規定はあくまで裁判員等を保護するための規定ですから、裁判員等は、その守秘義務（これに反した場合は**秘密漏示罪**に問われる（同法七九条））等に反しない限り、自分の経歴を他人に伝えることまで禁止されるわけではありません（田口・二三二頁）。裁判員参加の裁判制度が国民的基盤を得るためには、裁判を通じてえた知識が（秘密漏示にあたらぬ限り）伝えられることがむしろ必要といえるでしょう。

三　公平な裁判所

1　「公平な裁判所」の意義

司法権の作用は適正であるとともに、両当事者にとって公平でなければなりません。これは民事・刑事共通ですが、とくに刑事について、憲法は「被告人は、公平な裁判所の……裁判を受ける権利を有する」（憲三七条一項）と定めています。それは、刑事事件において「原告」の地位につくのが検察官すなわち国家機関であるため弾劾主義が形骸化することをおそれたからだといわれます（松尾・上二一五頁）。そこで、刑事訴訟法は、起訴状一本主義を採用して裁判所の予断を防ぎ、訴因制度を採用して審判の対象の設定を専ら検察官の役割とし、また、裁判所は、その訴因が、当事者の提出する証拠にもとづき認められるかどうかの判断者の立場に立つようにし、旧刑訴のように裁判所がみずから積極的に真実は何かを探索する立場を排しています。このようにみると、「公平な裁判所の裁判を受ける権利」の保障が、このような訴訟手続のあり方を要請する趣旨をも包含しているものといえます（同旨、松尾・上二一五頁）。狭義においては、「公平な裁判所」とは「その組織や構成からみて偏頗《へんぱ》な裁判をするおそれのない裁判所」（例えば、最判昭二三・五・五刑集二巻五号四四七頁）であるとすることには異論はありませんが、被告人の「公平な裁判所の裁判を受ける権利」を保障した憲法の趣旨を、たんに、裁判所の「組織」と「構成」の点にだけ限局してしまうことは、妥当ではないでしょう。以上を前提として以下狭義のそれについて述べることとします。

2　組織と構成からみた公平な裁判所

裁判所の組織、構成を公平なものとするためには、裁判官について厳格な任命資格と任命手続を定めるとともに、さらに個々の事件に対する関係で裁判官の公平さを維持するために、偏頗な裁判をするおそれのある裁判官を職務の執行から排除する制度が設けられています。除斥・忌避・回避の制度がこれにあたります。

(1)　除　斥　裁判官が、①その事件の被害者であるとか、事件の被害者又は被告人と一定の関係にある場合（二〇条一号乃至三号）、又は、②事件に関し、裁判官として（二〇条七号）、あるいは、証人、被告人の代理人・弁護人としてもしくは検察官・司法警察員として関与したばあい（四号乃至六号）、職務の執行から排除する制度です。裁判官としての関与については付審判の決定、略式命令、前審（控訴審にとっては第一審、上告審にとっては第一審及び控訴審）の裁判、および破棄差戻（又は移送）の場合の原判決に対する関与（七号）が列挙されています。これらの類型化された事由があるばあいには、当事者の申立をまたないで、法律上当然に職務の執行から排除されます。

(2)　忌　避　除斥事由があるばあい、ないしその他不公平な裁判をなすおそれがある場合に、当事者の申立により、当該裁判官が職務の執行から排除される制度です（二一条）。「**除斥事由がある場合**」は、本来、法律上当然に除斥の効果が生じるので、忌避の申立は、除斥事由の有無を明らかにするよう裁判所の注意を促す効果しかもちません（松尾・上二一六頁）。「**不公平な裁判をするおそれ**」を理由とする場合は、忌避理由がある旨の決定がなされてはじめて職務の執行から排除されます。「不公平な裁判をするおそれ」があることを理由とする忌避の申立は、事件について請求又は陳述をしたときは、これをすることができません（二二条本文）。事件について請求又は陳述したときは、その裁判官の審判を受ける意思があるものとみてよいからです。したがって、このような推定のできない純手続的な請求、例えば公判期日の変更の請求（二一七六条）、管轄違の申立などは、これに含まれません。事件の実体（内容）について請求又は陳述をしても、忌避の原因のあることを知らなかったとき、または忌避の原因がその後に生じたときは、この限りでありません（二二条但、規九条三項）。

忌避の申立があったときは、その裁判官の所属する裁判所（但し簡易裁判所の裁判官の場合は管轄地方裁判所）が合議体で決定します。忌避を申立てられた裁判官がこの決定に関与してならないことは当然です（二三条）。

しかし、法はこれについて一つの例外を認めて、**訴訟を遅延させる目的のみでなされたことの明らかな忌避の申立**または不適当な忌避の申立については、忌避を申立てられた裁判官も却下の決定に関与することができ、また地方裁判所の単独体の裁判官等も自ら忌避の申立却下の裁判をすることができるとしています（簡易却下手続という。二四条）。

さて、忌避制度の運用をみると、忌避の申立を却下した事例は多く、忌避がみとめられた事例は殆ど報告されていません。簡易却下を容認した判例（最決昭四八・一〇・八刑集二七巻九号一四一五頁百選〔八版〕一一四頁（宮城啓子））ですが、そこに最高裁の忌避制度に対する考えが端的に示されているように思われます。すなわち

「元来、裁判官の忌避の制度は、裁判官がその担当する事件の当事者と特別な関係にあるとか、訴訟手続外においてすでに事件につき一定の判断を形成しているとかの、当該事件の手続外の要因により、当該裁判官によっては、その事件について公平で客観性のある審判を期待することができない場合に、当該裁判官をその事件の審判から排除し、裁判の公正および信頼を確保することを目的とするものであって、その手続内における審理の方法、態度などは、それだけでは直ちに忌避の理由となしえないもの」である（傍点—筆者）と。

忌避の申立が安易になされることは厳に慎まれねばなりませんが、当該事件の訴訟指揮が一方の当事者に偏っているにとどまらず、それが極端で、当該裁判官が一方当事者に対し悪感情をもっているとしか考えられないような場合にも、手続内の要因だとして忌避申立を退けてよいか疑問が残るように思われます。判例も、そこ迄言ってい

るのではないでしょう。

しかし、右につづけて「したがって、訴訟手続内における審理の方法、態度に対する不服を理由とする忌避申立は、しょせん受け容れられる可能性は全くない」とし、このことが法曹一般に周知のことがらなので、かかる理由による忌避申立は、訴訟遅延のみを目的とするもので簡易却下相当だとしたのは、結果の明白から目的の明白をただちに認めている点（高田・五一頁）、忌避理由を始めから著しく制限する効果をもつ点で疑問といわざるをえません（簡易却下事例の分析としては、繁田実造「忌避簡易裁却下裁判の概観」『新・生きている刑事訴訟法』三五頁以下）。

(3) 回避　自分に忌避の原因があると思う裁判官がみずから進んで所属裁判所に申し立て、その決定により職務の執行から除かれる制度をいいます（規一三条）。

以上の裁判官の除斥・忌避および回避の制度は、法二〇条七号の場合を除き、**裁判所書記官に**準用されています（二六条、規一五条）。

四　管轄

1　総説

刑事の裁判権を一定の標準で、各裁判所に分配したものが管轄権です。管轄は、事件の軽重、審判の難易、審判の便宜、被告人の便宜などを考慮して定められます。この管轄は前もって抽象的に定められていて、事件がおこると事件を審判する裁判所が自動的にきまるのが理想です。しかし、他方で一律に決め、動きのとれないものとすると、かえって審判に不便を生じ、あるいは具体的な正義にかなわないことにもなります。そこで法は、管轄については、かなり融通のきく規定の仕方をしています。

裁判所の事件の管轄は、第一審の管轄と審級管轄に分けられます。第一審の管轄には、事物管轄と土地管轄があります。

2　事物管轄

事件の性質、軽重による事件の分配をいいます。

(1) **簡易裁判所**　①罰金以下の刑にあたる罪、②選択刑として罰金が定められている罪、③常習賭博、賭博場開帳、窃盗、横領、盗品譲受け等の罪について管轄権があります。②のばあいにも原則として罰金以下の刑だけを科します（裁三三条二項）。ただし、③の場合には、三年以下の懲役を科することができます（裁三三条二項但）。②③での、この科刑範囲の制限を**科刑権の制限**といいます。これをこえる場合とか、事件が複雑などの理由により地方裁判所で審判するのを相当と考えるときは、管轄地方裁判所へ事件を**移送**します（三三二条、裁三三条三項）。簡易裁判所にそもそも管轄権のない事件を移送することはできません。

(2) **地方裁判所**　ひろく一般の事件について管轄権をもちます。ただ、高等裁判所の特別権限に属する事件と、罰金以下の罪にあたる事件（簡裁の**専属管轄**）だけが除外されます（裁二四条一号）。

(3) **家庭裁判所**　少年法三七条一項にかかげる、少年の福祉を害する成人の犯罪について管轄権をもちます（裁三一条の三第一項三号）。これらの事件については、地方裁判所も管轄権をもちますが、起訴は必ず家庭裁判所にしなければなりません（少三七条一項）。少年の一般の刑事事件については、管轄権をもっていません。

(4) **高等裁判所**　内乱罪にかかる事件と他の法律で特に定められた事件につき管轄権をもちます（裁一六条四号）。

3　土地管轄

事件と土地との関係による第一審の事件の分配をいいます。土地管轄は、裁判所の事件分配の便宜とともに、被告人の出頭、防禦の便宜をも考慮して、定められています。そこで、まず犯罪地、被告人の住所・居住・現在地を管轄する裁判所が土地管轄をもつものとされます（二条一項）。

4　審級管轄

これは上訴との関係における管轄をいうものです。上訴には、控訴・上告・抗告の三種がありますが、控訴はすべて高等裁判所が管轄し（裁一六条一号）、上告は最高裁判所の管轄に属します（裁七条一号）。抗告のうち、地方裁判所・家庭裁判所および簡易裁判所の決定に対する抗告はすべて高等裁判所がこれを管轄し（裁一六条二号）、特別抗告は最高裁判所が管轄します（裁七条二号）。

5　管轄の修正

(1)　関連事件の管轄

２３で述べたように、第一審の管轄について原則的な規定が定められています（これを固有管轄という）が、訴訟の実際に必ずしも適合しない場合がおこります。法はこのような場合に対処して、管轄の固定性を多少とも緩和しようとしています。

たとえば、甲被告人のA事件の犯罪地が東京、B事件の犯罪地が大阪とし、住所を名古屋としましょう。A事件が重大で関係者も多数東京にいるとすれば東京地方裁判所で審判するのが便宜といえます。しかし、B事件については本来東京地方裁判所には管轄がないはずです。そこでB事件についてはA事件と別に大阪地方裁判所又は名古屋地方裁判所で審判するとすれば、被告人はA罪およびB罪について併合罪の取扱を受けることができなくなります。これは被告人にとり不利益です（伊達・講話一〇七―一〇八頁）。このような点を考慮して、法は「一人が数罪を犯したとき」は関連事件にあたるとし、A事件と併せて審判するときに限り、B事件についても東京地方裁判所が土地管轄をもつことにしました（九条一項一号、六条）。

また、甲が、罰金刑だけにあたる罪（簡易裁判所だけが事物管轄をもつ）と懲役刑だけにあたる罪（窃盗・横領などを除き、地方裁判所だけが事物管轄をもつ）とを犯した場合、簡易裁判所と地方裁判所で別々に審理するのは不便でもあるし、被告人は併合罪の扱いをうけることもできなくなります。そこで法は関連事件として上級裁判所（地方裁判所）があわせて、これを管轄することができるものとしました（九条一項一号、三条一項）。

このような**関連事件**とは、①一人が数罪を犯したとき、②数人が共に同一又は別個の罪を犯したとき、③数人が通謀して各別に罪を犯したときを指し、なお犯人蔵匿の罪、証拠隠滅の罪、虚偽の鑑定通訳の罪とその本犯の罪とは②にあたるものとされています（九条）。

(2) 管轄の指定　第一審の管轄が不明のときまたは存在しないとき、管轄の指定が行われます（一五条、一六条）。指定によって管轄が創設されるわけです。

(3) 管轄の移転　管轄裁判所が審判を行うことができないとき、又は適当でないときに行われます（一七条、一八条）。

6　管轄の競合

これ迄述べたように、管轄は種々の標準で定まるので、同一事件について二個以上の裁判所が同時に管轄権をもつ場合が生じます。これを「管轄の競合」といいます。そこで同一事件が二個以上の裁判所に係属し、二重判決のなされるのを防止するため、法は、次のような措置を講じています。

①同一事件が事物管轄を異にする数個の裁判所に係属するときは、上級裁判所がこれを審判します（一〇条）。②同一事件が事物管轄を同じくする数個の裁判所に係属するときは、最初に公訴を受けた裁判所がこれを審判します（一一条）。これにより審判してはならない裁判所は決定で公訴を棄却します（三三九条一項五号）。

第九章　弁護人

一　弁護人制度の意義

実質的弁護……裁判官も、検察官も、それぞれの立場から被告人の利益に配慮
—弁護人の必要性を根拠づけえず

形式的弁護……専ら被告人の正当な利益の擁護に当る者が必要

(歴史的流れ)実質的弁護から形式的弁護へ！

(現在の課題)形式上弁護人が付くだけでは不十分→「有効かつ十分な弁護」こそ必要

現行法における弁護人依頼権
- 憲法三七条三項　被告人
- 〃　三四条　身体を拘束された被疑者
- 刑訴三〇条　被告人・被疑者

二　弁護人の地位

1　弁護人の地位・役割

専ら被告人の正当な利益の擁護を任務
←
その限度で真実の発見に／刑事司法の公正・妥当な運用に〉協力（平野・高田）
→
検察官・裁判官の任務との違いを明確化

弁護人の任務のより積極的意義の自覚

① 被告人が不当に処罰されることのないようまた不当に重く処罰されないよう許された権利を行使して活動する任務

② 被告人・被疑者の権利が不当に侵害されることのないよう監視する任務

〈このような任務を果たすためには〉

弁護人〈被告人の意思に従属する単なる訴訟代理人ではない／被告人の保護者としての地位

2　弁護人のとるべき態度

(1) 被告人の意思に反して被告人に不利益な行動をとってはならない
東京地判昭三八・一一・二八

(2) 許されない弁護活動
- 虚偽の物証の提出、又は提出を被告人にすすめること
- 積極的に虚偽の陳述をすすめること

〈問題点〉

黙秘権の行使をすすめてよいか——よい（通説）

被告人に事実に反し否認をすすめてよいか〈許されない（平野）／許されてよい（松本）

被告人が他人の身代りになることを望んだ場合
—（被告人の「正当な」利益とはいえない／被告人の無罪の立証につとめるべし（通説）

三　弁護人の選任

1　私選弁護人

被告人・被疑者は「いつでも」選任可（三〇条）

被告人・被疑者の親族等の選任権（三一条）

弁護人選任方式〈被疑者（規一七条）／被告人（規一八条）

審級毎に選任――審級代理（三二条二項）

　但し、原審弁護人に上訴申立権はあり（三五五条）

2　国選弁護人

国選弁護人制度の意義と必要性―憲法三七条三項後段

↑

○国選弁護人の付される場合

(1)　請求に基づく場合（三六条）

刑訴三六条の新解釈

国選弁護人の選任要件

　資力申告書の提出（三六条の二）

　基準を超える者――私選弁護人選出の申出の前置（三六条の三）

(2)　職権による場合

(a)　任意的選任（三七条）

被告人の防禦能力の不足を補うため

弁護人があっても、公判期日に出頭しない場合（二九〇条）

(b)　必要的選任

必要的弁護（二八九条）　犯罪が重大↑誤った認定を避けるため

必要的弁護事件と弁護人の不在廷

3　三種の国選弁護の憲法三七条三項との関係

4　国選弁護人の選任行為の法的性質

「被告人に国選弁護人を付する」という訴訟行為↓裁判

「その国選弁護人として甲弁護士を選任する」という訴訟行為

裁判長の単独意思表示たる命令（裁判）説――実務

（公法上の一方行為説

第三者のためにする公法上の契約説

四　国選弁護人の地位（任務）

私選とのちがい……選任の主体・方法・終任ならびに報酬

地位・任務……専ら被告人の「正当な」利益の擁護

　―私選弁護人と何ら変らない

参考……東京地判（民事）昭三八・一一・二八

五　国選弁護人の解任

裁判所又は裁判官の解任命令によって国選弁護人の地位を離れる。

解任の事由（三八条の三）

なお最判昭五四・七・二四

六　弁護人の権限

(1)　包括的代理権

(2)　独立代理権 ｛(a)本人の明示の意思に反しえないもの／(b)本人の明示の意思に反しても許されるもの

(3)　固有権 ｛(c)被告人と重複してもつもの／(d)弁護人だけが有するもの

〈通説の分類〉

(a)〜(d)：むしろ「固有権」と考える（平野、田宮、松尾）

七　補佐人

一　弁護人制度の意義

被告人は、当事者としてみずから自己の利益を防禦する権利をもっているのですが、被告人は法律上の知識や訴訟上の経験に乏しく、また、すでに訴追されているというだけで心理的に相当の打撃をうけています。したがって法律的知識の上でも、証拠収集能力の点でも被告人よりはるかに強力な国家機関である検察官の攻撃に対し、みずからの権利・利益をひとりで守ることはできません。被告人が勾留されている場合は、活動の自由が奪われていますので一層そういえます。

もっとも、裁判所は実体的真実を発見して正しい裁判をすべき立場から、検察官は裁判所に法の正当な適用を請求すべき立場から、被告人の正当な利益はこれを顧慮する任務をもっています（**実質的弁護**）。しかし、本来公正中立の立場にあって裁判する者または攻撃する立場にある者に、被告人の利益の擁護をまかせることはできません。ここに専ら被告人の利益擁護にあたる弁護人の制度が必要となります（**形式的弁護**）。とくに職権主義が後退し当事者主義が強化された現行法のもとでは、形式的弁護の重要性が著しく増大しました（伊達・講話一一八頁、高田・八一頁）。

憲法三七条三項は、「刑事被告人は、いかなる場合にも、資格を有する弁護人を依頼することができる」とし、さらに「何人も、理由を直ちに告げられ、且つ直ちに弁護人に依頼する権利を与へられなければ、抑留又は拘禁されない」（憲三四条）として、被告人及び身体を拘束された被疑者の弁護人依頼権を憲法上の権利に高めました。そして一歩すすめて、刑事訴訟法は身体の拘束・不拘束を問わずすべての被疑者は弁護人を選任することができる（三〇条一項）としています。基本的人権の保障という点からみれば、被疑者の段階から弁護人による保護を与えて、捜査における不当な人権侵害を防ぎ、且つこの段階から防禦乃至防禦の準備がなされる必要が認められたからです。旧刑訴時代、起訴されて被告人になってはじめて弁護人を選任できたのとくらべると、大きな前進であるといえます。まことに「刑事訴訟法の歴史は弁護権拡大の歴史である」といえます。今日重要なのは、この形式上保障された弁護権が、実質的に十分にその機能を果たせるよう保障すること（刑事弁護権の実質化）にあります。

二　弁護人の地位

1　弁護人の地位・役割

職権主義のもとでも、弁護人は被告人に対する弁護活動を通じて、究極的には裁判所の真実発見に寄与するとされていました。現行法下では、弁護人は専ら被告人の正当な利益を擁護することによって、その限度で真実の発見に協力するあるいは刑事司法の公正・妥当な運用に協力するものと位置づけ、国家目的追求という全体の立場から訴追側に立つ検察官の任務、被告人に利益・不利益を問わず真実を明らかにすべき裁判官の任務との違いが、自覚的に主張されました（平野・七三頁、高田・八一頁）。やがて、第一に、真実主義には積極的真実主義と消極的真実主義があり、弁護人の任務はもっぱら後者（被告人が誤って処罰されたり不当に重く処罰されないこと）の実現にある（石川・講義八一頁、熊本典道・田宮編『刑訴Ⅰ』五三七頁）――この限度で、弁護人の職務は刑事司法における真実発見の理念と合致する（松本一郎・争点（旧版）三六頁）と考えられるようになります。第二に、憲法三一条以下は被告人・被疑者に手続上の諸権利を認めましたが、これらの権利を保障し、適正手続の履行を監視し担保することが弁護人に課せられたもう一つの重要な任務であることが自覚的に主張されてきます（松本・前掲三七頁）。つまり、被告人の権利が不当に侵害されることのないよう監視しつつ、手続上許される権利を駆使して、被告人の正当な利益を擁護することにより、検察官と対立的な関係において、正しい裁判の実現に寄与することに弁護人の任務があると考えられます。この意味で弁護人の任務は公的性格を有するといってよいでしょう。

このことから次のいくつかの帰結が導かれます。このような弁護人の任務を果たすためには、弁護人は、単に被告人の意思に従属してこれを補助するにとどまらず、自己の判断にしたがって被告人の正当な利益を擁護しこれを弁護する役目をもちます。弁護人は単なる訴訟代理人ではなく**被告人の保護者**としての地位を有するといわれるゆえんです（平野・七九頁、高田・八二頁）。

このような、任務・地位から次の帰結が導かれます。

2　弁護人のとるべき態度

⑴　弁護人は、専ら被告人の正当な利益を擁護する任務をもつものですから、被告人の意思に反して被告人に不利益に帰すべき行動をしてはなりません。被告人に不利益な証拠を提出したり、または不利益な主張をすることは、かえってその職業倫理に反することになります。一審で死刑判決を受けた被告人に控訴審で選任された国選弁護人が、一審訴訟記録を検討しただけで「被告人の行為は戦慄《せんりつ》を覚えさせるものがあり、死刑もやむをえない。控訴する理由は何もない」という趣旨の控訴趣意書を裁判所に提出した事件があります。この弁護人の行為に対する被告人からの損害賠償請求（民事）訴訟において、東京地判昭三八・一一・二八下民集一四巻一一号二三三六頁が述べた次の見解は注目に値します。すなわち、訴訟記録上被告人に有利な事実又は事情を発見しえないときは、被告人についてそれらの点の調査を実施すべきであり、そのような調査をしてもなお適当な控訴理由を発見しえない場合には、「弁護人としては、被告人に対し率直にその旨を告げ、被告人の言い分を十分に聴取し、その不服とするところがいかに被告人に有利に解しても全くなんらの控訴理由をも構成しえざるものである場合には、その旨を指摘し、被告人がなお不服を維持するというのであれば、弁護人としては、被告人の名においてする控訴趣意書の作成について必要な技術的援助を惜しまないが、それ以上被告人の期待するごとき協力をすることができない旨を告げて被告人の善処を求むべき義務あるものと解するのが至当である」としました。

これと関連して、深刻な問題をなげかけるのは、弁護人が、被告人から犯人であることを私的に打ち明けられたが、公判廷に提出されている証拠だけでは有罪と認定するに足りない場合、弁護人はいかなる行動をとるべきか、です。この場合は無罪の弁護はできず、被告人に自白をすすめるべきだとして**真実義務**が強調されたこともあります。しかし、刑事訴訟においては法定の手続において証拠能力のある証拠により合理的疑いを超えるていどに被告人の罪が証明されてはじめて有罪とされるのですから、そういう証拠が公判廷に提出されていない場合、証拠不十分による無罪を主張することはなお正当な弁護権の範囲に属すると解されます（平野・七五頁、高田・八二頁、松尾・上一三四頁、鈴木・四六頁、井戸田・要説七一頁）。

(2)　弁護人は、許された法律上の権利を行使して被告人の「正当な」利益の保護をはかることをその任務とするものですから、虚偽の証拠を提出したり又させたりすることは許されません。虚偽の物証の提出だけでなく偽証することの明らかな証人の尋問を請求することも、許されないといわねばなりません。もっとも、被告人に黙秘権の行使をすすめることは許されてよいでしょう。何故なら黙秘権は憲法で認められた被告人の基本的権利であり、どの様な場合に供述し、どのような場合に沈黙するか当事者である被告人に自由な選択権を与えたものであるからです。被告人に真実に反して否認をすすめることは許されるかが問題となります。許されないとの見解があります（平野・七五頁）が、当事者が反対当事者の主張を否定したからといって非難されるいわれはない（松本・前掲三八頁）ことを理由に肯定する見解もあります。相手方主張の（消極的）否認にとどまる限り否認をすすめることもなお弁護権の範囲に属すると考えます。しかし、被告人に積極的に虚偽の供述をするようすすめることの許されないことはいうまでもありません。

なお、被告人が他人の身代わりとして有罪となることを望んだ場合、それは被告人の正当な利益とはいえないから、弁護人は被告人の無罪の立証につとめねばなりません（通説）。この場合被告人の承諾がない限り、真犯人を指名することは許されないとの見解（熊本・前掲五六七頁）があります。

三　弁護人の選任

被疑者の弁護人選任については、すでに、第四章で述べたので、ここでは主として被告人の弁護人選任について述べることとします。

1　私選弁護人

被告人または被疑者は、いつでも弁護人を選任することができます（三〇条）。この選任権を保障するために、逮捕（二〇三条一項、二〇四条一項、二一一条、二一六条）、勾引（七六条）、勾留（七七条）されたとき、および公訴が提起されたとき（二七二条、規一七七条）に、弁護人選任権が告知されます（三〇条二項）。さらに被告人または被疑者の法定代理人・保佐人・配偶者・直系の親族および兄弟姉妹も、独立して弁護人を選任することができます。「独立して」とは、本人の明示・黙示の意思に反しても許されることを意味します。弁護人は原則として弁護士のなかから選任しなければなりません（三一条一項）が、裁判所の許可を得て弁護士でない者を特別弁護人に選ぶことができます（三一条二項）。

弁護人の選任は、公訴提起後は連署（署名を連ねること。但し記名・押印でもよい）した書面を裁判所に差し出してすることになっています（規一八条）。このように弁護人の選任行為は、被告人の裁判所に対する一定の方式による訴訟行為であって、被告人が弁護士に対して弁護の依頼をする（私的）契約と異なるのです。したがって後者だけでは訴訟法上弁護人選任の効果は生じません。

弁護人の選任は、審級ごとにこれをしなければなりません（審級代理、三二条二項）。何故このような規定をおいたかというと、一度選任した弁護人は、たとえ気に入らなくてもそれを解任することはなかなか勇気のいることなので、法律で、その審級が終われば当然選任の効力を失うものとして、改めて選任行為をさせるほうが依頼者に都合がよいと考えられたからです（伊達・講話一一二頁）。もっとも、原審の弁護人は被告人のため上訴の申立をすることができます（三五五条）。これはおそらく、その弁護人は原審の事情をよく知っているという理由に基づくものでしょう。

選任の効果は、事件単位が原則ですが、追起訴により併合されたときは、他の事件にも及びます（規一八条の二）。

弁護人の数は、被告人については原則として制限がなく、ただ特別の事情があるときに限り、裁判所は被告人一人につき三人までに制限することができます（三五条、規二六条）。一人の被告人に数人の弁護人があるときは、そのうちで主任弁護人を定めなければなりません（三三条、規一九条以下）。

2　国選弁護人

裁判所または裁判長が弁護人を選任する場合をいいます。弁護料を払えないため弁護人を選任できないばあい、犯罪が社会の憤激を買い弁護人を引受ける者がいないばあいなどを考えると、その被告人には、弁護人の弁護を受ける権利は、事実上否定されたも同然となります。このような事態を放置することは一でのべた弁護人制度の趣旨を損なう結果となりますし、また、貧困などのため私選弁護人を雇えない人々が、弁護人依頼権の保障から見放されたも同然となるのを放置することは平等原則にも悖ります。そこで憲法三七条三項後段は、「被告人が自らこれを依頼することができないときは、国でこれを附する」として、私選弁護人を選任できない者は、国選弁護人を裁判所が任命するとしたのです。なお、国選弁護人の依頼権は被告人だけがもち被疑者にはありませんでした。二〇〇四年ようやく法改正により、一定の範囲で、身柄拘束中の被疑者に国選弁護人選任請求が認められることとなりました（第四章四2以下参照）。

現行法では国選弁護人は次の場合に付されます。

(1)　請求に基づく場合

右の憲法三七条三項の規定を受けて、刑訴法三六条は「被告人が貧困その他の事由により弁護人を選任することができないときは、裁判所はその請求により、被告人のため弁護人を附しなければならない」としました。従来、実際に貧困等のため私選弁護人を選任できなかったことを要件とせず、国選弁護人の選任が広く且つ容易に行われることが憲法三七条三項の趣旨に添うと考えられてきました。

ところで、今回、被疑者にも国選弁護人の選任を可能にする改革を検討するに際し、被告人を含め国選弁護人の選任請求の要件及び手続が再検討されることとなりました。そこで、現行の国選弁護人制度について、資力のある者が貧困であるとして国選弁護人の選任を受けているような事態があるのではないか、あるとすれば国費でまかなわれている国選弁護人制度としては、その点整備しなおすことが必要との考えがでてきました。そこでは、被告人が弁護人を依頼することができるのであれば、私選弁護人を選任すべきであり、自ら、弁護人を依頼することができないといえるためには、依頼できないといえるだけの相当の事由がなければならない、とされました（落合・辻・法曹時報五八巻七号四三頁）。すなわち、刑訴三六条の規定を憲法三七条の趣旨を満たすものと前提した上で、被告人の資力及び弁護人選任の意思を確認するとの観点から、国選弁護人の選任要件及び選任手続が新設されたといってよいでしょう。

すなわち、㋐必要的弁護の場合を除いて、被告人が国選弁護人の選任を請求するには、**資力申告書**を提出せねばならず（三六条の二）、また㋑その資力が基準額（標準的な必要生計費を勘案して一般に弁護人の報酬及び費用を賄うに足りる額として政令で定める額をいう。三六条の三第一項）以上である被告人については、あらかじめ、国選弁護人の選任を請求する裁判所の所在地を管轄する地方裁判所の管轄区域内に在る弁護士会に私選弁護人の選任の申出をしていなければなりません（三六条の三第一項、**私選弁護人選出の申出の前置**）。㋐㋑は選任請求の要件を定めたものです（この点の教示は二七二条）。選任自体の要件「被告人が貧困その他の事由により弁護人を選任することができない」（三六条）を判定するためということで、選任請求の要件が二〇〇四年改正で新設されました。しかし、このように選任請求のための要件の細密化を通しての刑訴三六条の運用の厳格化が、ひいて憲法三七条が、「被告人が自らこれ（弁護人）を依頼することができないときは国でこれを附する」と定めた趣旨を没却することにならぬよう注視されねばならぬでしょう。

(2)　**職権による場合**　これには任意的なものと裁量的なものの二種類があります。

(a)　**任意的選任**　被告人が未成年であるとき、年齢七〇年以上の者であるとき、耳の聞こえないまたは口のきけない者であるとき、心神喪失者・心神耗弱者である疑いがあるとき、その他必要と認めるときは、被告人に弁護人がないときは、裁判所は職権で弁護人を附することができます(三七条)。被告人の防禦能力の不足を補うためです。これらの者に弁護人があっても、公判期日に弁護人が出頭しないときは、裁判所は同様に職権で弁護人を附することができます(二九〇条)。

(b)　**必要的選任**　死刑または無期もしくは長期三年をこえる懲役もしくは禁錮にあたる事件を審理する場合には、弁護人なしに開廷することはできないのであって、この場合に弁護人が出頭しないかまたは弁護人がないときは、裁判長は職権で弁護人を附しなければなりません(二八九条)。これを**必要的弁護**といいます。犯罪が重大なため重い刑を言い渡されるおそれもあるので、かりそめにも間違った認定がないようにするためです。旧法は、必要的弁護の範囲を「死刑又は無期若しくは短期一年以上の懲役若しくは禁錮に該る事件」に限っていましたから(旧三三四条)、現行法は、必要的弁護の範囲を著しく拡張したことになります。

必要的弁護事件と弁護人の不在廷

必要的弁護は、被告人の利益擁護のためだけでなく公判審理の適正をはかることをも目的としている制度で、これに該当する事件のばあい、弁護人なしの公判審理は右両目的に抵触するため凡そあってはならないものと考えられてきました。しかし、私選弁護人が被告人と意を通じて不出頭・退廷しただけでなくて、その後、裁判所により国選弁護人が選任され、その弁護人が弁護活動しようとしたに拘らず、被告人の暴行・脅迫を用いた出廷妨害をうけて不出頭に至った事案について、最決平七・三・二七(刑集四九巻三号五二五頁、百選(八版)一二二頁(古江頼隆))は次のように判示して、弁護人立会いの例外を認めました。すなわち「このように、裁判所が弁護人出頭確保のため方策を尽したにもかかわらず、被告人が、弁護人の公判期日への出頭を妨げるなど、弁護人が在廷しての公判審理ができない事態を生じさせ、かつ、その事態を解消することが極めて困難な場合には、当該公判期日については、刑訴法二八九条一項の適用がないものと解するのが相当である」と。憲法三七条一項との関係でなお慎重な検討が必要でしょう。

3　三種の国選弁護の憲法三七条との関係

法律は以上三種の国選弁護を定めていますが、このいずれも憲法三七条三項の要請によるものかが問題となります。①通説は、2の(1)だけが憲法三七条三項の要請に基づくもので、2の(2)は法律で独自にもうけられたものとします。(2)は本来大陸法制に由来し、憲法三七条三項とは直接の関連がないこと、国選弁護人が被告人の請求によって附される点で被告人の意思にかかわりなく弁護人の附される必要的弁護制度とは異質のものであることを理由とします。②これに対し、(2)(a)(b)も憲法三七条三項後段にもとづくものと解する説（石川・講義八六頁）があります。憲法三七条三項後段を「被告人の請求による場合」だけに限定する理由はないことを根拠とします。さらに、③当事者主義的訴訟において弁護人の補助が「必須要件」であるところから出発して、②と同様に考えますが、必要的弁護のばあいを含め、(1)(2)を通じて、弁護人依頼権の真摯な放棄は認めようとする見解（田宮『刑事訴訟法講義案』四一頁）があります。いま一つは、④憲法三七条三項後段に基づくのは請求による国選弁護(1)だと考えてよいけれども、それは、旧法以来の(2)(a)(b)の存在を当然の前提としてさらにそれを補充する規定であって、両者（(1)と(2)(a)(b)）が相まって、刑事被告人の「いかなる場合にも」資格を有する弁護人の弁護を受ける権利（憲三七条三項前段）が充たされるとする見解（佐伯千仭『刑事訴訟の理論と現実』二六七頁）です。④の見解が立法の経緯に照らしても受け入れやすい見解と思われます。②③④の見解によれば、「(2)(a)(b)は、憲法とは関係がないのだから、法律を改正してそれに制限を加えることは差支えない」という見解①の結論は、容易に肯認されないでしょう。

4　国選弁護人の選任行為の法的性質

さて、国選弁護人の**選任行為の法的性質**ですが、まず裁判所または裁判長が「被告人に国選弁護人を附する」という訴訟行為（三六条、三七条、二九〇条、二八九条）と、「その国選弁護人として甲弁護士を選任する」という訴訟行為を分けて考えねばなりません。前者が裁判であることは明らかです。後者については、裁判長が行う単独意思表示たる命令であるとする裁判説と、公法上の一方行為であるとする説及び第三者（被告人）のためにする（裁判長と弁護人との間の）公法上の契約であるとする説とがありますが、裁判説が有力です。実際には、内諾を与えた弁護士に選任命令が出される形で、弁護士の意思が尊重されています（契約説的運用）。

四　国選弁護人の地位（任務）

国選弁護人は、私選弁護人とその選任の主体、方法、終任ならびに報酬の点で差異があるだけで、弁護任の地位・任務については、異なるところはありません。弁護人は、私選たると国選たるとを問わず、被告人の権利が不当に侵害されることのないよう監視し、被告人の正当な利益を擁護することにより、検察官と対立的な関係において、正しい裁判の実現に努めるという任務をもち、その意味で公的地位を有します。国選弁護人が裁判所によって選任されるからといって裁判所の補助機関として、私選弁護人と異なった任務を担うわけではありません。

この点を次の東京地判昭三八・一一・二八下民集一四巻一一号二三三六頁は適切に表現しています。すなわち、

国選弁護人は……「被告人自身が選任するいわゆる私選弁護人のように被告人と直接の委任契約関係には立たないけれども、あたかも後者と同様善良な管理者の注意義務をもって弁護活動を行なうべき法律上の義務を被告人に対する関係において負担するものであり、その弁護人として尽すべき義務の内容および範囲は国選であると私選であるとによってなんら異なるものではない」と。

国選弁護人が被告人の主観的意思に拘束されず、弁護人としての独自の判断にもとづいて被告人の「正当な」利

益の擁護のため弁護活動を行う点も、私選弁護人のばあいと異なるところはありません（熊本・田宮編刑訴Ⅰ五五〇頁）。

五　国選弁護人の解任

三**4**で述べたように、選任行為を一種の裁判とみる説によれば、国選弁護人は、裁判所又は裁判官の解任命令によってようやくその地位を離れることができることになります。ところで、国選弁護人はいかなる場合に解任されるかについての条項が、二〇〇四年改正で新設されることとなりました（三八条の三）。そこでは、まず、解任の事由として次のものを挙げています。①私選弁護人が選任されたことその他の事由により国選弁護人を付する必要がなくなったとき（同条一項一号）、②被告人と弁護人との利益が相反する状況にあり弁護人にその職務を継続させることが相当でないとき（同二号）、③心身の故障その他の事由により、弁護人が職務を行うことができず、又は職務を行うことが困難となったとき（同三号）、④弁護人がその任務に著しく反したことによりその職務を継続させることが相当でないとき（同四号）、⑤弁護人に対する暴行・脅迫その他の被告人の責に帰すべき事由により弁護人にその職務を継続させることが相当でないとき（同五号）です。なお、弁護人を解任するに当っては、その意見を聞かなければならず（同二項）、また解任するに当っては、被告人の権利を不当に制限することがないようにしなければなりません（同三項）。

右の解任の事由は、「これまで実務で行われてきた解任に関する事例を網羅的に整理したものであり、例示列挙でなく、限定列挙である」とされています（落合・辻・法曹時報五八巻七号七二頁）。

このうち問題となるのは四号と五号でしょう。四号の例として、(i)正当な事由がないのに公判期日に出頭しなかったり、(ii)在廷命令に反して退廷した場合、(iii)虚偽供述を勧める行為や、(iv)秘密交通権を濫用する行為が認められる場合、(v)勾留中の被疑者との接見を全く行わない場合などを、「弁護人がその任務に著しく反したこと」になり得るとして、挙げる見解もあります。ⅲやⅴは国選弁護人の解任事由として認められますが、ⅰⅱⅳなどは、どの様な状況のもとでこういう事態が生じたか、被告人・被疑者の権利・利益の保護にどの様な支障を生じたかを問わずに、解任事由とするのは妥当ではないでしょう。また、五号を発動する場合には、事前に弁護人の意見を聞く（二項）ことは大切ですが、事実の取調べを行う場合には、「国選弁護人を解任すべき事由を判断するに必要な限度において、相当と認める方法により」行われねばならないでしょう（最判昭五四・七・二四刑集三三巻五号四一六頁参照）。

六　弁護人の権限

弁護人は、⑴一方で被告人・被疑者の代理人ですから、被告人・被疑者のなしうる訴訟行為で性質上代理の許されるすべての行為について、代理してこれを行うことができます。⑵他方、被告人・被疑者の正当な利益を擁護する保護者であるから、被告人・被疑者の意思から独立して訴訟行為をすることができます。

通説は、⑴は被告人の意思に反しては行使できないが、弁護人たる地位に基づいて（個々的に委任がなくても）行使しうるという意味で**包括的代理権**と呼んでいます。移送の請求（一九条）、管轄違の申立（三三一条）、証拠とすることの同意（三二六条一項）、略式命令に対する正式裁判の請求（四六五条）などがこの例だとします。

⑵は弁護人の権限であることが規定されている場合で、この場合は（被告人の意思から）「独立して」その権限を行使することができます（四一条）。その意味で**独立代理権**といいます。しかし独立性に強弱があって、(a)被告人の明示の意思に反しては行使できないもの（忌避の申立（二一条二項）、原審の弁護人の上訴権など（三五五条）など）と、(b)明示の意思に反して行使できるもの（勾留理由の開示の請求（八二条二項）、保釈の請求（八八条一項）、証拠保全の請求（一七九条）、証拠調の請求（二九八条）など）があるとします。

⑶これに対し、弁護人の権利として特別の定めがある場合で、その性質上代理権と認めるのが不適当なものを固

有権と称します。それを、(c)弁護人が被告人・被疑者と重複してもつもの（検証の立会（一四二条、一一三条一項）、証人尋問（三〇四条）など）と、(d)弁護人だけがもつもの（書類・証拠物の閲覧謄写（四〇条、一八〇条）、上訴審における弁論（三八八条、四一四条）など）に分けます。

これ自体は、論理的な分類ですが、**(2)**を独立「代理権」として**(3)**の固有権と分ける必要があるか疑問です。独立代理権とするのは、被告人・被疑者の権利（本権）が消滅した場合、代理権も消滅する点で法律関係が明確になるからだと思われます。しかし、弁護人が被告人・被疑者の保護者たる地位にあることを考えると、被告人（本人）の訴訟上の「失敗」を弁護人がカバーできないとすることはむしろ弁護制度の本旨に反するでしょう（田宮『刑事訴訟法講義案』四三頁、松尾・上二三二頁）。したがって、**(2)(3)**はともに弁護人の固有権と考えその固有権の中に、被告人・被疑者の意思を尊重すべきもの（とくに**(2)**(a)がある（また例外として本権と共に消滅するものもある）と考えるのが妥当だと思います。

七　補佐人

被告人の防禦活動を補助するものとして弁護人のほかに補佐人があります、補佐人は、弁護人と異なって、被告人との特別の身分関係上の情誼から被告人の利益を保護するものです（伊達・講話一二五頁）。被告人の法定代理人、保佐人、配偶者、直系の親族および兄弟姉妹は、いつでも書面で届出の上、補佐人となることができます（四二条一項、二項）。

第一〇章　訴訟対象

一　訴因制度――とくに訴因と公訴事実の関係

起訴状の記載事項……「公訴事実」（二五六条二項二号）
→「訴因」を明示して記載すべし（二五六条三項）

旧法下……(i)起訴状記載の公訴事実（――狭義）
(ii)審判の権利・義務の及ぶ範囲としての公訴事実（広義）

(1) 審判の対象は訴因か公訴事実（広義）か
（それぞれにおいて訴因の意義・機能は何か）

① 公訴事実対象説
審判の対象……公訴事実（広義）　裁判所は公訴事実全般について審判の権利と義務（岸・横川・小野(慶)）
訴因の意義……公訴事実の法律的構成の仕方を示すもの
↓法律的構成説（岸・横川・小野(慶)）
（↓事実記載説　青柳）
・有罪判決の要件にすぎない
（訴因の拘束力＝判決への拘束力）

② 中間説（団藤）
審判の対象＜現実的審判の対象――訴因
　　　　　　潜在的審判の対象――公訴事実（広義）
訴因の意義……被告人の防禦の対象を明確ならしめるための手続上の制度（――↓事実記載説）

④ 訴因対象説
審判の対象――訴因←――これに対してのみ、裁判所は審判の権利と義務（平野・田宮・松尾・能勢等）
訴因の意義――訴訟物
検察官の具体的な事実の主張（↓事実記載説）

(2) 審判の対象と当事者主義

(3) 公訴事実対象説と訴因対象説の解釈論上の差異

	公訴事実対象説	訴因対象説
① 訴訟係属	公訴事実（広義）	訴因
② 訴因変更の要否	被告人の実質的防禦の利益が害されるかどうか	訴因の同一性の存否（重要な事実が同一かどうか）
③ 訴因逸脱認定	三七九条違反（相対的控訴理由）	三七八条三号違反（絶対的控訴理由）
④ 訴因変更命令の義務	義務性を肯定	義務性を原則として否定
⑤ 訴因変更命令の効果	形成力を肯定	形成力を否定（異説――渥美）

二　訴因の記載

1　訴因の特定　二五六条三項

訴因――裁判所に対し審判の対象を限定するとともに、被告人の防禦の範囲を明らかにする機能

(1) 犯罪構成要件の構成要素をなす事実すべてが示されていること（第一の意味）

(2) 日時・場所・方法等による具体性を備えた記載

(a)

①一個の訴因それ自体において内容明確化
②他の犯罪事実との区別化（第二の意味）

犯罪の日時・場所・方法 ｛具体的事実をもっとも鮮明に特徴づけるメルクマール

二五六条三項「できる限り日時、場所及び方法を以て罪となるべき事実を特定」するよう指示

「できる限り」→「できる限り正確に」の意味

他の訴因と紛れることのない程度の特定で足る（⑵の②の意味のみ）―臼井

被告人の防禦に支障を来たさない程度に具体的な記載も必要（防禦権説）―小田

白山丸事件

最判昭三七・一一・二八

日時・場所・方法―犯罪の種類・性質等の如何によりこれを詳らかにすることができぬ「特殊事情」のあるとき、幅のある表示も可

覚せい剤自己使用事件　最決昭五六・四・二五「起訴当時の証拠に基づきできる限り特定したもの」と判示

覚せい剤使用を二週間の幅をもって記載

〈訴因の特定の説明〉

①実体法上の罪数論によるもの

包括一罪（鈴木茂嗣）

継続犯（荒木伸治）

②最終行為説

③最低一回行為説（香城敏磨）

④唯一回行為説（高田昭正）

(b)

共謀・謀議

共謀共同正犯―「謀議」＝罪となるべき事実（最判昭三三・五・二八）

しかるに「共謀のうえ」とだけの訴因記載を肯認（下級裁判例の傾向）

共謀のみの参加者→「謀議」→犯罪成立の客観的要件

→具体的特定の必要

(c)　過失

「漫然と運転し」
「業務上の過失により」 ＞過失の様態を明らかにしておらず訴因不特定

(3)　訴因不特定の起訴のあったばあい

公訴提起の手続がその規定（二五六条三項）に違反して無効であるとき―公訴棄却（三三八条四号）

但し｛検察官に釈明を求め
検察官が訴因を補正して特定させれば｝有効な公訴提起と扱う

最判昭三三・一・二三

2　訴因の予備的・択一的記載（二五六条五項）

(1)（予備的記載）　殺人か―そうでなければ傷害致死

本位的訴因→予備的訴因

審理の順序

（択一的記載）恐喝か　それとも　詐欺か

いずれの訴因から審理しても可

(2)　予備的・択一的訴因の一方について

○二つの訴因間に「公訴事実の同一性」は必要

有罪の場合―他の訴因につき判断を示す必要なし

無罪の場合―他の訴因につき判断を示すことが必要

三　起訴状一本主義

(1)　意　義

① 予断排除
捜査機関の嫌疑と裁判所の心証の遮断 }→「公平な裁判所」の理念の実現
↓
② 検察官の起訴の主張としての鈍化
公判運営における裁判所の糺問的性格の払拭 }→訴訟構造を決定
公判中心主義　当事者主義的
③ 裁判官をして違法な証拠に接せしめない機能
残された問題 {←弁護人による証拠書類・証拠物の閲覧
　検察官手持証拠の閲覧（「証拠開示」）の問題

(2) 解釈上の問題点
(a) 証拠の添付・内容の引用
脅迫文書の内容の引用（ほとんど全文）最判昭三三・五・二〇
名古屋高判平六・九・二八
名誉毀損文章の引用（三五〇〇字の引用）最判昭四四・一〇・二一

(b) 起訴状の余事記載
単なる余事記載――二五六条二項違反――削除すれば足る
予断を与える余事記載――二五六条六項違反――公訴棄却（三三八条四項）
予断を与えるおそれのある余事記載か〈訴因を特定するに必要な事項かそれとも必要でもなく、且つ予断を与える事項か〉判断基準
① 被告人の前科・悪い経歴・性向
前科
同種前科の記載――二五六条六項違反―無効（最判昭二七・三・五）
前科記載の許される場合
○前科が犯罪構成要件の要素をなすばあい（常習累犯窃盗）（これと異なり、量刑事由としての累犯前科の記載―不可）
○前科・経歴等が恐喝の手段をなしている場合（最判昭二六・一二・一八）
② 犯罪の経緯・動機・目的
③「他にも余罪がある」という記載

(3) 予断排除のためのその他の制度
二〇条乃至二五条、二八〇条一項、二九六条、三〇一条、三〇二条、

四 訴因の変更

1 訴因変更の意義
提出すべき証拠／提出された証拠〉により認められる事実と訴因とのくいちがい
同一手続中で主張の変更を認める（但し公訴事実の同一性を要件として）
＝
訴因の変更（三一二条一項）

〈概　念〉　通　説　本書の立場
訴因の追加　科刑上の一罪の一部を追加すること（住居侵入の訴因に窃盗の訴因をつけ加える）}→訴因の変更になる（即ち、住居侵入の訴因を住居侵入・窃盗に変える）
予備的・択一的訴因の追加―この場合は、訴因の追加
訴因の撤回　科刑上の一罪の一部を取り下げること}→訴因の変更になる
予備的・択一的訴因の取下げ}→この場合は訴因の撤回
訴因の変更　訴因の内容の変更　→同じ
（なお、鈴木茂、臼井）（なお、平野、高田、松尾、田宮）
・追起訴や公訴の取消との異同

2　訴因変更の要否

「訴因の変更はいかなる場合に必要か」

「起訴状の訴因をそのままにして、それとどの程度違う事実を認定してよいか」

(1)　抽象的防禦説　対　具体的防禦説

変更要否判断の対象		判断基準
訴因対象説	——訴因の同一性が保たれているかどうか ←	抽象的・一般的にこれを判断（抽象的防禦説）
公訴事実対象説	——被告人の防禦の利益が害されるかどうか ←	訴訟の具体的経過も考慮に入れて判断（具体的防禦説）

(2)　法律説　対　事実（記載）説

	〈訴因の性質〉	〈基準〉
①　法律説　(i)　罰条同一説	公訴事実の構成要件的評価を示すもの	構成要件（的評価）が変われば訴因変更必要
(ii)　法律構成説	公訴事実の法律的評価を示すもの	法律的構成が変われば訴因変更必要
②　事実（記載）説	検察官の具体的事実の主張	事実が変われば訴因変更必要　社会的・法律的意味あいを異にするような事実の変化

刑事訴訟における事実認定の重要性＼
被告人の告知と聴問をうける権利／——事実記載説の優位
← 判例及び学説の多数説

(3)　(2)の基準の修正

罰条同一説＼
法律構成説／起訴状の法律的構成により縮小された法律的構成を認定する場合は訴因変更の必要なし→縮小認定

事実記載説——起訴状の訴因記載の「事実」よりも小さい事実を認定する場合は訴因変更の必要なし→縮小認定

(4)　判例の動き

(a)　縮小認定一般

（起訴状の訴因）	（認定）	
強盗	→恐喝	最判昭二六・六・一五
強盗致死	→傷害致死	最判昭二九・一二・一七
傷害共同正犯	→傷害の単独犯	最判昭三〇・一〇・一九
殺人未遂	→傷害	最決昭二八・一一・二〇
殺人	→傷害致死	仙台高判昭二六・六・一二
殺人	→嘱託殺人	名古屋高判昭三一・四・九
殺人	→同意殺人	最決昭二八・九・三〇

(b)　抽象的防禦説によったと思われるもの

〈訴因〉	〈認定事実〉		
収賄の犯行に加功	→贈賄の犯行に加功	訴因変更必要	最判昭三六・六・一三
供与罪の幇助	→供与罪の共同正犯	訴因変更必要	最判昭四〇・四・二八
強制猥褻	→公然猥褻	訴因変更必要	最判昭二九・八・二〇

(c)　具体的防禦説によったと思われるもの

〈訴因〉	〈認定〉	
窃盗共同正犯	→窃盗幇助	最判昭二九・一・二一
覚せい剤単独不法所持	→覚せい剤共同所持	最判昭三四・七・二四

(d)　折衷的見解によるもの

詐欺単独犯	→詐欺共同正犯	最判昭二八・一一・一〇
傷害の同時犯	→傷害共同正犯	最判昭三三・七・一八

(e)　過失様態の変化

酒酔い運転	→酒気帯び運転	最決昭五五・三・四

最　近　の　動　向——注意義務違反の様態が異った場合
——→訴因変更必要

東京高判昭四〇・八・二七
最判昭四六・六・二二

(5) 判例のその後の動き
(a) 注意義務発生の根拠となる具体的事実
(b) 共謀

3 訴因変更の可否——公訴事実の同一性——

(1) 検察官から訴因変更の申出があった場合、変更の許される限界
＝
公訴事実の同一性

「公訴事実の同一性」の機能
- 二重起訴禁止の範囲
- 公訴時効停止の及ぶ範囲
- 訴因変更の限界
- 一事不再理効の及ぶ範囲

(2) 公訴事実の同一性（広義）とは何を問題とするか

	小野・団藤説	平野説
公訴事実の同一性（広義）：単一性	静的に観察した場合の事件の一個性	訴因と訴因が両立しうる場合
公訴事実の同一性（広義）：同一性（狭義）	動的に観察したばあいに前後その客体を同じくすること	訴因と訴因が二者択一的な両立しない関係

(3) △公訴事実の単一性の判断基準
両者が一罪の関係（科刑上一罪を含む）にあること（通説）
△公訴事実の同一性（狭義）の判断基準
(ア) 基本的事実同一説（判例）
(イ) 罪質同一説（小野）
(ウ) 構成要件共通説（団藤）
(エ) 構成要件類似説（高田）
(オ) 社会的嫌疑同一説（平場）
(カ) 訴因共通説（平野）＝「行為か結果の共通」説

〈事例類型での検討〉
△類型
① 五〇万円のルビー一個の窃取と騙取
② 警官による三万円の喝取と三万円の収賄
③ 甲所有の背広一着の窃取と他の日時・場所における自称甲の背広一着の賍物牙保
④ 公務員乙と共謀の上丙から二五万円収賄と、丙と共謀の上乙に五万円贈賄
⑤ 甲宅への住宅侵入と甲宅での財物の窃取

(4) 検討
(b) 基本的視点
① 公訴に先立つ「社会的嫌疑」又は「公訴問題事実」を想定してそれ自体の同一性を考える立場
② 公訴の提起を出発点として、起訴状記載の訴因と変更を申出られている訴因の比較から「同一性」を判断する立場
②が妥当
もっとも、訴訟の経過の中で判明した事柄を、二つの訴因の趣旨を明らかにするに必要な限度で考慮することは許される
——検察官に釈明を求め、それを通してはっきりさせるのが原則ではある
(b) 同一性の判断基準
刑罰関心同一説（田宮）とその問題点
総合評価説（松尾）とその問題点
私見の展開

(5) 窃盗教唆の訴因を盗品買受けに変更しうるか　一度窃盗に変えそれから盗品買受けに変更しうるか

4 訴因変更命令（三一二条二項）

(1)　この制度の意義

△検察官が訴因を変えさえすれば、有罪となるのに、検察官が変えないため被告人が無罪判決の不当な利益をえることを避ける

△検察官が進退両難におち入らぬようにする（団藤）

当事者主義からは、あくまで例外的制度

(2)　訴因変更命令の効力

—一種の裁判—検察官は従う義務

〈従わなかった場合〉

形成力説←公訴事実対象説

→裁判所は公訴事実全体につき審判の権利と義務をもっているから

訴因は変わらない←訴因対象説

→審判対象の設定・変更は検察官の専権に属するから

—判例の立場（最決昭四〇・四・二八）——妥当

(3)　訴因変更を命ずることが裁判所の義務となるばあい

義務ありとすると——その懈怠→訴訟手続の法令違反（三七九条）

義務性肯認←公訴事実対象説

（裁判所は公訴事実全体に審判の権利と義務をもっている

（訴因は公訴事実の法的評価を示すもの

原則として義務性を否定←訴因対象説　最判昭三三・五・二五

但し例外的に義務性あり

〈変更すべき訴因についてすでに証拠が明白

〈変更すべき訴因が犯罪として重大

—最決昭四三・一一・二六

この場合でも審理の具体的状況（検察官の審判請求意思の内容／被告人の防禦状況／釈明権行使の有無）を考慮して、義務性が否定されるばあいもある（最決昭五八・九・六）

○学説（「勧告する」義務にとどむべし——鈴木茂

（「示唆ないし勧告する」義務——松尾

5　訴因変更の許否

(1)　訴因変更の時期的限界

長年月を経た公判の最終段階で訴因の実質的変更をみとめることも当事者主義にかなうか

問題提起……最決昭四七・七・二五の少数意見（田中、坂本）

（九年二ケ月の審理の最終段階、詐欺→市条例違反）

福岡高裁那覇支判和五一・四・五

検察官が明示的に除外することを確認した事実を

公判審理の最終段階で検察官が追加

i)　検察官がみずから審理の対象を限定——被告人の防禦もそれに集中

↓しかるに最終段階で除外部分を追加——不意打ちであり、誠実義務違反

ii)　訴因変更すれば、必然的に審理の長期化→被告人を長らく不安定な地位におく

〈学説〉不許可の基準

長年月を経た公判の最終段階で、訴因罰条を実質的に変更し、被告人の防禦を困難にするばあい（松尾）

訴訟の実態にかんがみ、変更請求が時機に遅れたばあい又は、あらたな立証を伴ったもので、それにより被告人の法的地位を著しく不安定にするおそれのあるばあい（小泉）

(2)　有罪判決の見込があるばあいの訴因変更

①　変更請求のあった訴因でも有罪の見込まれる場合——許可すべし

最判昭四二・八・三一

② 変更請求のあった訴因では無罪となるばあい
訴因変更命令のばあいとパラレルに考える必要
なお大阪高判昭五六・一一・二四参照

五　罪数の変化と訴因

(1) 一罪としての起訴に対し数罪を認定するばあい

考慮すべき点＜不告不理の原則
　　　　　　　訴因の特定

① 罪数判断だけがくい違った場合
一罪の訴因を数罪の訴因に補正させる（原則）
但し、起訴状の訴因を数個の訴因と解釈し直せる場合
——補正不要　最判昭二九・三・二

強盗強姦未遂＜強姦未遂　（東京高判昭二七・五・一三）
　　　　　　　強盗

② 事実が変わることにより罪数も変化するばあい
＜補正の問題と考える見解（田宮）
　訴因変更の問題と考える見解（高田、臼井、鈴木茂）

すでに開始されたこの訴訟において解決されるにふさわしい事実
か
公訴事実の同一性の問題——これが肯定される限りその罪数の評価には関係ない（高田）

この場合、起訴には何の瑕疵もない→無効を治癒する「補正」は問題とはならない（鈴木茂）

〈私見〉変更を含む「補正」

(2) 数罪の起訴に対し、一罪が認定されるばあい
考慮すべき点——判決は訴因に対してなされるべきで、訴因が数個であれば判決も数個（一訴因—一判決の原則）

① 事実の変動がなく罪数の評価だけ変化した場合
一罪に対応するような訴因を補正（原則）
一罪の起訴と解釈し直せる場合——そのまま判決可
追起訴の扱い＜訴因の変更（追加）と解釈し直せる場合
　　　　　　　解釈し直せない場合——公訴棄却

② 事実が変動し、罪数の評価が変わった場合
二個の訴因を一罪の訴因に補正が必要（変更を含んだ補正）
これを訴因変更だけの問題とする説（鈴木茂）
補正が不可能な場合

六　罰　条

1 罰条の記載
＜訴因の明確化を助ける
　被告人の防禦権の行使を容易にする

2 罰条の変更
△訴因と罰条がくいちがっている場合
〈第一説〉訴因により公訴事実が十分明確化されている
　　　←被告人の防禦に実質的不利益を与えぬ限り
　罰条変更不要←（最決昭五三・二・一六）
〈第二説〉右の場合でも、被告人に弁論の機会を与えるため罰条変更は必要（平野、平場、松尾、田口、佐々木）

△罰条変更命令
義務性＞あり←——認定された事実に法を正しく適用するのは裁判所の職責（平野、松尾）
形成力

一　訴因制度――とくに訴因と公訴事実の関係――

刑訴二五六条二項二号は、起訴状に記載すべき事項として「公訴事実」を掲げ、同三項は、「公訴事実は、訴因を明示してこれを記載しなければならない」としています。また三一二条は、訴因の変更は「公訴事実の同一性を害しない限度において」許される、としています。

このように現行法では、訴因と公訴事実という二つの概念が訴訟の対象に関係して登場しています。旧法下でも公訴事実という概念があり、それが訴訟の客体と考えられていました。そこへ、現行法によって「訴因」という概念が新たに登場したものですから、審判の対象は一体訴因なのか公訴事実なのか、が現行法の成立直後からはげしく議論されることとなったわけです。

(1) 審判の対象は訴因か公訴事実か

旧法下での公訴事実は、たんに起訴状に記載された「犯罪事実」に限定されず、それと同一の手続で処理してよいという意味で同一性のある範囲の事実（広い意味の公訴事実）でした。審判の対象は訴因か公訴事実かという場合、公訴事実はこの広い意味の公訴事実を念頭においています。以下でも、公訴事実というときこの広い意味で使うことにします。

このことをふまえて学説を整理すると、大体次の三つの見解に大別できるでしょう。考察の視点を、審判の対象は公訴事実か訴因か、及びそのさい訴因の意義・機能をどう考えるかにおくのが有益でしょう。

① 公訴事実対象説――審判の対象を起訴状記載の犯罪事実に限定せず、ひろくこれと公訴事実の同一性を有する範囲の事実だとする見解（岸・要義五二頁、横川敏雄・実務講座㈤八六〇頁、小野慶二・実務講座㈤九五一頁）。それなら訴因の意義・機能は、と問うと、この説は訴因の重要な意味は、この公訴事実の法律的評価（構成）を示す点にあるとします。もっとも審判の権限はひろく公訴

事実の同一性の範囲に及んでも、判決をするときはそのときの公訴事実に見合った訴因に対してなされねばなりませんので、訴因は有罪判決をするための要件だ（要件にすぎない）といいます。この説は、訴因の意義・機能を公訴事実の法律的評価（構成）の面に求めるので、あとで述べる法律的構成説とむすびつきます（もっとも、審判の対象を広く公訴事実とし、訴因を攻撃・防禦の「手段」と考えながら、訴因の機能は法律的構成の面だけでなく具体的事実の記載の面にもあるとする見解では（青柳・通論上四三八頁）、のちに述べる事実記載説とむすびつく余地を残しています）。

② 中間説――この説は現実の審判の対象となるのは、起訴状に記載された訴因（構成要件にあてはめて法律的に構成された具体的事実）だけであるが、公訴の効力が及んでいる公訴事実はいつでも審判の対象とすることができる（三一二条）という意味で、潜在的には審判の対象となっているとします（団藤・二〇五頁。なお審判の対象は訴因であるが、現実の審理活動は公訴事実の全部に及びうるとするものとして柏木千秋『刑事訴訟法』二八四頁）。訴因は、攻撃・防禦の焦点を手続上明確にして被告人の防禦を十分行わせるため対象を限定する機能をもつとします。この点ではのちにのべる事実記載説とむすびつきます。

③ 訴因対象説――訴因は検察官の具体的な事実の主張であってこれだけが審判の対象だとします（平野・一三〇頁、田宮・刑訴I五三頁、松尾・上一七四頁、能勢・25講三五八頁）。裁判所は訴因についてだけ審判の権利と義務をもち、これを超えて真実は何かと探究することはできないとします。そして、公訴事実は実体をもった概念ではなく、訴因変更の限界を画する機能的概念にすぎない、といいます。訴因は検察官の具体的事実の主張という点に意味があるので、事実記載説とむすびつきます。

(2) 旧刑訴法時代には、公訴提起にあたり、起訴状に一定の犯罪事実の記載が要求されていました（「公訴ヲ提起スルニハ被告人ヲ指定シ犯罪事実及ヒ罪名ヲ示スヘシ」（旧二九一条一項））が、公訴の効力はその犯罪事実に限らず公訴事実全体に及ぶと解され（いわゆる「公訴不可分の原則」）、裁判所は起訴状記載の犯罪事実に限らず、公訴事実の同一性の範囲内で全般的審理及び判決の権限をもつものと解されていました。例えば、住居侵入窃盗の事案で、起訴状の犯罪事実としては窃盗しか掲げられていなくても、公訴の効力は住居侵入にも及び裁判所は住居侵入の部分についても審理判決することができたのです。あるいは窃盗の起訴に対して強盗を認定することもできました。他面、公訴事実全体に公訴の効力が生じているので、その範囲の事実をあらためて起訴すると二重起訴の禁止に触れることや、公訴事実の同一性の範囲で既判力（一事不再理効）が生じることを説明し易かったわけです。

このような旧法下の考え方をなるべく維持しながら、訴因制度をその中で説明しようとしたのが公訴事実対象説です。ですが、公訴事実全体が審判の対象としますと、検察官が起訴状に記載しなかった事実も裁判所の審理の対象となります。これでは裁判所が訴因を超えて真実は何かを探究することになります。それはきわめて職権主義的な考え方といわざるをえません。当事者主義の考え方によれば、裁判所はみずから積極的に乗り出して真実は何かを探究する立場に立たないで、当事者である検察官のさし示した訴因に該当する事実があったかなかったかの判断に関心を集中すべきことが要請されます（松尾・上一七四頁参照）。即ち、当事者主義を、審判の対象について貫こうとするならば、審判の対象は訴因であるとする訴因対象説に行きつかざるをえないように思われます。それでは何故、訴因だけでなく公訴事実の同一性の範囲で二重起訴を禁止したり、その範囲全体に一事不再理の効力が生じるのかが問われることになります。中間説は、潜在的には公訴事実全体がすでに訴訟係属しているからその範囲で二重起訴禁止の効果が生じる。またいつでも現実の審判の対象とできるよう潜在的には公訴事実が審判の対象となっているから、既判力（一事不再理の効力）がその範囲（公訴事実全体）に及ぶ、と説明するわけです。この点に中間説のメリットがあるようにみえますが、とりわけ潜在的に審判の対象となっているということは、裁判所の審判の権限を「訴因」に限局するという「審判対象における当事者主義」をあいまいにするという問題点をかかえ込むことになります。訴因対象説からは、公訴事実の同一性の範囲内で、同一の手続をつかって審判の対象を構成し直して訴追できるのだから、その範囲に二重起訴禁止の効果も及ぶと説明できます。また、被告人は、公訴事実の同一性の範囲内では小刻みに訴追されない権利を有し、その範囲で一度訴追の危険にさらされたならば、二重の危険にさらされない権利として一事不再理の効力が公訴事実の同一性の範囲に及ぶ、と説明することができます（三井誠・争点（旧版）一二五頁、田宮・刑訴Ｉ五七六頁、平野・一八二頁、井上正治、刑訴講座(六)一二二一頁）。

(3)　ここで公訴事実対象説と訴因対象説のその他の解釈論上の帰結（差異）を、ごく簡単に挙げておきましょう（なお平野・基礎理論七八頁以下、田宮・刑訴Ｉ五七六頁参照）。公訴事実対象説にも若干のバリエーションがあるので、右の二つを比べるばあい、典型的な公訴事実対象説を念頭におくこととします。

①　**〈訴訟係属〉**　公訴事実対象説では、公訴の効力は、公訴事実の同一性の範囲に及ぶこととなります（公訴不可分の原則）。この点中間説も同じです。これに対し、訴因対象説では、訴訟係属は訴因についてだけ生じ、訴因の同一性の範囲にのみ公訴の効力が及ぶことになります。

②　**〈訴因変更の要否〉**　公訴事実対象説では、訴因は被告人の防禦のための手続的制度と考えますので、訴因の変更を要するかどうかの基準を、訴訟の具体的状況を考慮し訴因を変更しないと被告人の実質的な防禦の利益が害されるかどうかに置きます。これに対し、訴因対象説では、審判の対象（訴訟物）が同一といっていいかどうかが問題なのですから、基準としては重要な「事実」が同一かどうか、を考えることになります。

③　**〈訴因逸脱認定〉**　公訴事実対象説では、公訴事実が審判の対象ですから、裁判所が訴因を逸脱した事実を認定してもそれが公訴事実の同一性の範囲にある限り、「審判の請求を受けない事件について判決した」（三七八条三号後段—絶対的控訴理由）違法があったことにはならず、単に、手続上なすべき訴因変更をしないで判決をしたという訴訟手続の法令違反（三七九条）にあたるだけだということになります。したがってその違反があったため判決の結論にも影響が出てくることが明らかな場合にだけ、破棄の理由となるとします（もっとも青柳・通論上五三四頁は、三七八条三号説をとっています）。これに対して訴因対象説では審判の対象は検察官によって掲げられた訴因だけですから、訴因に記載のない事実を認定すると、まさに審判の請求を受けない事件（訴因）について審判したこと（三七八条三号後段）になり、それだけで判決は破棄されることになりま

す。

最高裁には(i)窃盗の訴因に対し、訴因変更の手続を経ることなく、窃盗の手段である住居侵入の事実を認定した事案（最決昭二五・六・八刑集四巻六号九八二頁）、(ii)強制猥褻の訴因に対し訴因変更の手続を経ることなく公然猥褻の事実を認定した事案について、いずれも「審判の請求を受けない事件について判決した違法」（三七八条三号後段）があるとしました。この点で訴因対象説を支持しているようにみえます。もっとも(iii)収賄の犯行に加功したという訴因に対し、訴因変更の手続を経ることなく、贈賄の犯行に加功したとの事実を認定した事案（最判昭三六・六・一三刑集一五巻六号九六一頁）について三七九条違反にとどまるとしたものがありますので、判例の立場に不統一がみられます（この点については、小泉祐康・公判法大系II二七〇頁、臼井滋夫・註釈II四二〇頁参照）。

④ **〈訴因変更命令の性質〉**　公訴事実対象説では公訴事実全体が訴訟係属しておりそれについて裁判所が審判の権利と義務をそもそもっており、訴因はその法律構成を示すものだから、訴因変更命令を出すのは裁判所の権利にとどまらず義務でもあるとします。これに対し訴因対象説からは、訴訟対象である訴因を設定・変更することは原告当事者たる検察官の専権に属するのだから、裁判所が訴因変更命令を出すのは例外的な場合でなければならないし、原則としてそれは裁判所の義務とはならない、とします。

⑤ **〈訴因変更命令の効果〉**　公訴事実対象説からは、検察官が従うと否とを問わず、命令された通り訴因は変更されたことになるとします（形成力説）。訴因対象説は、検察官は命令に従う義務があるけれども、従わなかった場合も形成的効果まで生じるわけではないとします（判例は明確に形成力を否定しています。最判昭四二・三・三一刑集二一巻七号八七九頁）。もっとも中間説（団藤説）は、形成力を否定し、他方訴因対象説に立ちつつ形成力を肯定する説（渥美説）もあることに注意が必要です。

二　訴因の記載

1　訴因の特定

起訴状には、訴因が記載されますが、訴因を明示するには、できる限り日時、場所および方法を以って罪となるべき事実を特定してこれを記載しなければなりません（二五六条三項）。訴因は、裁判所に対し審判の対象を限定するとともに、被告人の防禦の範囲を明らかにする機能をもちます。したがって、起訴状に記載される訴因も、右の機能を果すべく十分に特定されたものでなければなりません。

(1)　まず、訴因においては、犯罪の特別構成要件における構成要素のすべてが示されていなければなりません。訴因は、検察官の被告人に対する処罰請求の根拠となる主張ですから、犯罪構成要件の要素の一つでも欠けていれば、不完全な主張となるからです。たとえば、強盗罪の訴因であれば、強盗罪を構成する要素——反抗を抑圧する暴行または脅迫、財物の強取など——の事実をもれなく記載する必要があります。これによって訴因は強盗であり、恐喝や窃盗でないことがはっきりします。このように訴因がどんな犯罪であるかを明示することがまず必要です（研書・講義案一一六頁、訴因特定の第一の意味）。もっともこの点は、罪名と相まって明確になるばあいもあるでしょう。

(2)　訴因は、犯罪の特別構成要件に該当する具体的事実の主張です。それが具体的事実である以上、犯罪構成要件を法文どおり抽象的に記載するだけでは足らず、日時、場所、方法等を具体的に記載して特定しなければなりません。そのことによって一個の訴因それ自体の内容が明確になるとともに、起訴されている犯罪事実（強盗罪）を他の犯罪事実（強盗罪）と区別することができるわけです（第二の意味）。

問題は事実を特定する具体性の程度いかんです。

(a) 犯罪の日時・場所　法は、「できる限り日時、場所及び方法を以て罪となるべき事実を特定」するように指示しています。日時・場所・方法はすべての犯罪に共通して存在するものであるうえに、具体的事実をもっとも鮮明に特徴づけるメルクマールであるからです（臼井滋夫・注釈II四三五頁参照）。法は「できる限り」という弾力的用語を用いて、犯罪の種類・性質などにより、幅のある表示をすることを許しています。しかしその趣旨は、場合によっては、日時・場所・方法などの表示を全く欠いてよいというのではなく、幅のある表示をしても、被告人の防禦に支障をきたさないようにしなければならないというところにあります（書研・講義案一一七頁。「できる限り」というのは「できれば」ということではなく、「できる限り正確に」と解するのが妥当です）。他の訴因と紛れることのない程度に、日時・場所・方法等によって罪となるべき事実を特定することを要し、かつ、これをもって足りると解すべきだとする見解（臼井滋夫・注釈II四三七頁）もありますが、それだけでなくて、被告人の防禦に支障を来さない程度の具体的な特定が必要でしょう（小田健司「起訴状に対する釈明」『中野次雄判事還暦祝賀論文集』一一九頁）。

訴因の特定の困難な特殊な事例として、いわゆる白山丸事件についての判例があります。起訴状記載の訴因は、「被告人は、昭和二七年四月頃より同三三年六月下旬までの間に、有効な旅券に出国の証印を受けないで、本邦より本邦外の地域たる中国に出国したものである」という出入国管理令違反の事実でした。最高裁（最判昭三七・一一・二八刑集一六巻一一号一六三三頁）は、「犯罪の日時、場所及び方法は、これら事項が、犯罪を構成する要素になっている場合を除き、本来は、罪となるべき事実そのものではなく、ただ訴因を特定する一手段として、できる限り具体的に表示すべきことを要請されているのであるから、犯罪の種類、性質等の如何により、これを詳《つまび》らかにすることができない特殊事情がある場合には、前記法の目的を害さないかぎり幅のある表示をしても、その一事のみを以て、罪となるべき事実を特定しない違法があるということはできない」とし、本事案の場合がまさにそれに当るとしました。しかし即成犯である密出国の行為について六年余の幅のあること、二回以上出国の蓋然性があり、他の出国事実と区別しうる程度の特定がないことをどう考えるのかが問題となります。それにつき最高裁は検察官の冒頭陳述により、被告人は昭和二七年四月頃までは本邦に在留していたがその後所在不明となってから、日時は詳らかではないが中国に向けて不法に出国し、引き続いて本邦外にあり、同三三年七月七日帰国したものであるとして、右不法出国の事実を起訴したものとみるべき場合には、審判の対象および防禦の範囲はおのずから明らかである旨、判示しています。七月七日の帰国の事実に対応する出国の事実は一回であってそれを起訴したのだから特定に欠けるところはない、とするのでしょう。これは当時国交のない中国への密出国という点から特殊事情が認められないでもない事案でしたが、やがて最高裁は、覚せい剤自己使用についての次のような起訴状の訴因の記載も特定に欠けるところはないとしました（最決昭五六・四・二五刑集三五巻三号一一六頁、百選〔八版〕一〇〇頁（後藤昭））。即ち、「なお、職権により判断すると、『被告人は、法定の除外事由がないのに、昭和五四年九月二六日ころから同年一〇月三日までの間、広島県高田郡吉田町内及びその周辺において、覚せい剤であるフエニルメチルアミノプロパン塩類を含有するもの若干量を自己の身体に注射又は服用して施用し、もって覚せい剤を使用したものである』との本件公訴事実の記載は、日時、場所の表示にある程度の幅があり、かつ、使用量、使用方法の表示にも明確を欠くところがあるにしても、検察官において起訴当時の証拠に基づきできる限り特定したものである以上、覚せい剤使用罪の訴因の特定に欠けるところはないというべきである」と。

この最高裁決定の基礎には、覚せい剤使用罪については、通常尿鑑定により、ある特定時点（例えば逮捕時）から遡る一定日時（おおむね二週間）内に覚せい剤が体内に摂取されたという事実が確実性をもって立証されているのに、被告人が覚せい剤使用の事実を認めて具体的な供述をしない限り、使用の日時・場所・方法を具体的に特定しえないという事情があるのでしょう。

しかし、訴因に記載されている期間内に覚せい剤の複数回使用の可能性のある場合、右のような記載で、審判の対象としての特定があるといえるのでしょうか。

そこで、いろんな説明が登場しますが、①一つは実体法上の罪数論の解釈からのものです。すなわち、短期間に反覆される覚せい剤使用についてこれを**包括一罪**と解する説（鈴木茂嗣『続・刑事訴訟の基本構造』上巻二六六頁）や、覚せい剤を体内に保有していることが罪となるべき事実である、即ち一種の**継続犯**と解する説（荒木伸怡・警察研究五四巻七号六九頁）がそれです。これらの説によれば、右のような幅（二週間ていど）のある記載であっても、訴因の特定の（最低限の）要求は一応満たされることになります。訴因の特定要求を形式的には守った代償として包括一罪一般の罪となるべき事実の認定と立証をルーズなものとするのではないかとの危惧がもたれます（裁判官懇話会報告(四)判時一一二五号九頁）。また、継続犯説も体内保有を「使用」に該ると解釈する点で無理があります（安原浩「覚せい剤使用罪における訴因の特定について」『石松竹雄判事退官記念論文集』三四三頁）。

② **最終行為説**　複数回の使用がうかがわれる場合にも検察官が「鑑定結果に対応する最終の使用を起訴したものである」と釈明することにより、訴因の特定は満たされているとする説です。しかし、密出国の場合と異なり一定期間（例えば二週間）という期間内にも複数の使用行為の可能性がある覚せい剤使用の場合には、果して右の方法で訴因の特定が可能でしょうか。

九月二六日から一〇月三日までの間における覚せい剤使用（A訴因）という起訴は、最終行為を起訴したものだと釈明しても、(ア)審理中、それは二九日だと判明し検察官から「二九日使用」（B訴因）への変更が申し立られ、二九日使用が最終行為だと釈明されれば、訴因変更を認めざるをえません。他方、(イ)A訴因につき有罪判決がありそれが確定したのちに、B訴因での起訴があり、それは（さきの）最終行為より「以前の」使用行為だと釈明されれば、A訴因についての有罪判決の一事不再理効は、B訴因に及ばないことになります。検察官が、後の訴因をどう釈明するかによって、取扱いが変動するのは不安定というほかないでしょう。

③ **最低一回行為説**　尿中から覚せい剤が排泄される期間（九月二六日〜一〇月三日）内に少なくとも一回覚せい剤が使用された事実が訴因（A訴因）であり、その意味で幅のある記載の訴因に特定性が認められるとする説（香城敏麿「訴因制度の構造(上)」判時一二三六号一九頁）です。(ア)訴因Aから「九月二九日に使用」の訴因Bに変更請求のあった場合、九月二九日の使用（B）

は訴因Aにいう「期間中に一回使用」に該るのだという釈明があれば、B訴因への訴因変更はみとめられるでしょう。しかしこの期間内に複数回の使用の可能性は否定していないので、九月二九日使用はA訴因でいう一回行為そのものではないと主張されれば、A訴因からB訴因への変更は（公訴事実の同一性がないので）許されないでしょう。(イ)また、A訴因について有罪判決がありそれが確定したのち、B訴因で起訴があった場合、訴因B以外の覚せい剤使用行為が実はA訴因でいう一回行為だったんだと釈明されることはありえます（複数回使用の可能性は認められるので）。そうすると訴因Aの有罪判決の一事不再理効がB訴因に及ばないことがありうるのです（高田昭正・争点一三七頁）。ただこの説の主張者は、表示された期間内に二回以上覚せい剤を使用した疑いがあっても現実に二回の使用について起訴がなされない限り、二重起訴又は一事不再理の禁止に触れるおそれはないのであるから、その観点から訴因不特定という必要はないとされるのです（香城・前掲一九頁）。「二回以上使用があったことを明らかにしない限り、再度の起訴はなし得ないからである」といわれます。これをみると、上記期間中に二回以上使用の可能性はあるけれども、尿中に排泄された覚せい剤物質の中で、訴因Aで言われる使用（一回使用）以外の使用にかかる覚せい剤物質が区別されることは事実上まずないという（立証上の）実態に依存しているように思われます。

そうであれば、端的に、一定の幅をもった期間中の唯一回の使用を起訴したといった方（高田・前掲一三七頁）がはるかにすっきりしていると思われます。一方で訴追側に幅のある期間の記載という便宜を与えながら、その訴因につき一旦有罪判決が確定したのち、それとは別の使用行為があったんだとして、被告人を再訴の危険にさらすのは不公平でしょう。④そういう意味で、高田昭正教授の**一回行為説**が、支持されてしかるべきだと思います。松尾浩也教授が「このような形の」――二週間の幅のあるような形の――「公訴提起をした以上、検察官はそれ以上の訴追を放棄したものとして処理すべきであろう」（松尾・上一七六頁）とされるのも、趣旨において同じであると思われます。

(b)　共謀・謀議　謀議は、共同共謀正犯における「罪となるべき事実」（最判昭三三・五・二八刑集一二巻八号一七一八頁）ですが、実行共同正犯でも、共謀共同正犯でも、単に「共謀のうえ」とだけ記載し、それ以上謀議の日時・場所・内容・各自の分担行為などを示さなくとも訴因の明示に欠くところがないというのが、下級裁判例の一般的傾向（例えば、東京高判昭三一・一二・七東京高裁刑事特報八巻一二号四四三頁等）といってよいでしょう。しかし、実行行為に参加しない共謀者のばあい、共謀はそれによって始めてその者の犯罪が成立するところの犯罪の客観的要件ですから、日時・場所等により謀議行為をできる限り具体的に特定して記載することを要するといわねばなりません。そうしないと被告人の防御の対象を明確化するという「訴因の特定」の機能は失われるといわざるをえないからです（小田・前掲一二〇頁以下、石松竹雄・実務ノート(2)三六頁、石川才顕『刑事手続と人権』一二五頁）。

(c) 過失　過失犯の起訴にあたっては、その内容・態様に具体性がなければ過失の存否それ自体の判断もできません（臼井滋夫・註釈II四三二頁）。したがって例えば、業務上過失致死傷事件で、単に「漫然と運転し」とか、単に「業務上の過失により」とかいう記載では訴因を明示したことにはなりません。

(3)　訴因が特定しない場合、その公訴提起は無効で、裁判所は、公訴提起の手続がその規定に違反し無効であるとき（三三八条四号）にあたるとして、公訴棄却の判決をしなければなりません。しかし、訴因が全く不特定で補正の余地のない場合は別として、直ちに公訴棄却の判決をするのでなく、検察官に釈明を求め、検察官が訴因を補正して特定させれば、有効な公訴提起として扱ってよいでしょう。補正がなされないときには、公訴棄却の判決をすることになります。東京高判昭二七・一一・二九高刑集五巻二号一三〇頁が「訴因の記載が明確でない場合には、検察官の釈明を求め、もしこれを明確にしないときにこそ、訴因が特定しないものとして公訴を棄却すべきである」と判示し、最高裁もこれを是認したので（最判昭三三・一・二三刑集一二巻一号三四頁）、これが判例の立場といってよいでしょう。

2　訴因の予備的・択一的記載

(1)　数個の訴因または罰条は、予備的又は択一的にこれを記載することができます（二五六条五項）。この規定は、現行法が旧法にくらべて捜査の実行を困難にしたという想定のもとに、検察官の公訴提起を多少とも容易にしようとして挿入された、といわれています（松尾・上一七七頁）。たとえば、Xが甲を死なせたことは判明したが、殺意の有無について疑念が残る場合に、殺人、そうでなければ傷害致死として、二個の訴因に順序を付して、記載することができます（予備的記載）。前者を本位的訴因、後者を予備的訴因と呼びます。この場合裁判所は、本位的訴因から審理を始め、これを認めることができない場合に予備的訴因を審理すべきです。

また、例えば、被告人が恐喝して財物を交付させたのか、欺罔して財物を騙取したのかいずれかを認定してほしいとき、恐喝の訴因と詐欺の訴因を択一的に――どちらで処罰してもらってもよいという意味で――記載することができます（択一的記載）。このばあいには裁判所は、恐喝か詐欺のいずれの訴因から審理してもよろしい。

予備的または択一的記載の許される訴因は公訴事実の同一性の範囲内にあるものに限ります。予備的記載にするか、択一的記載にするかは検察官の意思によってきまります。もっとも、科刑上一罪の関係にある、二つの併存しうる事実（例えば住居侵入と窃盗）は、これを予備的又は択一的に記載することは許されないと解するのが妥当でしょう（同旨、山本和昭・田宮編刑訴Ⅰ五〇六頁）。

(2)　数個の訴因が予備的または択一的に記載されている場合に、裁判所がいずれか一つの訴因について有罪の言渡をするときは、他の訴因はおのずから排斥されたことになるので、後者について無罪の言渡をすべきではなく、判決理由中でも必ずしもこれに対する判断を示す必要はありません（最決昭二九・三・二三刑集八巻三号三〇五頁、最判昭二五・一〇・三刑集四巻一〇号一八六一頁）。

これと異なり、予備的訴因または択一的訴因の一方について無罪を言い渡しても、そのことは当然に他の訴因を否定したことまでも意味しないので、他の訴因について何らかの判断を示さねばならず、これを欠いた場合には、審判の請求を受けた事件について判決をしなかった違法（三七八条三号）があることになります（名古屋高判昭二八・一・二一高刑集六巻二号一六五頁）。

法は「起訴状には、裁判官に事件につき予断を生ぜしめる虞のある書類その他の物を添附《てんぷ》し、又はその内容を引用してはならない」としています（二五六条六項）。これを**起訴状一本主義**といいます。

三　起訴状一本主義

⑴　①　旧刑訴では、公訴提起と同時に一切の捜査書類（一件記録ともいいます）と証拠物とが裁判所に提出され、裁判官はあらかじめそれらを十分検討して事件について一定の心証を抱いて公判にのぞみました。この制度のもとでは、裁判官は公判前に事件について検察官に近い心証をえる結果になり、被告人の主張や立証に十分耳を傾けることができなくなります。現行法は、この点を改め、裁判官の公判前における証拠との接触を断ち切ることによって、裁判官が事件について予め予断を抱くことなく白紙の心証で、公判に臨むこととしました。即ち、**予断の排除**で、同時に「**公平な裁判所**」（憲三七条一項）の理念の一現実化でもあります。これが起訴状一本主義の第一の意味です。

②　同時に、起訴状一本主義によって、捜査機関の嫌疑と裁判所の心証が遮断されることとなりました。これによって起訴状の訴因は検察官の主張にすぎないこととなりました。また、旧法下でのように裁判長が被告人尋問から証人尋問までみずから積極的に行うという職権主義的な公判の審理のやり方を不可能にしました。すなわち、立証はこれを検察官と被告人・弁護人の両当事者に委ね（**当事者主義**）、裁判官はこれら対立する当事者の立証活動を公平な立場から整理しながら、そこで提出された双方の証拠の内容に耳を傾け、事件についての心証を形成するというやり方（**公判中心主義**）をとらざるを得なくなりました。このように当事者主義の訴訟構造を決定するのが第二の意義といってよいでしょう。

③　起訴状一本主義の意義が予断排除にだけあり、それも第一回公判期日が終る迄の規制原理だと考える向きも

あります。しかし、もし起訴状一本主義がなく、起訴と同時に一件記録が裁判所へ提出されるとすると、裁判官は証拠能力のない証拠にも接することとなります。現行法で証拠の証拠能力に厳格な定めをおいても、その保障がかいくぐられることとなります。こう考えると起訴状一本主義は、裁判官をして、**証拠とすることの許されない証拠に接触させない機能**をもっていることになります（佐伯千仭・刑事訴訟法講座(2)七頁）。③は今後、弛みはしないか危惧されています。

このように起訴状一本主義の意義は大きいのですが、わが国の刑事手続において、すべての点でよい結果をもたらしたというわけではありません。旧法下では、起訴と同時に証拠書類及び証拠物は裁判所へ提出されたので、弁護人は裁判所でそれを閲覧し防禦の準備を整えることができましたが、起訴状一本主義のもとでは、それら証拠は、検察官手持証拠となりました。そこで弁護人によるその閲覧を検察官が認める場合はいいのですが、必ずしもそうとは限りません。起訴状一本主義の大きな意義の影に副次的に生じた現行法上の難問がこの「証拠開示」の問題です。

(2) 解釈上の問題点

(a) 証拠の添付・引用　二五六条六項の法文からして、証拠の添付や内容の引用が許されないことはいうまでもありません。起訴状に当該被告人の前科調書を添付したばあい（東京高判昭二五・四・一一判特一〇号一六頁）や有価証券（約束手形）の偽造行使詐欺事件の起訴状に、偽造行使した約束手形の写を添付した場合（東京高判昭二八・六・二二東京高裁判決時報三巻六号二四二頁）、公職追放令違反の起訴状に証拠たるビラの一部を引用した場合（最判昭二六・四・一〇刑集五巻五号八四二頁）、それぞれ刑訴二五六条六項に違反しないとしていますが、妥当とは思われません（同旨、安西『刑事訴訟法』下八八三頁）。

問題となるのは、文書によって人を脅迫した事案、または文書によって人の名誉を毀損した事案の起訴状に、右文書の内容を引用的に記載することが許されるかです。判例は恐喝の手段として被害者に郵送された脅迫文書のほとんど全文が記載された起訴状（差出人の住所・氏名・受取人の住所・氏名も原本通り記載し、「受取人名」下に「殿」まで加える）

につき、「起訴状において郵便脅迫書翰《しょかん》の記載内容を表示するためには、少しでもこれを要約して摘記すべきである」としたうえ、「脅迫文書の趣旨が婉曲《えんきょく》暗示的であって、起訴状にこれを要約摘記するには、相当詳細にわたるのでなければこの文書の趣旨が判明し難い場合には、起訴状にその文書の全文とほとんど同様の記載がなされても、その起訴状は刑訴二五六条六項に違反しないものと解すべきである」という趣旨の判示（最判昭三三・五・二〇刑集一二巻七号一三九八頁）をしました（最近、名古屋高判平六・九・二八判時一五二一号一五二頁も同様の判示をしています）。また文芸春秋誌上の記事原文の一部を名誉毀損の訴因に記載した事案（約三五〇〇字分引用）につき、これは「検察官が同文章のうち犯罪構成要件に該当すると思料する部分を抽出して記載し……たものであって、……本件訴因を明示するための方法として不当とは認められず、また、……裁判官に事件につき予断を生ぜしめるおそれのある書類の内容を引用したものというにはあたらない」（最決昭四四・一〇・二刑集二三巻一〇号一一九九頁）と判示しました（これに批判的、松尾・上一八〇頁）。この背景には脅迫や名誉毀損の事件では、文書原文の全部又は一部が犯罪構成要件に該当する事実そのものをなし、訴因の特定に必要であるから、殆ど全文を引用しても予断排除の要請に優先するという考えがあるのでしょう。しかし脅迫文とか名誉毀損記事の内容が犯罪構成要件該当事実の一部をなすことから直ちにその内容をそのまま記載してよいこととはならないのであって、訴因の明示に必要な限度を越えて詳細に内容をそのまま記載すれば、裁判官に予断を与える内容の「引用」に当ると解するのが妥当でしょう。

(b)　起訴状の余事記載　起訴状に審判を求める犯罪事実と関係のない事実が記載されているばあいに、それが起訴状の効力にどう影響するかという問題です。これは、直接には、起訴状には被告人の氏名、公訴事実及び罪名だけを記載すべきだとしている二五六条二項の規定に違反しているということであって、裁判官に予断を生ぜしめるおそれのある書類その他のものの「添付」または内容の「引用」を禁止した同条六項の問題ではありません。しかし、その余事記載の内容が裁判官に事件について予断を生じさせるようなものであるときは、予断排除を目的とする六項の準用が考えられねばなりません（佐伯・前掲一二頁）。すなわち**単なる余事記載**（二五六条二項違反）と裁判官に**予断を与えるよ**

うな余事記載（二五六条六項違反）があることになります（余事記載を二つに分類することは平野・一三〇頁で提唱されたが、平野説は後者を書類の「添付」、内容の「引用」に準ずるような場合に限定している）。前者の場合は余事記載部分を削除すれば足りますが、後者の場合には、公訴提起は無効になると解されます（三三八条四号）。判例も「公訴犯罪事実について裁判官に予断を生ぜしめる虞のある事項は、起訴状に記載することは許されないのであって、かかる事項を起訴状に記載したときは、これによって生じた違法性は、その性質上もはや治癒《ちゆ》することができないものと解するのを相当とする」と判示しています（最判昭二七・三・五刑集六巻三号三五一頁）。

ここで、起訴状一本主義に反しないかどうか問題となる余事記載事例を若干挙げて簡単に検討してみましょう。それが訴因の明示に必要な事項であるかどうか、そしてそうでない場合裁判官に予断を与えるようなものであるかどうかが、この問題についての判断の基準となるでしょう。

①　被告人の前科・悪い経歴・性向

前科については、詐欺被告事件について、その起訴状の「被告人は詐欺罪により既に二度処罰を受けたものであるが」という記載が問題となりました。最高裁は「このように詐欺の公訴について、詐欺の前科を記載することは、両者の関係からいって、公訴犯罪事実につき、裁判官に予断を生ぜしめるおそれのある事項にあたると解しなければならない」として、これを無効としました（最判昭二七・三・五刑集六巻三号三五一頁）。学説はおおむねこれに賛成ですが、「この程度では、まだ予断をいだかせたとはいえないであろう」という意見もあります（平野・一三〇頁）。しかし、現に詐欺の訴因で起訴されている被告人に同種前科があるという記載は、今度もまたやったのではないかという予断を裁判官に与えかねないでしょう（同旨、横井大三・日本刑法学会編『刑事訴訟法演習』六八頁）。判例の立場が妥当だと思われます（**起訴猶予の前歴も、**同種犯罪に関するものであれば、前科ほど迫真力はないとしても予断を与えるおそれがあるでしょう）。

もっとも被告人の前科を訴因に記載することが許されるばあいがあります。一つは前科が犯罪構成要件の要素をなすばあいです。例えば、常習累犯窃盗（盗犯等ノ防止及処分ニ関スル法律三条）の場合のように、当該行為前一〇年内に窃盗・強盗ないしその未遂罪、またこれらの罪と他の罪との併合罪につき三回以上六月の懲役以上の刑の執行を受けたという前科事実が犯罪構成要件事実となっているときは、その事実を明示するため、このような前科事実を訴因に記載する必要があります（もっとも、被告人の常習性が犯罪構成要素となっているばあい（例えば、刑法一八六条の常習賭博、暴力行為等処罰に関する法律一条の三の常習的傷害・暴行等）は、冒頭に単に「被告人は常習として」と記載することで十分で、常習性の具体的説明として同種前科を記載するのはむしろ妥当でないでしょう（同旨、安西・前掲八八九頁））。

これに反して、累犯加重という量刑事由を示すために、前科を起訴状に記載することは許されません。さきの詐欺の前科を記載した事案について、検察官は、そのような記載をしたのは、その前科が、公訴犯罪事実に対し累犯加重の事由たる関係にあるからで、罰条の摘示と同じ趣旨で記載したまでだと主張しましたが、最高裁は、仮にそのような量刑に関係のある事由であっても、「正規の手続に従い、証拠調の段階においてこれを明らかにすれば足りるのであって、特にこれを起訴状に記載しなければ、論旨のいう目的を達することができないという理由はなく、従って罰条の摘示と同じ趣旨と解することはできない」として、その主張を斥けました（前掲、最判昭二七・三・五）。

二つ目は、「一般人を恐れさせるような被告人の経歴、素行、性格等に関する事実を相手方が知っているのに乗じて」恐喝をしたような事案では「これら経歴等に関する事実を相手方が知っていたことは恐喝の手段方法を明らかにならしめるに必要な事実である」から、右の事実を起訴状に記載することは許されます（最判昭二六・一二・一八刑集五巻一三号二五二七頁）。これに反し、犯罪構成要件にあたらない事実、またはこれと密接不可分の関係にもない事実であって、しかも裁判官に予断を生じさせるおそれのあるものを記載することは許されないといわねばなりません（安西・前掲八八七頁）。なお、「被告人は暴力団M組の若者頭であるが…」という起訴状記載を「被告人と共犯者の関係を明らかにすることによって共謀の態様を明示し、公訴事実を特定するためのものであるとも解せられ、いまだ二五六条六項の規定に反するものとはみられない」とするものがありますが（大阪高判昭五七・九・二七判タ四八一号一四六頁、百選〔八版〕九二頁〔福島至〕）、予断排除原則を軽く見たものといえるでしょう。

② **犯罪の経緯・動機・目的**　この種の記載は、殺人・傷害致死・放火などのいわゆる動機犯罪について多くみられます。これらは公訴犯罪事実そのものではないが、それと密接不可分の関係にあってそれを明確にするため必要がある場合は、その記載は違法でなく、また必要がなくても、その記載によって裁判官が予断を抱くおそれはないから、公訴を無効にするものではないとするのが一般です。しかし、余りに度を越えたこれら事情の記載は、場合によっては予断排除の禁止に触れ、公訴を無効にするばあいもあり得ると考えるべきでしょう（佐伯・前掲一四頁）。

③ **他にも余罪があるという記載**　窃盗犯罪一覧表末尾に「前記以外に未届のものがあるものと推測せられる」という記載があった場合、それは「正しく起訴事実又は犯情に直接関係のないことであって而《しか》も裁判官に予断を抱かしめるもの」だとして、起訴を無効とした高裁判例（広島高判昭二四・一〇・一二高刑集二巻三号三六六頁）がありますが、判示は妥当と思われます（同旨、高田・三八六頁）。

(3)　二〇〇五年一一月から実施されている公判前整理手続は、「事件の争点及び証拠を整理するため」の公判準備として第一回公判期日前に行われます（三一六条の二）。したがって裁判官は証拠調請求にも触れることになるし、証拠の採否を決するに当っては証拠そのものに触れることもありましょう。したがって、つねに予断排除の原則に触れる危険があります。したがって、裁判官は証拠の整理にあたりできる限り証拠の内容に触れないよう努めねばなりません。

四　訴因の変更

1　訴因変更の意義

訴因は検察官の主張であり、裁判所の審判の範囲を画するものですが、その後の公判審理の経過により、提出すべき証拠あるいは提出された証拠により認められる事実と、訴因が食い違うことがおこります。例えば窃盗の訴因で起訴したところ、窃盗ではなくて盗品の買受けの事実が明らかになったとしましょう。このばあい一旦窃盗の起訴を取り下げて（公訴の取消）、あらためて盗品の買受けの訴因で起訴せねばならないとすると、手続がかなり煩瑣《はんさ》となります。

そこで、法は、起訴状の訴因と証拠により判明した事実が一定の関係（この関係のことを「公訴事実の同一性」とよびます）がある限り、同一起訴手続内で検察官が後者の事実に訴因を変更することを認めました（三一二条一項）。

ところで、訴因の変更（広義）には、訴因の追加・撤回及び変更（狭義）の三個のばあいがあります。通説は、訴因を構成要件ごとに一個と考えるので、この立場からは訴因の追加とは、科刑上の一罪の一部をあとからつけ加えること（例えば住居侵入の訴因に窃盗の訴因をつけ加えること）、および予備的・択一的訴因を加えることをいうとします。又訴因の撤回とは、起訴状記載の科刑上一罪の一部を取り下げること及び予備的・択一的訴因を取り下げることをいうとします。そして訴因が訴訟の内容を新しいものに変えることを訴因の変更といいます。

しかし、訴因が訴訟の対象だという考え方からは、一個の判決の対象となるべき訴訟物は一個のはずですから、科刑上の一罪も一訴因だということになります、そこで、この考え方からは、科刑上一罪の関係にある事実をあとから付加したり、あるいは科刑上一罪の一部を取り下げるのは、訴因の変更だとします。したがって訴因の追加・撤回は、予備的・択一的訴因についてだけ問題となります（田宮・刑訴Ⅰ三九二頁、平野・三四頁、松尾・上二六一頁）。

ところで、いずれの見解によるとしても、訴因の追加・撤回・変更は公訴事実の同一性の範囲内でしか許されないから、起訴状記載の訴因と公訴事実の同一性の関係にない犯罪事実を審判の対象に加えるのは、**追起訴**の方法によらねばならず、併合罪関係にある数個の訴因のうち一つを取り下げるためには、公訴の取消の方法によらねばなりません。

2　訴因変更の要否

訴因の変更はいかなる場合に必要か、がここでの問題です。換言すれば、起訴状の訴因をそのままにしてそれとどの程度違う事実を認定することができるか、という問題でもあります。

(1)　訴因対象説は訴因だけを審判の対象（訴訟物）と考えるわけですから、事実に変化があってもどこまで同じ訴訟物とみてよいか、を考えることになります。即ち訴因の同一性が保たれているかどうかが問題なのです。これに対して、公訴事実が審判の対象で、訴因は、被告人の防禦のための手続上の制度だと考える（典型的な）公訴事実対象説では、訴因をそのままにして、それと違う事実を認定してしまうことが当該事案では具体的に被告人の防禦の利益を害するかどうか、が問題となります。

前説では、訴因の同一性が認められるかどうか、が問題なのですが、事実の変化がどんなに僅かでも、それが失われるとするのも実際的ではありません。そこで行為の意味ないし構造を基本的に変更するものでなく、客体の数量を実質的に増大するものでない（戸田弘・判タ一七六号五一頁）ならば、なお訴訟物の同一性は失われていない、というように考えます。こういうばあいは実際的にも被告人の実質的な防禦の利益が害されないからですが、それを右のような抽象的一般的基準によって考える点に特色があるわけです（**抽象的防禦説**）。これに対して、後説では、訴因は被告人の防禦のための手続上の制度にすぎないと考えますので、被告人の防禦の仕方など訴訟における経過を含めて具体的に判定することになります（**具体的防禦説**。例えば窃盗の訴因について、被告人は遺失物横領の弁解をしていたので、訴因を遺失物横領に変更しないでそれを認定してもよい、というように考えます）。訴因変更の要否についてこれ以上の客観的基準を立てにくい（小泉祐康・公判法大系Ⅱ二五七頁）ところに、問題が顕在化しているといってよいでしょう。

このように、訴因変更の要否の基準は抽象的防禦説をとるか、具体的防禦説によるかをめぐる論争――その背後には訴因対象説対公訴事実対象説の対立があります――に（事実記載説が通説化するに及び）現在では重点が移っています。他方、訴因の意味は、その法律的評価にあると考えるか、それとも事実の主張であると考えるかによっても、訴因変更要否の判断にちがいが生じますので、この点も検討しておく必要があるでしょう。

⑵　訴因については法律面を重視する説と事実面を重視する説が対立します。

①　**法律説**　(i)　**罰条同一説**　訴因の意義は公訴事実の法律的評価を示す点にあるので、構成要件の変化を来さない程度であれば訴因変更は必要でないが、構成要件が変われば訴因変更が必要だとします。事実が変わっても（同じ窃盗で客体が量的に増大しても、犯罪の方法が全く変化しても）同一構成要件内なら訴因変更を必要としません。

(ii)　**法律構成説**　訴因の意義を法的評価に求める点では(i)と同じですが、法律的構成の仕方が変われば訴因変更を要する、とします。例えば、作為犯の起訴に対し不作為を認定するような場合は、訴因変更が必要だとするわけです。罪数的評価が変わった場合も同様です（岸・要義五二頁、横川敏雄・実務講座⑸八五八頁、小野慶二・実務講座⑸九五八頁）。

②　**事実記載説**　この説は、訴因の意義を検察官の具体的事実の主張たる点に求めますので、法的評価が同じでも、具体的事実が変われば、訴因変更が必要だとします。もっともこの説によっても具体的事実がいささかでも変われば訴因の同一性が失われるというのではありません。社会的・法律的意味あいを異にするような事実の変化があったかどうかで訴因の同一性を決定します。

思うに、刑事訴訟においては何といっても事実認定が重要です。事実認定が間違っていたのではそれに対する法的評価が正しくてもその結果、誤って人を処罰することになりかねません。それだけでなく被告人の防禦の対象も通常事実の存否にあります。それが予め告知され、その点を十分に防禦できるよう保障されねばなりません。ピストルによる殺人の訴因に対し防禦していたところ、判決でいきなり、ナイフによる殺人と認定しても法律的構成に何ら変りはないのだから訴因変更は必要でないとされるならば、被告人の告知と聴問をうける権利は全く失われてしまうといってよいでしょう。

判例が事実記載説をとっていることは、けだし妥当だと思われます（最決昭四〇・一二・二四刑集一九巻九号八二七頁、過失犯の様態の変化について最判昭四六・六・二二刑集二五巻四号五八八頁など）。学説も多数はこの説に立っています（団藤・一九八頁、平野・一三七頁、高田・四二七頁、柏木千秋『刑事訴訟法』二九〇頁、平場・講義四三二頁、青柳・通論上三三七頁）。

このようにして、問題の焦点は、(1)の被告人の防禦の利益考慮の仕方――抽象的防禦説か具体的防禦説かに移ったわけです。

(3)　**(2)**でみたように罰条同一説・法律構成説によると構成要件が変われば訴因の同一性が失われ、訴因変更が必要となりますが、それでは被告人の防禦の利益を害するおそれのない場合にまで訴因を変更せざるをえない場合が生じます。そこでこれを修正するものとして登場したのが「**縮小認定**」（大は小をかねる）の理論です。縮小認定は事実記載説の立場からも肯認できます。もっとも、この説の場合は、起訴状記載の「事実」が、認定「事実」を包含しているので、訴因の同一性はなお失われていないというふうに考えるのです。もっとも、事実記載説でも訴因対象説を前提とするものは**(1)**で述べたように、検察官の起訴状記載の具体的事実の主張の中に、認定事実が予備的に主張されているかを抽象的一般的に考えるのに対し（抽象的防禦説）、公訴事実対象説を前提とし、訴因を被告人の防禦のための手続上の手段にすぎないと考える見解は、具体的な訴訟の経過を考慮して、被告人の防禦の利益が害されていないと思われるならば、起訴状の訴因に含まれているとはいいがたい事実であってもこれを訴因変更なしに認める傾向（具体的防禦説）があります。

(4)　判例の動き

(a)　**縮小認定**　この理論のリーディングケースと目されるものに次の判例があります。

「元来、訴因又は罰条の変更につき、一定の手続が要請される所以《ゆえん》は、裁判所が勝手に、訴因又は罰条を異にした事実を認定することに因《よ》って、被告人に不当な不意打を加え、その防禦権の行使を徒労に終らしめることを防止するに在るから、かかる虞《おそ》れのない場合、例えば、強盗の起訴に対し恐喝を認定する場合の如く、裁判所がその様態及び限度において訴因たる事実よりもいわば縮小された事実を認定するについては、敢えて訴因罰条の変更手続を経る必要がないものと解するのが相当である」（最判昭二六・六・一五刑集五巻七号一二七七頁）。

その他判例が縮小認定を認めたものとして強盗致死の起訴に対し傷害致死（最判昭二九・一二・一七刑集八巻一三号二一四七頁）、傷害の共同正犯の起訴に対し傷害の単独犯（最判昭三〇・一〇・一九刑集九巻一一号二三六八頁）、殺人未遂の起訴に対し傷害（最決昭二八・一一・二〇刑集七巻一一号二二七五頁）、殺人の起訴に対し傷害致死（仙台高判昭二六・六・一二判特二二号五七頁）を認めたものがあります。前二者は構成要件事実の縮小、後者は犯意の縮小が認められるばあいといってよいでしょう。事実記載説のばあい、法律構成の縮小（構成要件の縮小）ではなくて、「事実」の縮小でなければなりません。そこで、殺人の訴因のままで嘱託殺人を（名古屋高判昭三一・四・九裁特三巻八号三八五頁）、殺人の訴因のままで同意殺人を（最決昭二八・九・三〇刑集七巻九号一八六八頁）認めた判決例などは一応疑問がもたれます。というのは「被害者の嘱託により」又は「被害者の同意の上」という、訴因には記載されてない事実を認定するのは、縮小認定ではない（むしろ増大）と思われるからです。これに対して、殺人の訴因には常に「被害者の意思に反して」殺すことが含まれているから、被害者の同意を認定して同意殺に問うことは、右括弧の部分を縮小して認定したものとして訴因変更を要しない、と答えられています（小泉祐康・公判法大系Ⅱ二五九頁、書研・講義案一三八頁）。なお、疑問の残るところです。

さきに述べたように、被告人の防禦の利益を抽象的一般的に考えるか、訴訟の経過をも考慮して具体的に考えるか、で差違が出ます。次にこの点について判例をみてみましょう。

(b)　抽象的防禦説によったと思われるもの　「収賄と贈賄とは、犯罪構成要件を異にするばかりでなく、一方は賄賂の収受であり、他方は賄賂の供与であって、行為の様態が全く相反する犯罪であるから」収賄の犯行に加功したという訴因に対し贈賄への加功を認定するには訴因変更が必要としたもの（最判昭三六・六・一三刑集一五巻六号九六一頁）、公職選挙法違反（供与罪）幇助の起訴に対し同共同正犯を認定するばあい「幇助の訴因には含まれていない共謀の事実を新たに認定しなければならず、また法定刑も重くなる場合であるから」訴因変更を要するとするもの（最判昭四〇・四・二八刑集一九巻三号二七〇頁）、強制猥褻の訴因のまま公然猥褻を認定した原審の判断に対し「本件行為の公然性を認めるに足る事実は何ら記載されていない」等を理由に破棄したもの（最判昭二九・八・二〇刑集八巻八号一二四九頁）、異なる過失様態を認める場合には訴因変更を必要としたもの（後述）などがあります。

(c)　具体的防御説によったと思われるもの　窃盗共同正犯の訴因につき、被告人は「窃盗幇助の事実を以て弁解して」いるので、訴因変更の手続を経ることなく窃盗幇助を認定しても被告人の「防御に実質的な不利益を生ずる虞《おそ》れはない」とするもの（最判昭二九・一・二一刑集八巻一号七一頁）、覚せい剤の単独不法所持の訴因のままで共犯者との共同所持を認定しても、「被告人に不当な不意打を加え、その防御権の行使に不利益を与えるおそれはない（被告人の刑事責任を増大させるわけでもなく、またその防御方法を立て直す必要があるわけでもない）のであるから」違法ではないとするもの（最判昭三四・七・二四刑集一三巻八号一一五〇頁）、詐欺単独犯として起訴されたものを共同正犯としても「そのことによって被告人に不当な不意打を加え、その防御権の行使に不利益を与えるおそれはないのであるから、訴因変更の手続を必要としない」としたもの（最判昭二八・一一・一〇刑集七巻一一号二〇八九頁）などがあります。さいごの事案のばあい他の共犯者が直接に正犯として行為したばあいですから、被告人はどういうことをしたために共同正犯の責任を問われるのか訴因で示す必要があった（平野・基礎理論九九頁）といわざるをえません。同様のことは、傷害の同時犯の訴因に対し傷害の共同正犯を認めた事案（最判昭三三・七・一八刑集一二巻一二号二六五六頁）についてもいえます。

(d)　折衷的見解によるもの　酒酔い運転（道交法六五条一項、一一七条の二第一号）の訴因のままで、酒気帯び運転（道交法六五条一項、一一九条一項七号の二）を認定しても、(ア)両罪とも基本的には六五条一項違反の行為である点で共通し「前者に対する被告人の防御は通常の場合後者のそれを包含し、もとよりその法定刑も後者は前者より軽く」、(イ)「運転当時の身体内のアルコール保有量の点につき被告人の防御は尽されている」ので、被告人の実質的な防御権を不当に制限したものではないとするもの（最決昭五五・三・四刑集三四巻三号八九頁）があります。(イ)の点で、具体的防禦の見地が補完的な役割を果す場合があることを示したもの（石井一正・百選〔五版〕八七頁）といえましょうか。

以上の考察から、具体的防禦説をとると各ケース毎の判断にまかされ、訴因変更要否の基準がきわめてあいまいなものになります。しかも具体的防禦説に徹すればほとんどの場合防禦は尽くされているとして訴因変更は不要になり、訴因制度を設けた意味が失われるとする見解（書研・講義案一四一頁）は注目に値します。

(e) 過失態様の変化　最近、自動車事故の増加に伴い、過失犯とくに業務上過失致死傷罪における訴因の記載方法及び変更の要否がとくに問題とされています。過失犯では、「必ずしも、どういう注意義務があったかを記載する必要はなく『漫然と』という記載で足りる場合もあろう」とする学説（平野・一三四頁）もありましたが、最近では実務は、注意義務の発生根拠となる具体的状況、注意義務の内容、注意義務違反の態様、事故および死傷の結果、過失と結果との因果関係を構成する事実を訴因に掲げるのが普通になっています（朝岡智幸・実務判例大系・交通事故八八頁）。それに応じて昭和四〇年頃から、注意義務違反の態様（過失態様）が異なった場合、訴因変更を要するという裁判例が増加してきました。例えば前方注視義務違反の起訴に対し減速徐行義務を認めるばあい（東京高判昭四〇・八・二七下刑集七巻八号一五八三頁）、十分な車間距離をとらないで進行した過失の起訴に対し、酒に酔い正常に運転できない状態で運転を継続した過失を認定するばあい（仙台高判昭四三・七・一八高刑集二一巻四号二八一頁）などがそれです。このような中で最高裁は、発進にさいしクラッチペダルから左足を踏みはずした過失の起訴に対し、一時停止中の他車に接近するさいブレーキをかけるのを遅れた過失を認定するには、次のように述べて訴因の変更が必要だとしました（最判昭四六・六・二二刑集二五巻四号五八八頁）。すなわち「両者は明らかに過失の様態を異にしており、このように、起訴状に訴因として明示された様態の過失を認めず、それとは別の様態の過失を認定するには、被告人に防御の機会を与えるため訴因の変更手続を要するものといわなければならない」と。

注意義務違反の態様は、故意犯の場合の犯罪の方法に匹敵すべき部分なので、この点で被告人の防御に影響を及ぼすべき有意的変化があったときは、訴因の変更を要するとする説（田宮・刑訴Ⅰ五八五頁）が、もっとも妥当でしょう。

(5) 判例のその後の動き

(a) 注意義務発生の根拠となる具体的事実の記載

一審で、検察官が、はじめ、①降雨により路面が湿潤したという事実と、②石灰の粉塵が路面に堆積凝固したところに折からの降雨で路面が湿潤した事実を注意義務の前提をなす具体的事実として、業務上過失傷害の訴因に記載していましたが、一審の途中で②を撤回しました。一審は無罪判決になったのに対し、検察官が控訴し、控訴審において検察官は②を予備的訴因として掲げました。控訴審は一審で検察官が撤回した②の事実をも考慮の上、一審の無罪判決を破棄した上、有罪の自判をしました。一審で訴因から撤回された事実を考慮して一審判決を破棄するのは矛盾だとする上告申立に対し、答えたのが最決昭六三・一〇・二四刑集四二巻八号一〇七九頁です。次の如く判示しました。

「過失犯に関し、一定の注意義務を課す根拠となる具体的事実については、たとえそれが公訴事実中に記載されたとしても、訴因としての拘束力が認められるものではないから、右事実が公訴事実中に一旦は記載されながらその後訴因変更の手続を経て撤回されたとしても、被告人の防御権を不当に侵害するものでない限り、右事実を認定することに違法はないと解せられる」と。

しかし、降雨により路面が湿潤し、そのことを被告人が認識していた事実（①）は、それだけで被告人に速度調節義務を負わせるに足る事実であるか疑わしく、②のような重要な事実を訴因に掲げないまま裁判所が速度調節義務を認定できるとするのは説得力を欠く（木谷明「不意打認定と訴因」『小林充先生・佐藤文哉先生古稀祝賀刑事裁判論集下巻』二一六頁、二二七頁参照）といわれても仕方ないように思われます。②は訴訟対象の画定に必要な事実だったのではないでしょうか。

(b) 共謀共同正犯における実行行為者の記載

当初、被告人は甲と共謀の上、Aを殺害したという訴因で起訴されたが、審理の過程で甲と共謀の上、「被告人においてAの頸部をしめつけて殺害した」という実行行為者を被告人に特定する訴因に変更がなされました。これに対し判決は、被告人は、甲と共謀の上…甲又は被告人あるいはその両名において扼殺・絞殺又はそれに類する方法でAを殺害したとの事実を認定しました。第一審判決が訴因変更手続を経ないで訴因と異なる事実を認定したのは違法でないかが争われました。これに対し、最決平一三・四・一一刑集五五巻三号一二七頁（百選〔八版〕一〇二頁〔井上弘通〕）は、次のように判示しました。

①訴因と認定事実を対比すると、前記のとおり、犯行の態様と結果に実質的差異がない上、共謀をした共犯者の範囲にも変わりはなく、そのうちのだれが実行行為者であるかという点が異なるのみである。そもそも殺人罪の共同正犯の訴因としては、その実行行為者がだれであるかが明示されていないからといって、それだけで直ちに訴因の記載として罪となるべき事実の特定に欠けるものとはいえないと考えられるから、訴因において実行行為者が明示された場合にそれと異なる認定をするとしても、審判対象の画定という見地からは、訴因変更が必要となるとはいえないものと解される。

②とはいえ、実行行為者がだれであるかは、一般的に、被告人の防御にとって重要な事項であるから、当該訴因の成否について争いがある場合等においては、争点の明確化などのため、検察官において実行行為者を明示するのが望ましいということができ、検察官が訴因においてその実行行為者の明示をした以上、判決においてそれと実質的に異なる認定をするには、原則として、訴因変更手続を要するものと解するのが相当である。

③しかしながら、実行行為者の明示は、前記のとおり訴因の記載として不可欠な事項ではないから、少なくとも、被告人の防御の具体的な状況等の審理の経過に照らし、被告人に不意打ちを与えるものではないと認められ、かつ、判決で認定される事実が訴因に記載された事実と比べて被告人にとってより不利益であるとはいえない場合には、例外的に、訴因変更手続を経ることなく訴因と異なる実行行為者を認定することも違法ではないものと解すべきである」と。（番号①②③は筆者）。

さきに私は、訴因変更要否の基準につき、抽象的防御説と具体的防御説があること、前者は、訴因の同一性が保たれているといえるかどうかをみる—審判対象の明確化を通して被告人の防禦に資することになる—のに対し、後者は被告人の防御の仕方など訴訟の経過も考慮に入れて被告人の防御に実質的不利益がないかどうかをみる、そして両者の背後には訴因対象説と公訴事実対象説の対立があると申しました（本章四2(1)）。

訴因対象説では訴因だけが審判の対象ですから、そこでの事実の記載だけで対象が特定するようでなければなりません。この特定し明確な事実記載によって、一個の訴因それ自体の内容が明らかになるとともに、起訴されている犯罪事実が他の犯罪事実から区別されることができると申しました（本章二1(2)）。しかし、いつの間にか、審判の対象の画定とは、他の犯罪事実と識別できる程度に特定していれば足ることを指すようになったと思われます（すなわち識別説）。**識別説**については、池田＝前田・講義二四九頁）。この背後には、訴因の同一性を厳格に解しすぎて、ひいて必要以上に訴因変更を要求するよりも、具体的争点をめぐり防御が尽されたかどうかを注視すべきだという考えがあるのでしょう。その意図は分りますが、訴因は当該事件のいわば終局的争点ですので、その内容が稀薄なまま、他の犯罪事実から区別する「枠」「区画」にとどまることのないよう今後注視してゆくことが必要でしょう。

3　訴因変更の可否——公訴事実の同一性——

(1)　**2**では、いかなる場合に訴因変更が必要かを検討しましたが、本節では、検察官がA訴因からB訴因への変更を申し出た場合に、それが可能か、すなわち訴因変更の許される限界を扱います。ところで法は、「裁判所は、検察官の請求があるときは、公訴事実の同一性を害しない限度において、起訴状に記載された訴因又は罰条の追加、撤回又は変更を許さなければならない」（三一二条一項）としていますので、「公訴事実の同一性」が訴因変更の限界ということになります。

このように公訴事実の同一性は、訴因変更の可能な範囲（限界）を意味しますが、同時に二重起訴禁止の範囲、公訴時効停止の範囲や一事不再理効の及ぶ範囲を画するもので、刑訴法上重要な機能をもっていることにも注意せねばなりません。後二者の点も、考慮に入れながら訴因変更の限界としての公訴事実の同一性について考察しましょう。

(2)　ところで公訴事実の同一性（広義）については、これを**公訴事実の単一性**と**公訴事実の同一性**に分析して考えるのが、通説的な考え方です。これを最初に提案された小野清一郎博士によると、事件の単一性とは、「手続上不可分なる一個の事件として取扱われること」をいい、事件の同一性とは、「手続の発展において前後その客体を同じくすること」をいうとされます（小野清一郎『刑事訴訟法講義』〔全訂三版〕一九四頁）。団藤博士はこれを、「事件の単一性は、訴訟の発展をしばらく捨象《しゃしょう》して、いわば横断的に静的に観察したばあいに事件が一個であるという」、「事件の同一性は、手続の発展に着眼して、いわば縦断的に動的に観察されるばあいに、事件が前後同一であることをいう」と表現されています（団藤・一四五頁）。

たとえば、窃盗と住居侵入の事実が、ともに起訴された場合に、これを一個の起訴とみてよいかどうかが単一性の問題である（そして両者が科刑上一罪であれば単一性が肯定される）のに対し、はじめ窃盗で起訴したところ、審理の結果、窃盗の事実は認められないが、横領の事実が明らかになったばあい、訴因を横領に変更する必要があるが、この場合窃盗と横領の事実は、変化はあっても同一の事実といえるか（前後同一か）否かが（狭義の）同一性の問題だということになります。

このように単一性は、静的に観察した場合の事件の一個性、同一性は動的に観察した場合の対象の前後同一を指すという見解は長らく支配的な地位を占めてきました。やがてこれに対し、次のような疑問が提起されるに至りました。まず、起訴状の記載という静的な段階でも同一性が問題となるではないか、と。例えば、窃盗と（同じ物の）盗品有償譲受けを択一的訴因として起訴状に記載することができますが、それは窃盗か盗品有償譲受けのいずれかを認めてほしいという主張であってすでに動的な判断が含まれているではないか。つまり起訴状の記載という静的な段階でも、すでに狭義の同一性が問題といっているではないか。このように言います。また、住居侵入の起訴について審理中、窃盗の事実が判明し、住居侵入を住居侵入・窃盗（又は単に窃盗）に変更することが認められているが、それは両者の間に公訴事実の単一性があるからできるのではないか。つまり、動的な過程においても単一性が問題となっているではないか、というわけです。そこで、この見解は、従来の横・縦の関係に代えて、公訴事実の単一性は、訴因と訴因が両立しうる場合の関係であり、これに対し同一性（狭義）は、訴因と訴因が二者択一的な両立しえない場合の関係であるといいます（平野・一三五頁注(1)）。単一性・同一性の（より正確にはそれまでの見解に代わる）新しい分析方法といってよいでしょう。

(3)　狭義の同一性　この様な公訴事実の単一性・同一性（狭義）についての基本的な観察方法の対立があることを一応念頭におきながら、どのような場合に公訴事実の同一性が認められるかというより実際的な問題に入りましょう。そのうち単一性は一罪と扱うことのできる範囲だから、単独一罪、包括的一罪、科刑上一罪の関係にある事実は単一性があるとする点で一致がありますので、一応これを前提としてここでは主として**狭義の同一性**についてみてみましょう。

㋐　**基本的事実同一説**　起訴状に記載されている事実と現に問題となっている事実との間において、社会的事実として、基本的な点で同じならば、些細な点で違っていても、両者の間に公訴事実の同一性があるとします。

㋑　**罪質同一説**（小野）　公訴事実は、裸のままの社会的事実ではなくて、すでに構成要件的評価をうけた事実である。したがって公訴事実の同一性は社会的事実としての基本的な点が同一であるだけでなく構成要件の類型的本質（罪質――例えば財産犯という基本的性格）によって制約されている、といいます。そこで、罪質を全く異にする両訴因間には公訴事実の同一性がないとします。

㋒　**構成要件共通説**（団藤）　基本的事実が同一でなければならないことは勿論だが、比較される二つの事実が構成要件的に全く重なり合うことのないものであるばあいには、事実の同一性は認められるべきでないとします。

はじめの段階で指示されたA事実が甲という構成要件にあてはまり、のちに判明したB事実が乙という構成要件にあたるばあいに、B事実が甲構成要件にも相当程度あてはまるときに限り、両事実は同一性があるというように考えます。

㊓ **構成要件類似説**（高田）　一方で事実的な面において行為様態の類似性が認められ、他方で法律的な面で指導形象としての構成要件の類似性があれば、公訴事実の同一性があるとします。

㊔ **社会的嫌疑同一説**（平場）　起訴された事実と裁判において判断した事実との間に、一部にくいちがいがあっても、その程度の変化ならば、社会的関心としてはこれを重視せず、従って別に新たな関心も生じないというのであれば、公訴事実は同一であるとする考え方です。先にこのように判断したものは、現に別様に判断したものと、同一事物に対する判断であるという確信が定礎されねばならない、とされるのです。

㊕ **訴因共通説**　訴因と訴因の外に何か嫌疑があってそれが同一かをみるのではなく、端的に訴因と訴因とを比較して考察すべきだとします。そしてA訴因とB訴因の重要部分が重なり合うとき、公訴事実の同一性がある。そして、犯罪を構成する主要な要素は行為と結果なので、そのいずれかが共通であれば公訴事実の同一性がある、と考えるわけです。したがって、むしろ、「行為か結果の共通説」と呼んだ方がいいでしょう。

以上学説を掲載しただけでは、どんな場合に差異を生じるかも、どの見解がもっとも妥当かも理解しにくいでしょう。

それで次のような五個の典型的な**事例類型**を手がかりに検討してみることとしましょう。

① 被告人は、「六月一日午後六時ごろ、A宝石店において、店員が他の顧客と商談中ガラスケースに手を入れ時価五〇万円のルビー一個を窃盗した」という起訴状の訴因を、「被告人は六月一日午後六時ごろ、A宝石店において、その直前に路上で拾得した他人名義のJCBカードを店員に提示し適法なカードの行使のごとくあざむいて時価五

十万円相当のルビー一個を騙取したものである」という訴因に変更すること。

②「警官たる被告人は闇米を運搬中の甲をよびとめ、『三万円を出せばこの場は見逃してやる』と申し向けて、金三万円を喝取した」という恐喝罪の訴因を、「警察官たる被告人は、不法に闇米を運搬中の甲をよびとめたところ、『三万円あげるから、この場は見逃してほしい』といったので、それを諒として、職務に関し金三万円を収賄した」という収賄の訴因に変更すること。

③「被告人は一〇月一四日頃静岡県Aホテルで宿泊中の甲所有の背広一着を窃盗した」という窃盗の訴因を、「被告人は賍物（盗品）たるの情を知りながら一〇月一九日、自称甲から背広の処分方を依頼され同日都内乙方においてこれを質入牙保した」という賍物牙保（盗品の有償の処分のあっせん）の訴因に変更すること。

④「被告人は公務員乙と共謀の上乙の職務上の不正行為に対する謝礼の趣旨で丙から二五万円の賄賂を収受した」という枉法収賄の訴因に、「被告人は丙と共謀の上、右と同じ趣旨で公務員乙に対し五万円の賄賂を供与した」という贈賄の予備的訴因を追加すること。

⑤「被告人は五月一日正午ごろ甲宅に故なく侵入した」という住居侵入の訴因を「被告人は五月一日正午すぎ甲宅で甲の衣類を窃盗した」という窃盗の訴因に変更すること。

以上、五つの事例類型について先にあげた諸説ではどうなるかを簡単にみてみましょう。

①の類型について、判例の立場である(ア)説によると、ルビー一個を不法に領得したという基本的事実が同じなので公訴事実の同一性は肯定されます。(イ)説でも罪質も同じ財産罪なので肯定、(ウ)、(エ)、(オ)説でも同様ですし、(カ)説でも、非両立の関係ですので同一性（狭義）の問題であり且つルビー一個の領得という結果が共通ですので公訴事実の同一性は肯定されます。

類型②について。(ア)説によれば、甲の闇米の運搬に関して三万円を不法に領得したという基本的事実は同一ですので公訴事実の同一性は肯定され、(ウ)、(オ)説でも肯定されます。しかし、(イ)説によると一方は恐喝罪という財産罪であり、他方は収賄という国家的法益を害する罪ですので罪質を異にし、したがって公訴事実の同一性は否定されます(エ)説でも両者の間に指導形象としての構成要件の類似性は認めにくいでしょう)。しかし、一旦恐喝で有罪又は無罪の判決があり、それが確定したのち、再度収賄での訴追が認められることになりかねず、一事不再理の範囲を不当に狭めることになるでしょう。この不都合は(ウ)説によれば避けられます。(カ)説によると、恐喝と収賄は両立し(但し構成要件の両立)、両者は観念的競合の関係にあるので単一性が肯定されます。したがって恐喝から収賄へ訴因変更ができますが、それは両者の間に同一性があるからではなくて、単一性があるからだといいます。

類型③について。(ア)の基本的事実同一説によっても、犯行の日時、場所、様態のいずれもが相当に異なり、起訴状の訴因事実と変更を申し出られている訴因事実との間で共通点といえば「甲所有の背広一着に関係する事件」ということだけになります。そこで判例は、「本件においては事柄の性質上両者間において犯罪の日時場所等について相異の生ずべきことは免れないけれども、その日時の先後及び場所の地理的関係とその双方の近接性に鑑みれば、一方の犯罪が認められるときは他方の犯罪の成立を認め得ない関係にあると認めざるをえないから、かような場合には両訴因は基本的事実関係を同じくするものと解するを相当とすべく、従って公訴事実の同一性の範囲内に属するものといわなければならない」としました(最判昭二九・五・一四刑集八巻五号六七六頁)。一方が成立すれば他方が成立しない関係があれば公訴事実の同一性を認めてよい、という新たなメルクマールの提示といえます。このような場合に「公訴事実の同一性なしとするにおいては、一方につき既に確定判決があっても、その既判力は他に及ばないと解せざるをえないから、被告人の法的地位の安定性は、そのため却って脅かされるに至ることなきを保し難い」というのが、「択一関係」という(いくらか広い)基準をもち出した根拠のようです。(ウ)説によると変更請求のあった事実が窃盗構成要件にも相当程度あてはまるとはいえないので公訴事実の同一性は否定されるでしょう。(エ)説でも窃盗罪と贓物罪(盗品関与罪）との間には必ずしも同一性があるとはいえないとします。(カ)説は、この場合は同一人物が同一物を窃取もし、盗品の処分のあっせんもすることは両立しませんので（狭義の）同一性の問題と考えますが、本件の場合「同一性がある」ということはできないとします（平野・基礎理論一一四頁）。

④の類型について。これは被告人が、自動車免許取得者丙と運転免許試験官乙との間に介在して賄賂の授受に関与した事案のようです。本位的訴因は被告人を収賄者側の共犯者とみたのに対し、予備的訴因は贈賄者側の共犯者とみたわけです。(ア)説に立つ判例は、「収賄の訴因と贈賄の訴因とは、収受されたとされる賄賂と供与したとされる賄賂との間に事実上の共通性がある場合は、両立しない関係にあり、かつ一連の同一事象に対する法的評価を異にするに過ぎないものであって、基本的事実関係においては同一であるということができる」として、公訴事実の同一性を肯認しました（最判昭五三・三・六刑集三二巻二号二一八頁百選〔八版〕一〇四頁（出田孝一））。即ち、判例は賄賂に事実上の共通性があることと関与形態が類似していることから非両立としていますがその根拠は明確でないでしょう。本位的訴因のように「二五万円収賄（丙→被告人）」が成立すると予備的訴因の「被告人から乙への五万円」はいわゆる不可罰的事後行為となり、他方、予備的訴因（被告人から乙へ五万円）が成立すると「丙から被告人へ二五万円」は予備行為（不可罰）の関係に立ちます。すなわち事実は両立しているのですが、両者が右のような関係にあるため処罰の上で非両立の場合といってよいのではないかと思います。

⑤の類型。Aの住居に侵入することと、A宅で衣類を窃取することとは、基本的事実が同一だとはいえませんし、ましてや住居侵入と窃盗の罪質が同じとはいえないでしょう。窃取の事実が住居侵入の構成要件にも相当程度あてはまるともいえないでしょう。それにもかかわらず一般には両者の間に公訴事実の同一性があるとされてきたのではないでしょうか。この矛盾を(カ)説は衝きます。(カ)説によれば、住居侵入と窃盗とは両立する（この場合は事実の両立）ので単一性の存否が問題となり且つ両者は牽連犯の関係にあるから単一性がある。住居侵入から窃盗へ訴因変更が

可能なのは両者の間に（狭義の）同一性があるからではなくて、単一性があるからだ、といいます。そうすると(カ)説によってだけ、この場合の訴因変更が可能とされる理由づけがなされるかにみえます。しかし(カ)説でもその前提として住居侵入と窃盗が同じか近接した日時になされたという両者の関連性が当然前提となっているわけです。したがって、科刑上一罪の範囲内での訴因の組み立て直しの問題にすぎない（田宮）という方がすっきりしているように思われます。

(4)　まとめ　以上いくらか詳しく説明してきましたが、次の点を確認しておきたいと思います。

(a)　まず、A訴因の背後にA公訴事実、B訴因の背後にB公訴事実を考え、AB両公訴事実が同一かどうかを考える必要はありません。また、A訴因で表わされた公訴事実は、実は現にB訴因で表わされようとしているものと同じだという確信に定礎される必要があるという説にも賛成できません。検察官の具体的事実の主張であるA訴因とB訴因とを端的に比較して、その間の共通性・関連性の有無を判断することを基本とすべきです。そのさい訴因に表われたところだけで判断すべきで訴訟の発展・経過の中で判明した事柄を一切考慮に入れてはならない、とするのも疑問です。二つの訴因の趣旨を明らかにするに必要な限度で考慮に入れて差支えないでしょう（この場合、検察官に釈明を求めて訴因の趣旨をはっきりさせるのが原則でしょう）。例えば、類型④において、丙から被告人への二五万円のうちの五万円が公務員乙へ渡されたんだな、という審理の経過で判明した事柄を全く考慮から除いてしまってはA訴因事実とB訴因事実との関連性が分からぬでしょう（なお、田中正人「公訴事実論について」判タ九〇六号二八頁参照）。

(b)　以上の類型をみると、公訴事実の同一性（広義）が認められるものには、大きく分けて次の三つのパターンがあるように思われます。(α)一つは、A訴因事実とB訴因事実が事実としては両立しない場合です（類型①③）。(β)二つ目は、AとBは行為としては両立しませんが、法的観点からみると、犯罪としては、一見両立するようにみえつつ結局一罪しか成立しない場合（法条競合）と両立するが処罰は一個の場合（観念的競合（類型③））、(γ)三つ目は、AとB

は事実として両立するけれども、両者の密接な関係から一罪として扱われる場合です（類型⑤（牽連犯）、類型④（不可罰的事前・事後行為）及び包括一罪）。

このように分類できますが、いずれのばあいも、独立に刑罰権を発生させるものとしては、A・Bは非両立の関係（処罰非両立）にあります。(γ)のばあいも、AとBの両方主張された場合、それぞれ独立に処罰を要求すること（併合罪扱い）はできません。処罰上非両立の関係にある場合に公訴事実の同一性（広義）がある、と言ってよいでしょう（**処罰上非両立説**。米田泰邦・判タ三六八号九一頁、光藤景皎・法学教室三一号一一〇頁）。

田宮教授は、一個の刑罰関心に対しては法は一回の訴訟を用意したと考えるべきであろうし（**刑罰関心同一説**）、このように刑罰関心の同一を根底にもつと同一性の基準としては比較される訴因と訴因が両立しうるかどうかの択一関係が基本的指標とならざるをえない、とします。その択一関係とは、抽象的なある構成要件とある構成要件の比較ではなく、訴因の内容たる具体的事実がかりに両方認められたとしても併存しうるか否かの個別的判断だとします（田宮・刑訴Ｉ六〇七頁）。処罰非両立を公訴事実同一性の標準だと喝破した点で注目に値する見解です。それは、A訴因とB訴因をくらべて個別的に判断されるとしますが、いかなる事実的関係にあるときに同一性ありといえるのかの、いわば各論的基準は必ずしもはっきりしません。

他方、松尾教授は、訴因は罪となるべき事実を示したものであり、その要素としては、犯罪主体としては被告人のほか、犯罪の日時、犯罪の場所、犯罪の方法ないし行為の様態、被害法益の内容、その主体としての被害者、共犯関係などが考えられる。これらのうち、いずれか一個だけの変動にとどまる場合には、かなりの程度まで「同一性」を肯定できよう。逆に二個以上が変動する場合は各要素間に、一致・類似・近接・包含等の関係を求める必要が増大する。同一性の判断は、これらの要素間の関係を総合的に評価し、検察官と被告人との間の対立利益を比較考量して決定される（**総合評価説**）、とします（松尾・上二六五頁）。これは狭義の同一性判断の基準であり、それと別に、「A罪とB罪とが別個に成立し両者は併合罪の関係にある」と解されるときはA罪の訴因からB罪の訴因へ変更することはできないとして、単一性を罪数による規整と考えています（松尾・上三〇七頁）。同一性の方はそれを判定すべき対象となる事実的な側面に重点がおかれていますが、各要素が浮動的であってどの類型ではどれがポイントとなるのかが必ずしも明確ではありません。したがって、類型毎に基準をいま少しはっきりさせることが必要だと考えられます。

〈1〉　類型①のばあいは、A訴因事実とB訴因事実との間で、公訴事実の同一性ありといえるためには、基本的事実が同一（主として結果及び結果への方向性の共通性）である必要があり、且つこれをもって足りると考えます。これが本来的な択一関係の類型と言えなくもありませんが、むしろそれを判定基準の前面に出して考えるのが妥当でしょう。例えば、択一関係があれば公訴事実の同一性ありとすると、五月一日午前一時仙台における甲殺害と同月同日同時刻頃大阪における甲殺害も同一性があるということになりかねません。田宮教授のばあい、刑罰関心の同一がないということで切られるでしょう。しかし、この類型のばあいは、基本的な事実が重なり合っているかどうかをみればよいと思います。また、この場合、狭義の同一性だけの問題のようにみえますが、事実の分割不能性が前提となっているので、事件の一個性即ちいわゆる単一性が当然の前提となっている、といってよいでしょう。

〈2〉　②の類型及び法条競合のばあいには、行為の一個性に基づく両罪の成立、または一方だけの犯罪成立のばあいですから、A・B間に行為の共通性が必要であり、且つこれをもって足ります。構成要件なり侵害法益の類似性は必要ではありません。

〈3〉　類型③のばあいこそ、「択一関係」説が意味をもつと考えられます。対象が同一物のばあいの窃盗と盗品の有償買受け（又は有償の処分のあっせん）が択一関係の認められるもっとも典型的な例です。(i)このばあい、果たして同一物に対するものかどうかという発見論的な面で、他の事件との取りちがえ（混同）の危険が排除される必要がありります。(ii)また、被告人の告知と聴問を受ける権利との関係でA訴因での訴追が、B訴因での訴追とおよそ疎遠と感じられるようなものであってはなりません。この観点から、(i)日時の近接性を欠くとき、(ii)A事実とB事実が罪質を異にするとき（又は侵害法益の類似性を欠くとき）は、同一性を認めるべきではないでしょう。類型③として掲げた具体的事案は、(i)の点で同一性を認めうる限界事例といえます。他方、Xみずから自動車を運転中人身事故を起したという業務上過失傷害の訴因と、車を運転していて事故をおこしたのはYで、XはYの罪をかばうため虚偽の申告をしたという犯人隠避の事実との間には、「択一関係」はあっても、(ii)の観点からして公訴事実の同一性を認めることはできません（田口・二二四頁）。この意味で、この両者間に公訴事実の同一性を否定した東京高判昭四〇・七・八高刑集一八巻五号四九一頁の結論は、妥当であったと思われます。田宮教授のばあいは、おそらく択一関係が認められても刑罰関心の同一性が認められないから公訴事実の同一性はないということになるのでしょう。私はこの種の「択一関係」の場合、両訴因事実の違法の核心的内容が共通である必要があると考えます（罪質同一説的考慮）。

〈4〉　行為は複数あるけれども独立して刑罰権を発生させるものとしては両立しない関係にあるばあいが、次に問題となります（理論上犯罪としては両立するので、これらの場合を平野説では「単一性」の問題としています）。

まず、類型⑤の住居侵入と窃盗のような牽連犯のばあいがこれに入ります。両者が手段―目的の関係にあるといいうる要素の存在（連結性）が必要であり且つそれで足ります。住居侵入と窃盗のばあいには、日時、場所の近接が必要でしょうが、有価証券偽造と同行使となるとそのような限定は必要でなく、むしろ対象物の同一性が必要となります。

次は、包括的一罪の諸類型のばあいです。実体法上の罪数論が数個の行為を一罪として扱っているポイントとなる要素の存在（多くの場合、連結性）が必要でしょう。「単一性」は、刑法上の罪数論で決まるといわれるのはその趣旨に理解されるべきでしょう。

包括的一罪のうち、接続犯のばあい、それは、同種行為の接続（連結）という関係で密接に結びつけられて一個に準じる行為だから一罪とされているので、日時・場所の近接、方法の類似、意思の継続など各行為内における密接な関係の存在が必要でしょう。

　包括的一罪のうち吸収一罪のばあい（一発の弾丸で人を殺すとともにその衣服を傷つけた場合、銃を買って人を殺す予備をし、これを実行に移して人を殺した場合、物を盗んできてあとでそれを壊した場合など）でも、それぞれの型に応じて行為の重なり合い（殺人と器物破壊）なり、移行関係（殺人予備と殺人既遂、窃盗と器物破壊）の存在が必要でしょう（なお類型④参照）。

(5)　窃盗教唆の訴因を窃盗に変更し、さらに盗品有償譲り受けに変更しうるか。 さて、窃盗教唆と盗品有償譲り受け（又は無償譲り受け）は、単一性がなく、したがって広義の同一性がないと考えるのが一般的です（最判昭三三・二・二一刑集一二巻二号二八八頁）。ところで(i)**起訴状の窃盗教唆の訴因を窃盗正犯に変え、(ii)窃盗正犯を盗品有償譲り受けに変えることはできるか**、という問題が提出されます。そこから進んで、(i)(ii)それぞれ同一性があるから変更可能であるというなら、窃盗教唆から盗品有償譲り受けへも変更可能ではないかという見解も出てきます（例えば、斉藤朔郎『事実認定論』一一一頁以下）。私は、(i)の訴因変更はできるとしても、(ii)の訴因変更までは許されないと考えます。というのは、公訴提起は、被告人に対する応訴強制であり、それを基点として、訴因を変更しても被告人になお応訴を強制してよい範囲のものでなければなりません。なるほど、行為複数のばあい（④⑤）となると、その一部の起訴が、プラスαの応訴強制をも正当化するのかという疑問も出されるでしょう。その点は、一罪に準ずる行為は（別訴で）小刻みに訴追されないという要請に基づくものと説明できます。たしかに、擬制は伴いますが、最初の起訴と一罪（広義）の範囲に訴因変更は限られるとする（坂本武志『司法研修所創立十五周年記念論文集』下巻三八八頁、小泉祐康・公判法大系II二五五頁、小瀬保郎・争点〔旧版〕一四〇頁、白取・二四一頁、上口裕「訴因の順次的変更について」南山法学一三巻一・二号一二七頁）のが、画一的で法的安定に資するでしょう（反対、田宮・刑訴I五九七頁、松本一郎・事例式九四頁）。

　いま一つ予想される批判は、「窃盗の訴因で起訴があり、実体判決が確定すると、窃盗教唆にも、盗品有償譲り受けにも一事不再理効が及ぶのに、最初の起訴が窃盗教唆であると、それが窃盗に変更され、その窃盗の訴因につき有罪判決があってそれが確定しても一事不再理効は盗品有償譲り受けに及ばなくなり、不合理ではないか」というものです。これはたしかに問題ですが、窃盗に対する確定有罪判決の内容的確定力が、盗品有償譲り受けでの後訴に対しても及びますので、この点の矛盾は回避できるでしょう（この点の詳細な検討として上口・前掲一二七頁、福井・入門四二五頁参照）。

4　訴因変更命令

法は、「裁判所は、審理の経過に鑑み適当と認めるときは、訴因又は罰条を追加又は変更すべきことを命ずることができる」としています（三一二条二項）。これを訴因変更命令といいます。

(1) 制度の意義　訴因は、当事者である検察官の設定した審判の対象であるから、これを変更するのも検察官の権限である。裁判所は検察官の設定した審判の対象が（当事者の提出した）証拠によって認められるかどうかだけを判断すればよいのであって、審判の対象の設定・変更に介入すべきではない。これが当事者主義の基本的な考え方であり、現行法も原則として、この立場に立っているといってよいでしょう。

しかし、審理の経過によっては、証拠と訴因との間に食い違いが生じることがあります。その場合でも裁判所の判決の対象は訴因に限られるので、検察官が訴因を変更しない限り、「証拠にあらわれた真実」に反する判断をせざるをえないこととなります。例えば、検察官は起訴した窃盗は立証されたと考えているのに、裁判所は窃盗の事実は認められず、横領の事実が認められるという心証に達しているばあい、検察官が進んで訴因を横領に変更するはずはないので、そのままでは、裁判所は起訴事実に対して無罪の言渡をせざるをえなくなります。しかも、窃盗につき無罪判決が確定したばあい、一事不再理の効力は、公訴事実の同一性の範囲に及ぶので、検察官は改めて横領について起訴することも許されなくなります。このような場合に、裁判所が検察官に対し窃盗の訴因を横領に変更するよう命ずることによって、適正な裁判を行おうというのが本制度の意義です。

もっとも、検察官の設定した審判の対象を修正するよう裁判所が介入することは、当事者主義ときびしい緊張関係に立つので、訴因変更命令を発するのは、あくまで例外的な場合でなければなりません。

訴因変更命令の制度の補助的機能として、検察官が進退両難におち入らぬようにする機能もあげられます。例えば、検察官が窃盗の訴因で起訴するとともに、自らすすんで横領の予備的訴因をかかげたところ、裁判所は横領の事実の方を認め有罪判決したとします。これに対し検察官はやはり窃盗が成立するとして上訴を申し立てたいと思っても、これは許されなくなります。というのは、予備的訴因であれ自らそれを主張しそれが認められたのですから上訴の利益がないことになるからです（これを比喩的に進退両難とよんでいるわけです）。しかし、もし裁判所が訴因の変更を命じ、検察官がそれに従って訴因を横領に変えたのならば、窃盗を主張して上訴することができます。そういうために訴因変更命令の制度があると考えるわけです（団藤・二〇一頁）。

(2) 訴因変更命令の効力　訴因変更命令は一種の裁判ですから、検察官はこの命令に従う義務があるわけですが、検察官がこれに従わなかった場合いかに処理すべきか。これについては二つの説が対立しています。

一説は、検察官が命令に従って訴因を変更しない場合は、直ちに訴因変更の効果が生じ、裁判所は新たな訴因について有罪判決することができるとします（**形成力説**）。審判の対象は公訴事実であり、訴因は単に被告人の防禦の利益のために認められた手続上の制度にすぎないと考える見解（公訴事実対象説）は、裁判所は公訴事実全体について審判の権利をもっているのだから訴因変更に形成力を認めて差支えないと考えるわけです。そして訴因変更命令に形成力なしとすれば釈明権の行使と変わらず、この制度の独自の意味が失われるといいます。

いま一つの説は、これに反対し、従来の訴因について証明がないとして無罪を言い渡すほかないとします。すなわち、この説は訴因が審判の対象であるという立場に立ちますが、そうすると当事者主義のもとでその設定および変更は検察官の権限に専属するものと解すべきことは当然であり、命令に従って検察官が訴因を変更しない以上、審判の対象はもとの訴因のままだと考えるわけです。訴因変更命令に形成力をみとめると裁判所がみずから審判対象を設定し、それについて裁判をするという糺問訴訟の形態に、部分的であれ逆戻りする感を与えますので、これは避けねばなりません。最高裁も、「検察官が裁判所の訴因変更命令に従わないのに、裁判所の訴因変更命令により訴因が変更されたものとすることは、裁判所に直接訴因を動かす権限を認めることになり、かくては、訴因の変更を検察官の権限としている刑訴法の基本的構造に反するから、訴因変更命令に右のような効力を認めることは到底できないものといわなければならない」（最決昭四〇・四・二八刑集一九巻三号二七〇頁）としましたが、妥当といわねばなりません。しかし、実際には、裁判所が正式に訴因変更命令を出すまでもなく、裁判長の釈明権（規二〇八条一項）の行使により訴因の変更を勧告する程度で、支障なく手続は進められているといえるでしょう。

(3)　訴因変更を命じる義務　訴因変更を命ずるのが裁判所の義務となる場合があるかが問題とされます。もし訴因変更を命ずる義務があるばあいにそれをしなければ、訴訟手続の法令違反となって判決は控訴審で破棄されることにもなります。しかし、審判の対象は訴因であり、裁判所は検察官が提起した訴因事実の存否を判断すれば足りるとする訴因対象説の立場からすると、積極的に訴因の変更を促したり、命じたりする義務はないと考えるべきでしょう。最判昭三三・五・二〇刑集一二巻七号一四一六頁の判決は、業務上横領の訴因に対し領得の意思はないが、商法四八九条二号前段の事実が認められる場合でも、裁判所は自らすすんで検察官に対し、訴因変更手続を促しまたはこれを命ずべき責務はない、としました。これは当事者主義の優位を認め職権主義の介入を斥けた判例との評価も受けました。他面、検察官の予想（訴因）と裁判所の判断が食い違い、検察官が裁判所の抱いた心証を推知しえないばあいがないとはいえず、この場合に訴因を変更しさえすれば明らかに重大な犯罪につき有罪認定できるのに、これを放置し重大な犯人が罪をまぬがれる事態を招くことは、著しく正義に反しはしないか、という疑問も提起されることとなりました。そこで学説の中には、変更すべき訴因についてすでに証拠が明白であり、且つ変更すべき訴因が犯罪として重大であるときに、裁判所は訴因変更命令を出す権限をもつとともに、著しく極端な場合には、訴因変更命令を出さないことが義務違反すなわち訴訟手続の法令違反（一種の審理不尽）になるとの見解（平野・一三七頁）が示されました。また、右判例以後も、具体的事案のもとで、例外的に訴因変更を命ずる義務ありとする高裁判例も出されました。このような経過の中で最決昭四三・一一・二六刑集二二巻一二号一三五二頁は再びこの問題をとりあげ、次のように判示しました。すなわち、「裁判所は、原則として、自らすすんで検察官に対し、訴因変更手続を促しまたはこれを命ずべき義務はないのである……が、本件のように、起訴状に記載された殺人の訴因についてはその犯意に関する証明が充分でないため無罪とするほかなくても、審理の経過にかんがみ、これを重過失致死の訴因に変更すれば有罪であることが証拠上明らかであり、しかも、その罪が重過失によって人命を奪うという相当重大なものであるような場合には、例外的に、検察官に対し、訴因変更手続を促しまたはこれを命ずべき義務があるものと解するのが相当である」と。

判旨は、①裁判所が変更命令を出す義務を負うのは例外であること、②例外として訴因変更を命ずる義務があるのは、変更を命ずべき訴因が、すでに証拠上明白であり、犯罪として重大であること、③義務の内容は訴因変更を「促しまたは命ずる」義務であることの三点を明らかにしました。

他方、最判昭五八・九・六刑集三七巻七号九三〇頁は、右の四三年判例からみると訴因変更を促し又は命ずべき義務が認められるであろうような事案について、一審裁判所における審理の経過（①検察官は八年半に及ぶ審理の全課程を通じて一貫して本件は現場共謀による犯行であって事前共謀に基づく犯行とは別個のものであると主張していたこと、②第五四回公判で、裁判所が、検察官に、現場共謀による傷害致死の訴因を事前共謀によるそれに変更する意思がないかどうか釈明を求めたところ、その意思がない旨、明確かつ断定的な釈明をしていたこと、③第一審における被告人の防禦は右検察官の主張を前提として行われていたこと）、及び被告人らにのみ事前共謀による傷害致死の罪責を問うときは、他の者との間で著しい処分上の不均衡が生ずることが明らかであること、被告人の本件犯行への関与の程度など諸般の事情に照らして考察すると、「第一審裁判所としては、検察官に対し前記のような求釈明によって事実上訴因変更を促したことによりその訴訟法上の義務を尽くしたものというべきであり、さらに進んで、検察官に対し、訴因変更を命じ又はこれを積極的に促すなどの措置に出るまでの義務を有するものではないと解するのが相当である」としました。本判決は、検察官の審判を求める範囲に関する主張が終始一義的かつ強固なものであったこと、これに伴い長年月被告人側は検察官の右主張を前提として防御活動を行ったことを、裁判所に訴因変更を命じまたは積極的に促すべき義務がない事情としている点で、先の四三年判例の示した②の基準（とくに「犯罪の重大性」）が訴因変更令義務存否の唯一の基準ではなく、場合により検察官の審判請求意思の内容、被告人の防御状況、裁判所の釈明権行使の有無等審理の具体的状況も、右判断のさいの考慮の対象となりうることを示した点で注目すべき判例だといえます。同時に、審理の具体的状況によっては、裁判所は検察官に訴因変更について釈明を求める義務か又は訴因変更を「勧告する」義務を負うだけであることを判示した点でも注目してよいでしょう。この理は、「犯罪の重大性」がさほどでない場合にも及ぼしてよいでしょう（一般的に「勧告義務」にとどむべしとする見解として鈴木茂嗣・百選〔新版〕八九頁。「示唆ないし勧告する」義務――松尾・上二九八頁。一種の釈明義務だとするもの――熊本典道・判例評論一二一号四五頁参照）。

5　訴因変更の許否

(1)　訴因変更の時期的限界　検察官から訴因変更の請求があれば、公訴事実の同一性を害しない限り、それを許可すること、これこそが、当事者主義に適うと考えられてきました。しかし、長年月を経た公判の最終段階で、突然訴因を実質的に変更する請求がなされたような場合、公訴事実の同一性さえ害さねば、裁判所がそれを許可せねばならないとすることが果して当事者主義に適うものかどうかという疑問が生じます。最決昭四七・七・二五刑集二六巻六号三六六頁が、この問題を考える素材を提供しました。この事件は、起訴状記載の詐欺の訴因につき、第一審が五三回の公判を重ね、審理に九年二カ月も費した後になって、寄附金募集に関する市条令違反の訴因の予備的追加を認めた事案で、最高裁は三対二の多数意見でこの措置を是認しましたが、少数意見（田中、坂本両裁判官）は、右訴因変更請求は被告人に不意打ちとなるもので、三一二条が検察官の請求権と被告人の防御上の利益との間の調整を図っていることを考えると、第一審が右訴因変更を許可した措置は検察官の利益を偏重しすぎている、と述べました。

この問題提起をうけ、学説では、「長年月を経た公判の最終段階で、訴因・罰条を実質的に変更し、被告人の防御を困難にするようなことは、手続の適正を害し不適法であろう」とする見解（松尾・上三〇七頁）、あるいは、訴訟の実態にかんがみ、訴因変更請求が時機に遅れたものであるとき、またはあらたな立証を伴うもので、その立証を許すことが被告人の当該時点の法的地位を著しく不安定にするおそれがあるときには、訴因変更請求を許すべきでないとする見解（小泉祐康・公判法大系Ⅱ二五四頁）等が表明されました。

やがて、福岡高裁那覇支判昭五一・四・五判タ三四五号三二一頁があらわれます。この判決は第一回公判以来一八回の公判を重ねた二年六カ月の間、攻防の中心とされていた訴因事実に、検察官があらたな事実を附加した訴因への変更を請求したが、第一審裁判所がこれを許さなかった措置について次のように判示しました。即ち「〔訴因変更に関する〕検察官の権限といえども、被告人の防御に実質的な不利益を生ぜしめないこととの適正な釣合いの上に成り立っていることが明らかであって、もし、被告人に右不利益を生ずるおそれが著しく、延《ひ》いて当事者主義の基本原理であり、かつ、裁判の生命ともいうべき公平を損うおそれが顕著な場合には、裁判所は、公判手続の停止措置にとどまらず、検察官の請求そのものを許さないことが、例外として認められると解するのが相当である」と。①もともと釈明によって検察官が訴因から除外することを確認していた事実を、一八回も公判を重ねた審理の最終段階で検察官が突如請求したことは、被告人にあらたな防御の準備を課する不意打ちにほかならず誠実な権利の行使といえないこと、②訴因変更により必然的に審理が長びき、迅速な裁判の趣旨に反して被告人を長く不安定な地位におき、ひいては公平な裁判の保障を損うおそれが顕著であることが、裁判所が訴因変更を許さなかった理由となっています。審理中変更請求の機会があったのにそれをせず、長年月にわたる公判審理の終局段階において突然審理の対象の変更を申し出たばあいそれが権利の誠実行使義務違反、すなわち権利の濫用となるという裁判例はすでにありました（横浜地小田原支決昭四三・一〇・九下刑集一〇巻一〇号一〇三〇頁）が、公判審理が必ずしも長期にわたらなくとも、検察官がみずから審理の対象を限定することを確認し、したがって被告人の防禦も亦それに集中させていたのに突如訴因変更により除外部分をもち出すというように、「それまで検察官のとってきた態度と著しく矛盾する（審判対象設定）行為となる場合」がつけ加えられたことになります。この基準はやがて別の場面（前出4(3)）でも、用いられることになった（前掲最決昭五八・九・六）ことはすでにみたところです（なお、争点逸脱認定については、田口・二一六頁参照）。

(2)　有罪判決の見込がある場合と訴因変更

裁判所が、起訴状記載の訴因（A訴因）について有罪の心証を抱いていたところ、それを予測しなかった検察官から訴因の変更請求があった場合、（公訴事実の同一性を害さなければ）裁判所はこれを許可しなければならないか、が問題となります。次の二つの場合に分けて考えるのが妥当でしょう。即ち、①変更請求のあった訴因でも有罪判決が見込まれる場合、②変更請求のあった訴因では無罪と思われる場合、です。

①のばあいについては判例があります。起訴状の管理売春（売防一二条）の訴因について有罪の見込があるのに、検察官がそれを予測せず軽い売春の周旋の罪（売防六条）に訴因変更を申出たのを許可し後者につき有罪判決をした一審の措置を違法として破棄した二審の判断を斥けて最高裁は次のように判示しました（最判昭四二・八・三一刑集二一巻七号八七九頁）。すなわち、「刑訴法三一二条一項は、『……』と規定しており、また、わが刑訴法が起訴便宜主義を採用し（二四八条）、検察官に公訴の取消を認めている（二五七条）ことにかんがみれば、仮に起訴状記載の訴因について有罪の判決が得られる場合であっても、第一審において検察官から、訴因、罰条の追加、撤回または変更の請求があれば、公訴事実の同一性を害しない限り、これを許可しなければならないものと解すべきである」と。これは当事者主義の立場からみて妥当な解決と思われます。その論拠は②の場合をも包摂するように思われますが、②の場合には、訴因変更命令をめぐる扱いとの

整合性からなお検討を要する場合があるように思われます。即ちA訴因からB訴因への変更を許さないことは、A訴因からB訴因への変更を許可し、更にA訴因への変更を命ずる場合(そして訴因変更命令の義務性と形成力を認めた場合)とパラレルな関係にあるからです。

A訴因が犯罪として重大で証拠も明白なのにB訴因への変更を許可すれば無罪となる場合、裁判所には、少くともA訴因維持を勧告する義務があることになるでしょう。勧告ですから検察官があくまで変更を求めれば許さざるをえませんし、またたといA訴因維持が「命令」だとしても訴因変更命令に形成力を認めないのとちょうど同様に、どうしても変更したいとすれば許可せざるをえないでしょう。大阪高判昭五六・一一・二四判タ四六四号一七〇頁はこの問題に関係します。横断歩道を通行中の女性にバイクを衝突させて全治一カ月の傷害を負わせた業務上過失傷害に関する事案で、右注意義務違反の内容として一時停止義務違反を掲げる起訴状の訴因のままなら有罪が認められるのに、検察官は減速義務違反を内容として掲げる訴因に変更を請求し、それでは無罪となる場合について、この変更を許可した一審の措置を批判して、「本件のように、変更後の訴因では無罪となるような場合には、これを単純に許可すべきではない」、といい、つづけて「原裁判所が、右のように漫然と訴因変更を許可し、かつ、一時停止義務違反を本件の過失とするよう訴因の変更を促し、またはこれを命じないで直ちに無罪の判決をしたのは、審理不尽の違法があ」ると判示しました。原訴因を維持するよう「勧告する」義務、又は一旦変更された訴因を再び原訴因へと変更するよう「勧告する」義務の範囲で、この判示は支持されてよいように思われます。

五　罪数の変化と訴因

罪数の評価に変化があったばあいに、手続上どう処理すべきか、という問題です。一罪(例えば包括一罪)として起訴された犯罪を数罪（併合罪）と認定したり、あるいは数罪として起訴された犯罪を一罪と認定したりする場合が問題となります。

(1)　一罪としての起訴につき、数罪を認定するばあい　二つの点を考慮する必要があるでしょう。つまり、**不告不理の原則**（二四七条、三七八条三号後段）と、**一罪一訴因の原則**。

まず前者から。一罪としての起訴につき、裁判所がこれを数罪（併合罪）と認定できるのは、その認定に相応する個数の事実が（実質的に）起訴されているとみることができることが必要です（柏木康夫・平野龍一＝松尾浩也編『実例刑事訴訟法』九六頁）。この点をクリアーしたのちに、後者の考慮が加わり、一罪毎一個の訴因としても特定されていることが必要です。そもそも数個の犯罪事実が一個の訴因に記載されていると審判の対象が不明確になり被告人の防禦の利益を害するおそれがあります。また時効の起算点が不明確になったり、判決が確定したのち、一事不再理効の及ぶ範囲が不明確になるおそれもあります。こういうことを避けるためにも訴因の特定が要求されている（二五六条三項）といってよいでしょう。したがって、一罪としての起訴に対し、数罪を認定するためには、手続上は原則として、新たに数罪の訴因に**補正**することが必要だといわねばなりません。

①　訴因事実はそのまま認められ罪数判断だけがくい違った場合。

原則的には、右に述べたように、数個の訴因に補正することが必要です。はじめから、一罪のような記載をして、しかも二罪（併合罪）だと主張するばあいとか又は明らかに二罪だとわかる場合を考えると、このことははっきりします。この場合、まず訴因を補正させる必要があります。検察官が補正しなければ訴因不特定として公訴棄却すべきでしょう。問題は検察官は一罪だと思って一個の訴因で起訴したが裁判所は二罪だと考えるばあいです。罪数判断は法律判断であり、裁判所の専権に属するところですから、検察官に釈明を求め、それに応じて検察官は一罪の訴因を数罪の訴因に補正すべきこととなります。

以上は原則であって、起訴状の訴因を数個の訴因と解釈し直すことができ、かつ訴因特定の要求も満たすばあいには必ずしも補正を必要としません。検察官は「被告人は昭和二五年一月下旬頃から同年六月中旬までの間、製造所から積出した京花紙合計一、七三六締に対する物品税四一、八七〇円を逋脱《ほだつ》した」として一罪として起訴したのですが、裁判所はこれを一月ごとに一罪計六罪が成立すると認定した事案があります。最高裁は、そのまま六個の罪の成立を認めても違法ではないとしました（最判昭二九・三・二刑集八巻三号二一七頁）。この場合、六罪の訴因に書き分けさせるのが原則でしょう。もっともこの事案のばあい、積出日時と数量の表が別表として起訴状に載っており、はじめの訴因を六個の訴因と解釈することができる場合なので、結論としては判例に賛成できるわけです。

強盗強姦未遂の訴因につき、強姦未遂と強盗の二罪を認めたもの（東京高判昭二七・五・一三高刑集五巻五号七九四頁）があります。東京高裁は訴因変更の問題としその必要性はないとしましたが、本来は補正の問題です。ただ、起訴状の訴因で二つの罪が起訴されていると解釈でき且つ訴因特定の要求も害されないから、そのまま二つの罪を認定して差し支えなかった事案と考えるべきでしょう。

② 事実が変わることにより、罪数も変化するばあい。

これについては、訴因変更の問題だとする見解と、①と同様、補正の問題だという見解が対立しています。判例には次のような事案があります。すなわち、(イ)起訴状では、被告人はX・Y・Zと共謀のうえ、倉庫から落綿一一俵を窃取したと記載されていたが、裁判所は同じ倉庫から、(ロ)第一にX・Yと共謀して落綿六俵を、(ハ)第二にZと共謀して落綿五俵を窃取した旨認定して、二罪とした事案について、最高裁（最判昭三二・一〇・八刑集一一巻一〇号二四八七頁）は、起訴状の訴因事実と認定事実との間に公訴事実の同一性があるので、訴因変更を要しないとしました。訴因変更を要する場合であったとこの判例を批判しながら、やはり訴因変更の「問題」であると考えるのが通説の立場といってよいでしょう。その背景には、公訴事実の同一性（狭義）は、「すでに開始されたこの訴訟において解決されるにふさわしい事実といえるかどうかという観点に立っての同一性が問題とされなければならない。単一性の問題に関係がないというのは、右の意味での同一性が肯定される限りその罪数の評価は関係がない」（高田卓爾・注解中五七八頁。②について同旨、臼井滋夫・青柳文雄編『註釈刑事訴訟法』II四二四頁）という考えがあるのだと思われます。

また、①の場合は、訴因の補正の問題としながら②については変更の問題だとする見解もあります。即ち、瑕疵があって起訴が無効なばあいにはじめて「補正」が問題となるのであって、②の場合には起訴に何ら瑕疵はないから「補正」は問題とならない。起訴状の訴因記載の甲事実とそれから分岐した乙事実・丙事実それぞれの間に公訴事実の同一性があれば、むしろ訴因変更の手続によるべきだとします（鈴木茂嗣・団藤博士古稀祝賀論文集四巻二三三頁、なお、大沢裕・松尾浩也先生古稀祝賀論文集(下)三四一頁以下参照）。検察官は(イ)X・Y・Zと共謀の上落綿一一俵を窃取したと考えたから一罪として起訴したのであって、起訴には瑕疵はない、そして審理の過程で、事実が変ることによって二罪（(ロ)(ハ)）と判明した、そして(イ)と(ロ)、(イ)と(ハ)の間には公訴事実の同一性があるのだから、(イ)の訴因を(ロ)及び(ハ)に変更すればよいこととなる、といいます。即ち、訴因の「補正」は無効な訴因を正して有効にすることであって、もともと瑕疵のない訴因を「補正」するというのはおかしいというわけです。しかし、このばあいの事実の変化は、罪数評価にとって意味をもつ事実の変化であり、それによって起訴行為の個数に修正をもたらすものですから適法な訴因を前提とする「訴因変更」の問題とは区別するのが妥当でしょう（田口守一・百選〔五版〕八五頁）。したがって、一罪としての起訴事実について数罪を認定するばあいには、認定しようとする罪数に応ずるよう訴因を補正せねばなりません（同旨、田宮・刑訴I五八八頁）。この場合、訴因記載の事実にも変化を生じているので変更を含んだ補正ということになります。審理の経過の中で、事実内容の変化がなく罪数評価だけが変われば補正の問題、内容の変化もあれば訴因の変更（だけ）の問題とするのは、一貫性を欠くように思われます。結合犯としての一罪の起訴に対し事実の変化に伴い、それを分割して二罪を認定するばあいにも同様の問題があります。起訴は「被告人は、Aに殴るけるなどの暴行を加えその反抗を抑圧し、靴一足および時計一個を強取した」となっていたところ、裁判所は暴行の時はまだ財物強取の目的がなかったとして暴行と恐喝との併合罪を認定した事案があります（東京高判昭二七・三・五高刑集五巻四号四六七頁）。この場合も、原則として、二つの訴因に書き分けるべきでしょう。もっともこの場合「はじめから財物強取の目的があった」という部分が否定されたにすぎず、いわば縮小認定にあたる、いわば起訴状の訴因の中で、暴行と恐喝という二個の訴因が黙示的に主張されていたと解することができるばあいなので、二個の判決をしても違法ではないとする見解（平野・基礎理論一二九頁）もあります。

(2)　数罪の起訴に対し、一罪が認定されるばあい　審判の対象を訴因と考えるばあい、判決は訴因に対してなされるべきで、訴因が数個であれば、判決も数個であると考えるべきでしょう（**一訴因—一判決の原則**）。もっとも数罪の起訴を一罪の起訴と解釈し直せる場合には、そのまま一個の判決をしてもよいといえます（これは一罪の起訴→数罪の認定の場合と異って訴因特定の要求に抵触しない場合が多いからでもあります）。一罪の起訴（一個の訴因）と解釈し直せないときは、一個の訴因への補正を必要とします。一個の訴因とも解釈できず、又一個の訴因への補正もできない場合もあります。以上のことを念頭におきながら、検討してみましょう。

①　事実の変動がなく罪数の評価だけが変化したばあい　被告人は、(イ)某月某日へロイン九・五七グラムを不正所持し、(ロ)前同日頃同所でモルヒネ粉末〇・八グラムを不正所持したという二個の訴因（併合罪）で起訴されたが、裁判所は審理の結果右(イ)(ロ)の事実は、同時に所持していたのだから、観念的競合の関係にあるとして、一個の判決を言い渡した例があります（東京高判昭二六・四・二五判特二一号八三頁）。事実に変動はなく、罪数の評価が異ったにすぎませんが、一罪に対応するように訴因が補正されるのが原則でしょう（そうしないと二個の起訴に対し一個の判決という矛盾が生じます）。もっとも本事案のばあいは二罪の起訴を一罪と解釈し直すことができますので、そのまま一個の判決をしてよいでしょう。

問題は、検察官は甲事実（第一訴因）で起訴したのち、乙事実（第二訴因）を追起訴したが、裁判所は、両者は一罪の関係にあると判断する場合です。第一の訴因と第二の訴因から両者は明らかに一罪の関係とわかる場合であれば、第二の起訴は二重起訴にあたるとして公訴棄却の判決（三三八条三号）をすべきでしょう。しかし、両者の罪数関係はさほど明確でなく審理の結果、裁判所が両者は一罪の関係にあると判断した場合には、いきなり公訴棄却するのは疑問があります。この場合は、追起訴を訴因の変更の趣旨と解釈することができるので（又追起訴は訴因の変更よりも鄭重な方式でなされているからです）、二重起訴にはならない、とするのが妥当でしょう。第一の甲事実の訴因の甲・乙事実を含む訴因への変更と解釈し、一個の判決を下せばよいこととなります（最決昭三五・一一・一五刑集一四巻一三号一六七七頁参照）。

②　事実が変動し、罪数の評価も変わった場合　　起訴状には、(イ)五月一日Aに対するヘロイン一グラムの譲渡と、(ロ)同日Bに対するヘロイン〇・五グラムの譲渡という二個の訴因が併合罪として掲げられていましたが、被告人は、(ハ)同日Cに対してヘロイン一・五グラムを譲渡したものであることが判明した場合はどうでしょうか。この場合は、譲渡の相手方がCに変わっていますから、起訴状の二個の訴因をCに対する一・五グラム譲渡という一個の訴因と解釈し直すことはできません。したがって起訴状の二個の訴因を一個の訴因に補正したうえで、それに対し一個の判決をすべきこととなります。この場合も変更を含んだ補正ということになります（訴因変更とのみ把える見解―東京高判昭二九・一一・四裁特一巻九号四二三頁、鈴木茂嗣・前掲二三二頁）。

これに対して、次の場合は、一罪の起訴と解釈できないし、また補正も不可能です。被告人は(イ)一日の住居侵入と、(ロ)三日の窃盗という二個の訴因で起訴されたが、(ハ)両者とも一日に行われ、しかも牽連犯（一罪）であると判明した場合です。(イ)(ロ)を一個の起訴と解釈し直すことは困難ですから、(イ)の住居侵入の訴因を、住居侵入窃盗一罪の訴因に変更し、(ロ)の三日の窃盗については二重起訴として公訴棄却（三三八条三号）を言い渡すべきでしょう（松尾浩也・法学教室〔一期〕七巻九一頁、田宮・刑訴I五八九頁、反対―鈴木茂嗣・前掲二三二頁）。

六　罰　条

1　罰条の記載

起訴状には、適用すべき罰条を示して、罪名を記載せねばなりません（二五六条四項）。**罪名**とは特定の構成要件に該当する犯罪であることを表現する名称で、「詐欺」とか「窃盗未遂」とかいうのがそれです。**罰条**とは、前者では刑法二四六条を、後者では刑法二三五条・二四三条を指します。罰条の記載は、訴因の内容を明確にし、裁判所が訴因を判断するのに役立てるとともに、被告人の防禦権の行使を容易ならしめるためのものです。このように罰条の記載の意義は、主として訴因の明確化を助ける補助的手段の点にあるので、罰条の記載の誤りは、被告人の防禦に実質的不利益を生ずる虞がない限り、公訴提起の効力に影響を及ぼさない（二五六条四項但書）とされています。単なる誤記のばあい（明確な常習賭博の訴因に対し単純賭博の罰条＝刑法一八五条を掲げた場合）や、記載の不備のばあい（窃盗未遂の訴因に対し刑法二三五条だけを掲げ刑法二四三条の記載を欠落した場合）にも、それによって起訴は無効となりません。

2　罰条の変更

訴因とともに罰条を変更するばあいには格別問題はありません。訴因と罰条がくいちがっているばあい、それが被告人の防禦に実質的に不利益を生ずるおそれがない限り、起訴は無効とはなりませんが、そういう場合に罰条変更の手続をとる必要はないかが、ここでの問題です。第一説は、二五六条四項但書と関係づけて、罰条記載の誤りがあっても、「訴因により公訴事実が十分に明確にされていて被告人の防禦に実質的な不利益が生じない限りは、罰条変更の手続を経ないで、起訴状に記載されていない罰条であってもこれを適用することができる」（最決昭五三・二・一六刑集三二巻一号四七頁、同旨、高田・三八九頁、青柳・通論上五一一頁）とします。これに対して第二説は、「防禦に実質的な不利益を生ずるおそれがない程度の罰条の誤があるときは、起訴状は有効であるが、被告人に弁論の機会を与えるため、罰条変更の手続をとった上で、これを適用しなければならない」とします（平野・一四三頁。同旨、平場・講義四〇〇頁、松尾・上三一一頁、田口守一・重判〔昭和五三年〕二一六頁、佐々木史朗・百選〔四版〕八一頁）。思うに、裁判所に違憲立法審査権の認められた現行憲法秩序のもとでは、適用されるべき罰条も弁論の対象となるものといわねばなりません（佐々木・百選〔四版〕八一頁）。したがって罰条の記載は弁論の対象を明確化する機能をも有していると解すべきで原則として罰条変更の手続が必要というのが妥当と思われます。訴因と罰条がくい違っているのに検察官がすすんで罰条を変更しようとしない場合、裁判所は罰条の追加・変更を命じることができますが、それは同時に義務といってもいいでしょう。変更命令には形成力を認めるべきでしょう。認定された事実に対して法を正しく適用するのは裁判所の職責だからです（平野・一四三頁、松尾・上三一一頁）。

第一一章　訴訟条件

一　訴訟条件の意義

…｛公訴の有効要件
　実体審理条件
　訴訟の存続のための条件

一般には、職権調査事項

但し、被告人の主張をまって審査すればよい場合 ＜ 土地管轄違い
　非類型的訴訟障害（公訴権濫用のばあい）

二　訴訟条件の追完

1　告訴の追完

① 「強姦の訴因―告訴なし」←告訴
② 「強姦致傷」→強姦←告訴
③ 「住居侵入」→プラス強姦←告訴
（②③）適時の告訴⇩追完の問題ではない

①のみが問題。判例は否定説

肯定説（団藤）――訴訟経済

否定説――公訴棄却は検察官の公訴提起の違法を批判する意義（平場、井上）

例外的に肯定 ＜ 冒頭手続まで
　被告人の同意のあるばあい ＞（平野）

2　訴因変更による補正

「親告罪の訴因で起訴―告訴なし」
↓ 変更できるか
「非親告罪の訴因」

肯定――最決昭二九・九・八

条件付肯定――平野、田宮

「強姦の訴因―告訴なし」→「強姦致傷の訴因」のばあいでも許されるか

三　訴訟条件の分類

手続条件と訴訟追行条件（平野）

形式的訴訟条件と実体的訴訟条件（団藤）

四　手続条件

(1)　管轄違を言い渡すべき場合

(イ)　裁判所に管轄権がないとき（三二九条）

土地管轄違い――被告人の申立が必要（三三一条一項）

(2)　決定で公訴棄却を言い渡すべき場合（三三九条一項）

(ロ)　起訴状謄本の不送達（一号）

(ハ)　罪となるべき事実を包含しないとき（二号）

(ニ)　公訴が取り消されたとき（三号）

(ホ)　被告人の死亡又は法人の消滅（四号）

〈法人の解散の場合〉

（判決確定時説）消滅 法人 ←―― 判決確定―（最決昭二九・一一・一八）

（清算時説）清算 → 法人消滅 ← 公訴棄却

（解散時説）解散 → 法人消滅 ← 公訴棄却

〈法人〉　〈刑事訴追・審判〉

(ヘ)　一〇条、一一条の規定に違反した起訴（五号）

(3)　判決で公訴棄却を言い渡すべき場合（三三八条）

(ト)　裁判権なし（一号）

(チ)　公訴の取消後の再起訴の条件欠如（二号）

再起訴の条件――三四〇条

(リ) 二重起訴（三号）

(ヌ) 公訴の無効（四号）

① 起訴状の方式違反―とくに訴因不特定
② 親告罪の告訴・告発の欠如
③ 家裁を経由しない少年の起訴
④ 通告処分の履行者の起訴
⑤ 交通反則金納付の猶予期間未了及び反則金納付済み
⑥ 公訴権濫用にわたる起訴

五　訴訟追行条件

欠如→免訴判決（三三七条）

(ル) 確定判決を経たとき（一号）

…免訴判決を含む――判例・通説

(ヲ) 刑の廃止（二号）

	行為時	裁判時	裁判の種類
刑罰法令	無	有	無罪
	有	無	免訴
	有	有（但し刑の変更）	有罪―但し刑法六条の適用

(ワ) 大赦（三号）

公訴権が消滅（恩赦法三条二号）

(カ) 公訴時効の完成（四号）

六　訴訟追行条件の性質

免訴判決の性質

(1) 実体裁判説（豊島直道、斉藤金作）
犯罪事実を認定し、刑罰権の消滅を理由
←
批判（「前の無罪判決」の場合の説明困難／有罪判決はありえないのに実体審理を行うことの不都合）

(2) 実体裁判・形式裁判二分説（宮本、平場）
一号……形式裁判
二号以下……実体裁判「犯罪の有無に拘らず実体権なし」
→批判……統一的解釈の放棄

(3) 実体関係的形式裁判説
(a) 公訴が実体的に理由なきこと明白→形式裁判で終結（小野）
批判―「前の有罪判決」のばあいの説明困難
(b) 「実体的訴訟条件」を欠く場合――免訴（団藤）
存否の審査――実体に関係づけて判断→一事不再理効
あるていど事件の実体に立入る必要
{別罪の嫌疑→有罪判決可能／無罪の疑い→無罪判決可能}
〈批判〉相当の嫌疑を認め、そして免訴→免訴に有罪判決の響き（平野）
実体＝公訴事実（広義）を基準に免訴事由の存否を判断→訴因制度との矛盾

(4) 形式裁判説
(一) 訴因に内在する訴訟追行の利益なし（平野）
公訴が刑罰権存否の確認という追行利益を欠く（高田）
判例――最判昭二三・五・二六（大赦のばあい）

(二) 形式裁判なのに何故一事不再理効が生じるか

(肯定説)　免訴事由――その訴因についておよそ訴訟追行を許さない←

同時訴追を要求することも政策的には可能（平野）

(否定説)　① 免訴判決は公訴棄却と同質の形式裁判

② 訴因を基準に判断↓公訴事実（広義）に一事不再理効は無理（田宮）

(肯定説)　① 免訴は公訴棄却と異なった扱い――一八三条、二五四条一項、四三五条六号

② 訴因変更請求はつねに許可（松尾）

(5) 新しい見解（鈴木・田口）

(6) 私見

七　訴因と訴訟条件の関係

1　起訴状の訴因によれば訴訟条件を欠く場合

(1) 訴因自体から明らかな場合

〃　必ずしも明らかでない場合……釈明要求

(2) 訴訟条件を備えた訴因に変更できるか。

既出二2

免訴判決すべき場合に特則はないか

2　審理の結果によれば訴訟条件を欠く場合

「強姦致傷」→「強姦」告訴なし

① 強姦という実体を基準として公訴棄却

② 検察官に強姦への訴因変更の意思について釈明を求める（平野、田宮）

〈変更すれば―公訴棄却
〈変更しないままなら―無罪

→②に対する批判（大久保）

最判昭四八・三・一五（実体を基準か）

③ 再起訴を可能にするかどうかの選択

←裁判所に委ねる方が適切（松尾）

「窃盗」〈器物損壊の成立が肯定しうる（告訴なし）↓公訴棄却
〈器物損壊はみとめられない↓無罪

八　親告罪の告訴

親告罪の趣旨
① 犯罪が軽微なばあい
② 審理を行うことが被害者にかえって苦痛
③ 家族関係に対する考慮
}訴追を被害者の意思にかからせる

1　告訴権者（二三〇条）

法定代理人の告訴権（二三一条一項）〈独立代理権説（中武）
〈固有権説（通説）

2　告訴期間

―犯人を知ったときから六ヵ月（二三五条一項本文）

3　告訴の取消・告訴権の放棄

4　告訴の不可分

(1) 客観的不可分の原則

一個の犯罪の一部に対する告訴――全部に対して効力を生ず

理由〈① 告訴は犯罪事実に対してなされるもの
〈② 単一の犯罪の一部に対してした告訴は事の性質上全部に効力を生じる〉通説

②に対する疑問―（一罪の一部を告訴した者は一般に一罪の全部について犯人の処罰を求める趣旨）（高田）

科刑上一罪の一部の告訴――「当然に」他の部分に及ぶわけではない

〈例外〉←一個の文書で甲、乙の名誉を毀損←甲のみ告訴

乙に関する事実に告訴の効力は及ばない（通説）

(2) 主観的不可分の原則

共犯者の一人（X）に対する告訴は他の共犯者（Y）にも、その効力が及ぶ（二三八条一項）

（理由）告訴は犯罪事実を対象とするから（通説）

一つの犯罪に関与した共犯者の取扱上の差別の防止（高田）

〈例外〉相対的親告罪のばあい、親族でない者に対する告訴の効力は親族である者には及ばない（通説）

九　公訴の時効

公訴時効の性質

(1) 実体法説　時の経過により刑罰権が消滅←なぜ無罪でないのか（批判）

(2) 訴訟法説　時の経過による証拠の散逸

→（批判）

法定刑の重さにより時効期間に差があるのを説明できない

(3) 混合説（高田）未確定の刑罰権の消滅が訴訟障害を形成

(4) 競合説（平野）可罰性の減少と証拠の散逸

(5) 新訴訟法説（田宮、坂口、佐々木）

一定期間訴追されていない事実状態を尊重して国家がもはや訴追権を発動しない制度（田宮）

→何故、訴追権を発動しえないかの説明が必要

1　時効期間

科刑上一罪〈もっとも重い刑を基準として計算（判例）
各犯罪毎に計算すべし（学説）

両罰規定における法人〈使用人に科せられる刑を基準（平野）
法人につき定められた罰金刑を基準（判例）

犯罪後法定刑に変更——刑法六条により適用すべき刑を基準（判例）

2　時効期間経過後、時効を延長し犯人を訴追・処罰しうるか

時効の起算点

・公訴の時効は「犯罪行為」が終ったときから進行（二五三条一項）

結果を含む（通説、判例）

（処罰可能な状態になってから起算すべきこと
結果発生により採証可能性も高まること）（松尾）

・結果加重犯の場合〈基本犯の結果発生時を基準（小野、高田）
加重的結果の発生時を基準（判例）

・共犯のばあい（二五三条二項）

3　時効の停止

(1) 公訴時効の「中断」制度との差違

公訴の提起（二五四条一項）

起訴状謄本の有効な送達のなかったばあい

〈さかのぼって時効も進行（平場、松尾、鈴木）
公訴棄却（三三九条一号）が確定してはじめて時効は進行（判例）

時効停止——公訴提起により公訴事実の同一性の範囲で生じる（通説、判例）

訴因変更のばあい〈断　訴因変更時を基準に時効完成の有無を判断
公訴提起時を基準に時効完成の有無を判断（通説、判例）

(2) 共犯者の一人に対する起訴——他の共犯者に対しても時効停止（二五四条二項）

(a) 犯人が国外にいる場合、その期間（二五五条一項）

(b) 犯人が逃げ隠れしている場合（二五五条一項）

(3) 国務大臣、摂政のばあい

一　訴訟条件の意義

検察官の公訴提起が有効であるための要件を一般に、訴訟条件といいます。公訴提起が有効であってはじめて訴訟の対象について実体審理を行うことができるのですから、訴訟条件は、**実体審理条件**でもあります。単なる実体判決要件ではありません。というのは訴訟条件は実体審理の途中欠けていても、実体判決する前にととのえばよいというものではないからです（民訴との違い）。したがって、訴訟条件が欠ける場合、裁判所は直ちに形式裁判で訴訟を打切らねばなりません。それが欠ければ三二九条、三三七条、三三八条、三三九条の形式裁判で訴訟を打切るべき類型的な訴訟条件については、裁判所は職権で調査せねばなりません（但し、例外―土地管轄）。第七章（公訴権濫用）で述べた非類型的な訴訟条件の欠如のばあいも、被告人はそれ以上審理を進めず訴訟を打切ってもらう権利を有する点では同じです。ただ、この場合は、被告人の申立をまって調査すればよいでしょう（妨訴抗弁的構成）。

公訴提起は被告人に応訴を強制するという重大な訴訟行為ですので、訴訟条件は公訴提起の時から備わっていなければならないのはいうまでもありません。その意味で、訴訟条件は起訴要件です（もっとも、すべての訴訟条件が起訴要件かというとそうでもなく、性質上起訴後の事態を予想した訴訟条件もあります。例えば、公訴の取消のないこと）。他方、訴訟条件は、起訴の時にありさえすればよいというものでもありません。一般に訴訟条件は公訴を維持するための要件でもあるので、審理の途中でそれが欠ければ手続が打切られねばなりません。したがって訴訟条件は、**訴訟の存続のための条件**でもあります。審理の途中で被告人が死亡したならば公訴棄却の決定が、刑罰法令が廃止されたり、大赦があったならば免訴の判決がなされねばなりません。非類型的な場合としては、起訴後長期間の公判審理の中断を挙げることができるでしょう（公訴維持の利益の欠如）。ただし、土地管轄の場合は例外とされます。土地管轄の欠如は実体審理に入ればもはや問題となしえません。法は被告人の申立がなければ（土地）管轄違いの判決はできないとしましたが、その申立は証拠調べ開始後は許されないからです（三三一条）。

二　訴訟条件の追完

公訴の提起のときに訴訟条件が備わっていないのに後になって訴訟条件が備わったときには、以後公訴を有効として実体審理・判決をしてよいか、という問題です。

1　告訴の追完

とくに問題となるのは**告訴の追完**です。たとえば、強姦の訴因で公訴提起がなされたさい告訴はなかったが、のちに被害者から告訴が提出されたばあい（告訴の追完という）、以後公訴を有効として実体審理、判決をしてよいかが、その問題です。判例は、これを否定しています（大判昭五・七・一刑録二二号一一九一頁、名古屋高判昭二四・一二・二五判特一四号一一五頁）。これに対して、ⓐ訴訟の発展に着眼すれば、当該事件が果して親告罪かどうか起訴の時には必ずしもあきらかでなく、審理の経過によってはじめて判明するばあいがあるから、否定説はかような事態に適しないこと、ⓑいったん公訴棄却を言渡しても、再起訴があれば裁判所は結局実体判決をせざるをえないから、追完を否定するのは訴訟経済に反することを理由に追完を肯定する見解（団藤・三六〇頁）もあります。

ところで、告訴の追完として従来挙げられてきたのは、①はじめから告訴がないのに親告罪の訴因（例えば強姦）で起訴し、そしてのちに告訴のあったばあい、②非親告罪（例えば強姦致傷）で起訴したが、のちに親告罪（強姦）であることが判明し、告訴があった場合、③科刑上一罪が親告罪と非親告罪とから成る場合に、非親告罪（例えば住居侵入）の部分のみが起訴され、のちに親告罪（強姦）の部分が告訴をえて追加されたばあい、の三つです。しかし、②と③

のばあい、起訴は適法、有効であり、親告罪だと判明し親告罪の訴因に変更するとき又は親告罪の部分をつけ加えるとき告訴があったのだから、つまり適時に告訴があったのだから、厳密な意味での追完（無効行為の補正的追完）ではないといえます（高田卓爾「告訴の追完」『菊井先生献呈論集』五五一頁以下、田宮・刑訴Ⅰ六一一頁）。そうすると、告訴の追完としては①だけが残ります。このばあい ⓑ（訴訟経済）が肯定説の論拠になります。しかし、検察官が親告罪の訴因をかかげながら告訴なしで起訴した瑕疵は重大なので、かかる起訴の無効を明らかにしておく必要があります。またかかる不当起訴から解放されるべき被告人の権利に対し訴訟経済が優越する利益とも思われません。また、いったん公訴棄却がなされたのち、被告人が被害者と示談を行う利益もあります（田宮・刑訴Ⅰ六一一頁）。通説が告訴の追完を否定するのは理由があると思われます。

もっとも、場合をしぼって、例外的に、追完を認める見解もあります（平野・一四六頁）。(i)訴訟条件が実体審理を禁止するものである以上、その開始前、即ち冒頭手続まで（その終る迄の意味か）ならば追完を認めてもよいとします。公訴棄却するとしても口頭弁論を開かねばならないので、冒頭手続の段階で公訴棄却の判決をする前に瑕疵を補正した場合には、追完を認めてもさ程不自然ではないと考えるのでしょう。しかし実際は、証拠調の段階に入り証拠の目録が検察側から出されたとき、告訴の欠缺に気付くのが普通でしょう。この説は、(ii)被告人が同意した場合にも、告訴の追完を認めます。一旦公訴棄却があっても、再起訴によって再び審理（したがって場合によっては勾留も）が繰り返され、被告人が不利益をうけることになるから、その意思を無視してまで追完を否定するのは妥当でないと考えるわけです。再訴が高い蓋然性をもって見込まれる場合を考えると、説得力ある見解ですが、一旦同意による瑕疵の治癒を認めると、被告人は、一般に、同意せざるをえないようになりはしないかが懸念されます。したがって、現在のところ、私は消極説に傾きます。

2　訴因変更による補正

起訴状の訴因が親告罪（例えば強姦）なのに告訴を欠き、公訴が無効なばあい、公訴棄却の判決のある前に、非親告罪（例えば、強姦致傷）に訴因を変更することができるか。1は、訴訟条件の欠如した起訴の瑕疵を告訴をつけ加えることによって補正できるかでしたが、こんどは、訴因変更によって補正できるか、が問題となります。起訴状の訴因が親告罪なのに告訴がない場合、公訴棄却して公訴提起に対する批判を明らかにすべきだから告訴の追完を認めるべきでないと考えるなら、この場合もそれとパラレルに非親告罪への訴因変更も認められないとするのが論理的でしょう。しかし判例（最決昭二九・九・八刑集八巻九号一四七一頁）は次のように述べて訴因変更を肯認しました。

被告人は六親等にあたる者（甲）の財物を窃取したという訴因で告訴のないまま起訴されたが、のちに七親等の親族（甲の子乙）の財物を窃取したという訴因への変更を認め、有罪判決がなされた事案に関するものです。この判例は「本件公訴にかかる窃盗の事実が、刑法二四四条一項後段の親告罪であるか否かは、最終的には、裁判所により事実審理の結果をまって判定さるべきものであり、必ずしも起訴状記載の訴因に拘束されるものではない」から訴因につき適法な告訴がないからといって起訴手続を直ちに無効とすべきではない、としました。そして本件では適法に訴因の変更がなされ新しい（親告罪でない）訴因事実が裁判所によって認定されたのだから、「本件被告事実は、本来、親告罪でなかった訳であり、従ってこの点に関する本件起訴手続は、告訴がなくても、もともと有効であって無効でなかったことに帰する」という部分を併せ読むと、判例は旧法時代と同様公訴事実（その時々の裁判所の実体形成）を基準として訴訟条件の存否を判断し、ひいては訴訟条件を実体判決条件（実体判決の直前に備わればよい条件）と考えていることがよくわかります。この点は到底賛同できるものではありません。もっとも訴因変更を認めた結論には賛成論もあるのです（平野龍一・刑評一六巻二七五頁）。この事案では、冒頭手続で弁護人から本件訴因事実は親族相盗例にあたるが告訴はあるのかと問われ、その段階で非親告罪への訴因の変更が申し立てられ、弁護人もそれに異議なく同意したという経過があったからだと思われます。告訴の追完に関する平野説からいえば、それとパラレルに認めてよい事案であったといえます。また、訴因の変更による追完だけは、事の性質上その必要性を認めて法がとくに容認したと解釈することもできるという見解（田宮・刑訴Ⅰ六一二頁）もあります。これは、おそらく、起訴時から訴因をあまり確定的・固定的にとらえると、完璧な訴因をかかげるため捜査手続が糺問化するおそれがあるとの考えに出るものでしょう。たしかに、訴因不特定の起訴の場合裁判所は直ちに公訴棄却せず補正の機会を与え、それでも特定しないばあいにはじめて公訴棄却すべきだとする判例（最判昭三三・一・二三刑集一二巻一号三四頁。これは一般的に肯認されます）にも相通ずるものがあると思われます。本事案の場合、起訴段階で被害者甲が被告人と六親等の親族だと検察官が気付かなかったとしても、それ程検察官を非難できないという事情があったと思われます。こういう場合に限って、訴因変更を認めることは、あながち否定できない様に思われます。しかし、検察官が強姦罪の訴因を掲げながら、告訴を欠いたまま起訴し、強姦致傷（非親告罪）に訴因変更を申し出たような場合には、このように考えることはできないといわざるをえません。

三　訴訟条件の分類

訴訟条件は、手続条件と訴訟追行条件とに分けることができます。「それが欠けたままの状態では」訴訟追行を許さない訴訟条件が手続条件、それが欠けたばあいには「およそ」訴訟追行を許さない訴訟条件が訴訟追行条件となります（平野・一四八頁以下）。これに対し、手続面に関する事由を訴訟条件にしたものを形式的訴訟条件、実体面に関する事由を訴訟条件にしたものを実体的訴訟条件と分類する考えもあります（団藤・一五六頁）。いずれもそれを欠いた場合になされる裁判（公訴棄却か、免訴か）をにらんだ分類です。この点は、訴訟追行条件ひいては、それを欠いた場合になされる免訴判決の性格のところで論じることとしましょう。

これを欠くばあいには裁判所は管轄違又は公訴棄却の裁判をしなければなりません。

四　手続条件

(1) 管轄違を言い渡すべき場合

(イ) 被告事件が裁判所の管轄に属しないとき。管轄権がないとき、裁判所は判決で管轄違の言渡をしなければなりません（三二九条）。管轄裁判所への移送は認められていません。ただし、土地管轄違は被告人の申立があった場合に限り言い渡されます（三三一条一項）。

(2) 決定で公訴棄却を言い渡すべき場合（三三九条一項）

(ロ) 起訴状謄本が起訴後二ヶ月以内に被告人に送達されなかったとき（一号）。

(ハ) 起訴状に記載された事実が、何ら罪となるべき事実を包含していないとき（二号）。例えば、姦通罪又は不敬罪が犯罪として起訴された場合など。これに反し、起訴状に記載された事実が法律上犯罪を構成するかどうかについて疑いがあるばあいには、口頭弁論を開き、犯罪を構成しないとの結論に達したときは、無罪を言い渡すべきです（平野・一四八頁）。

(ニ) 公訴が取り消されたとき（三号）。

(ホ) 被告人が死亡し、または被告人たる法人が存続しなくなったとき（四号）。被告人が死亡すれば、公訴の目的がなくなるわけですから、その訴訟を終結させなければならないのは当然です。被告人が公訴提起に先立って死亡しているばあいも同様です。被告人たる法人が存続しなくなったときも同じ様に考えられます。問題は、いかなる場合に「法人が存続しなくなった」といえるかです。

法人が合併したばあいは、合併により吸収される旧法人は存続しなくなります（最決昭四〇・五・二五刑集一九巻四号三五三頁）。解散の場合はどうでしょうか。合併の場合との均衡から、解散によって直ちにその法人は存続しなくなるとの考えもあります（**解散時説**）。しかし、解散後も法人は清算の目的の範囲内でなお存続するものと見做され（一般社団・一般財団法二〇七条）、清算の結了にいたるまで、なお、解散前の法人と同一の人格を保有している（したがって当事者能力はある）ので、疑問がもたれます。清算結了によって名実ともに法人は存続しなくなるという見解（**清算（結了）時説**）が学説上有力です。これに対し判例は一貫して**判決確定時説**をとっています（最決昭二九・一一・一八刑集八巻一一号一八五〇頁）。ここで「判決」とはその法人が現に訴追されている刑事事件の判決をいうのです。それが確定しないと法人は消滅しない、と。というのは法人は財産刑にあたる刑事の訴追を受けるときは、それ（刑事訴追・審判）自体、清算人の結了すべき「現務」（会社法六四九条）に包含されると考えるのです。「現務」を結了しない以上清算が終らずしたがって法人も消滅しないというわけです。しかし、清算制度は、自然人の場合の相続のような財産移転方式に代る特別の処理方式ですから、清算の対象は、本来包括承継の可能な法律関係（財産関係）に限られるべきで、刑事訴訟での被告人の地位のような性質上一身専属的なものは清算手続の対象である「現務」には入らぬものと解すべきでしょう（中野次雄・刑評三巻二二三頁）。また、判例のように、刑事判決が確定する迄法人が消滅しないとすると、三三九条一項四号の適用の余地がなくなります。清算結了時説が妥当でしょう。これに対して、そうなると刑罰を免れるために、解散し清算を終える法人を野ばなしにするのかという疑問が出されましょう。これを防止するためには「法人ノ役員処罰ニ関スル法律」というものがあり、法人の業務を執行する社員、理事、監査役または監事が、刑事訴追または刑の執行を免れさせるため合併その他の方法によって法人を消滅させたときは、五年以下の懲役に処することになっています。

(ヘ)　第一〇条（同一事件が事物管轄を異にする数個の裁判所に係属するときは上級の裁判所が審判する）、または第一一条（同一事件が事物管轄を同じくする数個の裁判所に係属するときは、最初に公訴を受けた裁判所が審判する）の規定により審判してはならないとき（五号）。

(3)　**判決で公訴棄却を言い渡すべき場合**（三三八条）。

(ト)　被告人に対して裁判権を有しないとき（一号）。日本国内においては、外国人も日本人と同様に日本の裁判権に服するのはいうまでもありません。もっともこれには、例外があります。外国使節は治外法権を認められており、わが国の裁判権は及びません（国際慣習法および一九六一年外交関係に関するウィーン条約三一条）。また、在日米軍の構成員又は軍属については、もっぱら合衆国軍隊の他の構成員や軍属もしくはそれらの者の家族の身体もしくは財罪のみに対する罪等及び公務執行中の犯罪に関し、合衆国側に第一次裁判権が認められています（日米行政協定一七条）。前者に違反した起訴は、本号にあたるとみてよいでしょう。これに対し、後者の制約に違反した起訴はむしろ三三八条四号にあたると考える方が（中武請夫・注解中三三九頁）妥当でしょう。

(チ)　三四〇条の規定に違反して公訴が提起されたとき（二号）。公訴取消による公訴棄却の決定（三三九条一項三号）が確定したばあい、公訴取消後に犯罪事実につき新たに重要な証拠が発見されない限り、同一事件についてさらに公訴を提起することはできません（三四〇条）。別個の訴因でも公訴事実の同一性ある範囲内では、この制約に服すると考えられます（条解〔初版〕七三八頁）。

(リ)　公訴の提起のあった事件について更に同一裁判所に公訴が提起されたとき（三号）。「事件」と言っていますが、「先に起訴された訴因と公訴事実の同一性の範囲において」という意味です。この範囲で二重処罰にならないようあらかじめ、二重起訴を禁止する趣旨です。

(ヌ)　公訴提起の手続がその規定に違反したため無効であるとき（四号）。(ロ)―(リ)に挙げた事由以外の事由によって公訴が無効であるばあいをいいます。これにあたるもののうち重要なものを以下で挙げましょう。

① **起訴状の方式違反**　公訴提起は要式行為であって、その方式に違反があるときは無効となるばあいがあります。訴因が不特定なばあいも、二五六条三項違反として起訴が無効となります。もっともこの場合、裁判所は直ちに公訴棄却せず、検察官に釈明を求めて、検察官が訴因を明確にしないときにはじめて訴因不特定として公訴棄却すべきだとされています（最判昭三三・一・二三刑集一二巻一号三四頁）。

② **告訴・告発の欠如**　親告罪において告訴が欠如する場合、「告訴がなければ公訴を提起することができない」という刑法の定める重要な手続規定に反するため、公訴提起が、無効となるわけです。「告発を待って受理すべき事件」（例えば、関税犯則事件（関税法一四〇条）など）につき告発が欠けるばあい、「請求があって公訴を提起することができる罪」（例えば外国国章損壊罪）の請求が欠けるばあいも同様です。親告罪の告訴については特有の問題があるので、それについては節を改めて述べることとします（八参照）。

③ **少年法違反の起訴**　検察官は、少年の刑事事件については、家庭裁判所から刑事処分相当として送致を受けた場合でなければ公訴を提起することができない（少二〇条、四二条、四五条五号）のですから、これらの規定に違反した公訴提起は無効となります。少年法二〇条の送致事実以外の余罪が判明した場合にも、さらに家庭裁判所を経由しなければなりません（最判昭二八・三・二六刑集七巻三号六四一頁）。

④ **通告処分の履行**　間接国税に関する犯則事件においては、国税局長または税務署長から罰金・科料に相当する額を指定の場所に納付すべき旨通告する制度があり、犯則者がこの通告の旨を履行したときは、検察官は公訴を提起することはできないことになっています（国税犯則取締法一六条一項）。この規定に違反した公訴の提起は無効で、三三八条四号で公訴が棄却されることになります。

⑤ **交通反則金納付の猶予期間未了および反則金納付済み**　交通反則者は、その反則行為について反則金の納付の通告を受け、かつ通告の日の翌日から起算して一〇日を経過した後でなければ、公訴を提起されない（道路交通法一三〇条）とされているので、これに反する公訴の提起は無効です。また、反則者が反則金を納付したときは公訴を提起されず（道路交通法一二八条二項）、これに反する公訴もまた、無効です。いずれの場合も、公訴棄却の判決がなされることとなります。

もっとも、無免許運転者に対する反則金納付の通告があっても、それは無効であり、反則金の納付があっても公訴提起できます（最決昭五四・六・二九刑集三三巻四号三八九頁）。

⑥　公訴権の濫用と認められる場合も、公訴は、無効として、三三八条四号で公訴棄却されるべきです。これについては、すでに第七章で述べたので、その個処を参照して下さい。

五　訴訟追行条件

これが欠けた場合には免訴の判決が言い渡されます（三三七条）。

(ル)　確定判決を経たとき（一号）。いま起訴された事件と同一事件について、すでに有罪又は無罪の確定判決が存在するとき、免訴で訴訟を打切らねばなりません。判決でなくても有罪の確定判決と同一の効力をもつ裁判、すなわち略式命令（四七〇条）、交通事件即決裁判（交通事件即決裁判手続法一四条二項）なども同様に考えられます。管轄違や公訴棄却の形式裁判が確定してもこれには当りません。これに対して、さきに免訴の判決がありそれが確定している場合もここにいう「確定判決を経たとき」に含まれるとするのが通説です。

(ヲ)　犯罪後の法令により刑が廃止されたとき（二号）。刑罰法令の効力は、原則としてその制定から廃止までのものであって、制定前の行為にまで遡って適用したり、廃止後その効力を持続することはありません。前者を刑罰不遡及の原則といい、それに反する起訴があった場合には**無罪の判決**がなされますが、犯罪後に刑罰法令が廃止されたときは二号で**免訴の判決**がなされることになります。もっとも、「刑が廃止された」といえるかどうかについては困難な問題があります。白地刑罰法規については、この刑罰法規の存在する限り、補充法令ないし告示が廃止・変更されても刑の廃止があったとはいえないというのが判例の立場です（勿論、これには批判がありえます）。また、罰則が廃止されても、「廃止前の行為に対する処罰についてはなお従前の例による」旨の経過規定がおかれた場合には、「刑の廃止」にはあたりません。

(ワ)　大赦があったとき（三号）。これも、犯罪後、大赦令が発せられた場合です。大赦は、恩赦の一種で（恩赦法一条）、政令（大赦令）で罪の種類を定めて行います（同法二条）。大赦があると、この政令に特別の定めのない限り、有罪の言渡を受けた者にはその効力を失わせ（同法三条一号）、「まだ有罪の言渡を受けない者については、公訴権は、消滅する」（同法三条二号）とされています。この後者のばあい、免訴ということになるわけです。

(カ)　時効が完成したとき（四号）。ここにいう時効とは公訴の時効です。これについては節を改めて説明します（九参照）。公訴の時効が完成すれば、検察官は公訴を提起することはできないわけですが、もし検察官が公訴を提起すれば本号で免訴が言い渡されるわけです。

六　訴訟追行条件の性質

結局、これを欠いた場合になされる裁判、すなわち**免訴判決の性質**いかんということになります。これについては、見解が分かれています。

(1)　**実体裁判説**　旧法時代まで有力であった見解で、「免訴の判決は、犯罪を認むるを得るも、刑罰消滅原因により科刑権を認めえざるものなり」（豊島直道『刑事訴訟新論』五八二頁）というところに端的に示されています。免訴判決は実体審理をした上で犯罪事実を認定し、刑罰権が消滅したことを認める実体裁判ですから、それが確定したばあいの一事不再理の効力を容易に説明することができます。しかし、この説には今日殆ど賛同者がありません。その理由は、①刑罰権が消滅して存在しないというなら無罪判決と変わらず、何故法が無罪と区別して規定したか分からなくなる。②前に無罪判決があったときも、今度の起訴に対し免訴判決がなされることになっている（一号）が、これまでも、「犯罪を認むるも刑罰権の消滅した」場合ということで説明できない。③免訴事由が存在し、結局有罪判決がありえないのに実体審理を行うことは無益であり、被告人にとっても著しく不利益ではないか（井戸田侃・判例時報編集部編『刑事訴訟法四六講』三七八頁）、とりわけ大赦や公訴時効の完成した場合は、被告人につき犯罪事実の存否を確認すること自体が不当ではないか、というにあります（田宮『刑事訴訟法入門』二七五頁）。

(2)　実体裁判・形式裁判二分説　これは右の②の点を克服しようとして提案されたもので、一号の場合の免訴判決は「単に確定判決ありたること……を理由とするに外ならざるが故に、純粋なる形式判決（形式的免訴）なり」（宮本英脩『刑事訴訟法大綱』三八三頁）とします。しかし第二号以下のばあいは「無罪の場合と同じく実体法上刑罰請求権なしという判断を表示するものにして実体判決なり」とされます（宮本・前掲書三八五頁）。無罪の判決との差はどうなるのか（(1)①の点）。無罪のばあいは「犯罪なきがために実体権なしという裁判」であるが、免訴のばあいは「犯罪の有無に拘らず実体権なしという裁判」だとされます（宮本・前掲三八五頁）。この二分説（現行法下では平場・講義五〇五頁以下）は論理的一貫性を追及したものといえますが、免訴の統一的理解を早急に放棄するもので、解釈論として難点があると批判されています（平野・一五一頁。もっとも、一号の場合、確定裁判の存在という手続事項を理由としながら刑罰権不存在の宣言をなす裁判だとして、実体裁判として統一的にとらえる見解（田口守一『刑事裁判の拘束力』四〇九頁）もあります）。

(3)　実体関係的形式裁判説

(a)　小野博士は、免訴の裁判は、「公訴が其の実体的に理由なきことが明白になった場合に於て当該事件に付き具体的公訴権なき故を以て形式的裁判に依り手続を終局するものに外ならぬ」と主張されました（小野清一郎『刑事訴訟法講義』〔全訂三版〕一六〇頁以下）。この説は、旧法下で、予審で公判に付するだけの嫌疑がないとき免訴を言い渡した制度（予審免訴）と二号以下を統一的に理解できるところに長所がありました。しかし現行法下では予審免訴の制度はなくなったし、とくに一号のばあい、前の有罪判決がある場合も免訴とせねばなりませんが、これを「公訴が実体的に理由がない」場合だということはできないでしょう。

(b)　実体的訴訟条件を欠くときに言い渡されるのが免訴の裁判だとするのは団藤博士です（団藤・三〇〇頁）。実体的訴訟条件は実体面に関する事由を実体的審判の条件としたもので、刑訴三三七条各号に規定されたものはすべてそれに含まれます。「したがって、実体的訴訟条件の存否を審査するのには、必然的に、ある程度まで事件の実体に立ち入ることを要する。このばあいにも実体そのものを判断して、刑罰権の有無をあきらかにするのではない」が、「形式的訴訟条件のばあいとちがって、つねに実体そのものに関係させて訴訟条件の存否の判断が行われるのである」とされます（団藤・三〇〇頁）。そうして「それは実体に関して判断するものである以上、判決における法的安全性の要求は実体判決のばあいと少しも異るところはなく、実体そのものをむしかえして争うことをもはや許さなくなるものと解しなければならない。かようにして免訴の判決もまた一事不再理の効力を発生する」とされます。この説は、必然的に実体審理に立入らざるをえないとしますが、この実体審理から無罪又は別罪の嫌疑が生ずれば実体裁判をすることになるとされます。そうすると、起訴された事件について免訴判決がなされるのは、その事件について少なくとも相当の嫌疑はあるばあいということになるのではないかという疑問が生じます。

そこで、この説によると犯罪の嫌疑は確定しないけれども相当の嫌疑を認めてそれを基準に免訴事由の存否を判断することになるが、それでは免訴判決が有罪の響きをもつ裁判にならないか、という批判が出てくることになります（平野・一五〇頁）。もっとも、この説の狙いは、むしろ別罪の嫌疑がないことを確認し、しかし起訴にかかる犯罪については、その事実を確定することまではせず、免訴の事由の有無を判断する点にあると思われます。これが「実体に関係づけて判断する」という意味でしょう。すなわち、ここで実体とは公訴事実（広義）を指すことになります。それと関係づけて判断しているから、一度免訴判決が確定すると公訴事実（広義）全体に一事不再理の効力が生ずることになるのでしょう。しかし、他方で（検察官の訴因変更がないのに）訴因を越えて、別罪の相当の嫌疑の存否を一応であれたしかめることは、訴因制度の趣旨と抵触しないかが問題となるでしょう。

(4)　形式裁判説

(a)　起訴状の主張をみて、公訴権が消滅したまたは訴追を一般的に許さないばあいだとして、形式的に訴訟を打切る訴訟判決だとするものです。免訴の事由が存在する場合に共通なのは、事件について実体審理をしてその存否を明らかにすることが適当でない場合だとします。

そして、あるいは、「訴因に内在する訴訟追行の可能性ないし利益がないときに」言い渡されるのが免訴判決だとします（平野・二五一頁）。あるいは、免訴判決は「公訴権の追行的条件即ち実体的訴訟条件が欠け、公訴が刑罰権存否の確定という追行利益を欠く場合になされる裁判」だとします（高田・三〇三頁）。

形式裁判説は今や通説的地位を占めているといってよいでしょう。判例も、大赦のあった場合についてですが、次のように述べて形式裁判説をとる旨を明らかにしています。すなわち、「本件においても、既に大赦によって公訴権が消滅した以上、裁判所は……、実体上の審理をすることはできなくなり、ただ刑事訴訟法三百六十三条（注―旧法である）に従って、被告人に対し、免訴の判決をするのみである。従って、この場合、被告人の側においてもまた、訴訟の実体に関する理由を主張して、無罪の判決を求めることは許されないのである……」（最判昭二三・五・二六刑集二巻六号五二九頁）と。

(b)　形式裁判説は、訴因制度にも、また訴訟条件が欠けた場合に訴訟からできる限り早急に被告人を解放する免訴の趣旨にも、よくマッチします。判例の存在もさることながら、これが形式裁判説が有力になった理由と思われます。しかし、形式裁判説にも難点がないわけではありません。すなわち、形式裁判であるのに、何故、一般に、免訴判決に一事不再理効を認めることができるのか、です。これについては、免訴事由とされている事項からみると、免訴は一度このような事由が発生した以上、その訴因についてはおよそ訴訟追行を許さない趣旨であるとし、「その訴因については、もはや訴追を許さない以上、公訴事実を同一にする範囲で、同時訴追を要求することも政策的には可能である」とされます（平野・二八八頁）。

これに対して①一たん生じたならば補正して訴追できないのは、免訴事由に限らず「すべての告訴権者の告訴権の消滅」のばあいとか、「被告人の死亡」のばあいも同じなのに、これらは公訴棄却事由とされている。②訴因を基準として直ちに免訴判決をすべきだとしながら、何故一事不再理の効力が公訴事実の同一性の範囲において生じるか説明が困難ではないか、という批判があります（田宮・前掲二七八頁）。

(5)　新しい見解

そこで、(ア)免訴事由の存否はあくまで訴因（例えば、犯行六年目の起訴につき横領の訴因）を基準として免訴を言い渡すがこの免訴判決につき一事不再理効はこれを否定し、訴訟条件の欠けない訴因（例えば、業務上横領）による再起訴は可能だとする説（田宮・前掲二七九頁）が唱えられることとなります。即ちこの説は公訴棄却と免訴とは、訴因について訴訟条件なしとして手続を打切る等質の裁判であり、また免訴判決に一事不再理効を否定しても、内容的確定力（後訴に対する拘束力）は生じるから、不都合はないとします（田宮・前掲二七九頁。もっとも、実質的に相当程度の実体審理が行われたならば二重の危険の発生する余地はあるとします）。形式裁判説を徹底させた見解といってよいでしょう（これを支持する見解として福井・入門四二四頁、白取・三七三頁）。

(イ)方向を異にして、いま一つの説は、免訴は実体審理を要しないという点では形式裁判であるが、同時に刑罰権存否の判断を下している裁判すなわち公訴の理由性を判断しているがゆえに本案裁判であり、本案裁判であるがゆえに一事不再理効が発生するとするもの（鈴木・二四三頁）。または、免訴は事実審理を不要としながらなお刑罰権不存在の判断を下している裁判すなわち形式的実体裁判であるがゆえに、一事不再理効が発生とするもの（田口・三五〇頁）があります。以前に確定有罪判決があった場合の免訴判決は、刑罰権不存在の実体裁判なのか疑問が残りますし、それを公訴の理由性に関する裁判即ち本案裁判といってもその点はクリアーできないでしょう。

(6)　私　見

免訴事由をみると、被告人の死亡とか、告訴権の消滅というような個別的事情ではなくて、国家に訴追可能性ないし利益が一般的な形で端的に否定されているばあいといってよいでしょう。松尾教授は「訴追および処罰の禁止ないし放棄という国家の端的な意思が、直接または間接に表明された場合と見ることができる」（松尾・下一七三頁）とされています。また現行法の各種の規定（例えば、一八三条、二一五四条一項、四三五条六号）が免訴と公訴棄却とを区別する方向で規定していることも解釈上留意せざるをえません。とりわけ、管轄違、公訴棄却の裁判が確定したときは公訴時効は再び進行をはじめると規定しながら免訴判決があげられていないこと（二五四条一項）は、免訴判決のばあいには再訴が予定されていないと解されます。免訴事由は一般的訴追障害事由でその存在が一たん裁判で確定された以上もはやこれに反する取扱いを許さないことが被告人の法的地位の安定の要請にもかなうといえましょう（ポケット註釈(下)九六六頁参照）。免訴判決に一事不再理効を認めることが妥当だと考えられます。

七　訴因と訴訟条件の関係

1　起訴状の訴因によれば訴訟条件を欠く場合。

(1)訴訟条件の欠缺が起訴状記載の訴因自体から明らかな場合（例えば器物損壊の訴因を掲げながら告訴のない場合）には、起訴状記載の訴因を基準として公訴棄却の判決をすればよろしい。もっとも、訴訟条件に関する事実が犯罪事実に密接に結びついているが必ずしも訴因にはあらわれていない場合もあります。例えばジラード事件の場合のように、（通説によると）公務執行中であれば日本に裁判権がないが、公務執行中であったかどうかは訴因にあらわれているとは限りません。このような場合、裁判所は検察官に釈明させて、訴因はどちらであるか（公務執行中の行為を主張するのかどうか）わかるように補正させねばなりません（平野・基礎理論五八頁）。また、訴因が必ずしも特定していないと思われるばあいも直ちに公訴を棄却するのでなく、検察官に釈明を求めて補正の機会を与え、それでも特定しない場合にはじめて、公訴を無効として棄却すべきです。

(2)　起訴状の訴因によれば訴訟条件を欠くとき、訴因を変更して訴訟条件を備えた状態にすることができるか。起訴状の訴因によれば公訴棄却すべき場合に訴訟条件の備わった訴因に変更できるかについては、すでに述べました（本章二1）。

この場合、起訴状の訴因を基準として公訴棄却すべきで、訴因変更は許されないのが原則だと申しました。①違法な起訴であることを明確にする必要があること、②他方検察官には訴訟条件のととのった訴因での再起訴が可能であること、がその理由でした。

問題は、免訴の場合に生じます。例えば、起訴状の訴因（例えば―横領）によれば、起訴後六年を経過していて、時効完成により免訴を言い渡すべきばあいに、未だ時効の完成していない訴因（例えば、業務上横領又は詐欺―時効期間は七年―）に変更が許されるか。この場合起訴状の訴因を基準として免訴の言渡しをするのが、免訴判決を形式裁判と考える立場からは素直な答えでしょう。訴訟条件を欠き免訴判決すべきなのにそれをしないで訴因変更を認めるとすれば、訴訟条件の起訴要件乃至実体審理要件たる機能が弛緩してしまうでしょう。しかし、まだ免訴の判決の下される前に、訴訟条件の備わった訴因（例えば、業務上横領）への変更を許さないとするのも、硬すぎるように思われます。というのはこの場合、起訴状の訴因（横領）につき免訴判決をし、それが確定すると、一事不再理効が生じるというのが通説（異説＝田宮・福井・白取）ですから、時効未完成の業務上横領での再訴も許されなくなります。公訴棄却の場合、起訴状の訴因を基準に直ちに公訴棄却すべきだとした背景には、この場合は訴訟条件のととのった訴因での再訴が可能だからという判断（上記②）もあったわけです。免訴の場合、この可能性がないのですから、訴因の変更をみとめず直ちに免訴判決せよというには躊躇を覚えます。したがって、免訴の場合、起訴状の訴因につき免訴判決をする前（通常、冒頭手続の終る迄になるでしょう）であれば、訴訟条件の備わった訴因への変更を許してよいと考えます（脇田忠『刑事実務講座刑事篇』七巻一五一〇頁、天野・法曹時報六巻一二号一五二〇頁、松尾・下一七六頁。私はかつてこの場合の訴因変更に反対していた（光藤・日本刑法学会編『刑事訴訟法演習』（一九六二年）一四八頁）が、右の限度で、この見解を改めます）。

2　起訴状の訴因によれば、訴訟条件は備わっていたが、実体審理の結果によれば訴訟条件を欠くに至る場合。

例えば、強姦致傷で起訴されたが、致傷の事実がないことが判明し、且つ告訴がない場合が考えられます。この場合、①強姦の事実または嫌疑のあることを認定した上で、その実体形成を基準として公訴棄却するか、②それともこの場合も訴因を基準として、すなわち検察官に強姦の訴因に変更するかどうかを確め訴因を変更したときはそれを基準として、公訴を棄却（強姦致傷の訴因のままなら無罪を言い渡す）すべき（平野・一五二頁）か、が問われます。①は公訴事実対象説と親近性をもちます。というのは裁判所は公訴事実の同一性の範囲で審判の権利と義務をもつのですから、当然強姦の事実を認定しそれを基準に公訴棄却できるからです。しかし、この場合、訴訟を打切るだけで被告人の防禦に何の不利益も与えないのだから必ずしも訴因変更の手続をとる必要はないという見解が訴因対象説からも主張されることがあります。判例は、この立場に立っているとみてよいでしょう。しかし、訴因は強姦致傷のままなのに、訴訟条件の欠缺を言うのは、訴因のみが審判の対象だとする訴因対象説から外れるおそれがあります。もっとも強姦致傷の訴因の中には強姦（の訴因）も予備的に主張されているから、それを基準として公訴棄却するのだ、といえなくもありません。しかし、一方が非親告罪で、他方が親告罪のような場合は検察官に訴訟条件の欠ける縮小的訴因を主張する意思が黙示的にでもあるとするのは困難でしょう（木村栄作・百選〔三版〕一一九頁）。このように考えると②の見解が妥当なように思われます。

もっともこの場合、検察官は強姦で再訴を期そうと思えば、強姦に訴因を変更することにやぶさかでないでしょう。しかし公訴棄却をもらっても再訴が可能でないような事案のばあいに、そのような訴因変更をうながすため検察官に釈明を求めることが、訴訟指揮としても妥当かを問う意見があります（大久保太郎・百選〔五版〕一〇七頁）。例えば毎時四〇キロメーターオーバーの速度で自動車を運転したという非反則行為の訴因で起訴されたところ、審理の結果、時速二〇キロオーバーの反則行為であることが判明した場合が考えられます。最高裁は「被告人は法定の最高速度を二〇キロメートル毎時こえる速度で運転したものと認定した以上……公訴を棄却すべきであった」（最判昭四八・三・一五刑集二七巻二号一二八頁）としました。これは公訴棄却すべき場合は訴因変更手続をとる必要はないとの趣旨に解されます。この場合も、「一〇キロメーター毎時こえる」に訴因を変更するかどうか釈明を求め、変更すれば公訴棄却し（警察において反則金の納付の通告をすることができます）、変更せねば無罪を言い渡すべきでしょう。③このような状況を踏まえて、むしろ積極的に、訴訟条件を欠く事実への訴因変更を否定する見解（松尾浩也・百選〔五版〕一〇五頁）があらわれました。理由は(i)訴因変更の権限が法定された理由は、適切な有罪判決のための手段とするためであって、形式裁判のための訴因変更は、少くとも立法の過程においては想定されたことがない。(ii)再起訴を可能にするかどうかの選択は、検察官よりも裁判所に委ねる方が適切である。(iii)訴因変更の現実をみると、圧倒的多くの場合において、予備的訴因の形をとっているがこれでは無罪か公訴棄却かの問題は片がつかない、というものです。そして「窃盗（起訴状の訴因）→器物損壊と判明（告訴なし）」を例にとって、裁判所の審理・判決の権限は明示されている窃盗の訴因なので訴因記載の一部を――いわば暫定的に――認定することによって、器物損壊の成立を肯定できる場合に限って公訴棄却とし、それ以外は無罪としなければならない、とされます（松尾浩也・百選〔五版〕前掲一〇五頁）。

予備的訴因の追加の形でなされたにせよ、その段階で器物損壊の訴因を検察官が掲げたことは公訴棄却をもらってもよいという意思の表われとみうるので、(iii)は決定的理由とはならぬでしょう。(ii)は、確かに注目に値する見解です。ただ選択は裁判所がすべきだと積極的に言われると、今度は裁判所が困難な立場に立つでしょう。そして器物損壊を合理的疑いを容れぬ程度に認定せねばならないことになりはしないでしょうか。訴因が窃盗のままなのにそこ迄やってよいかどうかがいま一度問い返されることになります（なお、後藤昭「予備的訴因と訴訟条件」『松尾浩也先生古稀祝賀論文集』㊦三五二頁以下参照）。

このようにみると、なお問題を孕みますが、いまのところ②の見解が、ベターだと思われます。

起訴状の訴因（名誉毀損）によれば時効は完成していないが、審理の結果他の事実（侮辱）が判明しそれによると時効が完成している場合にも同様の問題があります。判例は、設例のばあい、そのまま（訴因変更なくして）、免訴の言渡をすべきだとしました（最判昭三一・四・一二刑集一〇巻四号五四〇頁）。この場合、名誉毀損の訴因の中に侮辱の訴因も予備的に主張されていると考えうるので（両方とも親告罪ですので）、肯認されてよいように思われます。

八　親告罪の告訴

告訴は第一章で述べたように、一般的には、捜査の端緒にすぎませんが親告罪のばあい告訴は訴訟条件ですので、これが欠けると公訴が棄却されます（前述）。親告罪の告訴の追完についてもすでに述べました。親告罪の告訴については解釈上若干の問題点がありますのでここでまとめて述べることとします。

ある犯罪が親告罪とされるのは、主として次の理由によります。一つは、犯罪が軽微であって、被害者がとくに希望しない以上処罰の必要性がないばあいです。器物損壊罪（刑二六一条）、過失傷害罪（刑二〇九条）などがこれにあたります。二つ目は、事件について審理を行うことが、かえって被害者に苦痛を与えるもので、その者の訴追要求なしに審判を行うことが適当でない場合です。強姦罪（刑一七七条）、名誉毀損罪（刑二三〇条）などがこれに当ります。三つ目に、家族関係を尊重して、被害者の告訴なしに訴追・審判することを適当としないばあいです。親族相盗の場合（刑二四四条、二五一条、二五五条）がそれです。

1　告訴権者

告訴権者の範囲は非親告罪の場合と同じで、被害者本人です（二三〇条）。もっとも被害者が無能力者である場合には、法定代理人も独立して告訴することができます（二三一条一項）。これは本人が独立して行使できる固有の権限であると解されます。被害者死亡のばあいには、その配偶者、直系の親族又は兄弟姉妹も、告訴することができます。しかし被害者が生前に告訴しない意思を明示しているときは除かれます（二三一条二項）。

名誉毀損罪の被害者が告訴しないまま死亡したときは（被害者の明示した意思に反しない限り）、死者の親族および子孫が告訴することができます（二三三条二項）。

すでに死亡している人の名誉を毀損した罪については、死者の親族および子孫は告訴することができます（二三三条一項）。

2　告訴期間

非親告罪の告訴には告訴期間の制限はありません。しかし、親告罪については、これを訴追するかどうかは告訴権者の意思にかかっているとはいえ、あまり遅くなって告訴がなされると不安定な状態が継続しかえって弊害があります。そこで法は告訴期間を定め、告訴権者が犯人を知ったときから六ヵ月を経過したときは告訴することができないものとしました（二三五条一項本文）。ただし、強制わいせつなど刑法一七六条乃至一七八条の罪及び営利目的略取・誘拐など刑法二二五条乃至二二七条一項、三項の罪については告訴期間の制限規定の適用はありません（二三五条一項但書）。

犯人を知った日が問題となるのは告訴期間計算の基準としてです。告訴をするには、犯罪事実を知れば足り犯人を知ることを要しません。したがって、犯人を知る前に告訴することはもちろん差支えないわけです（ポケット註釈(上)五四四頁）。

3　告訴の取消、告訴権の放棄

親告罪の告訴は、公訴の提起があるまでに限り、取消し（撤回）が許されます（二三七条一項）。公訴提起後は私人の意思によって裁判所の訴訟手続が左右されるのは好ましくないというのがその理由ですが、立法論としては疑問があります。告訴を取消した者は、再び告訴をすることはできません（二三七条二項）。

告訴権の放棄については規定がありませんが、特にこれを禁じる必要もないので、告訴の取消しと同様の方式によって放棄できると解します（判例は反対。名古屋高判昭二八・一〇・七高刑集六巻一一号一五〇三頁）。

4　告訴の不可分

親告罪の告訴の効力として**告訴不可分の原則**があります。その内容は客観的不可分と主観的不可分に分かれます。

(1)　**客観的不可分の原則**というのは「一個の犯罪事実の一部について告訴または告訴の取消があった場合には、その犯罪事実の全部についてその効力を生ずる」という原則です（参照、大判昭五・六・九刑集九巻七号四〇五頁）。これは、告訴は①犯罪事実に対してなされるものであることと、②事の性質上、単一の犯罪の一部分についてした告訴は、当然残りの部分に対しても効力を生じるという考え（通説）にもとづくものです。例えば同居してない弟が腕時計を窃盗したとして姉が告訴した場合、その効力は同時に盗まれていた指輪にも及ぶ、したがって指輪について追告訴がなくてもその部分の公訴提起も有効ということになります（単純一罪のばあい。安西『刑事訴訟法』上一三〇頁）。このように単純一罪のばあいには、一部の告訴が残りの部分に及ぶのは首肯できます。しかし、次の科刑上一罪（観念的競合）の事例になると疑問が出てきます。例えば一個の文書で同一人に対して二個の名誉毀損の事実が公表された場合（たとえば収賄していることおよび愛人がいること）には、その一部の事実（収賄について）だけについて告訴があったとしても、その効力は他の事実（愛人がいること）についても及ぶかが問題となります。当然及ぶというのが通説です（伊達・講話六八頁）。

　この場合は、被害者が同一人の場合でしたが、通説も科刑上一罪で、その各部分が親告罪であって、しかも被害者を異にする場合はこれを**客観的不可分の例外**とします。たとえば一個の文書で甲乙二名の名誉を毀損した場合に、甲だけが告訴し、乙が告訴しなかった場合に、甲の告訴は乙に対する名誉毀損の事実については及ばないとします。乙に対する事実にも及ぶとすると、乙の意思にかかわらず事件が明るみに出ることになり、乙の告訴の自由を害し親告罪の趣旨を認めた趣旨に反するからです（伊達・前掲六八頁）。なお、一罪の一部だけが親告罪であったばあいに（例えば住居侵入・強姦）、非親告罪の部分（住居侵入）についてなされた告訴の効力は、親告罪（強姦）の部分には及びません（松尾・上三九頁）。

(2)　**告訴の主観的不可分の原則**というのは、「親告罪について共犯者の一人または数人に対して告訴または告訴の取消があった場合には、他の共犯者に対してもその効力が生ずる」という原則です（二三八条一項）。その趣旨は、告訴が本来犯罪事実を対象とするもので犯人を対象とするものではない――被疑者不詳でも告訴することができる――ということで説明されています。このことは否定できないとしても、わざわざ規定がもうけられたのは、告訴人の私的な感情によって一つの犯罪に関与した共犯者の間に取扱上の不当な差別が生ずることを防止しようとする意図にも基づくもの（高田・一七〇頁）と考えるのが妥当でしょう。

　さて、告訴は犯罪事実に対するものであるという告訴の一般原則も、親告罪の設けられた趣旨を損うものであってはなりません。親族相盗例のように、親告罪であるかどうかがもっぱら被害者と犯人との人的関係できまる場合（いわゆる相対的親告罪）には、親族でない者に対する告訴の効力は、親族である者には及ばないことになります。

九　公訴の時効

刑事法上、時効には、公訴の時効と刑の時効があります。公訴の時効は、判決の確定しない事件に関する時効で、刑の時効は判決（刑言渡の判決）の確定した事件に関する時効をいいます。刑の時効については刑法に定めがあります（刑三一条）。

公訴時効の性質については様々の見解があります。

(1)　**実体法説**　犯罪後時が経過することにより応報・威嚇・改善の必要が消失したため刑罰権が消滅したことを理由とします。しかし、これに対しては刑罰権が消滅したのならば何故免訴でなく無罪としないかという疑問が出されます。

(2)　**訴訟法説**　時の経過によって証拠が散逸し事実の発見が困難になることを理由とします。この説は証拠の散逸という訴訟上の事由を根拠とするので、免訴を形式（訴訟）裁判とするのとよく整合します。しかし、刑訴法二五〇条が法定刑の重さにより時効期間に差を設けていることを説明し切れないという難点をもちます。

(3)　**混合説**　時の経過によって未確定の刑罰権が消滅しそれが訴訟法に反映して訴訟障害となるのだといいます（高田・三七七頁）。しかし公訴時効の根拠《いい》となると、実体法説と同じことになるでしょう。

(4)　**競合説**　可罰性の減少と証拠の散逸とによって、訴訟を追行することが不当となることを理由とします（平野・一五三頁）。可罰性の「消滅」といわず、「減少」といっているところに工夫がみられます。

(5)　**新訴訟法説**　公訴時効はある個人が一定の犯罪について一定の期間訴追されていない事実状態を尊重して、国家がもはやはじめから訴追権を発動しない制度であるとします（田宮裕「公訴時効についての二、三の問題」ジュリスト二〇六号三三頁。ほぼ同旨、坂口裕英「公訴時効について」法政研究二六巻四号七二頁、佐々木史郎「公訴の時効についての覚書」『司法研修所一五周年記念論文集』(下)四〇三頁)。一定期間訴追されなかったという訴訟上の理由により手続が打切られるという点で免訴判決の形式裁判性とよく整合します。しかし、一定期間が経過すれば何故、今、訴追権を発動しえないかを理由づけるものではないように思われます。これに対し同じく訴訟法説でも坂口教授は次のようにいわれます。「もし時効という制度がなければ、過去の事件によっていつ嫌疑を受け、逮捕・勾留され、起訴されて処罰されるかわからないという危険を、死ぬまで免れることはできない。」「このような危険を防止する制度が時効である」と(坂口裕英・鴨編『法学演習講座刑事訴訟法』二五八頁以下)。これは公訴時効制度を国家の刑罰権の側から被疑者の立場に移しかえて考察するもので注目に値します。しかも「迅速な裁判を受ける権利」の保護と共通の地盤を提供するといってよいでしょう。ただそのことと、現に一定期間経過した場合に何故手続を打切り、犯人を訴追から解放するかを理論上つなぐ必要があります。私は、犯人が一定期間訴追されなかったため、そのもとで形成してきた心理上及び社会生活上の安定した状態を崩し、いまさらあばき立てて追及するのは妥当でないというところに公訴時効の意義があると考えます。附随的には、時の経過によって証拠が散逸するからという趣旨も含まれているでしょう。後者には検察側の利益だけでなく、被告側の利益、すなわち無罪を証明する証拠が滅失するのを防ぐという利益もあります(江家・教室上二四一頁)。

1　時効期間

公訴の時効は、犯罪行為が終ってから以下の期間を経過することによって完成します(二五〇条)。①死刑にあたる罪については二五年、②無期の懲役・禁錮にあたる罪については一五年、③長期一五年以上の懲役または禁錮にあたる罪については一〇年、④長期一五年未満の懲役又は禁錮に当る罪については七年、⑤長期一〇年未満の懲役または禁錮にあたる罪については五年、⑤長期五年未満の懲役もしくは禁錮または罰金にあたる罪については三年、⑥拘留または科料にあたる罪については一年。基準となるのは、法定刑です。二つ以上の主刑を併科し(例えば、盗品有償譲受けの罪)、または二つ以上の主刑中その一つを科すべき罪(例えば傷害罪)についてはその重い方の刑を基準とします(二五一条)。科刑上の一罪については、全部について重い刑が基準となるというのが判例(観念的競合につき、最判昭四一・四・二一刑集二〇巻四号二七五頁)ですが、科刑上一罪は実質的には数罪ですから、科刑上一罪を構成する各犯罪毎に時効期間を判断すべきでしょう。**両罰規定**（法人の業務に関し使用人などが違法行為をした場合、その使用人には懲役又は罰金刑を科し事業主たる法人または人に対しては罰金刑を科するばあい）に関しては、使用人と法人との関係は共犯より密接なので、法人に科せられる刑は罰金であっても、時効期間は使用人に科せられる懲役刑を基準とすべきだとする有力な見解があります（平野・二五五頁）。しかし最判昭三五・一二・二一刑集一四巻一四号二一六二頁は、事業主たる法人または人に対する公訴の時効は、その法人または人に対する法定刑である罰金刑につき定められた三年の期間を経過することによって完成するとし、「そのように解することが、憲法の採用した罪刑法定主義の要請にも適合する所以《ゆえん》である」と附言しました。法人処罰規定が従業員の行為に対する代位責任を認めた規定ではなく、従業員にたいする選任・監督上の過失責任という法人自身の責任を認めた規定だ（最判昭三二・一一・二七刑集一一巻一二号三一一三頁）と解される以上、法人に対し科せられる罰金刑を基準に時効を計算する判例の態度が正当であると思われます。法人に対する時効期間も従業員に対するそれと同じにしたいときは、特別規定が必要となります。この種の特別規定の例としては、「人の健康に係る公害犯罪の処罰に関する法律」第六条があります。

犯罪の行われた後にその罪の法定刑に変更があったばあいは、時効期間の計算は旧法を基準とするのか、新法を基準とするのか、という問題があります。最決昭四二・五・一九刑集二一巻四号四九四頁は、「犯罪後の法律により刑の変更があった場合における公訴時効の期間は、法律の規定により当該犯罪事実に適用すべき罰条の法定刑によって定まるものと解するのが相当である」としました（適用法定刑説）。刑法六条により新旧比較して適用さるべき法定刑を基準とするこの考え方が妥当だと考えます。

ところで、犯行後時効期間が経過後に、時効期間そのものを延長して犯人を訴追・処罰することができるでしょうか。一定期間訴追されないもとで一旦形成された事実状態の尊重という公訴時効の趣旨から、許されないと考えます（高田・三七六頁）。

2　時効の起算点

公訴の時効は、犯罪行為が終ったときから進行する（二五三条一項）とされています。ここで「犯罪行為」というのは広義のそれで、行為じたいと行為から生じた結果とを含めた意味に解されます（通説）。もし行為時説をとると、結果犯で、未遂を処罰しないものについて、結果が発生しない前に時効が完成するという不都合が生じます。また、建築業者が建築材料の選択又は組み立てに注意を欠いていたとしましょう。数年後その家屋が一時に崩壊して人の死傷をみるまで恐らく何人も業者の過失ある行為を知ることができないでしょう（小野博士の挙げられる例）。前者の例は、処罰可能の状態になってから時効は起算すべきこと、後者の例は結果発生によって採証可能性も高まること（松尾・上一四〇頁参照）を示しているように思われます。なお、結果時説をとったものとして最決昭六三・二・二九刑集四二巻二号三一四頁（百選〔八版〕九六頁（中谷雄二郎））があります。

結果時説をとる場合に問題となるのは、結果加重犯の場合に、基本犯の結果発生の時を基準とするかそれとも加重的結果の発生時を基準とするかです。例えば、傷害致死の場合に、傷害の発生時を起算点とするか、死亡の時をも起算点とするか、が問題なのです。結果時説を形式的に適用すると加重的結果の発生時（死亡時）を基準とすべきことになるでしょうが、基本犯の結果（傷害）の発生後かなりの期間をおいて加重的結果（死亡）が発生するばあいを考えると犯人に甚しく酷なことがおこりえます。基本犯として処罰が可能な以上、基本犯の結果発生時を基準とすべきでしょう（小野清一郎『犯罪の時及び場所』七六―七頁、鈴木・一一五頁、高田・三七八頁。この点に新たな検討を加えたものとして長沼範良「公訴時効の起算点」『松尾浩也先生古稀祝賀論文集』(下)三七七頁以下参照）。

なお共犯のばあいには、共犯者の最終の行為の終った時からすべての共犯者に対して時効期間を起算します（二五三条二項）。この共犯の中には必要的共犯も含まれます。但しこの場合時効期間そのものは別々に考えるべきです（高田・三七八頁）。

3　時効の停止

時効の停止というのは、一定の事由がある場合、時効がそれ以後進行しないことをいいます。その事由がなくなれば残りの期間を進行するわけです。旧刑訴には時効の「**中断**」という制度がありました。一定の事由によってそれ迄進行してきた時効がご破算になってしまい、一定の事由が止んだとしてもまた始めにもどって進行することになります。この制度は被疑者にとって甚だ不利益だということで現行刑訴法上は認められていません。もっとも特別法には中断制度をとるものもあります（例えば、国税犯則取締法一五条など）。もっとも中断制度には、公訴提起後にも裁判所の行為の懈怠によって中断が生じその間に時効が完成すれば免訴判決をもらえるという被告人にとっての有利な点もあります。

(1)公訴の時効は、当該事件についてした**公訴の提起**によって進行を停止し、管轄違・公訴棄却の裁判が確定した時からその進行を始めます（二五四条一項）。公訴が存在（成立）すれば他の訴訟条件を欠き公訴が無効であっても時効は進行を停止したままです（「管轄違または公訴棄却の裁判が確定したときから再びその進行を始める」と定める二五四条一項一文の反対解釈）。もっとも、公訴の提起から二ヵ月以内に裁判所が被告人に起訴状謄本を送達しなかったときは公訴棄却の理由になります（三三九条一項一号）が、他面起訴はさかのぼって効力を失う（二七一条二項）とされているので、この場合は時効もはじめから停止しなかったものと解すべきかどうかが問題となります。時効停止の効力は遡及的に失われるとするのが学説上有力（平場・講義四〇三頁、松尾浩也・百選〔五版〕六九頁、鈴木茂嗣・注解中二五三頁）ですが、最決昭五五・五・一二刑集三四巻三号一八五頁は、停止の効果は、三三九条一項一号による公訴棄却の裁判が確定する迄、失われないとしました（この事案では、起訴状謄本が有効に送達されなかった時から六年余ののちに公訴棄却の決定があり（その間時効は進行せず）それから再び起訴があって有罪が認められた）。

公訴の提起があると公訴時効は公訴事実の同一性の範囲でその進行を停止します。このことは、公訴提起により訴因だけでなく（広義の）公訴事実全体が訴訟係属するという公訴事実対象説や折衷説からは、容易に説明がつきます。訴因だけが訴訟係属するとする訴因対象説からはやや説明が困難です。公訴の存在の附随的効果だ（平野・一四五頁）という以上の説明はありません。実体判決が確定したばあい、公訴事実の同一性の範囲で一事不再理効が認められますが、それは訴因変更により同時訴追の可能性があったからだと説明するのが一般です。ところが、変更する訴因について訴因変更時を基準に時効完成の有無を判断すると時効はもう完成していて、同時訴追は可能でない事態が生じえます。それを避けるため公訴提起と同時に、公訴事実同一性の範囲で時効は進行を停止するのだと考えることができるように思われます。したがって変更された訴因について公訴提起時を基準に時効完成の有無を判断すべきこととなります（なお、最決昭二九・七・一四刑集八巻七号一一〇〇頁参照）。なお、公訴事実を同一にする範囲で時効の合一的取扱を主張し、公訴時効不可分の原則から説明する見解（田宮・刑訴I六二四頁）もあります。

なお共犯者の一人に対して公訴の提起があったときは、他の共犯者についても時効停止の効力が生じます（二五四条二項）。単独犯として起訴されても、共犯が存在する限り、停止の効力はその共犯に及びます（仙台高判昭三四・二・二四高刑集一二巻二号六五頁）。

(2)　(a)　犯人が国外にいる場合、その国外にいる期間時効はその進行を停止します（二五五条一項）。国外にいる犯人に対しては、逮捕とか起訴状謄本の送達とか、その他捜査および公訴提起の手続にいろいろ困難があるからです（江家・教室上二四六頁）。次に述べる(b)との均衡上、少くとも訴追機関が公訴を提起しうる程度に犯罪及び犯人を覚知していたことが必要だとする下級裁の裁判例もありましたが、最判昭三七・九・一八刑集一六巻九号一三八六頁は、「国外にいる」だけで時効はその進行を停止するとしました。国際交流が盛んになってくると、逃げ隠れする意思もないのに単に国外にいるというだけで時効の利益を失うことが十分な合理性をもつか疑わしい、という意見（高田・三七八頁）もあります。

(b)　犯人が逃げ隠れているため有効に起訴状の謄本の送達または略式命令の告知ができなかった場合には、時効は逃げ隠れている期間その進行を停止します（二五五条一項）。逃げ隠れしている者に時効の利益を与えるのは不合理だからです。まず、公訴の提起があり、起訴状の謄本の送達が逃げ隠れしているために不能となったことが要件です。起訴状謄本を送達しようとしてもできなかったことが要件とされているのであって、所在調査その他送達のための適切な努力が行われたことを必要とします（新条解・四二四頁）。

(3)　憲法によれば、国務大臣は、内閣総理大臣の同意がなければ訴追されません（憲七五条）。また、皇室典範によれば、摂政はその在任中訴追されません（二一条）。しかし、訴追の権利はなくなるわけではないので、国務大臣や摂政の犯罪については、前者についてはその在任中または総理大臣の同意があるまで、後者についてはその在任中、公訴の時効はその進行を停止するものと解されます（団藤・三七九頁、臼井滋夫・註釈II三八五頁）。

事項索引

あ

アルコール濃度の測定 …164

い

移監の同意……………………74
意思説 ………………………226
一罪一訴因の原則 ………327
一罪一逮捕・一勾留の原則83
一事不再理 …………………282
一訴因-一判決の原則……330
一部起訴 ……………………222
一般的指揮……………………47
一般的指示……………………46
一般的指定書 ………122, 124
一般令状の禁止 ……141, 146

お

押収 …………………………140
押収拒絶権 …………………159
押収目録 ……………………159
応訴強制 ……………………218
おとり捜査……………………31
泳がせ捜査……………………34

か

回避 …………………………252
科刑権の制限 ………………253
科刑制限 ……………………232
過失 ……………………290, 304
家庭裁判所 …………………253
簡易却下手続 ………………251
簡易公判手続 ………………230
管轄 …………………………252
管轄違 ………………………344
管轄の移転 …………………255
管轄の競合 …………………255
管轄の指定 …………………255
管轄の修正 …………………254
鑑定受諾者 …………………164
鑑定処分許可状 …………164
関連事件 ……………………254

き

機会提供型……………………32
起訴議決 ……………………205
起訴強制手続 ………………206
起訴状 ………………………225
起訴状一本主義 …………292
起訴相当の議決 …………204
起訴独占主義 ………………198
起訴便宜主義 ………198, 223
起訴法定主義 ………………199
起訴猶予 ……………199, 202
忌避 …………………………250
忌避申立権 …………………208
基本的事実同一性 ………309
逆探知 ………………………176
客観義務（検察官の）…215, 220
糺問的捜査観 ………………181
行政警察 ………………………6
行政検束………………………26
強制採尿 ……………………166
強制採尿令状 ………………168
行政上の各種申告義務 …108
強制処分 ………7, 27, 28, 169
強制処分法定主義 …29, 156, 171, 172
共謀 …………………………289
許可状 ………………………142
許可状説………………………55
緊急逮捕………………………61
緊急配備活動としての検問……………………………11

く

具体的指揮……………………47
具体的指定書 ………………123
具体的防禦説 ………299, 303
クリーン・コントロールド・デリバリー…………………34

け

警戒検問………………………11
形式裁判説（冤訴の）……352
形式的弁護 …………………259
刑事施設………………………74
刑事補償………………………80
形成力説（訴因変更命令の）……………………284, 320
継続追跡………………………60
刑罰関心同一説 …………315
血液の採取 …………………164
嫌疑なき起訴 ………………212
現行犯逮捕……………………58
現行犯人………………………58
検察官……………………42, 197
検察官送致 …………………189
検察官同一体の原則 ……43, 198, 201
検察事務官……………………44
検察審査会 …………………203
検視……………………………35
検証 …………………………161
検証許可状 …………………172
検束……………………………53
権利保釈………………………67
権利保釈の除外事由………81
権力分立 ……………………239

こ

合議体 ………………243, 245
公衆訴追主義 ………………197
公訴棄却の裁判 …………344
公訴権濫用 ……212, 214, 220
公訴時効 ………208, 361, 362
公訴時効の停止 …………307
公訴事実対象説 …………280
公訴事実の単一性 ………308

公訴事実の同一性 …282, 307
公訴取消し …346
公訴時効 …349
公訴時効の停止 …364
公訴時効期間 …362
交通検問…11
交通取締…13
交通反則金 …347
口頭主義 …245
行動説 …226
公判専従論…45
公判前整理手続 …245
公判中心主義 …292
公平な裁判所 …249, 292
公法上の一方行為 …268
勾留…66
勾留質問…71
勾留請求却下の裁判…72
勾留通知…73
勾留の取消…78
勾留の必要性…69
勾留理由 …68, 72, 76, 77
勾留理由開示…76
国選弁護人 …114, 230, 264
国選弁護人選任請求権…114, 116
国選弁護人の解任 …269
告訴…36, 188, 358
告訴期間 …235, 359
告訴権 …233
告訴権者 …358
告訴調書…36
告訴人 …203
告訴の追完 …340
告訴不可分の原則 …359
告発…36, 188
告発人 …203
国家訴追主義 …197
固有権（弁護人の）…270
コントロールド・デリバリー…34

さ行

再勾留…83
罪質同一説 …309
最終行為説 …288
罪証隠滅のおそれ …67, 68
罪数 …326
再逮捕…82
裁定合議事件 …243
採尿場所への連行 …167
裁判員候補者 …247
裁判員制度 …244
裁判員の選任 …247
裁判官の職権の独立 …240
裁判官の身分保障 …241
裁判所書記官 …252
裁判説 …268
再犯の防止…67
罪名 …332
差押 …150, 158
差押の必要性 …143
参考人の取調べ …131
三者即日処理方式 …228
參審制 …246

し

識別説 …307
事件単位の原則 …78, 84
事実記載説 …281, 300
自首…37
私人訴追主義 …197
辞退の申立て（裁判員になることの）…247
示談 …200, 233
実況見分 …162
執行猶予 …230, 232
実質的弁護 …259
実体関係的形式裁判説 …350
質問表（裁判員候補者への）…247
指定弁護士 …206, 208
指定要件 …119, 125
自動車検問…11
事物管轄 …253
司法官憲…54, 142
司法行政 …241
司法警察 …6
司法警察員…41
司法警察職員…41
司法権の独立 …239
司法巡査…41
事務移転の権…43
事務引取の権…43
氏名の黙秘 …105
氏名の冒用 …227
釈明権 …320
写真撮影 …168
遮へいする措置 …234
住居不定…69
縮小認定 …301
宿泊を伴う取調べ…23
受託裁判官 …244
出頭義務…97
主任弁護人 …264
受命裁判官 …244
準起訴手続 …206
準現行犯…59
準抗告…75
消極的真実主義 …260
証拠開示 …293
証拠保全 …134
肖像権 …168
上訴制限 …232
承諾による捜索 …157
証人尋問 …132
証人尋問調書 …133
初回の接見 …125
職務質問…5, 12
所持品検査 …15, 19
除斥 …250
処罰上非両立説 …315
白地刑罰法規 …348
資力申告書 …116, 117, 265
審級管轄 …254
審級代理 …263
親告罪 …188, 356
審査補助員（検察審査会の）…206
真実義務 …262
身体検査 …161, 163, 164
身体検査令状 …161, 163, 164
身体、着衣の捜索 …151

す

誰何…59

せ

清算（結了）時説 ………345
責任者の立会 …151, 158, 161
接見交通権 ………………118
専断的忌避 ………………248

そ

訴因 ………………………223
訴因逸脱認定 ……………283
訴因共通説 ………………310
訴因対象説 …………281, 356
訴因の追加 ………………298
訴因の撤回 ………………298
訴因の同一性 ………299, 306
訴因の特定 ………………285
訴因の変更 ………………297
訴因変更の時期的限界 …323
訴因変更の要否 …………283
訴因変更命令 ………284, 319
捜検…………………………15
総合法律支援法 …………114
捜索 …………………140, 158
捜索・差押の必要性 ……142
捜索差押令状 ………140, 166
捜索証明書 ………………159
捜査の端緒 …………………1
争点逸脱認定 ……………325
訴訟係属 ……………227, 283
訴訟条件 ………187, 335, 339
訴訟追行条件 ………343, 348
訴訟的捜査観 ……………183
訴訟手続の法令違反 ……283
訴訟当事者 ………………239
訴追裁量 …………………216
即決裁判手続 ……………229

た行

体腔検査 …………………163
大赦 ………………………349
逮捕…………………………53
逮捕・勾留一回の原則……81
逮捕状………………………55
逮捕前置主義………………70
逮捕に伴う捜索・差押 …155
逮捕の現場……153, 154, 156,
157, 162
逮捕の必要性………54, 56, 60
滞留義務……………………97
他管送致 …………………190
択一的訴因 ………………291
弾劾的捜査観……56, 181, 186
単独体 ……………………243

ち

注意義務違反の態様 ……304
抽象的防禦説 ………299, 302
直接主義 …………………245

つ

追起訴 ……………………298
追呼…………………………59
通告処分 ……………188, 347
通常逮捕……………………56
通信の秘密 ………………171

て

デュー・プロセス ………184
伝聞証拠 …………………232
電話傍受 …………………171

と

同意盗聴 …………………175
当事者主義 ………………292
当事者録音 ………………175
盗聴 ………………………171
当番弁護士制度 …………114
逃亡のおそれ………………69
独任制の官庁………………43
特別裁判所 ………………240
特別司法警察職員…………41
独立代理権 ………………270
土地管轄 …………………253
取調受忍義務……96, 182, 187

な

二重起訴の禁止……282, 307,
346
二重勾留 ……………79, 80
日本司法支援センター …114
任意出頭……………………22
任意処分 ……………7, 27, 28
任意提出 …………………155
任意同行 …………21, 22, 128

は

罰条 ………………………332
罰条同一説 ………………300
罰条の変更 ………………332
犯意誘発型…………………32
犯罪捜査のための通信傍受に
関する法律 ……………173
犯罪被害者保護 …………234
反則行為 …………………356

ひ

被害者 ……………………233
被害者の意見陳述 ………235
被疑者の国選弁護人選任 114
被疑者の取調べ……………95
被告人の取調べ……………99
微罪処分 ……………190, 215
必要的弁護 …………231, 266
必要な処分 ………………159
ビデオリンク方式 ………234
人単位説……………………79
否認 ………………………262
秘密交通権 ………………118
表示説 ……………………226
平等原則違反 ……………216
比例（又は権衡）の原則…57

ふ

不起訴処分 …………210, 212
武器の捜検＝フリスク……17
不公平な裁判をするおそれ
…………………………250
不告不理の原則 …………327
付審判請求 ………………174
付審判請求審理手続……206,
210
付審判の決定 ……………207
プライバシー …27, 140, 143,
171
プレイン・ビュー ………156
フロッピーディスク ……148

へ

ヘイビアス・コーパス……77
別件基準説……………………86
別件勾留………………………85
別件捜索・差押 ……148, 155
別件逮捕 ………………84, 89
弁解……………………………98
弁解の機会……………………64
弁護人 ………………………260
弁護人以外の者との接見
…………………………130
弁護人依頼権 ……………113
弁護人の援助を受ける権利
…………………………112
弁護人の選任 ……………112
弁護人の選任届 …………113
変死……………………………35
変死の疑い……………………35

ほ

包括的代理権 ……………270
法禁物 ………………………155
傍受令状 ……………………174
法人の消滅 …………………344
法定合議事件 ……………243
法の支配 ……………………240
法律構成説 …………………300
補佐人 ………………………271
保釈……………………………80
保釈保証金……………………68
補充裁判員 …………………245
補充裁判官 …………………243
補正（訴因の）………290, 327
ポリグラフ検査 …………106
本位的訴因 …………………291
本件基準説……………………85

ま

麻酔分析 ……………………106

み

身代り ………………227, 262
未決勾留日数の本刑通算…80

め

命令状 ………………………182
命令状説………………………55
面会接見 ……………………129
免訴判決 ………348, 349, 355

も

黙秘権 ………………102, 131
黙秘権の告知…………64, 109
黙秘しうる事項 …………104

ゆ

有罪である旨の陳述 ……231
郵便物 ………………………145

よ

余罪……………………………81
余罪の取調べ…………………88
余罪被疑事件 ……………127
余事記載 ……………………294
予審免訴 ……………………213
予断排除の原則……213, 292,
297
予備審問………65, 71, 77, 219
予備的訴因 …………………291

ら

ライブ・コントロールド・デ
リバリー……………………34

り

留置施設………………………74
領置 …………………………155
両罰規定 ……………………363

れ

令状主義………29, 59, 65, 140
令状主義の潜脱 …………148
令状呈示前の立入り ……159
令状なしの捜索・差押…153,
154
令状の緊急執行……………58
連署 …………………………113

わ行

ワイヤータッピング ……171
「わな」の抗弁 ……………33

判例索引

大判昭５・６・９刑集９巻７号405頁………359
大判昭５・７・１刑録22号1191頁 …………340
最判昭23・５・５刑集２巻５号447頁………249
最判昭23・５・26刑集２巻６号529頁………352
最判昭23・12・１刑集２巻13号678頁 ………71
広島高判昭24・10・12高刑集2巻3号336頁…297
名古屋高判昭24・12・25判特14号115頁……340
東京高判昭25・４・11判特10号16頁 ………293
最決昭25・６・８刑集４巻６号982頁………284
最判昭25・10・３刑集４巻10号1861頁 ……291
最判昭25・11・21刑集４巻11号2359頁 ……111
最判昭26・4・10刑集５巻５号842頁 ………293
東京高判昭26・４・25判特21号83頁 ………330
仙台高判昭26・６・12判特22号57頁 ………302
最判昭26・６・15刑集５巻７号1277頁 ……302
最判昭26・12・18刑集５巻13号2527頁 ……296
最判昭27・３・５刑集６巻３号351頁…295, 296
東京高判昭27・３・５高刑集５巻４号467頁
……………………………………………………330
最判昭27・３・27刑集６巻３号520頁 …64, 110
東京高判昭27・５・13高刑集５巻５号794頁
……………………………………………………328
名古屋高判昭28・１・21高刑集６巻２号165頁
……………………………………………………291
名古屋地判昭和28・３・３刑集８巻７号1141頁
……………………………………………………6
最決昭28・３・５刑集７巻３号482頁 ………32
最判昭28・３・26刑集７巻３号641頁………347
名古屋地判昭28・５・６裁判所時報133号７頁、刑集８巻７号1141頁 …………………………8
東京高判昭28・6・22東京高裁判決時報３巻６号242頁……………………………………293
最決昭28・９・30刑集７巻９号1868頁 ……302
名古屋高判昭28・10・７高刑集６巻11号1503頁
……………………………………………………359
最判昭28・11・10刑集７巻11号2089頁 ……303
最判昭28・11・20刑集７巻11号2275頁 ……302
名古屋高判昭28・12・７高刑判決特報33号58頁、刑集８巻７号1144頁 …………………………8
最判昭29・１・21刑集８巻１号71頁 ………303
最判昭29・３・２刑集８貫３号217頁………328
最決昭29・３・23刑集８巻３号305頁………291
最判昭29・５・14刑集８巻５号676頁………312
最決昭29・７・14刑集８巻７号1100頁 ……365
最決昭29・７・15刑集８巻７号1137頁 ………8
最判昭29・８・20刑集８巻８号1249頁 ……303
京都地判昭29・９．３判時35号26頁…………21
最決昭29・９・８刑集８巻９号1471頁 ……342
東京高判昭29・11・４裁特１巻９号423頁…331
最決昭29・11・18刑集８巻11号1850頁 ……345
最判昭29・12・17刑集８巻13号2147頁 ……302
福岡高決昭30・７・12高刑集８巻６号769頁
……………………………………………………79
最判昭30・12・14刑集９巻13号2760頁………62
最判昭31・２・26刑集９巻14号2996頁………80
名古屋高判昭31・４・９裁特３巻８号385頁
……………………………………………………302
最判昭31・４・12刑集10巻４号540頁………358
最判昭31・７・18刑集10巻７号1173頁 ……108
最判昭31・12・24刑集10巻12号1692頁………80
大阪地判昭32・１・14一審刑集１巻１号７頁
……………………………………………………21
最判昭32・２・20刑集11巻２号802頁…105, 113
最判昭32・10・８刑集11巻10号2487頁 ……328
最判昭32・11・27刑集11巻12号3113頁 ……363
東京高判昭32・12・７東京高裁刑事特報８巻12号443頁………………………………………290
最判昭33・１・23刑集12巻１号34頁………290, 343, 346
京都地決昭33・２・21第一審刑集１巻２号327頁
……………………………………………………123
最判昭33・２・21刑集12巻２号288頁………318
最判昭33・５・20刑集12巻７号1398頁 ……294
最判昭33・５・25刑集12巻７号1416頁 ……321
最決昭33・５・27刑集12巻８号1665頁 ……208
最判昭33・５・28刑集12巻８号1718頁 ……289
最判昭33・７・18刑集12巻12号2656頁 ……303
最決昭33・７・29刑集12巻12号2776頁 ……141
仙台高判昭34・２・24高刑集12巻２号65頁
……………………………………………………365

最決昭35・11・15刑集14巻13号1677頁 ……331
最判昭35・12・21刑集14巻14号2162頁 ……363
最決昭35・12・23刑集14巻14号2213頁 ……188
静岡地裁沼津支部判昭35・12・26下刑集2巻11・12号1562頁……21
最判昭36・6・7刑集15巻6号915頁…154, 155
最判昭36・6・13刑集15巻6号961頁…284, 302
最決昭36・11・21刑集15巻10号1764頁 ……100
大阪地判昭37・2・28下刑集4巻1・2号170頁……12
最判昭37・5・2刑集16巻5号495頁………109
最判昭37・7・3民集16巻7号1408頁 …74, 81
最判昭37・9・18刑集16巻9号1386頁 ……366
最判昭37・11・28刑集16巻11号1633頁 ……286
大阪高判昭38・9・6高刑集16巻7号・526頁……12
東京地判昭38・11・28下民集14巻11号2336頁……261, 268
東京地決昭39・9・30下刑集6巻9・10号1101頁 ……209
最判昭40・4・28刑集19巻3号270頁…303, 321
東京高決昭40・5・22下刑集7巻5号810頁……209
最決昭40・5・25刑集19巻4号353頁………345
東京高判昭40・7・8高刑集18巻5号491頁……317
高松高判昭40・7・19下刑集7巻7号1438頁……17
東京高判昭40・8・27下刑集7巻8号1583頁……304
最決昭40・12・24刑集19巻9号827頁………301
最判昭41・4・21刑集20巻4号275頁………362
東京高判昭41・6・27東高時報17巻6号106頁……60
最決昭41・7・21刑集20巻6号696頁………219
最決昭41・7・26刑集20巻6号728頁………126
鳥取地決42・3・7下刑集9巻3号375頁…123
最判昭42・3・31刑集21巻7号879頁………284
東京地判昭42・4・12下刑集9巻4号410頁……85
最決昭42・5・19刑集21巻4号494頁………363
最判昭42・8・31刑集21巻7号879頁………325
新潟地裁高岡支部判昭42・9・26下刑集9巻9号1202頁……21
岡山地判昭43・6・25判時547号97頁 ………21
東京地決昭43・7・4判時529号82頁………123
仙台高判昭43・7・18高刑集21巻4号281頁……304
大阪高判昭43・7・25判時525号3頁………101
横浜地小田原支決昭43・10・9下刑集10巻10号1030頁 ……325
最決昭43・11・26刑集22巻12号1352頁 ……322
佐賀地決昭43・12・1下刑集10巻12号1252頁……23
最決昭44・3・18刑集23巻3号153頁………143
金沢地七尾支判昭44・6・3刑裁月報1巻6号657頁……85, 87
最判昭44・6・11刑集23巻7号941頁………113
最決昭44・9・11刑集23巻9号1100頁 ……208
最決昭44・10・2刑集23巻10号1199頁………294
京都地決昭44・11・5判時629号103頁………59
最決昭44・11・26刑集23巻11号1490頁 ……160
最判昭44・12・5刑集23巻12号1583頁 ……220
最判昭44・12・24刑集23巻12号1625頁 ……170
東京地判昭45・2・26刑裁月報2巻2号137頁（東京ベッド事件）……87
最判昭45・5・29刑集24巻5号223頁………220
福岡高決昭45・11・25高刑集23巻4号806頁……17
大阪地決昭46・6・1判時637号106頁………76
最判昭46・6・22刑集25巻4号588頁…301, 304
最決昭47・7・25刑集26巻6号366頁………323
最決昭47・11・16刑集26巻9号515頁………210
最判昭47・11・22刑集26巻9号554頁………108
東京高判昭47・11・30高刑集25巻6号882頁……18
最判昭48・3・15刑集27巻2号128頁………357
最決昭48・10・8刑集27巻9号1415頁 ……251
最決昭49・3・13刑集28巻2号1頁 ………210
最決昭49・4・1刑集28巻3号17頁 ………211
東京地決昭49・12・19判時763号16頁 ………88
東京地判昭50・1・23判時772号34頁 ………18
東京地決昭50・1・29判時766号25頁………101
最判昭50・4・3刑集29巻4号132頁 ………61
最決昭50・5・30刑集29巻5号360頁………228
最決昭51・3・16刑集30巻2号187頁……22, 28
佐賀地唐津支判昭51・3・22判時813号14頁……87
福岡高裁那覇支判昭51・4・5判タ345号321頁……324
最判昭51・11・18判時837号104頁 …………147
大阪高決昭52・3・17判時850号13頁………229

青森地決昭52・８・15判時871号113頁………23
最決昭53・２・16刑集32巻１号47頁 ………332
最判昭53・３・６刑集32巻２号218頁………313
最判昭53・６・20刑集32巻４号670頁 ………18
最判昭53・７・10民集32巻５号820頁…119, 121
最判昭53・９・７判集32巻６号1672頁 …18, 87
最決昭54・６・29刑集33巻４号389頁………347
最判昭54・７・24刑集33巻５号416頁………270
富山地決昭54・７・26判時946号137頁………23
最決昭55・３・４刑集34巻３号89頁 ………304
最決昭55・４・28刑集34巻３号178頁………127
最決昭55・５・12刑集34巻３号185頁………365
東京地判昭55・８・12判時972号136頁………25
最決昭55・９・22刑集34巻５号272頁 ………13
最決昭55・10・23刑集34巻５号300頁………166
最決昭55・12・17刑集34巻７号672頁………217
最決昭56・４・25刑集35巻３号116頁………287
大阪高判昭56・11・24判タ464号170頁 ……326
広島高判昭56・11・26百選〔７版〕62頁 …147
最決昭57・３・２裁判集225号689頁 ………102
最決昭57・8・27刑集36巻６号726頁…………66
大阪高判昭57・９・27判タ481号46頁………296
名古屋高金沢支判昭57・12・22判タ489号74頁
…………………………………………………121
最判昭58・７・12刑集37巻６号791頁（神戸放火事件）……………………………………………88
最判昭58・９・６刑集37巻７号930頁…322, 325
札幌高判昭58・12・26判時1111号143頁……155
最決昭59・１・27刑集38巻１号136頁………223
最決昭59・２・29刑集38巻３号479頁 ………24
最判昭59・３・27刑集38巻５号2037頁……108, 110
大阪高判昭59・４・19高刑集37巻１号98頁…89
最決昭60・11・29刑集39巻７号532頁………227
大阪高判昭60・12・18判時1201号93頁………60
名古屋高判昭62・９・７判タ653号228頁 …224
東京高判昭63・４・１判時1278号152頁……145
最決昭63・10・24刑集42巻８号1079頁 ……305
札幌高判平１・５・９判時1324号156頁……148
浦和地判平２・３・25判タ760号261頁 ……112
最決平２・６・27刑集44巻４号385頁………170
最決平２・７・９刑集44巻５号421頁………160
最判平３・５・10民集45巻５号919頁…122, 125
最判平３・５・31判時1390号33頁 …………124
大阪高判平３・11・６判タ796号264頁 ……149
大阪高判平５・10・７判時1497号134頁……159
福岡高判平５・11・16判時1480号82頁 ……128
大阪高判平６・４・20高刑集47巻１号１頁、百選〔７版〕50頁 ……………………………159
東京高判平６・５・11高刑集47巻２号237頁
…………………………………………………152
最判平６・９・16刑集46巻６号420頁…………9
名古屋高判平６・９・28判時1521号152頁…294
最決平７・３・27刑集49巻３号525頁………266
最決平７・４・12刑集49巻４号609頁 ………75
最決平８・１・29刑集50巻１号１巻 ………157
東京高判平８・３・５高刑集49巻１号43頁
…………………………………………………159
最判平９・１・30刑集51巻１号335頁………106
最決平10・５・１刑集52巻４号275頁………150
最（大）決平11・３・24民集53巻３号514頁
…………………………………………………118
最決平11・12・16刑集53巻９号1327頁 ……172
最判平12・６・13民集54巻５号1635頁……122, 125
最判平12・６・13民集54巻５号1635頁 ……125
最決平13・４・11刑集55巻３号127頁………306
福岡地判平15・８・24判タ1143号192頁……102
最決平16・７・12刑集58巻５号333頁 ………33
最判平17・４・17刑集59巻３号259頁………235
最判平17・４・19民集59巻３号563頁………129

著者紹介

光藤景皎（みつどう　かげあき）

〔**略　歴**〕

1931年　岡山市に生まれる
1953年　京都大学法学部卒業
現　在　名城大学大学院法務研究科教授
　　　　大阪市立大学名誉教授
　　　　法学博士（京都大学）

〔**主要著書**〕

刑事訴訟行為論（1974年，有斐閣）
口述刑事訴訟法上（1987年，成文堂）
口述刑事訴訟法中（1992年，成文堂）
口述刑事訴訟法下（2005年，成文堂）
双書刑事訴訟法（共同執筆，1974年，青林書院新社）
警察法入門（共同編著，1975年，有斐閣）
ワークブック刑事訴訟法（共同編著，1978年，有斐閣）
判例による刑事訴訟法入門（共同執筆，1980年，青林書院新社）
事実誤認と救済（編著，1997年，成文堂）
刑事証拠法の新展開（2001年，成文堂）

刑事訴訟法 Ⅰ

2007年5月20日　初版第1刷発行
2008年3月20日　初版第2刷発行

著　者　光　藤　景　皎
発行者　阿　部　耕　一

〒162-0041　東京都新宿区早稲田鶴巻町514番地
発行所　株式会社　成　文　堂
電話 03(3203)9201(代)　FAX 03(3203)9206
http://www.seibundoh.co.jp

製版・印刷　シナノ印刷　　製本　弘伸製本
☆乱丁・落丁本はお取替えいたします☆

ISBN978-4-7923-1763-8　C3032　**検印省略**

定価（本体3000円＋税）